普通高等职业教育“十三五”规划教材

21世纪高职高专规划教材 ◆ 电子商务系列

# 电子商务安全实践教程

## （第二版）



DIANZI SHANGWU ANQUAN SHIJIAN JIAOCHENG

主　编　贾晓丹
副主编　闫永霞

中国人民大学出版社
·北京·

# 第二版前言

本书自出版后，得到了多家高职高专院校电子商务专业及其他专业师生的广泛好评，受到了社会各界人士的认可和肯定。在广泛吸纳各方建议的基础上，在保留原主体框架和基本特色的前提下，我们吸收电子商务领域的最新研究成果，对全书的内容进行了修订，新增了电子商务实战技术与安全防护等内容和任务。

本书力求内容简洁、操作明了，既便于学生的自我学习，又为教师留下一定空间。本书既可以作为高职高专院校相关专业教材，也可以作为电子商务人士学习用书。

本书由辽宁机电职业技术学院贾晓丹副教授任主编，辽宁机电职业技术学院闫永霞任副主编。本书编写分工如下：闫永霞编写模块 1 至模块 3；辽宁信息职业技术学院楚文波编写知识点 4.1、4.2、4.3；辽宁石油化工大学职业技术学院关晓云编写知识点 4.4、4.5；辽宁职业学院吴庆编写知识点 4.6、4.7；贾晓丹编写模块 5 至模块 8。

本教材在编写过程中参考和引用了大量专家、学者的论著及网站资料，已尽可能在参考文献中列出，谨在此对相关作者表示衷心的感谢，若有疏漏，也在此表示歉意。由于编者水平所限，加之多人编写，书中难免有不妥之处，敬请读者批评指正。

**编者**

2018 年 12 月

# 前　言

本教材从技术和管理的角度出发，讲授构建和实施安全电子商务系统所必需的基本理论、方法和技术，着重强调电子商务实验实践环节，主要内容包括电子商务安全体系结构、网络安全体系结构、现代密码技术、数字签名技术、身份和信息认证技术、防火墙技术、扫描技术、Web 安全协议、安全电子邮件系统、网络入侵检测方法、证书管理、公钥基础设施、安全电子商务支付机制、安全电子商务交易协议、在线电子银行系统的安全，以及安全电子商务应用。全书强调操作性、实践性，取材先进、科学，内容丰富、实用，图文并茂，可读性强。

本教材在编写过程中重点强调实践操作环节，力求突出电子商务安全特色，主要表现在：

1. 删除复杂的算法，保留基本的原理。

2. 加大电子商务实践操作环节的设计。正确处理电子商务安全理论与实操之间的关系。在阐述理论时注入大量操作案例，并采用问题启发式，一步步引出各种安全技术的用途和应用。

3. 正确地看待电子商务安全在技术和管理上的教学需求。虽然在实际应用中电子商务安全是“三分技术、七分管理”，但是作为教学使用的教材，对高职高专院校电子商务专业学生来说，打好基础、掌握技术、强化动手能力更为重要。所以本教材每章都根据本章实际内容设计相关实操、实验项目及实践训练。

4. 提供详细的实验教学软件和基础实验方案，尽可能做到适应不同学院的实验教学环境与实验教学组织，包括网络安全基础实验、密码学基础实验、数字证书与 CA 认证、PGP 安全加密机制、网上银行与安全电子支付、PKI 技术实验、电子商务安全协议实验、电子商务安全案例及分析等内容。

本教材的设计思路如下图所示。

作为教材，本书强调立体化建设，每章都包括实验支撑（基本理论）、实验目的、实验内容（步骤或设计）、实验准备、实验要求、实验分析等内容，并附有实验报告，同时提供配套资料和资源（PPT 课件、实验环境、实验软件、实验程序）。

本教材由辽宁机电职业技术学院贾晓丹担任主编，主要编写第一、二、五、七、八章；辽宁职业学院李博文担任副主编，编写第六章（其中艾迪凯教育（北京）科技有限公司于芳编写 6.4）；辽宁信息职业

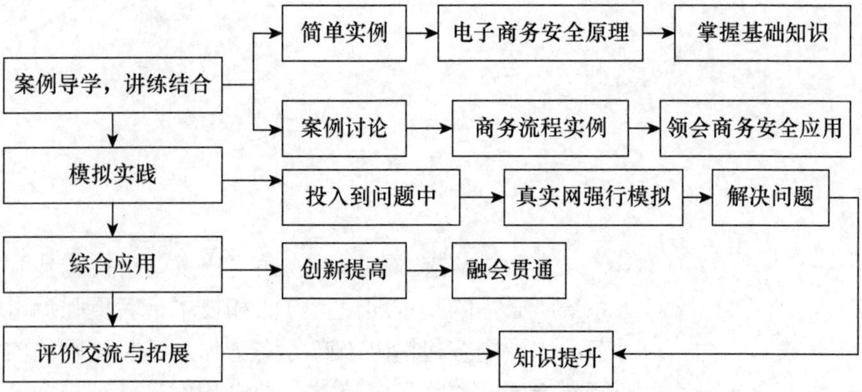


技术学院楚文波担任副主编，编写第九章的“实操项目设计”；辽宁石油化工大学职业技术学院关晓云编写第三章；辽宁职业学院吴庆编写第四章；沈阳职业技术学院计算机学院田立秋编写第九章。

本教材是编者多年从事电子商务安全教学工作的经验总结，在编写过程中，学生张士鑫、郑宇恒、陈高升、赵洋、闫肃、张超、张淼、康斯文做了大量的实验辅助。特别感谢中国人民大学出版社的牛晋芳编辑，她对本书的出版给予了极大的帮助。

本教材在编写过程中参考或引用了大量专家、学者的论著、图书及网站资料，已尽可能在参考文献中列出，谨在此对他们表示衷心的感谢，若有疏漏，也在此表示歉意。由于编者水平所限，加之多人编写，书中难免有不妥之处，敬请读者批评指正。

**编者**

# 目　录

# 模块 1
# 电子商务安全认知

## 学习目标

**知识目标**

1. 理解电子商务的内涵
2. 理解电子商务安全的内涵
3. 了解电子商务面临的安全问题以及安全保障的内容

**能力目标**

1. 掌握电子商务的一般操作方法
2. 培养安全问题分析能力和安全规划设计能力

**模块结构图**

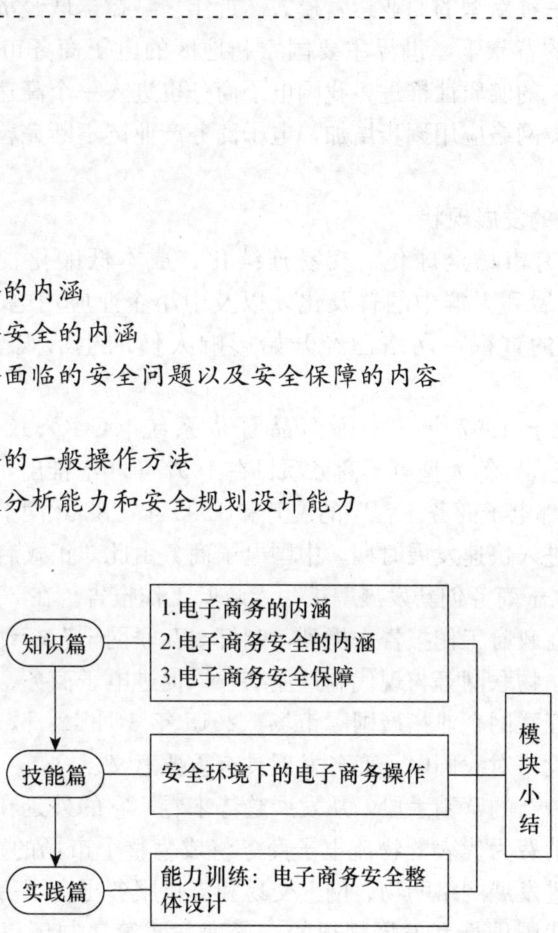


## 知 识 篇

随着信息网络技术的飞速发展，电子商务已逐渐成为人们关注的焦点。截至 2017 年 6 月，我国电子商务服务企业直接从业人员超过 310 万人，由电子商务间接带动就业人数已超过 2 300 万人。由于互联网的开放性和其他各种因素的影响，如何保障电子商务安全，如何保护敏感信息和个人信息的机密性、完整性和不可否认性，已成为电子商务发展中非常重要的问题之一。

# 知识点 1.1 电子商务的内涵

电子商务通常是指在全球各地广泛的商业贸易活动中，在互联网开放的网络环境下，基于浏览器/服务器应用方式，买卖双方不谋面地进行各种商贸活动，实现消费者的网上购物、商户之间的网上交易和在线电子支付以及各种商务活动、交易活动、金融活动和相关的综合服务活动的一种新型的商业运营模式。近年来，在全球经济保持平稳增长和互联网宽带技术迅速普及的背景下，世界主要国家和地区的电子商务市场保持了高速增长态势，随着“互联网+”的实质性推进，我国电子商务也进入一个高速增长期，交易额同比大幅攀升，商务交易类网络应用逐步增加，电子商务产业链不断完善，新的商务服务模式层出不穷。

## 1.1.1 电子商务的发展现状

电子商务产业具有市场全球化、交易连续化、成本低廉化、资源集约化等优势。随着互联网的快速发展和人群中的普及化，以及中小企业应用电子商务进程的推进和国家对电子商务发展的重视，网络已经开始影响人们的生活观念，改变人们的消费模式。

中国电子商务始于 1997 年。中国商品订货系统（CGOS)、中国商品交易中心(CCEC)、虚拟“广交会”等大型电子商务项目在 1997 年相继推出，拉开了中国电子商务的序幕。1998 年“首都电子商务工程”的展开和 1999 年“8848 网上超市”的出现，标志着中国电子商务开始进入快速发展时期，中国电子商务由此“正式启动”。

2014 年，“鼓励电子商务创新发展”被写入政府工作报告。在 2015 年 3 月 5 日举行的两会中，李克强总理在政府工作报告中提到，制订“互联网+”行动计划，推动移动互联网、云计算、大数据、物联网等与现代制造业结合，促进电子商务、工业互联网和互联网金融健康发展，引导互联网企业拓展国际市场。2015 年 3 月 12 日，中国（杭州）跨境电子商务综合试验区获批，对我国电子商务发展具有重要意义。

电子商务作为一种新的营销手段，从发展趋势来看，它的外延在不断扩散，以金融产品、旅游产品、精品消费为代表的物流电子商务将成为整个市场的重要补充力量。同时，政府相关部门围绕促进发展网络购物、网上交易和支付服务出台了一系列政策、规章与标准规范，为构建适合我国国情和发展规律的电子商务政策法制环境做出了积极探索。目前，我国正着手推动电子商务示范工程，国家先后批准了诸多电子商务试点，覆盖了多个行业、地区、企业。

随着互联网的快速发展，我国电子商务行业发展迅猛，产业规模迅速扩大，电子商务信息、交易和技术等服务企业不断涌现。2017 年 9 月 ，中国电子商务研究中心发布《2017 年（上）中国电子商务市场数据监测报告》，报告显示，2017 年上半年，中国电子商务市场交易额达 13.35 万亿元，同比增长 27.1%。其中，B2B 电子商务交易额达到 9.8 万亿元，同比增长 24%。

电商发展已进入一切以大数据为出发点的时代，在大数据技术推动下，商业互联网将向产业互联网升级。未来中国电子商务创新发展要做到“融合传统、培育新兴、走向国际”。

### 1.1.2 电子商务的主要类型

1. 按照商业活动内容分类

按照商业活动的内容分类，可以将电子商务分为间接电子商务和直接电子商务。间接电子商务是有形货物的电子订货，它需要利用物流系统，将货物运送到消费者手中，即会通过第三方物流企业来完成配送过程；直接电子商务是无形货物和服务，如计算机软件、数码产品、娱乐内容的网上订购、付款和交付，无须顾虑地理界线而直接进行交易。

2. 按照使用网络的类型分类

按照使用网络的类型，可以将电子商务分为基于EDI（Electronic Data Interchange，电子数据交换）的电子商务、基于内联网（Intranet）的电子商务、基于外联网（Extranet）的电子商务以及基于互联网（Internet）的电子商务。

（1）基于EDI的电子商务。

简单地说，EDI就是按照标准协议，将商业文件标准化和格式化，并通过网络在贸易伙伴的计算机网络系统之间进行的数据传输和自动处理。EDI主要应用于企业与企业、企业与批发商、批发商与零售商之间的商务。

（2）基于内联网的电子商务和基于外联网的电子商务。

利用企业内部网络进行电子交易，内联网是企业为实现内部业务处理、管理和通信，在采用互联网技术的基础上发展起来的企业内部专用网络，如同企业内部的互联网。在内联网商务的基础上，两个或多个内联网用户可以根据需要，通过外联网联结，使业务的上下游结合通畅，提高交易效率。

（3）基于互联网的电子商务。

互联网电子商务是国际现代商业的最新形式。它以信息技术为基础，通过互联网实现营销、购物服务。它突破了传统商业生产、批发、零售及进销存的流转程序与营销模式，真正实现了少投入、低成本、零库存、高效率。

3. 按照交易对象分类

按照交易对象来分，电子商务可分为如下几类：

（1）企业对企业的电子商务（Business to Business，B2B）。

B2B方式是电子商务应用最重要和最受企业重视的形式，其典型应用有中国供应商网、阿里巴巴、中国制造网、敦煌网、慧聪网等。B2B按服务对象可分为外贸B2B及内贸B2B。按行业性质可分为综合B2B和垂直B2B，垂直B2B有中国化工网、鲁文建筑服务网等。按照商业模式和盈利模式，又可以分为以下几种类型：

1）以线上贸易服务为主的B2B。此类模式以提供贸易线上服务为主。典型企业有阿里巴巴、中国制造网、生意宝等。

2）以线下贸易服务为主的B2B。该类型企业以提供线下服务为主，具有贸易撮合的特征。典型企业有慧聪网、环球市场网等。

3）以“行业门户＋联盟”为主的B2B。该类企业以联盟的方式对各行业B2B网站进行资源整合，提供“既综合，又专业”的B2B服务。典型企业有：中国网库、中搜行业中国等。

4）以小额外贸服务为主的B2B。该类型企业不仅提供信息服务，而且整合了包括交易的支付、物流以及客户关系管理等，实现在线交易。典型企业有敦煌网、贝通网等。

5）以供求商机信息服务为主的B2B。该类型企业所涉及的行业范围比较大，涉及数量也比较多，产品品种繁多且标准化，能形成很大的市场。典型企业有：中国化工网、全球纺织网等。

6）以行业资讯服务为主的B2B。该类资讯信息服务主要包括咨询信息和供求信息两类。典型企业有中国工控网、“金银岛”网等。

7）以招商加盟服务为主的B2B。该类型企业一般以收品牌商的广告费、会员费为生。典型企业有中国服装网、医药网等。

8）以在线大宗交易服务为主的B2B。如中塑在线、浙江塑料城网上交易市场等。

9）以专业技术服务为主的B2B。如中国国际电子商务中心、中国机械专家网等。

(2) 企业对消费者的电子商务（Business to Consumer，B2C）。

这是消费者利用互联网直接参与经济活动的形式，等同于零售电子化，可销售诸如书籍、鲜花、计算机、汽车等。这是我国最早产生的电子商务模式，以8848网上商城正式运营为标志。主要包括以下几种模式：

1）综合商城。如同传统商城一样，网站本身是不卖东西的，而是提供了完备的销售配套。典型应用如淘宝网等。

2）专一整合型。典型应用如赛V网。赛V网主要从事体育用品网上销售、导购、新闻资讯、赛事报道等，作为一体的大型体育综合门户网，把先进的电子商务模式与传统零售业进行创新性融合，用现代化网络平台和呼叫中心的方式为客户服务。

3）百货商店。这种商店拥有满足日常消费需求的丰富产品线，有自有仓库，会库存系列产品，以便提供更高效的物流配送和客户服务。这种店甚至会有自己的品牌。典型应用如亚马逊中国网站、当当网、京东商城等。

4）垂直商店。服务于某些特定的人群或某种特定的需求，提供有关这个领域或需求的全面产品及更专业的服务。典型应用有麦考林网站、红孩子网站等。

5）复合品牌店。传统品牌商加入电商战场后，以抢占新市场、开拓新渠道、优化产品与渠道资源为目标。典型应用有佐丹奴、百丽等。

6）轻型品牌店。品牌商可以更专注于提供个性化商品与服务，更细致地满足受众需求，基于品牌定位，加强产品设计，通过信息化应用，配合日益成熟的互联网销售平台、日趋完善的物流配送以及各种服务等，细化与完善整条链条。品牌商可以将很多业务外包，用最好的原材料提供商，找最好的生产厂商，寻找高效益的有效推广渠道，即强强结合。典型应用有梦芭莎、凡客诚品等。

7）服务型网店。典型应用有易美、亦得等。

8）导购引擎型。典型应用有爱比网。

B2C模式减少了商务中介，商品零售价降低，提高了企业的竞争力，而且可以采取个性化的服务，但是它依赖于完整的物流配送系统的支持，商品利润率较低。

(3) 消费者对消费者的电子商务（Consumer to Consumer，C2C）。

这种形式是个人利用互联网进行的交易活动，如通过互联网进行个人拍卖活动等。典型应用有百度C2C等。

(4) 企业对政府的电子商务（Business to Government，B2G）。

这种形式覆盖企业与政府之间的各项事务，如政府采购、企业税收征收等。

(5) 消费者对政府的电子商务（Consumer to Government，C2G）。

这种形式主要涉及电子福利支付、电子资料库、电子身份认证等。

(6) 企业对经理人的电子商务（Business to Manager，B2M）。

B2M 是相对于 B2B、B2C、C2C 模式而言的一种全新的电子商务模式。B2M 所针对的客户群是该企业的产品销售者或者服务提供者，而不是最终消费者，企业通过网络平台发布该企业的产品或者服务，职业经理人通过网络获取该企业的产品或者服务信息，并且为该企业提供产品销售或者提供企业服务，企业通过经理人的服务达到销售产品或者获得服务的目的，职业经理人通过为企业提供服务而获取佣金。B2M 本质上是一种代理模式。

(7) 经理人对消费者的电子商务（Manager to Consumer，M2C）。

M2C 是基于 B2M 模式的延伸概念。经理人最终还是要将产品销售给最终消费者，类似于 C2C，但又不完全一样。C2C 赚取的基本就是商品进出价的差价；而 M2C 的盈利模式则丰富、灵活得多，既可以是差价，也可以是佣金。M2C 的物流管理模式比 C2C 更富多样性，比如零库存；现金流方面也较传统的 C2C 更有优势。

### 1.1.3 电子商务的基本组成

电子商务系统的基本组成有计算机网络、用户、认证中心、配送中心、网上银行、商家等（如图 1-1 所示）。计算机网络包括互联网、内联网、外联网；用户分为个人用户和企业用户；认证授权（Certificate Authority，CA）中心是受法律承认的权威机构，负责发放和管理电子证书，使网上交易的各方能互相确认身份；配送中心根据商家的送货要求，组织运送无法从网上直接得到的商品，跟踪商品的流向，将商品送到用户手中；网上银行在计算机网络上实现传统银行的业务，为用户提供 24 小时实时服务。

**图 1-1 电子商务的基本组成**

### 1.1.4 电子商务的系统框架

电子商务是由计算机、通信网络及程序化、标准化的商务流程和一系列安全、认证法律体系组成的集合，是一种以互联网为基础、以交易双方为主体、以银行电子支付和结算为手段、以客户数据为依托的全新商务模式。

电子商务的一般框架是指实现电子商务的技术保证和电子商务应用所涉及的领域，是电子商务的运作基础，主要是由电子商务网络平台、电子商务服务平台以及电子商务应用平台三大部分和两个支柱组成。其中，电子商务网络平台主要是由网络层和消息/信息发布层组成，构成电子商务的基础设施环境；两个支柱是电子商务顺利应用的坚实基础，包括各种技术标准及其安全网络协议、公共政策及法律，它们构成了电子商务必备的外部支撑条件。电子商务一般框架如图 1-2 所示。

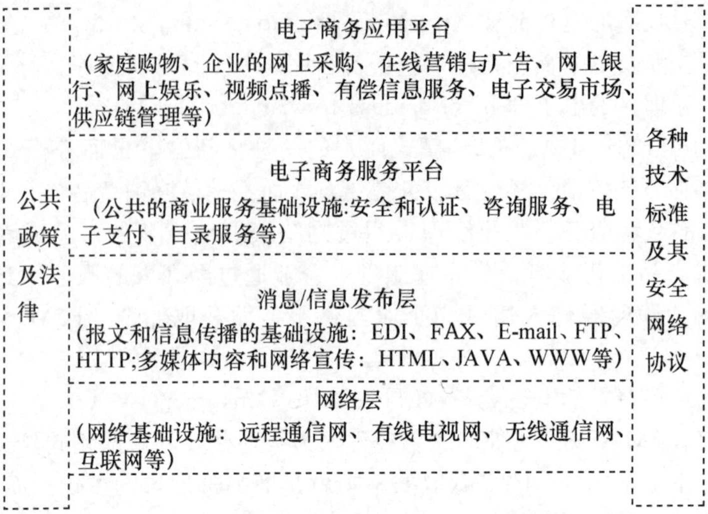


**图1-2 电子商务的一般框架**

1. 电子商务网络平台

网络平台是电子商务系统最基本的、必须具备的组成部分，即支持电子商务系统运行的企业内部网、互联网以及通信设施等，主要包括网络层和消息/信息发布层。

(1) 网络层。它是信息传输系统，包括远程通信网、有线电视网、无线通信网和互联网，是实现电子商务的最底层的硬件基础设施，人们形象地把它称为“信息高速公路”。

(2) 消息/信息发布层。消息传送方法有非格式化(非结构化)和格式化(结构化)两种通信方法。非格式化的数据传送方法有传真(FAX)、电子邮件(E-mail)、文件传输服务(FTP)和超文本传输协议(HTTP)，主要是面向人的。其中HTTP是互联网上通用的消息传播工具，它以统一的显示方式，在多种环境下显示非格式化的多媒体信息。HTML将这些多媒体内容组织得易于检索和富于表现力。

2. 电子商务服务平台

这个层次是为了方便交易所提供的通用的业务服务，是所有企业、个人在网上进行交易时都会用到的服务，主要包括：安全和认证、电子支付、目录服务、咨询服务等。业务服务的关键是安全电子支付，为了保证网上支付是安全的，就必须保证交易是保密的、真实的、完整的和不可抵赖的。

对于电子商务来说，通常参与各方是互不见面的，因此身份确认与安全通道变得非常重要。解决的方案是建立公正、权威、各方信赖的电子商务认证中心(CA)，用以确保安全和提供认证，在有争议的时候还可以提供证据；同时通过加密的方法实现网上安全的信息交换和安全交易。

3. 电子商务应用平台

在网络平台和基础服务平台的支持下，逐渐出现了各种电子商务应用。电子商务应用平台主要包括：信息浏览类应用、商品交易类应用、在线服务类应用及其他综合类应用。它涉及企业商务活动的各个方面，包括供应商、客户、银行或金融机构、信息公司以及政府等，内容有：家庭购物、企业的网上采购、在线营销与广告、网上银行、网上娱乐、视频点播、有偿信息服务、电子交易市场、供应链管理等。

4. 两个支柱

(1) 公共政策及法律。

公共政策指政府围绕电子商务的税收制度、信息的定价、信息访问权、隐私保护等问题制定的政策。由于电子商务的无国界性，各国政府应该共同致力于制定一套全球性的标准和规则，保证电子商务的顺利实施。

电子商务和传统商务一样，是一种严肃的社会行为，违规的电子商务活动也必须受到法律制裁。由于网上商务活动存在一些不同于传统商务的特点，给现行法律带来了一系列新的问题，电子商务活动能否顺利开展在很大程度上依赖于相关法律法规的建立健全。各国对电子商务的框架立法工作均十分重视。1996 年联合国国际贸易法委员会通过了《电子商务示范法》；1997 年美国在《全球电子商务政策框架》中对法律问题做了专门论述；我国于 2004 年 8 月 28 日正式通过了《电子签名法》，于 2005 年 4 月 1 日起施行。

(2) 各种技术标准及其安全网络协议。

它们定义了用户接口、传输协议、信息发布标准、网络安全协议等技术细节，是信息发布、传递的基础，是网络上信息一致性的保证。

由于电子商务的全球性，非国际化的技术标准将会带来严重的问题，所以，许多企业和国际组织都已经意识到技术标准的重要性，正致力于联合开发统一的国际技术标准，如 EDI 标准、SET 协议、TCP/IP 协议、XML 标准、HTTP 等技术标准和协议的制定。

公共政策及法律、技术标准及其安全网络协议等外围环境，是电子商务良性运行的重要保障。

### 1.1.5 电子商务的基础结构

1. 客户机/服务器（C/S）结构

客户机/服务器（Client/Server，C/S）结构通过将任务合理分配到客户端和服务器端，降低了系统的通信开销，并可充分利用两端硬件环境的优势。在 C/S 结构中一般配有高性能的专用服务器，服务器端安装数据库软件，负责对数据的存储和管理；客户机安装客户端程序，负责信息系统的图形显示、数据录入、业务处理等。数据库服务器软件运行在专用服务器上，大量的数据处理在服务器端完成，客户端主要提供与用户的交互功能，这样既提高了处理速度又减少了网络传输量，大幅提升了整个系统的性能。

该结构主要的缺点是开发的中心主要在客户端，即所谓“胖客户机”，造成系统维护和管理的困难。

2. B/W/S 三层结构

B/W/S（Browser/Web Server/Database Server）三层结构，也称为 B/S（Browser/Web Server）结构。B/W/S 结构的主要特点是“瘦客户机”，即客户端（一般就是一个浏览器）主要负责与用户的交互，而系统的绝大部分处理功能都在中间层（Web Server）上完成。B/W/S 结构实现了系统的分散应用和集中管理，任何经授权且装有标准浏览器的网上用户即可作为系统的客户端，基本无须维护的代价，极大地方便了应用管理，不必像 C/S 结构那样在每个客户端安装应用软件。B/W/S 结构无疑体现了互联网时代的优势。

目前大多数应用性软件系统都是 C/S 形式的两层结构，开发工具先进，应用成熟，其对于复杂的事务处理具有较大优势，但是其功能受限于软件实现；B/W/S 三层结构则十分利于即时发布信息，以及与广大客户的交互式沟通。在企业信息化的实际应用中，可采取二者结合的体系结构，各自担负其有优势的部分。如今，有越来越多的应用系统向 Web 架构转换。

3. 电子商务系统结构

电子商务系统充分利用计算机和网络领域的先进技术，在典型的情况下，基于 B/W/S，又和企业后端的信息管理系统如企业资源计划（ERP）连接起来，构成一个多层的结构。

(1) 客户层。

客户层直接面向用户，用于为用户提供企业电子商务系统的操作界面。

(2) Web 服务层。

Web 服务层可以向客户层提供满足用户需求的画面美观、布局合理的 Web 页面，还可以根据用户的具体要求而创建个性化和专业化的 Web 页面等。Web 服务层接受来自客户层的用户输入，并将其发送到应用服务层以得到处理。

(3) 应用服务层。

应用服务层接受 Web 服务层发来的请求，进行适当的业务处理，并访问企业信息系统层的资源。这一层通常是采用基于组件的方法，将业务逻辑封装于其中。

(4) 企业信息系统层。

企业信息系统层是指电子商务系统所对应的企业的后端信息系统。在一个简单的电子商务系统中，它对应的可能是一个关系型数据库，存储了必要的业务处理信息。

## 知识点 1.2　电子商务安全的内涵

随着互联网的发展，尤其是商务类应用的快速发展，许多不法分子纷纷将牟利黑手伸向互联网，导致近年来网络安全威胁和诚信危机事件频发。虽然近年来政府不断加大对网络安全问题的集中治理力度，网络安全诚信问题有了明显的改善，但形势依旧严峻，问题仍不容忽视。

### 1.2.1　电子商务安全概述

安全意味着不危险，这是人们长期以来在生产中总结出来的一种传统认识。随着互联网的发展，电子商务逐渐成为人们进行商务活动的新模式。越来越多的人通过互联网进行商务活动。电子商务的发展前景十分诱人，而其安全问题也变得越来越突出，如何建立一个安全的电子商务应用环境，对信息提供足够的保护，已经成为商家和用户都十分关心的话题。对电子商务安全的认识应注意以下几点。

1. 安全不仅仅是安全管理部门的事情

安全不是少数人的事情，也不是一个时髦的名词，更不要把安全看作是网络警察的工作，企业应该对全员进行安全意识的教育，制定全面的安全策略。

2. 电子商务安全具有全面性、普遍性

当人们把注意力放在一些平常人看似艰深的高级安全问题上时，往往忽略那些更普遍的安全问题，如密码的管理、现实的安全体系等。因此，安全应针对所有安全问题。

密码是如今人们大量使用的一种保密信息，密码的设置需要避免被人猜测到，一般好记的密码意味着较大的风险。一些企业使用强认证方法来加强验证身份的可靠性，即除了一般的密码外，还需要持有如智能卡等特殊令牌。

没有可靠的现实安全体系，犯罪分子便能轻易走进企业的办公室并使用企业的电脑系统进行犯罪活动。在国内，曾发生过罪犯冒用员工的身份走进一家证券公司，然后使用无安全措施的终端进入上海证券市场，影响股票价格，从中牟利。

3. 安全是一个系统概念

电子商务系统是建立在互联网上的复杂的系统，它往往包含数据庞大的构成要素，每个构成要素自身运行，同时又和其他的构成要素相互作用；系统之间也彼此相互关联，形成更大的系统；系统中包含有 Bug（臭虫）或 Fault（缺陷），它们是系统设计过程中遗留下来的漏洞，往往成为黑客攻击系统的途径。

4. 安全是相对的、发展变化的

安全是一个随着时间不断发展变化的课题，今天安全，明天不一定安全；安全是相对的，不是绝对的，我们无法建立一个永不会被攻破的系统。因此，需要不断地评估、研究安全对策。没有一劳永逸的安全，安全是一个过程化的概念。

5. 安全是有代价的

企业在从事电子商务活动时，必须考虑安全的成本问题。如果只注意速度，就必定要以牺牲安全作为代价；如果要考虑到安全，速度就会慢一些。尤其涉及支付系统等敏感环节时，若对安全的要求高，所投入的成本就必然会大一些。

总体上分析，电子商务安全可以分为两个方面，即计算机网络安全和商务交易安全。两者相辅相成，密不可分。只有在保证计算机网络安全的基础上，做好商务交易安全工作，才能更好地完成电子商务的整体操作。

### 1.2.2 计算机网络安全

计算机网络是人类文明的产物，是各种先进技术融合的舞台。随着计算机网络的发展，人们对其的依赖程度越来越强，同时网络也就成为攻击的重点，造成的后果也越来越严重。

计算机网络安全是通过各种计算机、网络、密码技术和信息安全技术，保护在公用通信网络中传输、交换和存储的信息的保密性、完整性和可用性，并对信息的传播及内容具有控制能力，主要包括以下几个方面的内容（见图 1-3）。

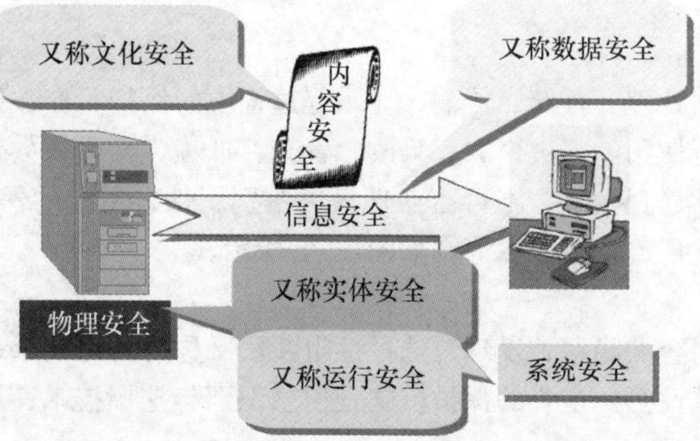


**图 1-3 计算机网络安全**

1. 物理安全

又称为实体安全，重点保护网络与信息系统的保密性、可生存性、可用性等属性，涉及动力安全、环境安全、电磁安全、介质安全、设备安全、人员安全等。采取的主要措施是可靠供电系统、防护体系、电磁屏蔽、容灾、备份等，如图 1-4 所示。

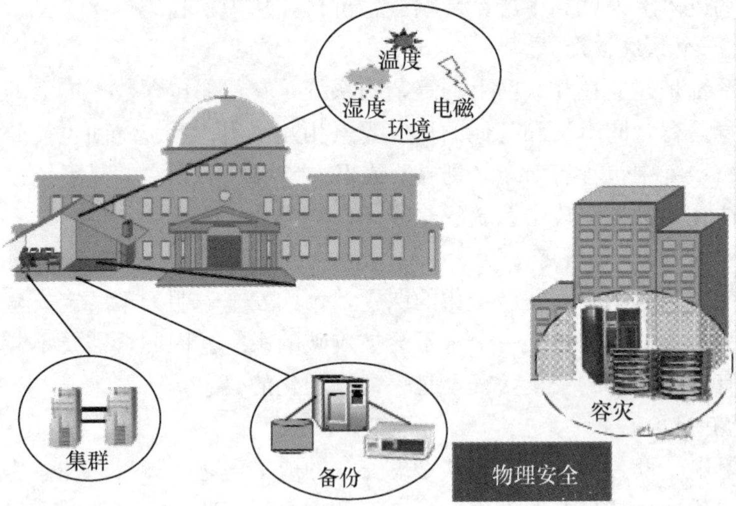


图 1-4 物理安全

2. 系统安全

即对网络与信息系统的运行过程和状态的保护，又称为运行安全，主要涉及网络和信息系统的可控性、可用性等。所面对的威胁主要有系统资源消耗、非法侵占或控制系统、安全漏洞恶意利用等。主要的保护方式有应急响应、入侵检测、漏洞扫描等。具体操作内容如下：

(1) 风险分析。在发现系统潜在安全威胁时，应在系统运行过程中测试、跟踪并记录其活动，找出系统运行期间的安全漏洞，提供相应的系统脆弱性分析报告。

(2) 审计跟踪。对系统进行人工或自动审计跟踪，保存审计记录和维护详尽的审计日志。

(3) 备份与恢复。提供对系统设备和数据的备份与恢复。

(4) 应急措施。即在紧急事件或安全事故发生时，保证电子商务系统继续运行或紧急恢复所需要的策略。

3. 信息安全

即对信息在数据处理、存储、传输、显示等过程中的保护，在数据处理层面上保障信息能够按照授权进行使用，不被窃取、篡改、冒充、抵赖，又称为数据安全，主要涉及信息的保密性、完整性、真实性、不可否认性等可鉴别属性。主要的保护方式有加密技术、数字签名、完整性验证、认证技术等，如图 1-5 所示。

4. 内容安全

即对信息真实内容的隐藏、发现、选择性阻断，又称为文化安全，主要涉及信息的保密性、可控性、特殊性等。主要的保护措施是信息识别与挖掘技术、过滤技术、隐藏技术等，如图 1-6 所示。

### 1.2.3 商务交易安全

电子商务交易安全是指通过一系列措施保证交易过程的真实性、机密性和可用性，目

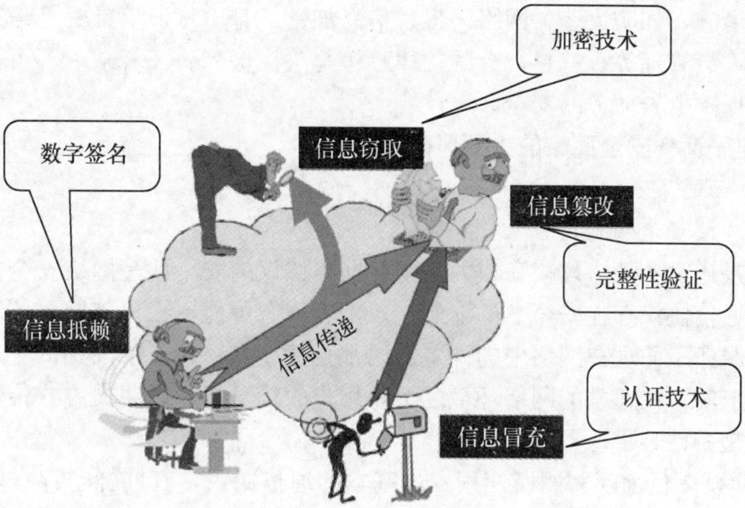


图1-5 信息安全

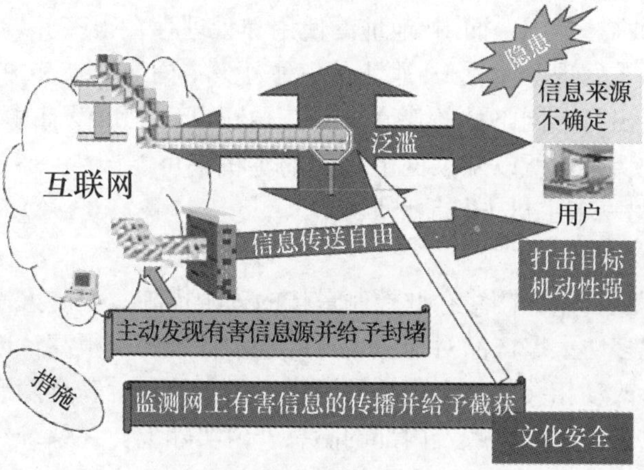


图1-6 内容安全

的是在计算机网络安全的基础上确保电子商务过程的顺利进行。它更侧重于交易过程的安全内容。

电子商务交易安全中涉及的内容主要有：

(1) 买方面临的问题，如付款后不能收到商品、个人信息被泄露。

(2) 卖方面临的问题，如竞争对手检索商品递送状况、被他人假冒而损害公司的信誉、买方提交订单后不付款、机密数据被他人获取等。

(3) 交易信息问题，如被冒名偷窃、数据篡改、信息丢失、信息在传递过程中被破坏、虚假信息等。

(4) 信用问题等。

## 知识点1.3 电子商务安全保障

电子商务安全需要一个完整的综合保障体系，概括起来需要三个方面的支持：一是信息技术方面的措施，如防火墙、网络防毒、信息加密、身份认证等；二是信息安全管理制度的保障，如人员管理等；三是社会的法律政策与法律保障。三者缺一不可，只有共同作用，才能最终保障电子商务的安全。

### 1.3.1 电子商务安全面临的主要风险

1. 系统方面的风险

(1) 网络协议安全漏洞。

网络服务是通过各种协议来完成的，因此网络协议的安全性是网络安全的一个重要方面。如果网络通信协议存在安全上的漏洞，攻击者就有可能不必攻破密码体制即可获得所需要的信息或服务。而现在网络中的许多协议都是建立在一种非常友好的、通信双方十分信任的基础之上的，在通常的网络环境之下，用户的信息都是以明文方式传输，因此进行网络监听并不是一件难事。

TCP/IP 协议是目前互联网所使用的最基本的通信协议，其同样也存在能被攻击者利用的漏洞。TCP/IP 协议族中如 POP、SMTP 等协议在协议过程中交换是以明文出现的，只要使用网络侦听软件，就有可能监听到协议交换中的口令、密码。由于 TCP/IP 使用 IP 地址作为网络节点的唯一标志，而 IP 地址的使用和管理存在很多弊端，比如 IP 地址的数据包的源地址很容易被发现，而且 IP 地址是一种分级结构地址，其中包括主机所在网络，攻击者据此可以构造出目标网络的轮廓。此外，由于 TCP/IP 没有建立对 IP 包中的源地址的真实性的鉴别和保密，所以互联网上任何的主机都可能产生一个带有任意源 IP 地址的 IP 包，从而假冒另一台主机进行地址欺骗。

(2) 防火墙安全漏洞。

防火墙是互联网上公认的网络存取控制最佳的安全措施。但防火墙的安全与研发的技术是紧密相连的。很多防火墙产品对配置人员的技术背景要求很高，因为防火墙出产后一旦系统改动，就需要改动相关的安全产品的设置，很容易产生安全隐患问题。同时，防火墙主要是防范外部攻击，而很少顾及内部的隐患。但实际上，在系统资源的损失中，来自内部的攻击行为在整个系统受到的攻击中占了主要部分。

(3) 口令漏洞。

口令是系统软件、应用软件中认证最主要和常用的方法。口令设置不要太有规律，即不要选取显而易见的信息作为口令；还要设置口令尝试次数上限，能够及时锁住用户的账户，从而防止穷举口令；限制口令使用时间，定期改变口令。另外，系统管理员要时刻关注系统日志，对大量的 Login 失败记录保持警惕。为防止有心人士窃取口令，在输入口令时应确保安全距离，同时也不要在无意中泄露了自己的口令。

(4) 操作系统的安全漏洞。

操作系统安全漏洞是指计算机操作系统本身存在的问题或技术缺陷，目前使用的操作系统主要有 Windows、UNIX、Linux 等，每个操作系统都存在自己的安全漏洞。主要体现在身份验证、授权管理、注册表安全、安全配置、审核安全事件等方面。

(5) 陷门。

陷门一般是在程序或系统设计时插入的一小段程序，是用来测试这个模块或将来为程序员提供一些管理上的方便的，即在某个系统或文件中设置“机关”，当提供特定的输入条件时，允许违反安全的策略运行而产生非授权的影响。通常在程序或系统开发后期会去掉这些陷门，但是由于某些原因，陷门也有被保留下来的可能。陷门一旦被有心人士利用，将会带来严重的安全问题。比如利用陷门可以在程序中建立秘密通道，植入一些隐蔽的病毒程序。

攻击者总是不断研究这些漏洞和陷门，以便进行网络攻击。这就要求网络安全研究人员和网络安全管理人员必须主动了解本系统的计算机硬件与操作系统、网络硬件与网络软件、数据库管理系统、应用软件以及网络通信协议可能存在的安全问题，利用各种软件与测试工具主动检测网络可能存在的各种安全漏洞，并及时提出对策与补救措施。

2. 交易方面的风险

(1) 冒名偷窃。

黑客为了获取重要的商业秘密、资源和信息，常常采用源 IP 地址欺骗攻击。入侵者伪装成源自一台内部主机的一个外部地点传送信息包（这些信息包包含有内部系统的 IP 地址），在 E-mail 服务器使用报文传输代理中冒名他人，窃取信息。

(2) 篡改数据。

攻击者未经授权进入网络交易系统，使用非法手段，删除、修改、重发某些重要信息，破坏数据的完整性，损害他人的经济利益，或干扰对方的正确决策，造成网络营销中的信息风险。

(3) 信息丢失。

信息的丢失原因有三种情况：

1) 线路问题造成信息丢失。

2) 安全措施不当造成信息丢失。

3) 在不同的操作平台上转换操作造成信息丢失。

3. 人员方面的风险

人员管理通常是电子商务安全管理中最薄弱的环节。近年来我国计算机犯罪中内部人员犯罪占有相当比例，其原因主要是工作人员职业道德修养不高，安全教育和管理松懈。一些竞争对手还利用企业招募新人的方式潜入该企业，或利用不正当的方式收买企业网络交易管理人员，窃取企业的用户识别码、密码、传递方式以及相关的机密文件资料。

目前的信息系统绝大多数都缺少安全管理员，缺少信息系统安全管理的技术规范，缺少定期的安全测试与检查，更缺少安全监控。我国许多企业已经开始尝试电子商务，但电子商务的安全管理员和系统管理员还大多处于缺省状态。

4. 管理方面的风险

由于信息系统内部缺乏健全的管理制度或制度执行不力，给内部人员违规或犯罪留下机会，其中以系统管理员和安全管理员恶意违规造成的危害最大。网络内部可能存在的威胁有：

(1) 有意或无意地泄露网络用户或网络管理员的密码或口令；

(2) 绕过防火墙，私自和外部网络连接，造成系统安全漏洞；

(3) 越权查看、修改和删除系统文件、应用程序及数据；

(4) 越权修改网络系统配置，造成网络工作不正常。

网络交易技术管理的漏洞也会带来较大的交易风险。有些操作系统中的某些用户是无口令的，如匿名 FTP，利用远程登录（Telnet）命令登录这些无口令用户；利用 r 系列

(rlogin 等) 的服务存在信任概念，被信任用户不需要口令就可以进入系统，然后把自己升级为超级用户。

5. 法律方面的风险

电子商务的技术设计是先进的、超前的，具有强大的生命力。但必须清楚地认识到，在目前的法律中还找不到现成的条文保护网络交易中的交易方式，在网上交易可能会承担由于法律滞后而造成的风险。

此外，还存在其他方面的不可预测的风险。在对风险源进行分析时，应把一切可能导致风险的因素，包括直接的和间接的因素、内部的和外部的因素、主要的和次要的因素、总体的和个体的因素等，从多角度加以考察、研究，尽可能把风险源考虑得多一些、全面一些。对风险源考虑得越细致、越周密，越有利于采取有针对性的防范措施。

### 1.3.2 电子商务安全要素

电子商务安全是一个复杂的系统问题，它不仅与其支持的平台有关，还与电子商务的环境、模式、人员、管理、法律和社会等诸多因素有关。电子商务安全要素具体体现在以下几个方面。

1. 交易安全

电子商务是在开放的网上进行交易，其中支付信息、订单信息、合同信息、机密的商务往来文件等大量的交易信息将在计算机系统中存放、传输和处理。因此，安全问题尤为重要。

(1) 信息传输的机密性。

信息的机密性是指信息在传输过程或存储中不被他人窃取。交易中的商务信息具有机密的要求，如信用卡的账号信息、合同信息等。在电子交易中，通常使用加密技术来保证信息的机密性。

(2) 交易文件的完整性。

交易文件的完整性是指在数据在传输的过程中防止非法篡改和破坏网站上的信息，从而使收到的信息与发送的信息完全一样。在电子交易中，通常使用哈希函数来保证信息的完整性。

(3) 信息的不可否认性。

发送方不能否认已发送的信息，接收方亦不能否认已收到的信息。在传统交易中，双方通过在合同等书面文件上签名或盖章来约束双方，以防止抵赖行为的产生。在电子交易中，则通过对发送信息进行数字签名，来实现交易的不可否认性。

(4) 交易者身份的真实性。

交易者身份的真实性是指交易双方确实是存在的而不是假冒的。在电子商务中，由于交易双方通过网络进行联系，经常会发生攻击者伪造网站、电子邮件等，给用户发假冒的支付请求等攻击行为，因此交易者身份的真实性需要依靠可靠的认证机制来保障。

2. 信息传输

信息安全传输就是指在网络上传递的信息没有被故意地或偶然地非法授权泄露、更改、破坏或是信息被非法系统辨识、控制。图 1-7 给出了网络中信息从信息源节点传输到信息目的地节点的正常过程。

在信息的传输过程中，还可能存在以下问题，如图 1-8 所示。

(1) 截取信息 (破坏可用性)。

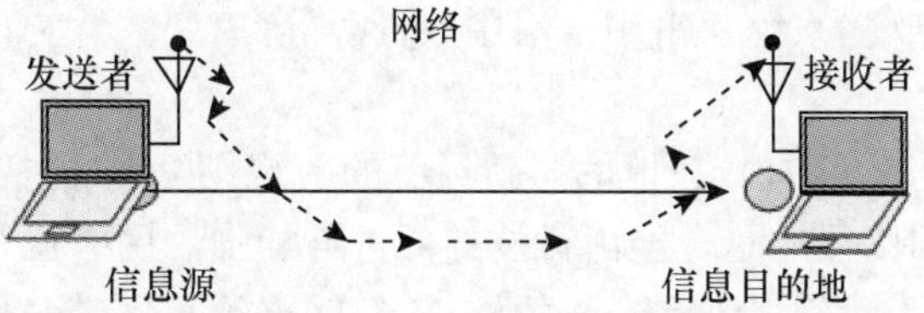


图 1-7 信息正常传输过程

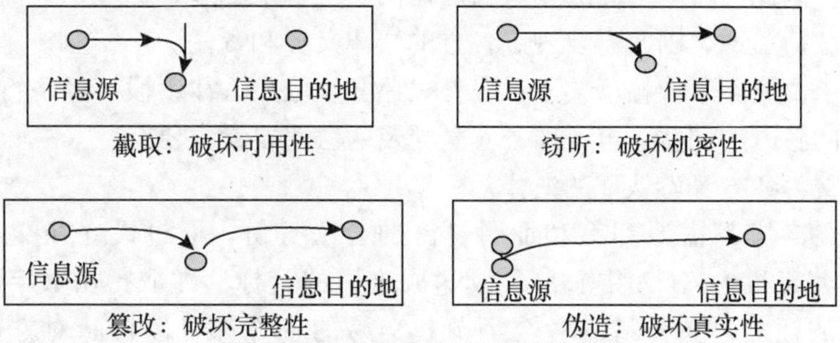


图 1-8 信息传输过程中的问题

信息从信息源节点传输出来，中途被攻击者通过互联网、公共电话网、搭线或在电磁波辐射范围内安装截收装置等方式非法截取，或通过对信息流量和流向、通信频度和长度等参数的分析，推断出有用的信息，如消费者的银行账号、密码、口令等，从而使信息目的地节点没有接收到应该接收的信息，造成信息在传输途中的丢失。

(2) 窃听信息（破坏机密性）。

信息从信息源节点传输到信息目的地节点，但中途被攻击者非法窃听。尽管信息目的地节点仍收到了信息，表面看来信息并没有丢失，但如果被窃听到的是重要的政治、军事、经济信息，实际上已经造成了严重的危害。

(3) 篡改信息（破坏完整性）。

信息从信息源节点传输到信息目的地节点的中途被攻击者非法截取，攻击者将截取的信息进行修改或插入欺骗性的信息，然后将篡改后的错误信息发送给信息目的地。尽管信息目的地节点也会收到信息，但接收到的信息是错误的。例如，信息源节点发送信息为 A 向某银行贷款 500 万元，结果信息目的地节点接收到的却是 A 借款 500 万元给某银行，由于信息目的地节点接收到的是篡改后的错误数据，可能会给银行造成很大的损失。

攻击者主要从三个方面破坏信息的完整性：

1) 改变信息流的次序，更改信息的内容。

2) 删除某个消息或消息的某些部分。

3) 在消息中插入一些消息，让接收者看不懂接收的信息。

(4) 伪造信息（破坏真实性）。

信息源节点并没有信息要传送给信息目的地节点，攻击者冒充信息源节点，将伪造的信息发送到信息目的地节点，信息目的地节点接收到的是伪造的信息。如果信息目的地节点没有发现信息是伪造的，那么可能会造成很大的损失。

攻击者常用的伪造方式有：

1) 伪造为管理者发布命令或调阅文件；

2) 伪造网络控制程序套取或修改使用权限、密钥等，越权使用网络设备和资源；

3）接管合法用户欺骗系统，占用合法用户资源等。

3. 法律法规

凯温·凯里（Kevin Kelly）在他的《新经济的新规则》一书中说：“网络已经存在于每一种经济之中，不同以往的是，经由科技的促进与加强，网络已深入我们的生活，使得‘网络’这个概念已成为我们思维和经济的核心。”网络给我们带来便利的同时，也提供了新的犯罪渠道。因此，与电子商务相关的法律问题也越来越多。参与电子商务活动的各方之间都会发生法律关系，因此需要规定各方的法律义务和责任。

安全的电子商务除了依赖于技术手段外，还必须依靠法律手段、经济行政手段来保障参与电子商务的各方的利益。电子商务安全涉及的法律要素主要有：

（1）保障交易各方身份认证的法律。

电子交易的各方都需要拥有和证明自己的合法身份，通过设立在交易参与方之外的、第三方的公正机构（CA 中心）可以达成这样的目标，即取得由数字证书认证中心签发的数字化的证书，在交易的各个环节，交易的各方都可以检验对方数字证书的有效性。

CA 中心是电子商务中的核心角色，它担负着保证电子商务公正、安全进行的任务。因而必须由国家法律来规定 CA 中心的设立程序、资格以及必须承担的法律义务和责任，同时要由法律规定对 CA 中心进行监管的部门、监管方法以及违规后的处罚措施。

（2）电子合同的法律地位。

电子商务活动中，电子合同的有效性、电子签章和数字签名的有效性是各国共同关注的法律问题。需要制定有关法律对电子合同的法律效力、数字签名、电子商务凭证的合法性予以确认；需要对电子商务凭证、电子支付数据的伪造、变更、涂销做出相应的法律规定。

（3）电子商务的消费者权益保护的法律。

尤其对于 B2C 交易，消费者保护具有重要的地位。这种重要性不仅在于传统意义上的经营者和消费者之间因消费者处于劣势地位需要保护，更重要的在于在线交易是在虚拟环境下完成的，需要一套取得消费者信任的制度保障。在网络环境下，消费者的保护问题更主要地表现为要赢得消费者的信任。

消费者对商家信誉的信心只能寄托于 CA 中心和银行等。其中，CA 中心能够核实商家的合法身份，银行则能掌握商家的信誉情况。一旦因商家不付货、不按时付货或者货不符实而造成对消费者的损害时，可以由银行先行赔偿消费者，再由银行向商家追偿。如果商家屡次违规，银行可以取消商家的电子账号，并将违规情况通报给 CA 中心，由 CA 中心将之记入黑名单，情况严重时可以取消商家的数字证书，由此商家将失去开展电子商务的权利。

消费者权益保护的另一个重要内容是保护个人隐私、秘密。由于互联网上信息具有共享性和开发性的特点，必然要涉及侵犯家庭或者个人的隐私权问题。应立足最小限度收集个人数据、最大限度保护个人隐私的原则来制定法律，以尽量消除人们对泄露个人隐私以及重要个人信息的担忧，从而吸引更多的人上网进行电子商务。

（4）网络知识产权保护的法律。

保护知识产权也是电子商务比较重要的问题之一。由于在互联网上知识产权的主要表现是信息，保护的难度相对比较大。网络对知识产权的保护提出了新的挑战，在研究技术保护措施时，还必须建立适当的法律框架，以便侦测仿冒或欺诈行为，并在上述行为发生时提供有效的法律援助。

世界知识产权组织于 1996 年 12 月提出了《世界知识产权组织版权条约》，对信息网络环境下的软件、数据库的著作权保护和信息数字化、网络传输、技术措施、版权信息等问题进行了系统的解释和必要的明确，但是还有很多遗留的问题没有解决，同时还存在发达国家与发展中国家利益差异的问题。

当然，电子商务带来的法律问题不仅仅限于以上所述。在目前，要全面解决电子商务引发的法律问题并非易事，在电子商务发展过程中将会产生的问题谁也无法完全预料，需要通过立法和完善现有法律加以规范，并使得立法工作具有前瞻性。在制定电子商务法律时，要坚持灵活性和安全性的辩证统一。

（5）电子商务侵权法。

互联网的便捷，也使在互联网上实施侵权行为变得便捷。比如，在互联网上发布一篇带有诽谤他人性质的文章，不到几秒钟的时间，就会被几十家甚至几百家网站转帖，瞬间好像整个世界的人都知道了，造成的后果可能十分严重。同样，在电子商务的世界中，通过电子商务活动进行恶意欺诈、商业诽谤等侵权行为，也都变得极为便捷，并且造成范围极大的侵权后果。所以，深入学习电子商务侵权法，对于维护电子商务交易安全、保护商户主体的权利、促进电子商务活动的健康积极发展、促进经济繁荣，具有深远的意义。

### 1.3.3 电子商务安全体系结构

一个完整的电子商务安全体系是由安全基础层、加密技术层、安全认证层、安全协议层和系统应用层以及电子商务安全法律法规和人员安全管理等组成，并且每一层都有相应的安全策略和方案，如图 1-9 所示。

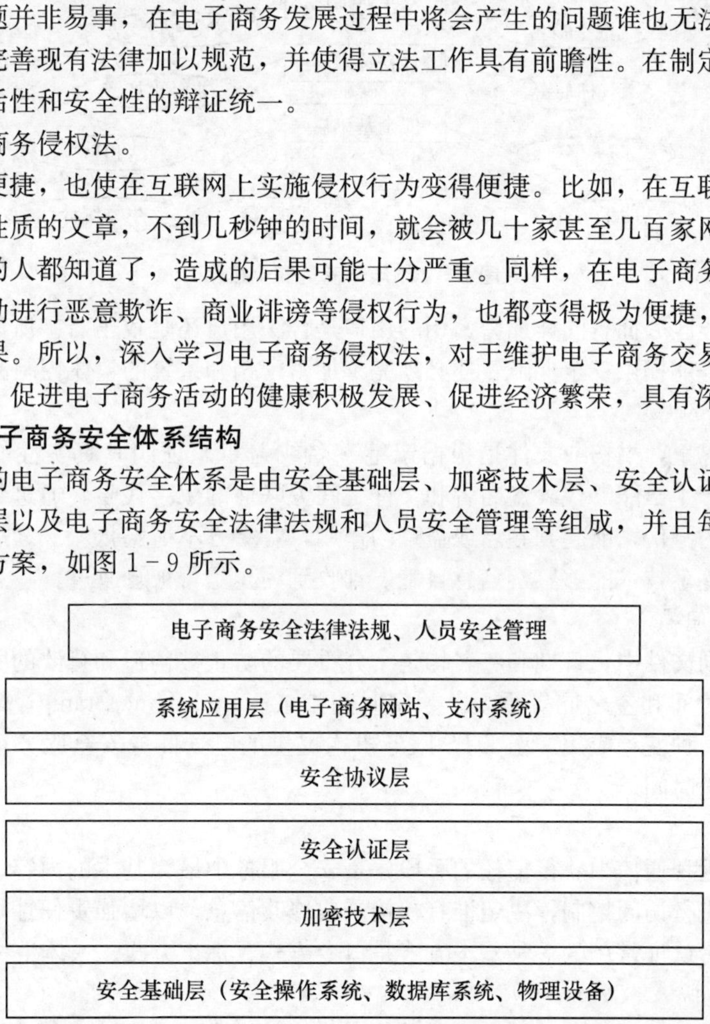


**图 1-9 电子商务安全体系**

### 1.3.4 电子商务安全技术

对于电子商务安全来说，不能完全依赖于单一的某种安全方案或安全产品，我们需要综合使用，合理配置。如图 1-10 所示。

1. 加密技术

加密技术是信息安全技术中的一个重要的组成部分。它可以保护传送的信息安全。但

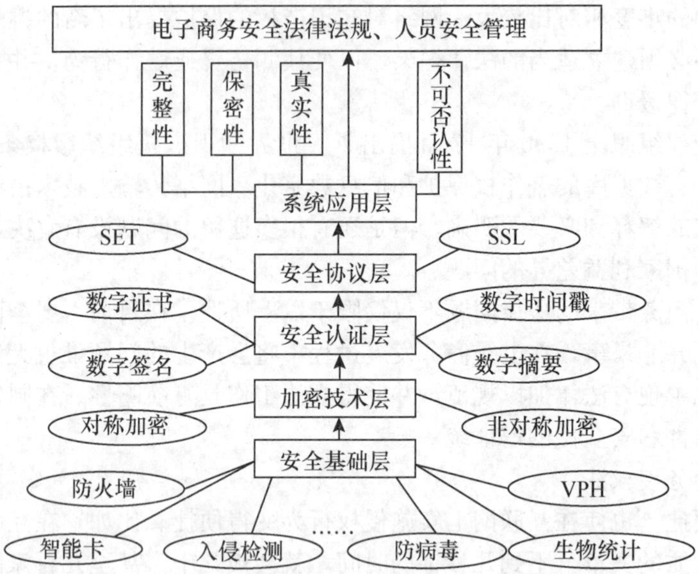


图 1-10 电子商务安全技术

是加密系统不能区分拥有同样加密密钥的用户是合法用户还是攻击者。所以，从某种程度上说，加密本身能提供安全保障，还必须完善加密密钥和系统的整体控制。

2. 数字签名

在现实世界里，书信或文件是根据亲笔签名或盖章来证明其真实性的；在网络世界里，我们希望产生出能够代表签名者和文件之间关联性的数字代号。通过数字签名技术可以确认当事人的身份，能起到签名或盖章的作用，签字方不能够抵赖。之后我们还会学习到，通过数字签名技术能够鉴别信息自签发到收到为止是否被篡改过。

3. 数字时间戳

在书面合同文件中，日期和签名均是十分重要的防止被伪造和篡改的关键性内容；在电子交易中，时间和签名同等重要。数字时间戳（Digital Time Stamp，DTS）技术是数字签名技术的一种变种应用。由 DTS 服务机构提供的电子商务安全服务项目，专门用于证明信息的发送时间。

4. 身份认证

认证是在远程通信中获得信任的手段，是安全服务中最为基本的内容，因为必须通过可靠的认证来进行访问控制，决定谁有权接受或修改信息，以增强责任性，以及实现不可否认服务。身份认证常用的三种基本方式是口令方式、标记方式、人体生物学特征方式。

5. 数字证书

数字证书就是用标志网络用户身份信息的一系列数据来证明某一主体（如个人用户、服务器等）的身份以及其公钥的合法性的一种权威性的电子文档。它由权威公正的第三方机构即 CA 中心签发，类似于现实生活中的身份证。

6. 防火墙

防火墙是软件、硬件的结合，在需要保护的网络与可能带来安全威胁的互联网或其他网络之间建立一层保护。但是防火墙对于以下两个方面起不到“防火”的作用：

（1）不能阻止攻击者使用一个允许的连接攻击；

（2）不能保证不受内部用户的攻击。

7. 智能卡

我们知道密码有可能被猜出，或者使用者为了防止遗忘而将其记录下来，这都有可能使密码被其他人知道。那么如何防止这种情况呢？人们利用智能卡来降低攻击者猜出密码的风险。但是智能卡也有漏洞，即不能防止对系统漏洞进行攻击，而且成本问题也是制约其发展的关键因素。

8. 防病毒

防病毒软件如果设置合理，就可以降低系统遭受恶意攻击的机会。不过，防病毒软件只能保护系统免受恶意程序攻击，却不能避免使用合法程序访问系统的攻击者的攻击，同时也不能保护一些用户对不应该访问的文件进行访问的越权攻击。例如，Melissa 病毒就是伪装成一封电子邮件，用户打开后病毒便感染系统并迅速传播，1993 年爆发时造成了 8 000 多万元的损失。

9. 入侵检测

入侵检测是对防火墙的一个合理补充，帮助系统应对网络攻击，扩展管理员的安全管理能力和范围，提高信息安全基础结构的完整性。

10. 生物统计

生物统计是利用人的生理特征来认证，如指纹认证、眼膜认证、语音认证等。每种认证都需要特定的设备，而且设备必须非常精确才可以检测出是否假冒。同时，这些读取仪器的购置费用和相关人员的接受问题也需要考虑。

# 技 能 篇

## 任务　安全环境下的电子商务操作

**任务目的**

全面掌握电子商务基础操作，完成安全的网络购物过程。

**任务内容**

在开放的互联网环境下，访问任意典型电子商务网站；观察比较各网站的网页和栏目设置情况，并利用搜索引擎、关键字等手段检索商品；注册、登录，在安全的环境下完成电子商务网络购物流程，并完成任务报告的撰写。

**任务准备**

（1）互联网接入。

（2）计算机（每人一台）。

（3）电子商务介绍视频。

（4）组建团队，设计任务环境和任务步骤。

**任务要求**

（1）完成任务报告的所有设计内容，并附上关键步骤的截图。

（2）记录任务结果。

(3) 分析网络购物的安全风险来源。

(4) 总结安全网络购物经验。

**任务分析**

1. 典型 B2B 电子商务网站

(1) 综合门户与行业服务类电子商务网站：中国国际电子商务中心（CIECC）(http://ciecc.ec.com.cn)。

(2) 工业企业电子商务网站：金城集团（http://www.jincheng.com)。

(3) 物流类电子商务网站：中国国际海运网（http://www.shippingchina.com)。

(4) 网络增值服务类电子商务网站：中文搜索引擎——百度（http://www.baidu.com)。

(5) 金融、支付类电子商务网站：电子商务大众支付服务平台——支付宝（http://www.alipay.com)。

(6) 农业类电子商务网站：粮食行业电子商务网站——中华粮网（http://www.cngrain.com)。

2. 典型 B2C 电子商务网站

(1) 网络购物平台——淘宝网（http://www.taobao.com)；亚马逊中国（https://www.amazon.cn)；当当网（http://www.dangdang.com)。

(2) 腾讯旗下的网络购物平台——拍拍网（http://www.paipai.com)。

(3) 以母婴用品为主的购物平台——苏宁红孩子母婴商城（https://redbaby.suning.com)。

(4) 以数码产品网上购物商城起家，目前扩展到各个领域的网络商城——京东（http://www.jd.com)。

(5) 电视购物网站——橡国国际（http://www.chinadrtv.com)。

## 实 践 篇

**一、单选题**

1. 以下哪一个是用来保证硬件和软件本身的安全的？（　　）

A. 实体安全　　B. 运行安全　　C. 信息安全　　D. 管理安全

2. 保护数据在传输过程中的安全的唯一实用的方法是（　　）。

A. 用保护口令　　B. 数据加密　　C. 专线传输　　D. 数字签名

3. 从技术上讲，计算机网络安全问题可以分为三种类型，分别是（　　）。

A. 实体的安全性、运行环境的安全性、信息的安全性

B. 环境安全、设备安全、媒体安全

C. 风险分析、审计跟踪、备份与恢复和应急

D. 操作系统安全、数据库安全、网络安全

4. 以下计算机网络安全技术中，不属于实体安全技术的是（　　）。

A. 电源防护技术　　B. 防盗技术　　C. 环境保护　　D. 病毒防护技术

5. 计算机系统及其资源的存取权限控制是在（　　）中进行的。

A. 系统注册　　B. 软件安装　　C. 硬件组装　　D. 联网工作

6. 在技术领域中，网络安全不包括（　　）。

A. 实体安全　　B. 运行安全　　C. 信息安全　　D. 环境安全

**二、思考题**

1. 电子商务基础设施包括哪些内容？

2. 电子商务安全要素有哪些？作用是什么？

**三、能力训练：电子商务安全整体设计**

任务要求：

1. 上网下载一个综合性的电子商务安全解决方案。

2. 以小组为单位对该电子商务安全方案进行综合分析，总结电子商务安全体系设计的整体规划思路。

3. 参考案例，尝试进行电子商务安全的整体设计规划，最后形成综合性论文。电子商务安全整体设计参考如图 1－11 所示。

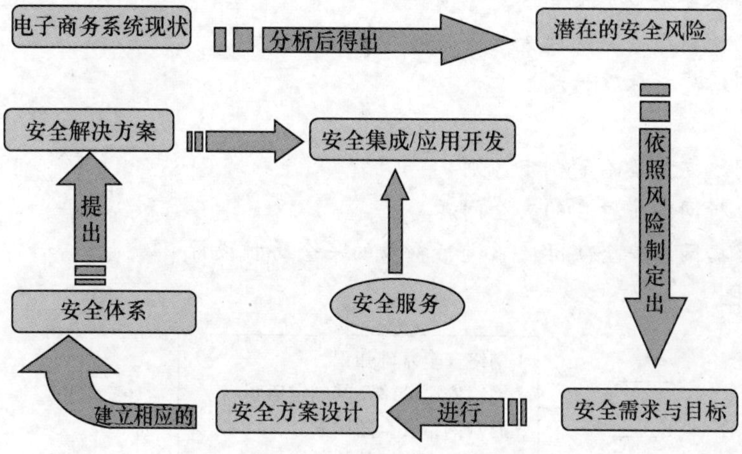


**图 1－11　电子商务安全整体设计**

## 模块小结

本模块主要从电子商务的概念、发展、类型和组成结构等方面对电子商务的内涵进行了分析；针对目前的安全问题，从电子商务安全概念、网络安全和商务交易安全等方面分析了电子商务安全的内涵；通过分析目前电子商务面临的安全问题，介绍了电子商务安全的体系结构和主要的安全技术。

# 模块 2
# 网络安全认知

## 学习目标

**知识目标**

1. 掌握网络安全基础知识
2. 理解网络安全策略及其制定原则
3. 了解影响网络安全的因素及安全防护措施
4. 了解网络安全体系结构

**能力目标**

1. 掌握网络安全策略的制定原则
2. 能够分析网络中存在的安全问题
3. 能够根据网络安全实际要求进行初步的安全防护设计

**模块结构图**

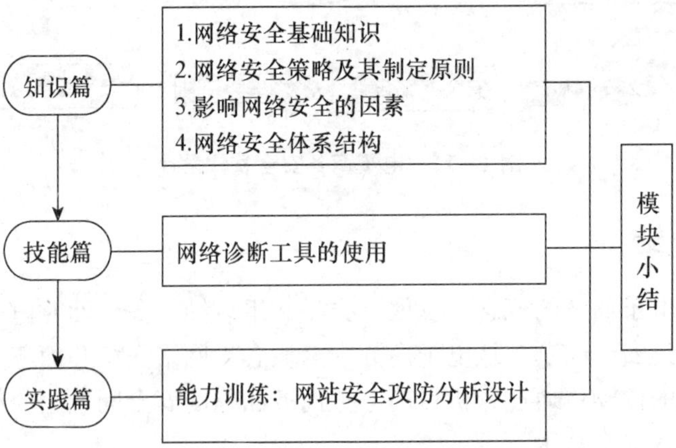


## 知 识 篇

随着计算机技术和网络技术深入到社会各个领域，人类社会的各种活动对计算机网络的依赖程度越来越大，计算机通信网络已成为我们社会结构的一个基本组成部分。互联网为电子商务铺设了道路，但是这些道路并不是很安全，面临着窃听、截取、篡改、毁坏等多种威胁，这些威胁很可能给用户带来不可估量的损失，使其丧失对网络甚至电子商务的信任。我们应该了解网络安全，增强计算机网络安全意识，提高计算机网络安全技术水平，做好防范措施。

## 知识点 2.1 网络安全基础知识

"安全"被定义为"远离危险的状态或特性"以及"为防范间谍行为或蓄意破坏、犯罪、攻击或逃跑而采取的措施"。网络安全是指网络系统的硬件、软件及其系统中的数据受到保护，不因偶然的原因而遭到破坏、更改或泄露，系统连续、可靠、正常地运行，服务不中断。网络安全从其本质上说是网络上的信息安全，它涉及的领域很广。从广义上说，凡是涉及网络上的机密性、完整性、可用性和真实性的相关技术和理论，都是网络安全所要研究的领域。

### 2.1.1 网络安全现状

过去的数年中，互联网遭受了一波又一波的攻击，传播速度超快，影响范围广泛，造成巨大损失的恶意攻击不断出现。面对这些攻击，人们一次又一次地予以坚决的阻击，同时网络安全形势也在攻击与防护的相互较量中不断地发生着变化。

1999 年 3 月爆发的 Melissa 病毒和 2000 年 5 月爆发的 LoveLetter 病毒非常相似，二者都是利用 Outlook 电子邮件附件进行传播，都是利用微软公司开发的 Script 语言缺陷进行攻击。用户一旦在 Outlook 里打开这个病毒邮件，整个系统都会被感染。

2000 年新年之际，全球知名网站雅虎宣告因为遭受 DDoS 攻击而无法对外提供服务，紧接着，Amazon、Com、CNN、E-Trade、ZDNet、BUT、Excite、eBay 等知名网站也几乎在同一时间彻底瘫痪。DDoS 的闪电攻击也使人们认识到互联网远比他们想象的脆弱，它充分利用互联网上的资源，控制大量的傀儡机器，将影响一步步扩大，最后达到意想不到的强大效果。

尼姆达（Nimda）蠕虫是在 2001 年"9・11"恐怖袭击一个星期后出现的，它传播速度快、破坏力强，半小时之内就传遍整个世界，在全球各地侵袭了 830 万部电脑，共造成将近 10 亿美元的经济损失。尼姆达是利用 Windows 操作系统的漏洞进行感染的一种蠕虫型病毒，但是与以前所有的网络蠕虫的最大不同之处在于，它能通过各种不同的途径进行传播，而且能够感染多种 Windows 操作系统。

2006 年爆发的"熊猫烧香"病毒囊括了漏洞攻击、感染文件、移动存储介质、局域网传播、网页浏览、社会工程学欺骗等种种可能的攻击。

2014 年发生了比特币交易站受到攻击、携程漏洞事件、OpenSSL 漏洞、eBay 数据泄露、BadUSB 漏洞、500 万谷歌账户信息被泄露等。

2016 年 10 月，美国公共服务、社交平台、民众网络服务器等都遭到前所未有的严重攻击，包括社交网站 Twitter、网上支付服务网站 PayPal、串流音乐服务商 Spotify，以及娱乐、社交及新闻网站 Reddit 等，半个美国的网络几乎陷入瘫痪。

随着"互联网＋"的广泛应用，很多不安全、不成熟技术的应用使得信息泄露事件频频发生，网络安全问题越来越严峻，主要的安全威胁表现在以下几个方面。

1. 以获取经济利益为目的的网络攻击增多

在早期，许多攻击手段的出现是由于一些被称为黑客的技术人员为了发掘技术、挑战某一权威，或是为了显示自己的才能。随着网络技术不断进步、网络经济的繁荣，黑客已开始从原先不断追求网络技术的人群转变成了以提供相应服务获得经济利益的职业人群。

2. 拒绝服务攻击泛滥

现在人们所看到的拒绝服务已经不仅仅是由一台或是几台机器发起的，攻击者们控制了成百上千的"僵尸"电脑，甚至用蠕虫来进行攻击。

3. 垃圾邮件泛滥

在现在的日常生活和电子商务中，发送电子邮件是一种非常普遍的交流方式，而垃圾邮件的泛滥让人们不堪其扰。这些垃圾邮件主要来自日益增长的僵尸网络和"孜孜不倦"的邮件蠕虫。

4. 恶意软件横行

各种病毒、蠕虫、间谍软件层出不穷。大规模爆发，小规模流传，这些恶意软件的身影从未在互联网上消失过。病毒和蠕虫的多样化非常明显，蠕虫编写组织甚至开始互相对抗，频繁推出新版本。而越来越多的公司或个人开始利用间谍软件获取信息，从初期的简单手机用户信息化演化为收集银行账户密码、邮箱账户密码、游戏账户口令等各种与经济利益相关的私密资料。

Web 攻击也成为攻击者的首选目标。政府网站被篡改事件大幅增加；网络钓鱼方面，且不谈多年受其困扰的 eBay，只看网络钓客以"假网站"试钓中国银行、中国工商银行的用户，就可以想象其猖獗程度了。

5. 对非 PC 设备的威胁增加

手机漏洞发掘技术的发展，也将促进这一领域内手机病毒的大量滋生。目前，手机病毒已经具有计算机病毒的许多特点，一些流氓软件也转战手机平台，在这一平台上开始了新的黑色活动。而通过蓝牙等无线技术，手机病毒可以同时以手机网络和计算机为传播平台，其传播范围大大增加。显然，手机等移动终端的安全问题，正面临着严峻的考验。

图 2-1 是目前网络中攻击复杂度和入侵者知识水平发展趋势关系图。

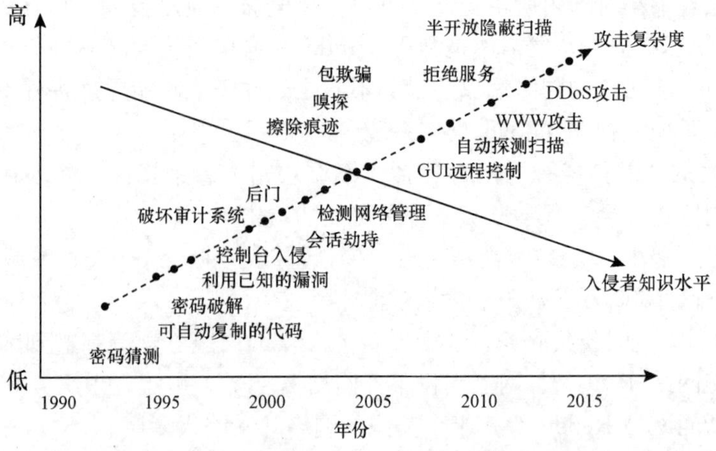


**图 2-1 攻击复杂度和入侵者知识水平发展趋势**

### 2.1.2 网络安全要素

网络安全主要涉及三个层次、四个层面，具体如图2-2所示。

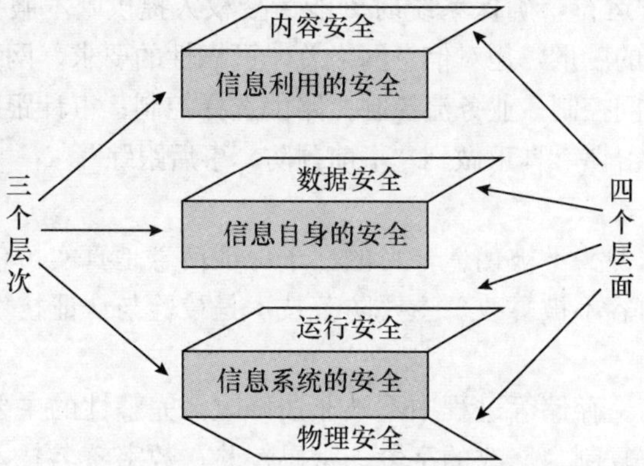


图2-2 网络安全框架体系模型

四个层面中所涉及的具体问题主要包括设备、系统、人员等，具体如图2-3所示。

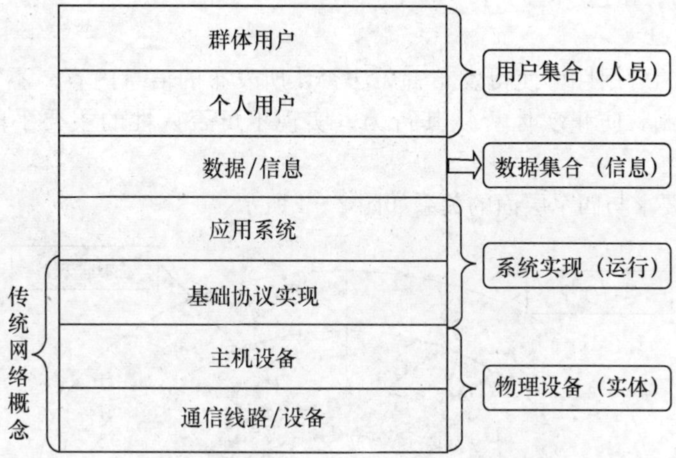


图2-3 网络安全涉及各个层面的问题

网络安全的基本要求包括以下内容。

1. 机密性

机密性是指保证系统不以电磁等方式向外泄露信息，保证信息不能被非授权访问，不被泄漏给非授权的用户、实体或过程，是在可用性的基础上保障网络信息安全的重要手段。实现数据机密性的主要手段有：

（1）物理保密，即利用各种物理手段，如限制、隔离、控制等措施，保护信息不被泄露。

（2）防窃听，使对手侦听不到有价值的信息。

（3）防辐射，防止信息以各种途径辐射出去。

（4）信息加密，使对手即使得到加密后的信息也因为没有密钥而无法得到原文。

2. 可控性

可控性是指对网络信息的传播及内容具有控制能力的特性，即确保个体的活动可被跟踪。

3. 可用性

即保障网络的正常运行，确保系统时刻能为授权人提供基本服务。可用性是信息资源服务功能和性能可靠性的度量，是对信息网络总体可靠性的要求。网络可用性的实现手段主要有：身份的识别；访问控制；业务流控制；路由选择控制；审计跟踪，管理员应养成经常性地对日志进行分析的习惯，真正做到“事前预防，事后跟踪”。

4. 真实性

即保证数据的发送源头不被伪造，目的在于保证信息是真实可信的，其发布者不被冒充，来源不被伪造，内容不被篡改。主要防范技术是校验与认证技术。

5. 完整性

即保证数据在传输、存储等过程中不被非法修改。完整性的主要实现手段有：良好的协议，通过协议检测被复制、修改的字段；密码校验；数字签名技术；网络管理或中介机构的公证等。

完整性与机密性的区别在于：机密性要求信息不被泄露给未授权的人，而完整性要求信息不受到各种原因的破坏。

6. 不可否认性

即保证系统的可用性，使得发布者无法否认所发布的信息内容。不可否认性就是建立有效的责任机制，防止实体否认其行为。实现不可否认性的主要手段有数字签名等方法。

网络安全的要求与四个层面的关系如图 2-4 所示。

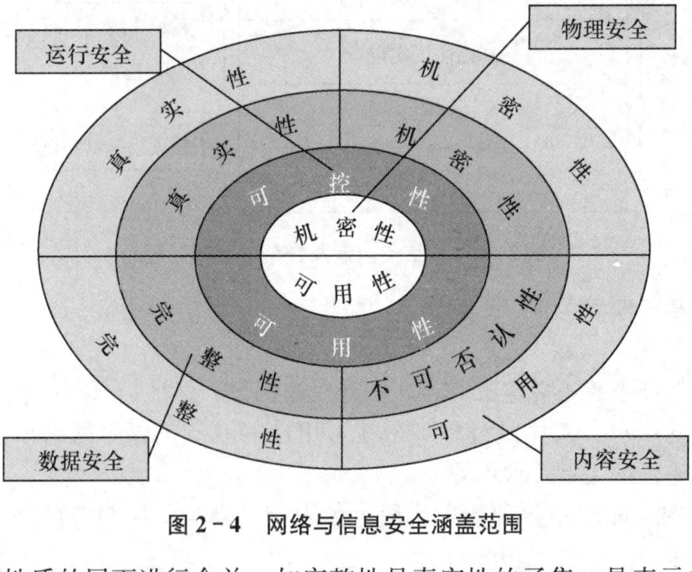


**图 2-4 网络与信息安全涵盖范围**

将具有相同性质的层面进行合并，如完整性是真实性的子集，是表示内容因未被修改而是真实的，可以归并为真实性；而可控性是表示为保护机密性而进行访问控制，所以归纳为机密性，主要保证信息与信息系统不被非授权者所获取与使用；不否认性可以看作是可用性的子集，是为了保证系统确实能够遵守游戏规则，不被恶意使用。通过上面的属性合并，可以得出如图 2-5 所示的网络信息安全“金三角”。

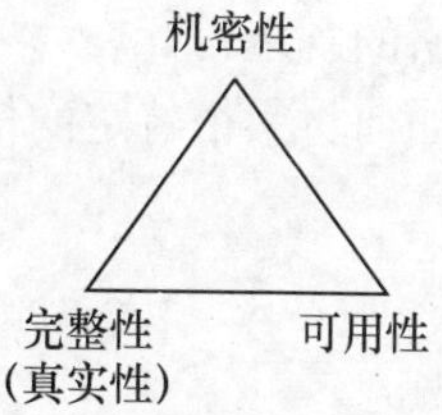


图2-5 网络信息安全"金三角"

# 知识点2.2 网络安全策略及其制定原则

网络安全存在于过程，不仅仅是一个产品，更是一个汇集了硬件、软件、网络、人员以及它们相互关系和接口的系统。安全最主要的问题不是安全技术、安全工具或者是安全产品上的缺乏，而是网络管理人员、企业管理人员和用户对安全知识的忽视。所以，安全是策略、技术和管理的综合，如图2-6所示。

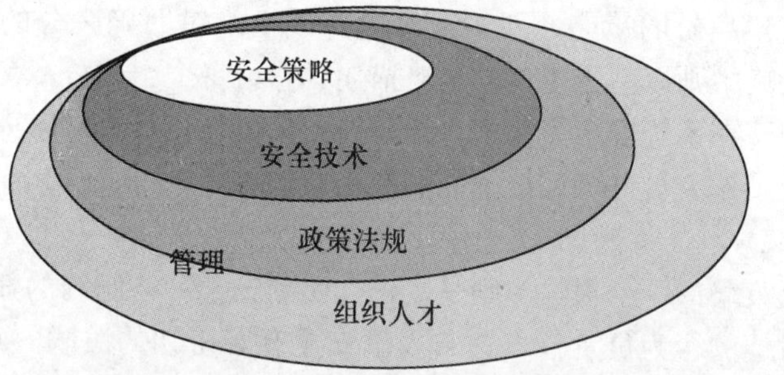


图2-6 网络安全关系图

## 2.2.1 网络安全模型与网络安全区域

网络安全模型，是动态网络安全过程的抽象描述，通过对安全模型的研究，了解安全动态过程的构成因素，是构建合理而实用的安全策略体系的前提之一。为了达到安全防范的目标，需要建立合理的网络安全模型，以指导网络安全工作的部署和管理。

网络安全区域，是指属于某个组织的处理和通信资源之集。

## 2.2.2 网络安全策略

1. 网络安全策略的概念

网络安全策略是指在某个网络安全区域内，所有与安全活动相关的一套规则。这些规则是由网络安全区域设立的一个权威机构来建立的。或者说网络安全策略是针对那些被允许进入某一组织、试图访问网络技术资源和信息资源的人所制定的规则。

制定网络安全策略的目的就是决定一个组织机构怎样保护自己。一般来说，策略包括两个方面：总体策略和具体规则。总体策略用于阐述公司网络安全政策的总体思路。具体规则用于说明什么活动是被允许的、什么活动是被禁止的。

2. 网络安全策略的等级

(1) 目标安全策略，即某个机构对所要保护的特定资源要达到的目的所进行的描述。

(2) 机构安全策略，即一套法律、法规和实际操作方法，用于规范某个机构如何来管理、保护和分配资源以达到安全策略的既定目标。

(3) 系统安全策略，描述的是如何将某个特定的信息系统付诸实现，以支持机构的安全策略要求。

3. 网络安全策略的影响因素

(1) 授权策略。

授权是一个安全策略的基本组成部分。所谓授权，是指赋予主体（用户、终端）对客体（数据）的支配权力，它等于规定了谁可以对什么做些什么。如在一个有机密、秘密和绝密等级的多级安全系统中，只有所持许可证级别等于或高于此密级的人员，才有权访问此密级中的信息。这是一个从机构安全策略等级意义上描述授权的案例。

这些安全策略的描述也对各类防护措施提出了要求。如采用人事防护措施来决定人员的许可证级别。在计算机和通信系统中，这种要求由被称为“访问控制策略”的系统安全策略反映出来。

(2) 访问控制策略。

访问控制策略迫使计算机系统和网络中自动执行授权。在目标安全策略描述中，访问控制策略主要是基于身份的策略，即该策略允许或拒绝对明确区分的个体或团体进行访问。在机构安全策略中则以基于角色的策略描述，它给每个个体分配角色，并基于这些角色来使用授权机制。在系统安全策略中，访问控制策略为多级策略，即该策略是基于信息敏感性的等级以及工作人员许可证级别而制定的一般规则。

(3) 责任。

支撑所有安全策略的一个根本原则是责任。受到安全策略制约的任何个体在执行任务的时候，都需要对他的行为负责任，这与人事安全有着密切的关联。某些网络防护措施，包括认证工作人员的身份以及与这种身份相关的活动，都直接支持这一原则。

### 2.2.3 网络安全策略制定原则

1. 网络安全设计原则

从工程技术角度出发，在设计网络信息安全系统的时候，需要遵守的一般原则如下：

(1) 最小特权。

最小特权是最基本的网络安全系统设计原则，要求设计者只给每个用户或进程需要履行某些特定任务的那些特权，而不是全部。如在实际设计中超级用户的权限一般不要使用，其口令重点保护。用户重新设置打印系统，不要给其 root 口令，写一段特权程序即可。用户写一个受保护文件，不要 setuid 到 root，仅需要 setuid 到被授权的组中即可，都属于这一原则范围内。

(2) 纵深防御。

纵深防御即在安全设计中设计者不能只依靠单一的安全机制，而需要建立多重安全机制，相互支撑，如建立“路由器—防火墙—入侵检测—主机保护—密码安全—人员安全—数据备份”的多重安全机制。因为在网络中没有绝对安全的保护措施，不要绝对信任任何技术。为了更好地保护网络系统，设计者可以通过提高入侵者所冒的风险和代价来减少攻击的可能性。

(3) 阻塞点。

阻塞点，即设置一个窄道，在那里可以对攻击者进行监视和控制。在网络安全领域中的具体应用是通过网络安全中的防火墙设置，强迫任何攻击者都必须通过该阻塞点，然后仔细防御该点就可保证安全。该方式的问题是入侵者有可能会“另辟蹊径”。鉴于此，设计者除了用上述方法外，还应不断发掘新的方法，如给经过阻塞点的数据加上识别标志等。

(4) 最薄弱链接。

安全系统的强度取决于其最薄弱环节的强度，因为没有人会去攻击最坚固的部分，入侵者往往会找到最薄弱点并集中精力攻击，有时安全措施本身往往就是薄弱点。所以在安全系统的配置过程中要尽量消除或严密保护薄弱点。

(5) 失效保护状态。

当系统失效时，拒绝攻击者的访问。如包过滤路由器一旦出现故障，将禁止任何数据的进入。虽然从某种程度上保护了系统，但是代价是造成普通用户使用上的不便。

一般安全保护有两种基本思路：一是默认拒绝：没有明确允许的就是禁止的。二是默认允许：没有明确禁止的就是允许的。具体采用哪一种，取决于管理员的倾向性。

(6) 普遍参与。

首先，安全是需要全体人员的共同努力才能实现的，如在全体员工中有一个员工由于安全意识不强使用了弱口令，就会使系统存在安全隐患。其次，需要全体员工自愿参与，需要进行大量宣传和培训。最后，对于不愿主动参与的员工应使用技术手段和行政制度进行约束。

(7) 防御多样化。

应使用不同种类的安全手段，如使用多种病毒防火墙。同时要避免不同系统被同一个人配置。有观点认为，多样化造成的麻烦和它的价值成正比。

(8) 简单化。

简单化的事情更容易被理解。

2. 网络安全管理原则

对于网络运行者来说，实现网络安全的第一要务就是明确本网络的业务定位、所提供的服务类型和对象。虽然网络环境不同，但是制定安全管理策略的原则是一致的，主要涉及以下几个方面：

(1) 适用性。

安全管理策略是在一定条件下采取的安全措施，它必须与网络实际应用环境相结合。

(2) 可行性。

安全管理策略的制定要考虑资金投入量，所以要适当划分系统中信息的安全级别，并作为选择安全产品的重要依据，使制定的安全管理策略达到成本和效益的平衡。

(3) 动态性。

由于网络用户在不断变化，网络规模也在不断扩大，网络技术本身的发展变化也很快，而安全措施是防范性的、持续不断的，所以安全措施必须随着网络发展和环境的变化而变化。

(4) 简单性。

网络用户越多、网络规模越大、网络提供的服务越复杂，出现网络漏洞的可能性就越大，因此制定的安全管理策略越简单越好。

(5) 系统性。

在制定安全管理策略的时候，应全面考虑网络上的各类用户、各种设备，有计划、有准备地采取相应的策略，避免因疏忽造成网络安全性的损失。

# 知识点 2.3　影响网络安全的因素

随着网络信息的共享应用日益深入，信息在公共通信网络上的存储、共享、传输可能面临的威胁也就日益增多，这些威胁给网络用户带来的损失也是巨大的。安全威胁是某个人、物、事件或概念对某一资源的可用性、机密性、完整性、真实性或可用性所造成的危害，某种攻击就是某种威胁的具体表现。

## 2.3.1　网络安全威胁的类型

互联网中面临的威胁有很多种，大致可以分为下面几类：

(1) 内部管理漏洞，是指信息系统内部缺乏健全的管理制度或制度执行不力，给内部工作人员违规和犯罪留下缝隙，如图 2-7 所示。

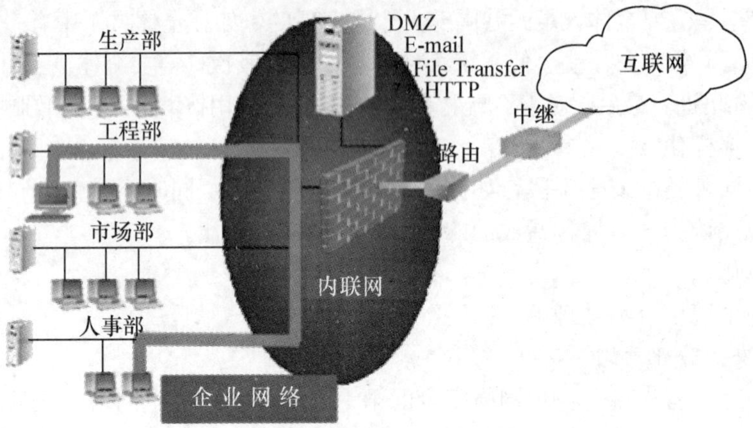


图 2-7　内部管理漏洞

(2) 内部操作不当，是指系统安全管理员出现管理配置的操作失误，如图 2-8 所示。

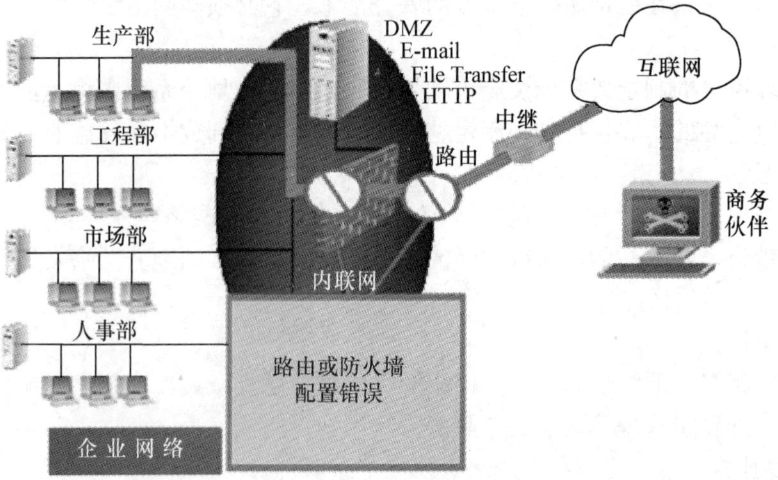


图 2-8　内部操作不当

(3) 来自外部或内部人员的恶意攻击和入侵，如黑客的攻击、计算机病毒和拒绝服务攻击等，如图2-9所示。

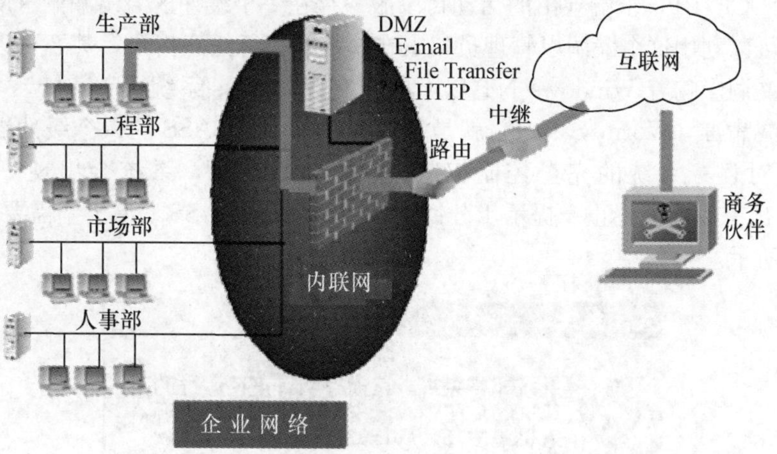


**图2-9 外部攻击**

前两种威胁可以从系统硬件设施以及人员培训、安全教育等方面开展预防。后一种则是当前网络所面临的最大威胁，是电子商务顺利开展的最大障碍，迫切需要解决。

### 2.3.2 操作系统与程序漏洞威胁

操作系统是用户和硬件设备的中间层，在使用计算机之前都必须先安装操作系统，操作系统一般都自带一些应用程序或安装了一些其他厂商的软件工具。漏洞是系统在硬件、软件、协议的具体实现或系统安全策略上存在的缺陷和不足。应用程序和软件在程序实现时的错误，往往会给系统带来漏洞，漏洞一旦被发现，就有可能被攻击者用来在未授权的情况下访问或破坏系统，从而导致危害计算机系统安全的行为。常见的系统安全漏洞包括以下几种。

1. sendmail

大多数Linux和UNIX系统都使用sendmail程序发送、接收和转发电子邮件。由于其用途广泛，所以成为攻击者首选的主要目标。最常见的一个漏洞是攻击者发送一封特意构造的邮件给运行sendmail的机器，sendmail把邮件作为命令读出执行，使目标机器把本机上的口令文件发送到攻击者的机器上，然后攻击者破解口令。多数的Linux和UNIX系统都受该漏洞影响。

2. Microsoft IIS

Microsoft IIS（Internet Information Server）是用在Windows服务器上的Web服务软件，设计目的是建立一套集成的服务器服务，用以支持HTTP、FTP和SMTP，它能够提供快速且集成了现有产品、同时可扩展的服务器，可是它存在着多个漏洞。其中常见的是ISAPI（Internet Services Application Programming Server，缓冲区溢出漏洞），安装IIS的同时会自动安装多个ISAPI扩展。ISAPI允许开发者使用动态链接库（DLL）来扩展IIS服务器的功能，其中一些动态链接库如idq. dll中存在编程错误，没有对输入进行适当的边界检查，特别是它们不能阻止输入的超长字符串，攻击者可以利用这个向DLL发送数据，造成缓冲区溢出，进而控制IIS服务器。

3. LSASS 漏洞

LSASS. exe 是一个系统进程，用于微软 Windows 系统安全，属于本地安全和登录策略。LSASS DCE/RPC 末端导出的活动目录服务存在一个缓冲区溢出漏洞（MS04 - 011），远程攻击者可以利用这个漏洞以管理员权限在系统上执行任意指令，甚至可以完全控制该系统。这一漏洞影响着 Windows NT 以上的所有 Windows 系统（Windows Vista 除外），著名的震荡波病毒（Worm. Sasser）就是利用 Windows LSASS 的一个缓冲溢出漏洞进行攻击，取得对目标系统的完全控制权限。用户被攻击时，系统会出现一些症状，如 LSASS. exe 出乎意料地终止、提示 1 分钟倒计时窗口、LSASS. exe 出错需要关机等现象，如图 2 - 10 所示。

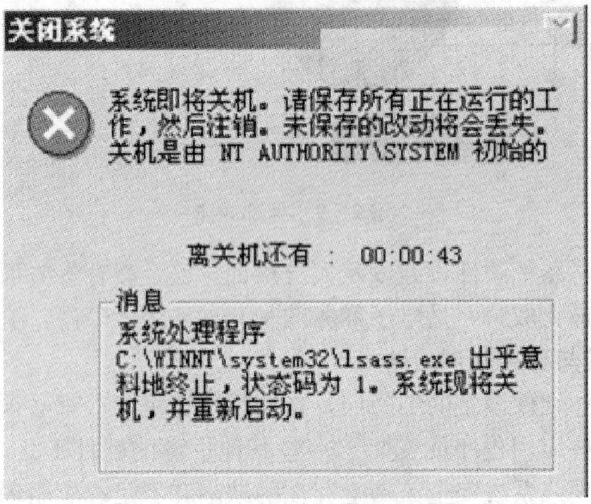


图 2 - 10 震荡波病毒攻击

4. 文件共享

文件共享即主动地在网络上（互联网或小的网络）共享自己的计算机文件，如 Windows 系统中基于 NetBIOS 的 SMB 协议、UNIX 的 NFS 服务、Macintosh 提供的 Web 共享服务。如果配置不正确，那么在允许文件共享的同时也常常会给出系统的敏感信息。如 Windows NT 系统中，用户和组信息、系统信息和一些注册表中的键值都可以通过建立 NetBIOS 连接服务上的空任务连接 null session 被访问到。这些信息常被用作口令猜测或暴力口令攻击的基础。

5. RPC 漏洞

RPC（Remote Procedure Call，远程过程调用）提供了一种进程之间通信的机制，允许一台计算机执行另一台计算机上的程序。它们有广泛的应用网络服务，如 NFS 文件共享和 NIS。很多 UNIX 系统中的 RPC 软件包中包含具有缓冲区溢出漏洞的程序。在 Solar Sunrise 攻击事件中，就是因为黑客在美国国防部的网络系统中找到了一个 RPC 漏洞。

由于许多应用和服务都依赖 RPC 服务，因此攻击这一漏洞将导致一些基于 RPC、DCOM 的应用与服务无法使用、拒绝服务。此外，攻击者也可以利用这个漏洞来劫持 epmapper 管道（用于 RPC 端点的映射，默认为系统信任）和 135 端口（用于 DCOM 认证），从而提升权限或获得 DCOM 客户端认证的信息。

### 2.3.3 网络协议漏洞威胁

网络协议是计算机通信的共同语言，是双方通信约定好的必须遵守的约定、规范和准则。以使用 TCP/IP 为例，TCP/IP 是目前互联网使用最为广泛的协议，由于其简单、可扩展的设计原则，给用户带来极为方便的互联网使用环境，但也存在着各种安全缺陷。

1. TCP 序列号预计缺陷

TCP 序列号预计缺陷由莫里斯首先提出，是网络安全领域中最为有名的缺陷之一。即在受害主机不能接到信任主机应答确认时，入侵者通过预计序列号来建立连接，这样，入侵者可以伪装成信任主机与受害主机通话。

下面举例来看利用 TCP 序列号可预测的缺陷。

正常的 TCP 连接建立过程是一个“三次握手”过程。具体描述如下：

客户方→服务方：SYN（ISNc）。

服务方→客户方：ACK（ISNc），SYN（ISNs）。

客户方→服务方：SYN（ISNs）。

在连接建立过程中，客户方必须收到来自服务方的初始序列号 ISNs，在接到 ISNs 之前，对客户方来说它就是一个随机数。如果入侵者通过某种方法得到了服务方的初始序列号 ISNs，那么它有可能冒充客户方对服务方发信息。此时过程描述如下：

攻击者→服务方：SYN（ISNx），SRC＝被冒充的主机。

服务方→被冒充的主机（攻击者）：ACK（ISNx），SYN（ISNs）。

攻击者→服务方：ACK（ISNs），SRC＝被冒充的主机。

攻击者→服务方：ACK（ISNs），SRC＝被冒充的主机，开始传输数据。

2. 路由协议缺陷

互联网的主要节点设备是路由器，路由器转发数据的策略为路由选择。为了满足庞大复杂的网络，通常使用动态路由协议来实现路由发现、路由选择、路由切换和负载分担等功能。现在路由协议有路由信息协议 RIP、开放式最短路径优先协议 OSPF 和边界网关协议 BGP。在这些路由协议中，也存在着很多漏洞和缺陷。

（1）源路由欺骗。

在通常情况下，信息包从起点到终点所走的路是由位于此两点间的路由器决定的，数据包本身只知道去往何处，而不知道该如何去。源路由可使信息包的发送者将此数据包要经过的路径写在数据包里，使数据包循着一个对方不可预料的路径到达目的主机。

主机 A 享有主机 B 的某些特权，攻击者 X 想冒充主机 A 从主机 B 获得某些服务。首先，攻击者 X 修改距离最近的路由器，使得到达此路由器且包含主机 B 目的地的数据包以主机 X 所在的网络为目的地；然后，攻击者 X 利用 IP 欺骗向主机 B 发送源路由（指定最近的路由器）数据包。当主机 B 回送数据包时，就传送到被更改过的路由器。这就使入侵者可以假冒一个主机的名义通过一个特殊的路径来获得某些被保护数据。

（2）ARP 欺骗。

伪装 ARP 包的过程，是以受害者的 IP 地址和攻击者自身的 MAC 地址为源数据包发送 ARP 应答包，这样就可以造成另一种 IP 欺骗，即 IP Spoof。

(3) RIP 攻击。

RIP 是用于自治域内的一种路由协议,使用的算法是距离矢量算法,该算法主要是每个路由器向相邻的路由器宣布可以通过它到达的路由器及距离。而接收到的主机并不检验这一信息,入侵者可能向目的主机以及沿途的各个网关发出伪造的路由信息,使所有发往目的主机的数据包发往入侵者,入侵者就可以冒充目的主机,也可以监听所有目的主机的数据包,甚至在数据流中插入任意的数据包。

3. 应用层协议缺陷

(1) DNS 缺陷。

DNS 是由解析器和域名服务器组成的。域名服务器是指保存有该网络中所有主机的域名和对应的 IP 地址,并具有将域名转换为 IP 地址功能的服务器。它存在着多种安全缺陷,入侵者可以进行域名的冒充攻击。

(2) FTP 缺陷。

FTP 用户口令采用明文传输,这就增加了系统被攻破的危险。在局域网内或路由器上监听,就可以截获大量口令,利用这些口令可以尝试登录系统。同时,一些匿名的 FTP 提供了另一条攻击途径:攻击者可以上传一个带有恶意代码的软件,当另一个主机上的用户下载并安装此软件时,后门即可以建立。而且匿名 FTP 无记录,使得攻击更具有隐蔽性。

(3) Telnet 缺陷。

由于 Telnet 使用明文传送,因此不仅用户口令而且用户的所有操作即远程服务器的应答都是透明的,这样 Telnet 被监听产生的影响就更为突出。Telnet 的另一个问题是它有可能被入侵者加入任意的数据包。

### 2.3.4 黑客攻击威胁

“黑客”最早源自英文 hacker,早期在美国的电脑界是带有褒义的,原指热心于计算机技术、水平高超的电脑专家,尤其是程序设计人员。黑客对计算机有着狂热的兴趣和执着的追求,他们不断地研究计算机和网络知识,发现计算机和网络中存在的漏洞,喜欢挑战高难度的网络系统并从中找到漏洞,然后向管理员提出解决和修补漏洞的方法。但到了今天,“黑客”一词已被用于泛指那些专门利用电脑网络搞破坏或恶作剧的人,对这些人的英文叫法是 cracker,中文也译成“骇客”。

现在政府和公司管理者越来越多地要求黑客传授给他们信息安全方面的知识。许多公司和机构还邀请黑客为他们检验系统安全性,甚至还请黑客设计新的保安规范。黑客攻击公司网络如图 2-11 所示。

1. 口令攻击

这是黑客的最老牌的攻击方法,从黑客诞生那天起就被使用。攻击者攻击目标时常常把破译用户的口令作为攻击的开始。

如果想进行口令攻击,需要先得到目标主机上的某个合法用户的账号,然后再进行合法用户口令的破解。

(1) 通过网络监听非法得到用户口令。

1) 采用中途截击的攻击方法,是在服务器完成“三次握手”建立连接之后,在通信过程中扮演“第三者”的角色,假冒服务器身份欺骗用户,再假冒用户向服务器发出恶意

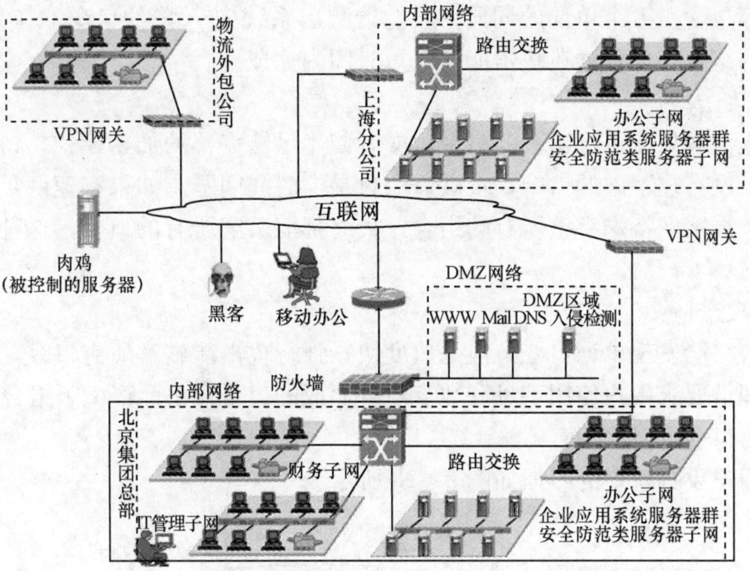


**图 2-11　黑客攻击公司网络**

请求，其造成的后果不堪设想。

2）很多协议根本就没有任何加密和身份认证技术，如 Telnet、FTP、HTTP 等传输协议中，用户账户和密码信息都以明文格式传输，此时如果攻击者利用数据包截取工具便可以很容易地收集到用户的账户和密码信息。但是通过网络监听非法得到用户口令只有在共享式局域网中才较容易实现。

（2）在知道用户的账户后，利用一些专门软件强行破解用户口令。如字典攻击、强行攻击、组合攻击等。

1）字典攻击。

大多数用户使用标准单词作为密码，字典攻击即试图通过利用包含单词列表的文件去破解密码，如图 2-12 所示。

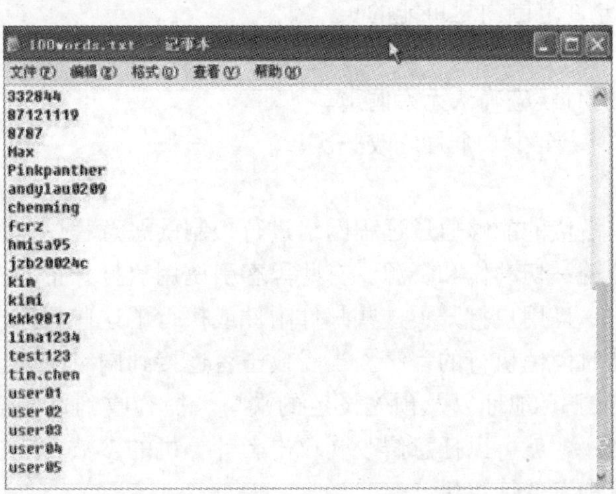


**图 2-12　字典文件**

使用一部包含1万个单词的词典一般能猜测出系统中70%的口令。在大多数系统中，和尝试所有的组合相比，词典攻击能在很短时间内完成。

2）强行攻击。

许多人认为如果使用足够长的口令，或者使用足够完善的加密模式，口令就能实现攻不破。事实上没有攻不破的口令，攻破口令只是个时间问题。如果有速度足够快的计算机能尝试字母、数字、特殊字符所有的组合，最终都能破解所有的口令，这种攻击方式叫强行攻击。

3）组合攻击。

字典攻击只能发现单词口令，但是速度快；强行攻击能破解所有口令，但是花费时间长。很多管理员要求用户使用字母和数字组合而成的口令，由此产生了组合攻击。

(3）预防口令攻击。

大部分用户设置口令的习惯如图2-13所示。

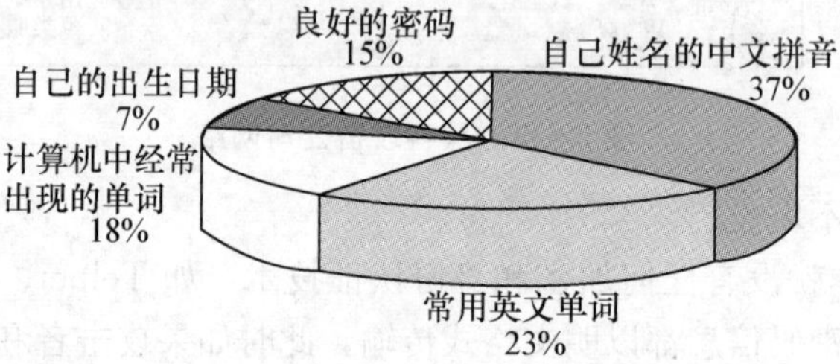


图2-13 用户设置口令的习惯

那么如何预防口令攻击呢？可以从以下几个方面入手：

1）不要将口令写下来。

2）不要将口令存在计算机内。

3）不要用字典中有的词作为口令。

4）不要用生日、电话号码、纯数字或字母做口令。

5）口令应该在允许范围内尽可能的长。

6）不要在不同系统上使用同一口令。

7）在输入口令的时候应确认无人偷窥。

8）定期修改口令，至少6个月修改一次。

2. 木马攻击

木马是一种秘密潜伏的能够通过远程网络进行控制的恶意程序。控制者可以控制被秘密植入木马的计算机的一切动作和资源。有些黑客引诱用户打开带有木马程序的邮件附件或从网上直接下载，一旦用户打开了这些邮件附件或执行了这些程序，就在系统中隐藏了一个可以在系统启动时悄悄执行的程序。当受攻击者连接到网络时，这个程序就会通知黑客，并报告受攻击者的IP地址以及预先设定的端口。黑客收到这些信息后，利用潜伏在受攻击者系统中的程序，就可以任意修改受攻击者计算机的参数、窥视硬盘内容、提升权限等，从而控制受攻击者的计算机。

3. 利用缓冲区溢出攻击

当目标操作系统收到了超过其最大能接受的信息量时，这些多余的数据将从程序的缓冲区溢出，然后覆盖实际的程序数据，缓冲区溢出使目标系统的程序被修改，经过这种修改的结果是在系统上产生了一个后门，如图 2－14 所示。这是目前最为流行的一种黑客攻击方式，占黑客攻击总数的 80％以上。

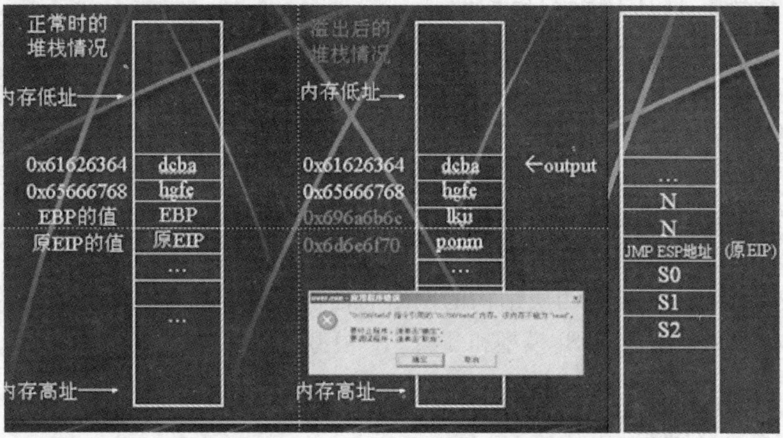


图 2－14　缓冲区溢出案例

4. Web 欺骗

Web 是应用层上提供的服务，直接面向互联网用户。Web 欺骗的根源在于互联网的开放性，即任何人都可以建立自己的 Web 站点，同时 Web 站点名字（DNS 域名）可以按照先后顺序自由注册，而且并不是每个用户都清楚 Web 的运行规则。

Web 欺骗形式有使用相似的域名、改写 URL、劫持 Web 会话。具体表现如下：Web 欺骗是一种电子信息欺骗，攻击者创造了一个令人信服但是完全错误的拷贝，错误的 Web 看起来十分逼真，它拥有与正确的 Web 相同的网页和链接。然而，攻击者控制着错误的 Web 站点，这样受攻击者浏览器和 Web 之间的所有网络信息完全被攻击者所截取，其工作原理就好像是一个过滤器。Web 欺骗案例如图 2－15 所示。

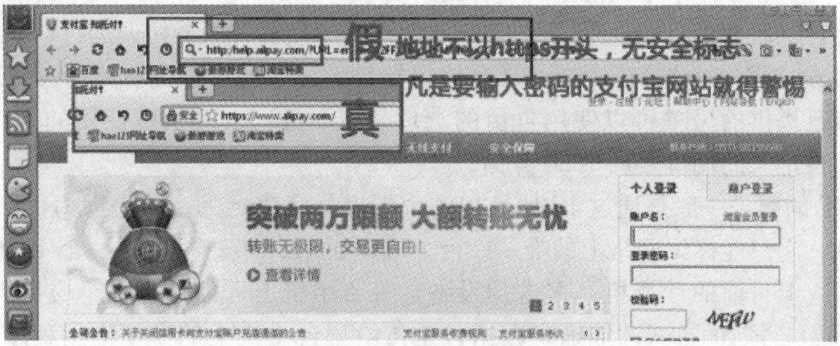


图 2－15　Web 欺骗案例

## 知识点 2.4　网络安全体系结构

根据所需要保护的系统资源、对资源攻击者的假设及其攻击的目的、技术手段以及造成的后果，来分析该系统所受已知的、可能的和该系统相关的威胁，并且考虑到构成各个部件的缺陷和隐患共同形成的风险，然后建立起系统的安全需求。

### 2.4.1 网络体系结构及安全缺陷

1. OSI 模型和 TCP/IP 模型的关系

OSI 模型，即开放式通信系统互联参考模型（Open System Interconnection，OSI），是国际标准化组织（ISO）提出的一个试图使各种计算机在世界范围内互连为网络的标准框架。根据 OSI 模型，计算机网络按照功能从下到上来划分可以分成 7 层：物理层、数据链路层、网络层、传输层、会话层、表示层和应用层。OSI 模型只是个理论上的模型，它的缺陷在于所划分的层太多，其中会话层和表示层基本上没有使用价值，所以在 OSI 模型的基础上，又提出了一个重要的网络模型，即 TCP/IP 模型。

TCP/IP 模型是一个拥有四层结构的网络通信协议簇，从下往上依次为网络接口层、互联层、传输层和应用层。OSI 模型和 TCP/IP 模型各层关系如图 2－16 所示。

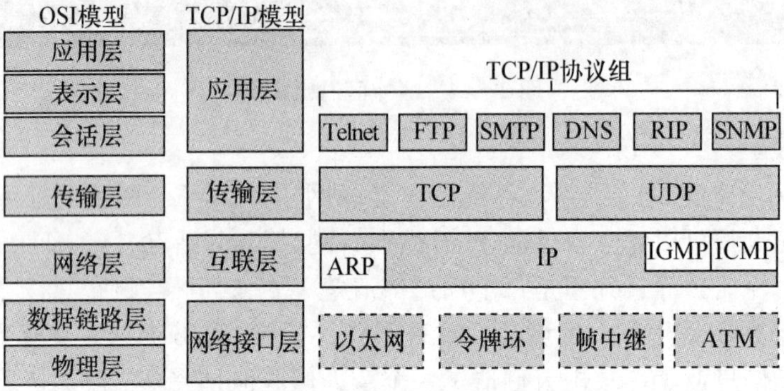


**图 2－16 OSI 模型和 TCP/IP 模型各层关系**

2. 网络地址与端口号

在基于 TCP/IP 体系结构模型下，一台计算机（具有一个 IP 地址）可以提供多种服务，如文件传输服务 FTP、远程登录 Telnet 等。为了使各种服务协调运行，TCP/IP 协议为每种服务设定了一个端口，称为 TCP 协议端口。每个端口都拥有一个 16 比特的端口号。用户自己提供的服务可以使用自由的端口号，不过，一般系统使用的端口号为 0～1024，用户自定义的端口号从 1024 开始。

TCP/IP 的服务一般是通过 IP 地址加一个端口号来决定的。这是因为，IP 地址是网络层的地址，它只能标识网络上的唯一一台主机，如 192.168.3.33 是一个 IP 地址，它对应一台主机，但目前的计算机是多进程设备，一台主机上可以运行多个应用程序，通过“IP 地址＋端口号”的方式才能确定数据包是传给哪台主机上的哪个应用程序的。所以，两台主机想要通信就要使用“IP 地址＋端口号”的方式，如图 2－17 所示。

对于一些常见的程序，它们使用的端口号一般是固定的，如表 2－1 所示。因此，通过端口号还可以辨别目标主机上正在运行的程序。使用 Netstat-an 或端口扫描器可以查看本机活动的连接和开放的端口号，其中 Netstat-an 是网络安全管理者用来查看网络是否被入侵的最简单方法，如图 2－18 所示。

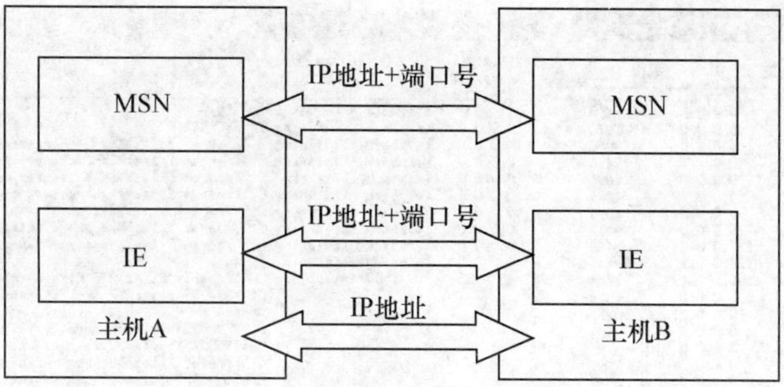


图2-17 IP地址和端口号的关系

表2-1 常用端口号举例

| 服务器 | 协议 | 服务端口 |
|---|---|---|
| Web服务器 | TCP | 80 |
| FTP服务器 | TCP | 21 |
| Telnet | TCP | 23 |
| NetMeeting | TCP | 1503、1720 |
| MSN Messenger | TCP/UDP | File Send：6891-6900（TCP）Voice：1863、6901（TCP）Voice：1863、5190（UDP） |
| PPTP VPN | TCP | 1723 |
| Iphone 5.0 | TCP | 22555 |
| SMTP | TCP | 25 |
| POP3 | TCP | 110 |

3. 互联层的安全缺陷

互联层的IP协议在设计时主要用来寻址和路由选择，对IP协议的攻击是目前互联网上最主要的攻击之一。IP协议存在的主要缺陷包括：

（1）IP通信不需要进行身份认证，无法保证数据源的真实性；

（2）IP数据包在传输中都没有加密，无法保证数据传输的完整性；

（3）IP的分组和重组机制不完善，无法保证数据的传输正确性；

（4）IP地址的表示不需要真实确认，无法通过IP验证对方的身份等。

常见的利用IP协议缺陷的网络攻击有IP欺骗、IP伪造、Ping Flooding、源路由欺骗、Smurf攻击等。

4. 传输层的安全缺陷

传输层主要有TCP协议和UDP协议。对TCP协议的攻击，主要利用TCP建立连接的“三次握手”机制等的缺陷，如SYN Flooding等拒绝服务攻击就是利用TCP协议的缺陷完成的。

5. 应用层的安全缺陷

对应用层的攻击包括未经审查的Web方式的信息录入、应用权限的访问控制被破解、身份认证被攻破、跨站点的执行代码漏洞、缓存溢出漏洞等。

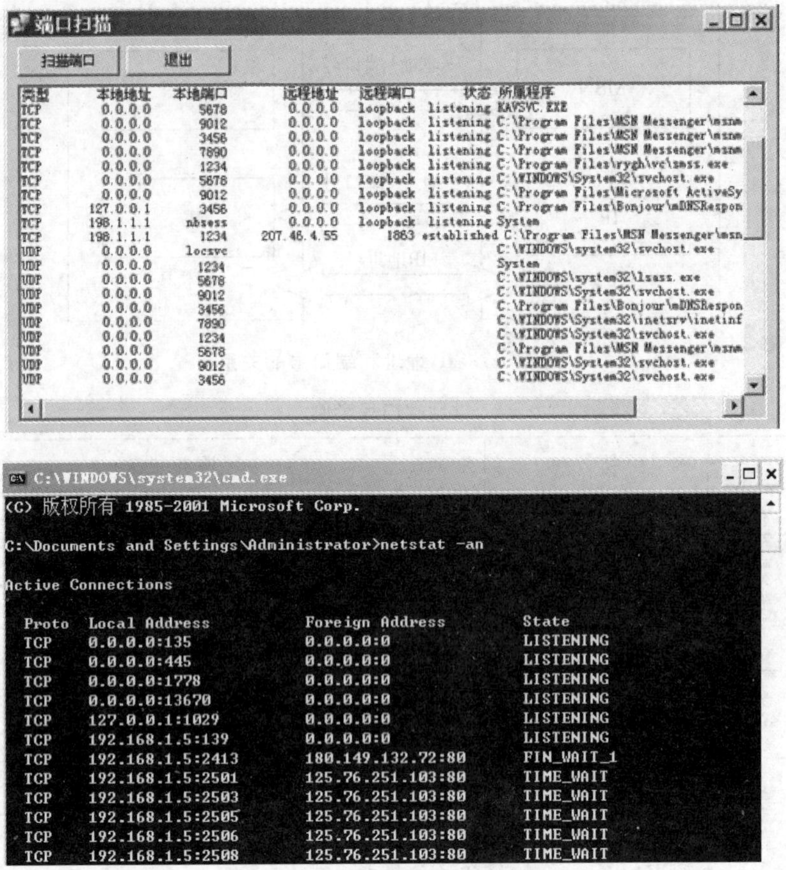


图 2-18 端口扫描

### 2.4.2 OSI 安全体系结构

在对开放系统面临的威胁和其脆弱性进行分析的基础上，提出在 OSI 安全参考模型中增设安全服务、安全机制和安全管理，并给出了 OSI 网络层次、安全服务和安全机制之间的逻辑关系，定义了 5 种安全服务、提供这些服务的 8 种安全机制以及相应的开放系统互联的安全管理，可根据具体系统适当配置于 OSI 模型的 7 层协议中。

1. OSI 的 5 种安全服务

在计算机网络中，主要的安全防护措施称作安全服务。有以下 5 种通用的安全服务：

(1) 认证服务：提供某个实体（人或系统）身份的保证；

(2) 访问控制服务：保护资源以免其被非法使用和操纵；

(3) 机密性服务：保护信息不被泄露或暴露给未授权的实体；

(4) 数据完整性服务：保护数据以防止未授权的改变、删除或替代；

(5) 非否认服务：防止参与某次通信交换的一方事后否认本次交换曾经发生。

为某一安全区域所制定的安全策略决定着在该区域内或者在与其他区域进行通信交换时应采用哪些安全服务，也决定着在什么条件下可以使用哪个安全服务，以及对此服务的任意一个变量参数施加了什么限制。表 2-2 为安全服务的具体应用。

表 2-2 安全服务的具体应用

| 安全威胁 | 假冒攻击 | 授权侵犯 | 窃听攻击 | 数据完整性破坏 | 服务的否认 | 拒绝服务 |
|---|---|---|---|---|---|---|
| 安全服务 | 认证服务 | 访问控制服务 | 机密性服务 | 数据完整性服务 | 非否认服务 | 认证服务、访问控制服务、数据完整性服务 |

(1) 认证服务。

认证服务是可控性服务的重要组成部分，它提供了关于某个实体（人或事物）的保证。这意味着每当某个实体声称具有一个特定的身份（如一个特定的用户名）时，认证服务将提供某种方法来证实这一声明是正确的。口令是认证服务的常见形式，主要包括实体认证和数据起源认证，其中实体认证的一个重要的实例是人员认证。

(2) 访问控制服务。

访问控制的目标是防止对任何资源（如计算资源、通信资源或信息资源）进行未授权的访问。所谓未授权的访问，包括未经授权的使用、泄露、修改、销毁以及颁发指令等。访问控制直接支持机密性、完整性、可用性以及合法使用等基本安全目标。访问控制是实施授权的一种方法，它既是通信安全的问题，又是计算机操作系统性安全的问题。由于必须在系统之间传递访问控制信息，所以它对通信协议具有很高的要求。

(3) 机密性服务。

机密性服务就是保护信息不被泄露或暴露给那些未授权掌握这一信息的实体（如人或组织）。要达到保密的目的，我们必须防止信息经过这些信息通道被泄露出去。在网络安全中，我们要区分两种类型的机密性服务：一种是数据机密性服务（如使用加密手段），它使得攻击者很难从某个数据项中推测出敏感信息；另一种是业务流机密性服务，它使得攻击者也很难通过观察网络的业务流来获得敏感信息。

(4) 数据完整性服务。

数据完整性服务就是确保数据的价值和存在性没有改变。改变数据的价值是指对数据进行修改和重新排序，而改变数据的存在性则意味着新增或删除它。所有的数据完整性服务都能够对付新增或修改数据的企图，但未必都能够对付复制或删除数据。复制是由重放攻击所造成的。连接完整性服务要求能够防止在某一连接内重放数据，但它仍然存在弱点，因为某个入侵者可能重放一个完整的连接。检测对某些数据的删除与检测重放攻击一样难。

(5) 非否认服务。

非否认服务与其他安全服务有着本质的区别。它主要是保护通信用户免遭来自系统中其他合法用户的威胁，而不是来自未知攻击者的威胁。“否认”最早被定义成一种威胁，它是指参与某次通信交换的一方事后不诚实地否认曾发生过本次交换。非否认服务是用来对付这种威胁的。

2. OSI 的 8 种安全机制

为了提供上述安全服务，OSI 安全体系结构提供了 8 种安全机制：

(1) 加密机制：提供数据保密的最常用方法，能部分或全部用于实现其他安全机制。

(2) 数字签名机制：用来解决通信双方发生争执时可能产生的否认、伪造、冒充和篡改等安全问题。

(3) 访问控制机制：用来实施对资源访问或操作加以限制。

(4) 数据完整性机制：防止数据被假冒、丢失、重放、插入或修改。

(5) 认证交换机制：以交换信息的方式来确认实体身份。

(6) 路由控制机制：可使信息发送者选择特殊的路由，以保证数据安全。

(7) 业务流填充机制：用来对抗非法者在线路上监听数据并对其进行流量和流向分析。

(8) 公正机制：用来提供公正服务和仲裁出现的问题。

### 2.4.3 网络安全攻防体系

网络安全攻防体系主要包括两部分：网络攻击和网络防御，如图 2-19 所示。网络攻击是网络用户未授权的访问或使用尝试，其目标是破坏网络信息的保密性、网络信息的完整性、网络服务的使用性、网络信息的抵赖性和网络运行的可控性。网络防御是一种网络安全技术，指致力于解决如何有效进行介入控制以及如何保证数据传输的安全性等问题的技术手段，主要包括物理安全分析技术、网络结构安全分析技术、系统安全分析技术、管理安全分析技术，以及其他的安全服务和安全机制策略。

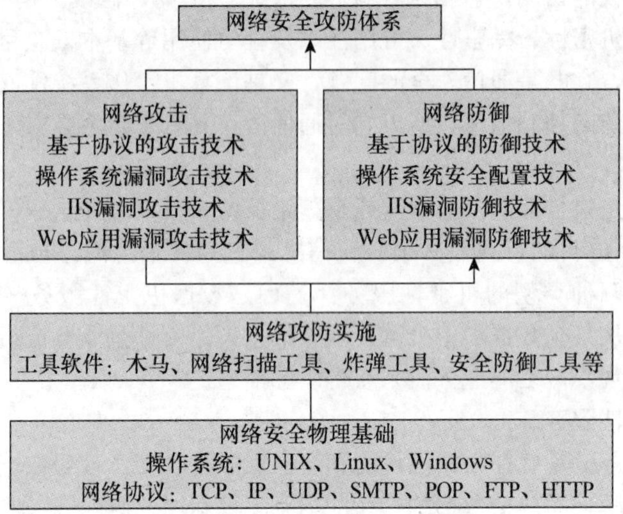


图 2-19 网络安全攻防体系

1. 网络攻击

(1) 网络攻击的类型。

随着互联网的飞速发展和广泛应用，越来越多的各式各样的网络攻击威胁着网络的安全，所以有效地防范网络攻击势在必行。网络攻击主要包括以下几个方面：

1) 基于对攻击所属的网络层次，网络攻击可分为 4 种类型：针对数据链路层的攻击（如 ARP 欺骗）、针对网络层的攻击、针对传输层的攻击和针对应用层的攻击（如 DNS 欺骗等）。

2) 按照攻击者目的的分类，网络攻击可以分为拒绝服务攻击（DoS）/分布式拒绝服务攻击（DDoS）和 Sniffer 监听。

(2) 网络攻击的步骤。

不同的网络攻击，都具有类似的攻击步骤。网络攻击主要有以下五大步骤：

1) 网络监听。在计算机上利用程序去监听目标计算机与其他计算机通信的数据。

2) 网络扫描。利用程序去扫描目标计算机开放的端口，目的是发现漏洞，为入侵做准备。

3）网络入侵。发现对方存在的漏洞后，入侵到目标计算机获取隐私信息和重要数据。

4）网络后门。成功入侵目标计算机后，为了对目标主机进行长期控制，在目标计算机中种植木马等后门。

5）网络隐身。入侵成功并退出目标计算机后，清除自己的入侵痕迹，从而防止被入侵方管理员发现。

2. 网络防御

（1）安全管理。

主要包括操作系统的安全管理和安全管理制度。

1）操作系统的安全是整个网络安全的关键，目前服务器常用的操作系统有三大类：UNIX、Linux 和 Windows Server 操作系统。这些操作系统都存在不少漏洞，管理员应了解这些漏洞，采取相应的安全措施。

2）网络安全事故在很大程度上是由于管理者的失误操作造成的，所以保持忧患意识和建立完善的计算机网络安全管理体制尤为重要。安全管理制度主要包括：部门和人员组织管理制度、安全设备的管理制度、安全访问机制、机房管理制度、软件管理及操作管理制度、安全培训制度等。要坚持不轻易打开来历不明的信件、不下载非官方网站的软件或游戏等。

（2）数据加密体制。

加密技术是信息安全最基本的技术措施之一。按照作用不同，加密技术可以分为数据传输加密技术、数据存储加密技术、数据完整性鉴别技术和密钥管理技术。

1）数据传输加密技术，常用的方法有线路加密和端到端加密，目的是对传输中的数据流进行加密。其中线路加密重点考虑线路，对保密的信息通过各种线路采用不同的加密密钥提供安全保护；而端到端加密则是由发送端自动加密，并进入 TCP/IP 数据包回封，然后作为不可识别的数据经过网络，到达目的地后，将被自动重组、解密，成为可识别的数据。

2）数据存储加密技术，分为密文件存储和存取控制，目的是防止存储环节中的数据丢失。其中密文件存储是通过加密算法转换、附加密码、加密模块实现；存取控制是通过对用户资格加以审查和限制，防止非法用户存取数据或合法用户越权存取数据。

3）数据完整性鉴别技术，一般是指通过密钥、身份、数据等鉴别，系统对比验证对象输入的特征值是否符合预先设定的参数，实现对数据的安全保护。密钥管理技术包括密钥产生、分配、保存、更换和销毁等环节中的安全技术。

（3）数据备份与恢复。

1）数据备份，是指为防止系统出现故障或操作失误导致数据丢失，而将全部或部分数据复制到其他存储介质的过程。数据库系统一旦出现故障，数据极可能遭到破坏、丢失或不可用。保护数据库及各种关键数据，并在数据发生意外时能及时恢复至关重要。

2）数据恢复，是指当数据库或数据遭到意外破坏时，进行快速、准确恢复的过程。对不同的故障，相应的数据恢复策略和方法也不尽相同。恢复策略主要有：事务故障恢复、系统故障恢复和介质故障恢复。恢复方法主要有：备份恢复、事务日志恢复和镜像恢复技术。

（4）网络防御监控技术。

利用防火墙技术和入侵检测技术提高网络的安全性，利用防火墙在内网和外部网络之间对传输的数据进行限制从而防止被入侵。通过主动的安全防护技术——入侵检测，提供对内部攻击、外部攻击和误操作的实时保护，在网络受到危害之前拦截和响应入侵。

# 技能篇

## 任务　网络诊断工具的使用

**任务目的**

熟练使用基本的网络诊断工具。

**任务内容**

结合实际网络环境，利用基本的网络诊断工具查看并分析网络状态，完成任务内容和报告。

**任务准备**

(1) 局域网环境或虚拟环境。

(2) 计算机（每人一台）。

(3) 组建团队，选择任务对象，完成任务分析和总结。

**任务要求**

(1) 基本网络诊断工具的原理及使用。

(2) 分析任务结果。

**任务分析**

1. 连通性测试工具 ping 的使用

ping 工具是一个通信协议，是 TCP/IP 协议的一部分，ping 不仅是 Windows 下的命令，在 UNIX 和 Linux 下也有这个命令。利用它可以检查网络是否能够连通，可以很好地帮助我们分析判定网络故障，该命令只有在安装了 TCP/IP 协议后才可以使用。

该命令可以加入许多参数使用，具体格式如为：

ping [-t] [-a] [-n count] [-l legth] [-f] [-i TLL] [-v TOS] [-r count] [ -s count] [-j host-list] [ -k host-list] [-w timeout] destination-list

(1) 主要参数的功能。

1) -t：连续对 IP 地址执行 ping 命令，使用 Ctrl+C 组合键结束。

2) -a：解析计算机 NetBios 名。

3) -n count：发送 count 指定的 Echo 数据包数（n 的范围 1～4 294 967 295)。

4) -l legth：定义所发送缓冲区的数据包的大小。

5) -f：在数据包中发送“不要分段”标志。

6) -i TLL：指定 TTL 值在对方的系统里停留的时间。

7) -v TOS：将“服务类型”字段设置为“tos”指定的值。

8) -r count：在“记录路由”字段中记录传出和返回数据包的路由。

9) -s count：指定“count”指定的跃点数的时间戳。

10) -j host-list：利用“host-list”指定的计算机列表路由数据包。连续计算机可以被中间网关分隔 IP 允许的最大数量为 9。

11) -k host-list：利用“host-list”指定的计算机列表路由数据包。连续计算机不能被中间网关分隔 IP 允许的最大数量为 9。

12）-w timeout：指定超时间隔，单位为毫秒。

13）destination-list：要测试的主机名或 IP 地址，网络中使用最多的是从一台计算机 ping 另一台计算机的 IP。

（2）安全策略的设置步骤。

随着用户对网络知识认知的提高，很多人在网上下载一些黑客工具或者用 ping 命令进行扫描端口、IP 寻找肉鸡，使用 ping 入侵即 ICMP 入侵。因此有必要在自己系统中设置安全策略以防 ping。具体步骤如下：

1）单击“开始”→“控制面板”→“管理工具”→“本地安全策略”，打开“本地安全设置”，右击该对话框左侧的“IP 安全策略，在本地计算机”选项，如图 2-20 所示，点右键执行“创建 IP 安全策略”命令。

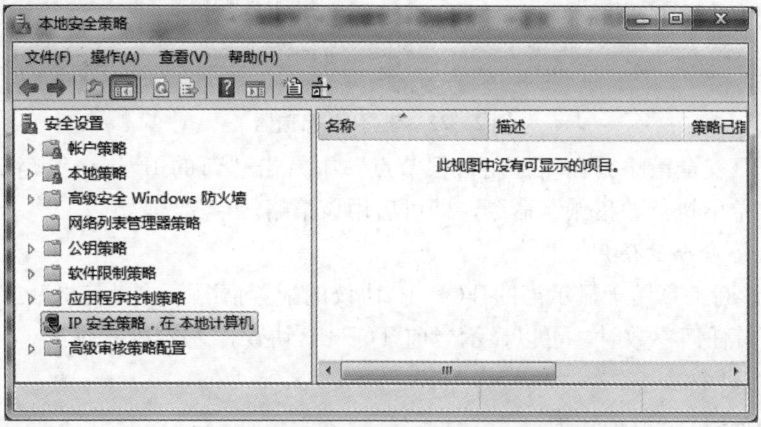


**图 2-20　打开 IP 安全策略**

2）在出现的“默认响应规则身份验证方法”对话框中选中“使用此字符串保护密钥交换（预共享密钥）”选项，然后在下面的文字框中任意键入一段字符串（如“禁止 ping”），如图 2-21 所示。

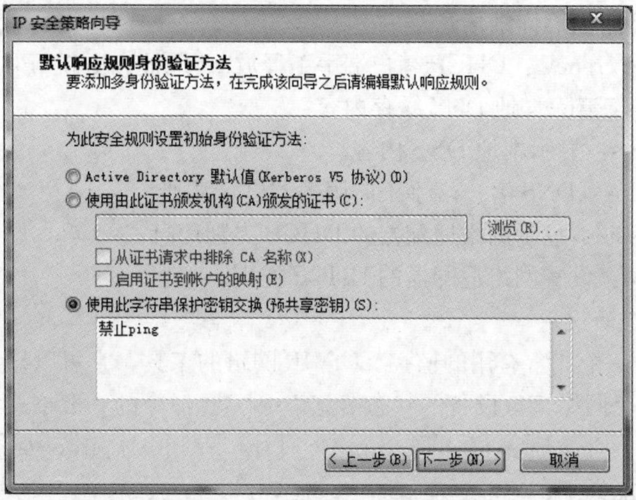


**图 2-21　创建 IP 安全策略**

3）完成了IP安全策略的创建后，在图2-20所示的界面中单击右键，选择“管理IP筛选器列表和筛选器操作”选项，在“IP筛选器列表”窗口中单击“添加”按钮，此时将会弹出“IP筛选器向导”窗口，单击“下一步”，此时将会弹出“IP流量源”页面，在该页面中设置“源地址”为“我的IP地址”，“目标地址”为“任何IP地址”，这样任何IP地址的计算机都不能ping你的机器，如图2-22所示。点击“下一步”，在IP协议类型中选择适当的协议就可以封闭相关的功能。

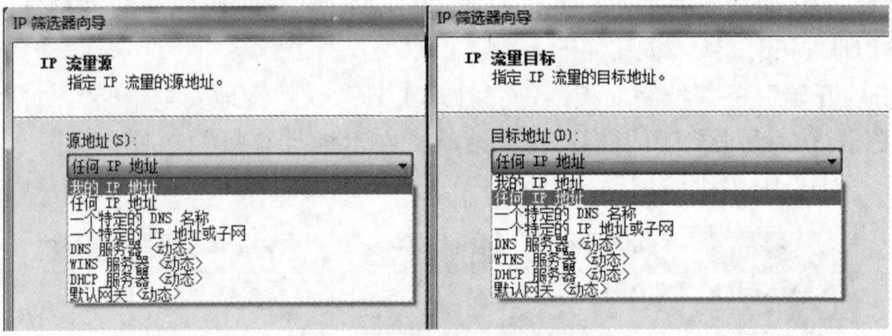


**图2-22 设置IP筛选器**

4）指派IP安全策略：在“控制台根节点”中右击“新的IP安全策略”项，然后在弹出的右键菜单中执行“指派”命令，即可启用该策略。

2. ipconfig命令的使用

ipconfig诊断工具用于显示当的TCP/IP协议的配置情况，并对其更新或释放。当ipconfig命令不带任何参数时，可以显示当前TCP/IP协议的基本配置情况，包括IP地址、子网掩码和默认网关。

ipconfig命令的一般格式为：

ipconfig [/all] [/release] [/renew] [/flushdns] [/displaydns] [/registerdns] [/showclassid] [/setclassid]

主要参数的功能如下：

(1) /all：显示TCP/IP协议的全部配置信息，包括主机名、节点类型、物理MAC地址、是否启动IP路由等详细信息。

(2) /release和/renew：DHCP客户端手工释放IP地址和更新IP地址。

(3) / flushdns：清除本地DNS缓存内容。

(4) /displaydns：显示本地DNS内容。

(5) /registerdns：DNS客户端手工向服务器进行注册。

(6) /showclassid：显示网络适配器的DHCP类别信息。

(7) /setclassid：设置网络适配器的DHCP类别。

3. netstat命令的使用

netstat命令是一个非常有用的监控TCP/IP网络的工具，它可以显示路由表、实际的网络连接以及每一个网络接口设备的状态信息。netstat命令的一般格式为：

netstat [-a] [-b] [-e] [-n] [-o] [-p proto] [-r] [-s] [-v] [interval]

主要参数的功能如下：

(1) -a：显示所有连接和监听端口。

（2）-b：显示包含于创建每个连接或监听端口的可执行组件。

（3）-e：显示以太网统计信息，可以与 -s 选项组合使用。

（4）-n：以数字形式显示地址和端口号。

（5）-p proto：显示 proto 指定的协议的连接；proto 可以是 TCP、UDP、TCPv6 或 UDPv6。

（6）-r：显示路由表。

（7）-s：显示按协议统计信息。默认显示 TCP、UDP 和 IP 子协议的统计信息，如果与-p 参数结合使用，则可以指定默认网关。

（8）-v：与 -b 选项一起使用时显示包含于为所有可执行组件创建连接或监听端口的组件。

（9）interval：重新显示选定统计信息，每次显示之间暂停时间间隔（以秒计）。

4. tracert 命令的使用

tracert 是路由跟踪实用程序，用于确定 IP 数据包访问目标所采取的路径。其命令格式为：

tracert [-d] [-h maximum _ hops] [-j computer-list] [-w timeout] target _ name

主要参数的功能如下：

（1）-d：不将地址解析为计算机名。

（2）-h maximum _ hops：指定搜索目标的最大中转数。

（3）-j computer-list：与主机列表一起的松散源路由（仅适用于 IPv4）。

（4）-w timeout：等待每个回复的超时时间（以毫秒为单位）。

5. net 子命令的使用

net 命令是网络命令中最重要的一个，它具有强大的功能，可以查看管理网络环境、服务、用户、登录等信息内容，可以说是微软提供的一个入侵工具。

（1）net view 命令。

显示域列表、计算机列表或指定计算机的共享资源列表，如图 2－23 所示，其命令格式为：

net view[\\computername|/domain[:domainname]]

**图 2－23　net view 查看结果**

(2) net user 命令。

用于添加或更改用户账号或显示用户账号信息，如图 2-24 所示，其命令格式为：

net user <username> [password | *] [options]] [/domain]

参数说明：

1) 键入不带参数的 net user 命令可以查看计算机上的用户账号列表。

2) username：添加、删除、更改或查看用户账号名。

3) password：用户账号分配或更改密码。

4) *：提示输入密码。

5) /domain：在计算机主域的主域控制器中执行操作。

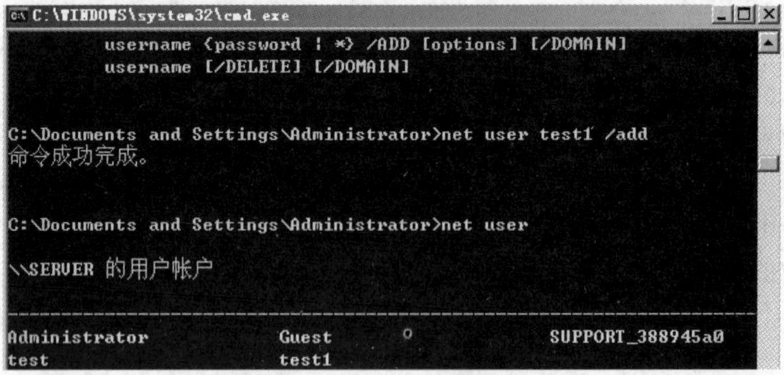


图 2-24 net user 命令使用

(3) net use 命令。

作用是连接计算机或断开计算机与共享资源的连接，或显示计算机的连接信息，其命令格式为：

net use [devicename| *] [\\computername\sharename] [password| *] [/user:[domainname\] username][[/delete]| [/persistent:{yes| no}]]

参数说明：

1) 键入不带参数的 net use 列出网络连接。

2) devicename：指定要连接到的资源名称或要断开的设备名称。

3) \\computername\sharename：服务器及共享资源的名称。

4) password：访问共享资源的密码。

5) *：提示键入密码。

6) /user：指定进行连接的另外一个用户。

7) domainname：指定另一个域。

8) username：指定登录的用户名。

9) /delete：取消指定网络连接。

10) /persistent：控制永久网络连接的使用。

例如，net use f: \\server\test：将 GHQ 主机的共享资源 test 映射为 F 盘；net use f: \\server\test /delete：断开该连接。

(4) net 其他子命令。

net 有很多子命令，常见的还有以下子命令：

1）net start 命令，其作用是启动服务或显示已启动服务列表。命令格式为：net start servicename，例如 net start telnet 的作用是启动 Telnet 服务。

2）net time 命令，其作用是使计算机的时钟与另一台计算机或域的时间同步。其命令格式为：net time HYPERLINK “\\\\IP” \\IP 地址。

3）net stop 命令，其作用是停止某个网络服务。命令格式为：net stop servicename。

4）net continue 命令，其作用是重新激活挂起的服务。命令格式为：net continue servicename。

# 实 践 篇

**一、思考题**

1. 请画图说明主机网络安全体系结构。
2. 简述网络攻击的主要类型。
3. 公司网络安全具体指什么？如何提高网络安全意识？
4. 从防御技术方面分析如何保障网络安全。

**二、能力训练：网站安全攻防分析设计**

任务要求：

1. 熟悉网络安全攻防体系架构图，如图 2－19 所示。
2. 选择校园网或某一企业网，对其网络结构和网络安全体系结构进行调研。
3. 分析现有的网络安全解决方案，寻找安全漏洞。
4. 参考网络安全攻防体系结构进行攻防项目设计，并完成报告。

## 模块小结

本模块主要介绍了网络安全的基础知识、网络安全策略及其制定原则、影响网络安全的因素、网络安全体系结构以及网络安全防护措施。

网络安全从其本质上说是网络上的信息安全，涉及的因素包括：机密性、可控性、可用性、真实性、完整性和不可否认性。制定网络安全策略的目的就是决定一个组织机构怎样保护自己，策略包括两个方面：总体策略和具体规则。

黑客攻击威胁的类型主要包括：口令攻击、木马攻击、利用缓冲区溢出攻击、Web 欺骗。网络安全防护是一种网络安全技术，主要包括物理安全分析技术、网络结构安全分析技术、系统安全分析技术、管理安全分析技术，以及其他的安全服务和安全机制策略。

# 模块3
# 密码学基础

## 学习目标

**知识目标**

1. 理解密码学基础概念
2. 理解典型密码技术的原理
3. 了解分组密码技术的种类
4. 理解数字信封和数字水印技术

**能力目标**

1. 能够进行简单的加密算法
2. 能够使用典型的加密工具软件

**模块结构图**

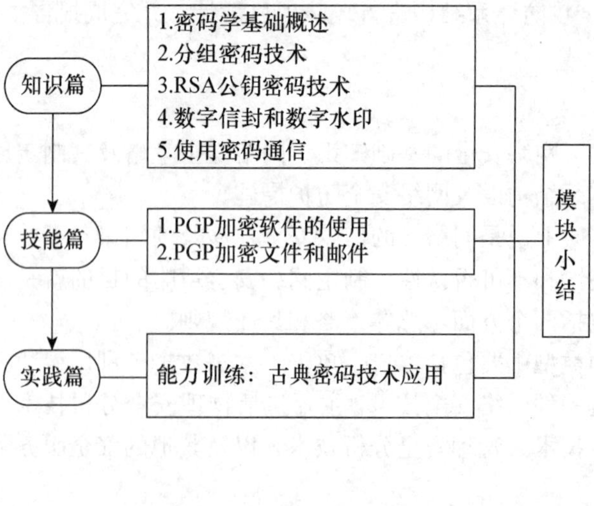


## 知 识 篇

密码技术是保障网络信息安全的核心技术，也是电子商务安全交易的核心。正是在加密建立的信息机密性舞台上，人们进一步整合各种算法，开发出解决电子商务基本安全问题的基本技术——数字签名、数字证书、数字信封等，这些技术进一步解决了信息的完整性、真实性和不可否认性问题。

# 知识点3.1　密码学基础概述

密码学的历史已有4 000多年，自从人类有了秘密传输信息的需求，加密技术就一直伴随着人类社会的进步而不断发展，密码学的发展经历了纯手工阶段、机械化阶段、电子阶段、计算机和网络时代阶段。

## 3.1.1　密码技术的基本概念

计算机密码学是研究计算机信息加密、解密及其变换的科学，是数学和计算机科学的交叉学科，是实现网络和信息安全的重要技术方法。在计算机通信中，采用密码技术将信息隐藏起来，再将隐藏后的信息传输出去，从而保证信息传输的安全。密码学包括两个分支：密码编码学和密码分析学。密码编码学研究密码变化的规律，用于编制密码以保护信息的安全传递；密码分析学主要应用于分析和破译密码以获取信息。

加密和解密过程组成了密码系统，一个传统的保密通信系统模型如图3-1所示。

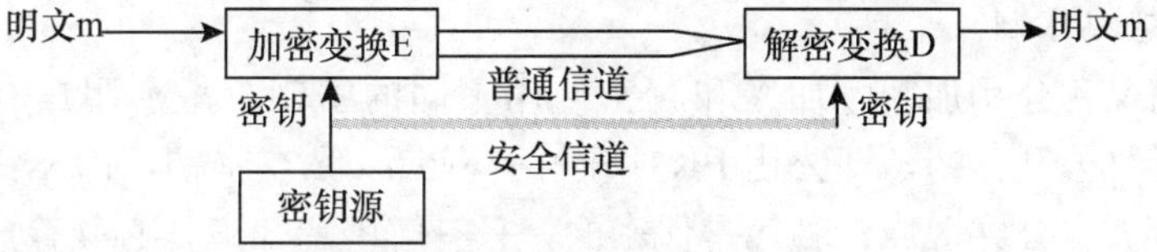


图3-1　保密通信系统模型

密码学相关基本概念：

明文：原始数据就是明文，明文具有明确的含义。

密文：明文经过加密变换后的形式称为密文。

加密：由明文变成密文的过程，即使用数学的方法将原始数据（明文）重新组织、变换成只有授权用户才能解读的密码形式（密文）。

解密：将密文重新恢复成明文的过程，由解密算法实现。

数据加密的基本思想是通过变换信息的表示形式来伪装需要保护的敏感信息，使非授权者不能获取信息的内容，其具备的基本功能有：机密性、身份鉴别、确保报文完整性以及不可否认性。

## 3.1.2　密码的类型及其加密原理

根据不同的标准，可以把密码分为不同的种类。按照应用技术或历史发展阶段可分为手工密码、机械密码、电子机内乱密码和计算机密码；按照明文形态方式可分为模拟性密码和数字型密码；按照密钥方式可分为对称密码和非对称密码。

1. 对称密码体制

对称加密又称私钥加密，加密密钥与解密密钥是相同的，其基本原理如图3-2所示。对称密码体制的加密方式有序列密码和分组密码两大类，序列密码是军事和外交场合使用的主要密码技术，使用伪随机序列加密信息流，序列密码算法的安全性取决于伪随机序列的好坏；分组加密是将明文分成固定长度的组，用同一密钥和算法对每一组加密，并输出固定长度的密文。

对称加密应用系统的安全保密性主要取决于密钥的保密性，即密钥产生、分配、存

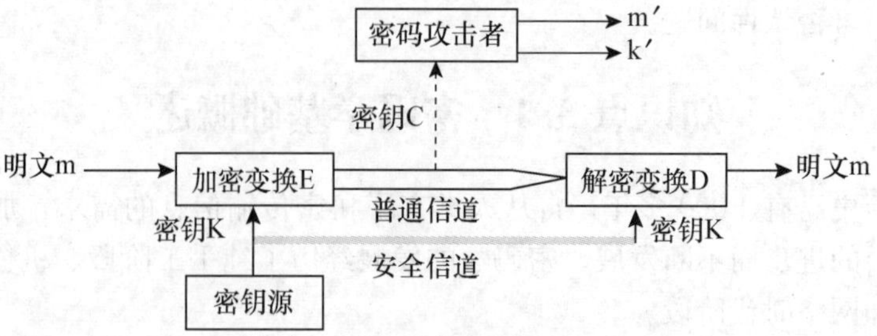


图 3-2 对称密钥加密基本原理

储、销毁等管理问题是影响系统安全的关键因素。

常用的对称加密算法有 DES 加密、AES 加密、流密码和 RC4 等。

其优点是算法简单，密钥较短，且破译困难，加密和解密的速度快，适合对大量数据进行加密。缺点是密钥管理困难。一方面，密钥必须通过安全可靠的途径传递，如果通信的双方能够确保密钥在交换阶段未曾泄露，就可以采用对称加密方法对信息进行加密；另一方面，有大量的私钥需要保护和管理，因为与不同的客户交互信息需要不同的私钥加密。

2. 非对称密码体制

非对称加密又称公钥加密，加密和解密使用不同的密钥。每个用户有唯一的一对密钥——加密密钥（公开密钥，即公钥 PK）和解密密钥（私有密钥，即私钥 SK)。公钥是公开通用的，存放在公共区域；私钥是保密的，只有解密者知道，必须存放在安全保密的地方。如果用公钥对数据进行加密，那么只有用对应的私钥才解密；如果用私钥对数据进行加密，那么只有用对应的公钥才能解密。其基本原理如图 3-3 所示。

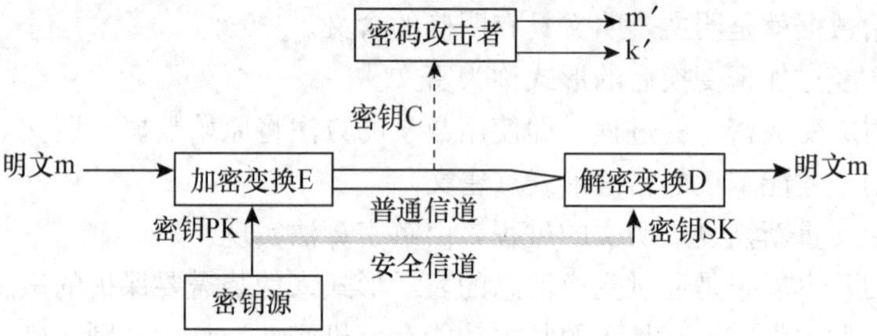


图 3-3 非对称密钥加密基本原理

非对称密码体制的主要特点是将加密和解密分开，用作加密的密钥不同于用作解密的密钥。无论用户与多少客户交互，都只需要两个密钥：公钥和私钥，可以实现多用户加密的信息只能由一个用户解读，或由一个用户加密的信息使多个用户解读。前者可用于在公共网络中实现保密通信，后者可用于实现对用户的认证。

公钥即加密密钥是公开的，因而解决了对称加密算法中密钥传递的问题；私钥即解密密钥，只有一个，因而解决了对称加密算法中用户管理众多私钥的问题；非对称加密算法的保密性比较好，因为最终用户不必交换密钥。但其加密和解密花费时间长、速度慢，不适合于对文件加密，只适用于对少量数据进行加密。

非对称密码体制的基本工具不再是代换和置换，而是数学函数，非对称加密算法主要用于加密/解密、数字签名、密钥交换。常用的非对称加密算法有 RSA、ECC 等。

由于对称加密速度快，适合加密较长的报文，而非对称加密解决了对称加密密钥分发的问题，因而实际应用中将二者结合使用，产生了数字信封技术。发送者自动生成对称密钥，用对称密钥将发送的信息加密成密文，用接收方的公钥加密对称密钥，然后将生成的密文连同加密后的对称密钥一起传送出去。收信者用其私有密钥解密被加密的密钥得到对称密钥，并用它来解密密文。这样保证每次传送都可由发送方选定不同密钥进行，更好地保证了信息的安全性。

### 3.1.3　密码分析

密码分析就是在不知道密钥的情况下，利用数学方法破译密文推演出明文、密钥或解密算法。通常破译密码的方法有：

(1) 已知明文的破译方法。密码分析员可以通过一段明文和密文的对应关系，经过分析发现加密的密钥。

(2) 选定明文的破译方法。密码分析员可以设法让对方加密一段选定的明文，并获得加密后的结果，经过分析也可以确定加密的密钥。

对一个保密通信系统采取截获密文进行分析的攻击称为被动攻击。现代信息系统可能遭受的另一类攻击是主动攻击，即非法入侵者、攻击者或黑客主动向系统窜扰，采用删除、增添、重放、仿造等篡改手段向系统注入假消息，达到利己害人的目的。

防止密码破译的措施有：强壮加密算法、动态会话密钥、定期更换加密会话的密钥。

### 3.1.4　传统密码技术

数据加密是通过某种函数进行交换，把正常数据报文明文转换成密文。下面介绍两个传统的基本变换方法。

1. 替换法

替换法是一种最简单的加密技术，是将明文中的所有字母都在字母表上向后（或向前）按照一个固定数目进行偏移后替换成密文。当年恺撒曾用此方法与其将军们进行联系，因此这个加密方法以恺撒的名字命名，称为恺撒密码（Caesar Cipher）。例如，当偏移量是3的时候，字母A将被替换成D，B被替换成E，以此类推，具体如表3-1所示，如明文I came I saw 被替换为密文 l fdph l vdz。

**表3-1　替换密码加密表**

| | | | | | | | | | | | | | |
|---|---|---|---|---|---|---|---|---|---|---|---|---|---|
| 明文 | A | B | C | D | E | F | G | H | I | J | K | L | M |
| 密文 | D | E | F | G | H | I | J | K | L | M | N | O | P |
| 明文 | N | O | P | Q | R | S | T | U | V | W | X | Y | Z |
| 密文 | Q | R | S | T | U | V | W | X | Y | Z | A | B | C |

解密者则根据事先已知的偏移量反过来操作，得到原来的明文。恺撒密码非常容易被破解，而且在实际应用中也无法完全保证通信安全。

2. 换位法

换位是将明文中字母的位置重新排列。最简单的换位是逆序法，即将明文中的字母倒过来输出。例如：明文为 help me，密文为 em pleh。

在公钥密码学出现之前，对称加密算法基本上都是依靠巧妙地运用替换、换位两种基本加密方法来实现的。

### 3.1.5 对加密算法的攻击

一般来说，攻击者对于加密算法有以下 4 种典型的攻击方式。

1. 密文攻击

攻击者手里只有密文，对于明文的有关信息则一无所知，这是典型的攻击情况。如果密钥长度足够长，对于攻击者来说就很难破解密文，有些方法（如统计分析）可能会有帮助。

2. 已知明文攻击

攻击者知道部分明文/密文之间的对应关系，如攻击者知道明文 A 和密文 B 肯定会出现在密文中。

3. 选择明文攻击

攻击者可以选择一定数量的明文，并得到对应的密文，即攻击者知道明文和密文之间的对应关系。

4. 选择密文攻击

攻击者可以选择一段密文，并得到解密的明文。这种攻击主要针对公钥密码系统。

现代加密算法发展的目标是即使攻击者知道了算法，选择明文攻击方式来进行攻击也很难破解，即从传统加密技术对加密算法的保密过渡到开放算法，而把安全性全部放在对密钥的保密上。

## 知识点 3.2 分组密码技术

自从 1977 年美国国家标准学会（ANSI）发布数据加密标准（Data Encryption Standard，DES）以来，DES 一直作为在世界范围内应用最广泛的分组数据加密标准存在着，直至 1997 年一个研究小组找出了 DES 的密钥。2000 年 10 月 2 日，美国国家标准与技术研究院（NIST）公布了新的高级加密标准（AES），DES 作为标准正式结束。尽管如此，学习 DES 对于掌握分组密码的基本理论和设计思想仍然有着重要的参考价值。

### 3.2.1 DES 数据加密标准及原理

DES 是一种对二元数据进行加密的算法，数据分组长度为 64 位，密文分组长度也是 64 位，使用的密钥为 64 位，有效密钥长度为 56 位，有 8 位用于奇偶校验，解密时的过程和加密时相似，但密钥的顺序正好相反。DES 算法仅使用最大为 64 位的标准算术和逻辑运算，运算速度快，密钥产生容易，适合于在当前大多数计算机上用软件方法实现，同时也适合于在专用芯片上实现。DES 算法的弱点是不能提供足够的安全性，因为其密钥容量只有 56 位。由于这个原因，后来又提出了三重 DES 或 3DES 系统，使用 3 个不同的密钥对数据块进行 3 次（或 2 次）加密，该方法比进行 3 次普通加密更加有效。其强度大约和 112 位的密钥强度相当。

DES 算法的入口参数有：Key、Data、Mode。其中，Key（8B，共 64bit）是 DES 算法的工作密钥；Data 是被加密或解密的数据（8B，共 64bit）；Mode 是 DES 的工作方式，有加密和解密两种。

1. DES 算法加解密过程

DES 算法的加密由四部分完成（如图 3-4 所示），分别为：初始置换函数 IP、子密钥 $K_i$ 及获取、密码函数 F、末置换函数 $IP^{-1}$。

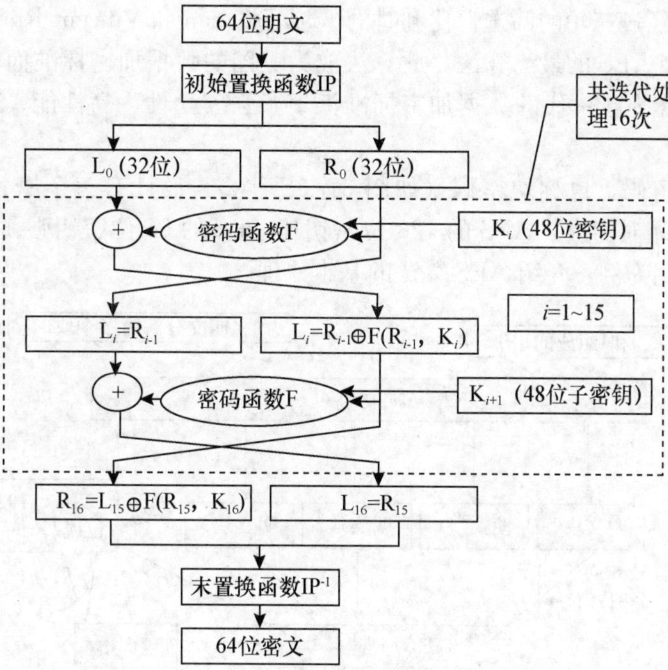


**图 3-4 DES 加密过程**

DES 的分组长度为 64 位。初始置换函数 IP 接受长度为 64 位的明文输入，末置换函数 $IP^{-1}$输出 64 位的密文。在子密钥的获取过程中，通过密钥置换 $IP^{-1}$获取 $K_1$ 到 $K_{16}$ 共 16 个子密钥，这 16 个子密钥分别顺序应用于密码函数的 16 次完全相同的迭代运算中。

DES 的解密算法与加密算法完全相同，只需要将密钥的应用次序与加密时反过来即可。即解密过程是初始置换函数 IP 接受长度为 64 位的密文输入，将 16 个子密钥按照 $K_{16}$ 到 $K_1$ 的顺序应用于函数 F 的 16 轮迭代运算中，然后将迭代的结果经由末置换函数 $IP^{-1}$得到 64 位的明文输出。

2. DES 算法的安全性

DES 算法具有极高的安全性，到目前为止，除了用穷举搜索法对 DES 算法进行攻击外，还没有发现更有效的办法。而 56 位长的密钥的穷举空间为 256，这意味着如果一台计算机的速度是每一秒钟检测一百万个密钥，则它搜索完全部密钥就需要将近 2 285 年的时间。然而，这并不等于说 DES 是不可破解的。而实际上，随着硬件技术和互联网的发展，其破解的可能性越来越大，而且所需要的时间越来越少。为了克服 DES 密钥空间小的缺陷，人们又提出了三重 DES 的变形方式。

此外，DES 算法也存在一些漏洞，比如，DES 算法中只用到 64 位密钥中的其中 56 位，而第 8，16，24，…，64 位 8 个位并未参与 DES 运算，即 DES 的安全性是基于除了第 8，16，24，…，64 位外的其余 56 位的组合变化才得以保证的。把密钥的第 8，16，24，…，64 位作为有效数据使用，将不能保证 DES 加密数据的安全性，对运用 DES 来达到保密作用的系统产生数据被破译的危险，这正是 DES 算法在应用上的误区。

### 3.2.2 AES 加密算法

1. AES 分组密码原理

1997 年 NIST 公开征集新的数据加密标准，即 AES（Advanced Encryption Standard,

高级加密标准)。经过三轮的筛选，比利时的 Joan Daeman 和 Vincent Rijmen 提交的 Rijndael 算法被提议为 AES 的最终算法。此算法成为美国的数据加密标准而被广泛应用在各个领域中。AES 作为新一代的数据加密标准汇聚了强安全性、高性能、高效率、易用和灵活等优点。

AES 是分组密码，也称块密码（如图 3-5 所示），设计有三个密钥长度：128 位、192 位、256 位。相对而言，AES 的 128 位密钥比 DES 的 56 位密钥强 1 021 倍。本书以 AES 的 128 位密钥为例，介绍 AES 算法的基本原理。

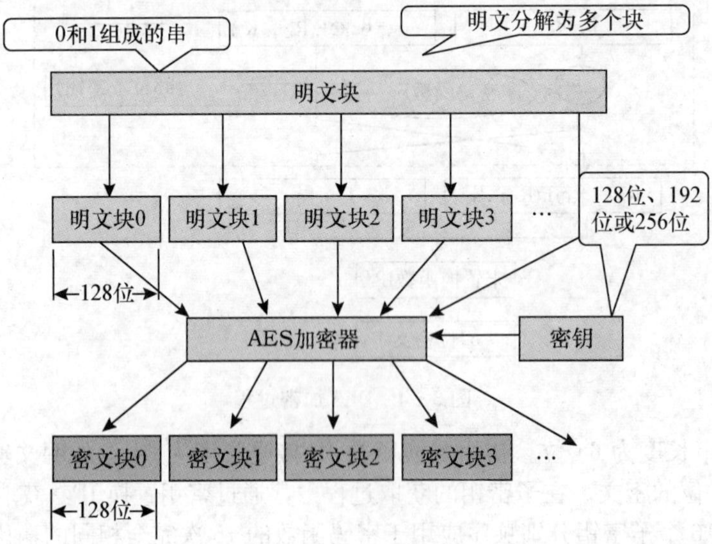


**图 3-5 AES 分组密码图示**

AES 算法输入 128 位数据，密钥长度也是 128 位，用来表示对一个数据分组加密的轮数。加密轮数与密钥长度的关系如表 3-2 所示。每一轮都需要一个与输入分组具有相同长度的扩展密钥的参与。由于外部输入的加密密钥长度有限，所以在算法中要用一个密钥扩展程序把外部密钥扩展成更长的比特串，以生成各轮的加密和解密密钥，如图 3-6 所示。

**表 3-2 AES 的类型及其参数**

| | 密钥长度（Nk）/字 | 分组大小（Nb）/字 | 循环次数（Nr）/次 |
|---|---|---|---|
| AES-128 | 4 | 4 | 10 |
| AES-192 | 6 | 4 | 12 |
| AES-256 | 8 | 4 | 14 |

2. AES 算法的安全性

作为 DES 的继承者，AES 已经被工业界、银行业和行政部门作为事实上的密码标准，并逐渐取代 DES 在 IPSee、SSL 和 ATM 中的加密功能。在这种情况下，除了要求能够高效实现以外，AES 算法的安全性问题显得尤为突出。正如 DES 算法使输入与输出之间呈现非线性映射关系，AES 算法每次以 16 字节（128 位）数据块为对象，通过将数据与密钥进行异或运算、对数据进行置换、将数据行列进行变换等操作，最大限度地模糊输出对输入的依赖，从而有效地保护数据安全。

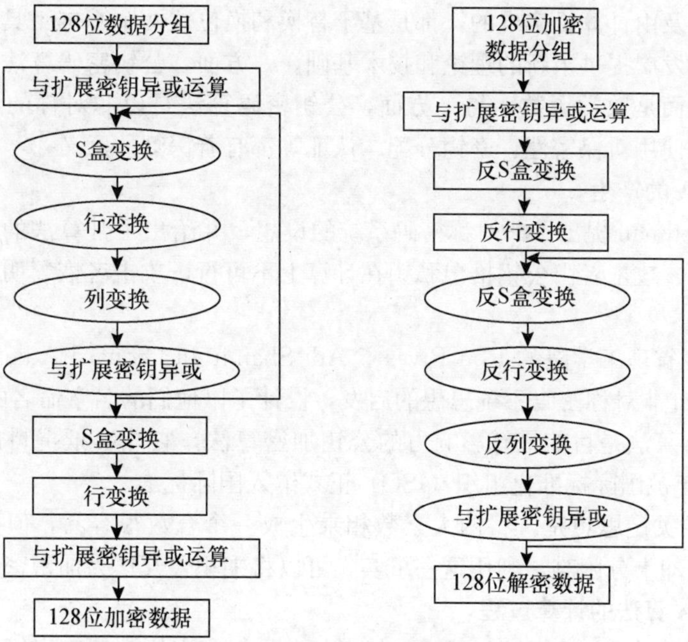


**图 3-6 AES 加密与解密流程图示**

(1) AES 加密算法将密钥的位数提高到 16 字节（128 位）以上，极大地增加了破解方的难度。由于 AES 算法是在公众广泛参与和专家严密认证的基础上产生的，是一个已经公开的算法，因此，AES 算法密钥本身特别是密钥长度对保护数据安全十分重要。但到目前为止，要强行遍历搜索所有可能的 16 字节（128 位）以上的密钥，即使最快的计算机系统在有效时间内也是无法做到的。

(2) AES 加密算法除对数据进行普通替代和置换外，还引入了域乘法和加法运算，以提高加密强度。列混合变换所进行的域乘法和加法运算是基于名为 GF（28）有限域理论的。虽然 AES 算法中的 GF（28）域乘法和加法运算仅在数据块中的元素与 7 个常数之间进行，乘法和加法也只是移位和异或运算，但是，将数学原理巧妙地应用于密码分析实践之中，有效地提高了对数据的加密强度。

(3) AES 算法强调通过大量轮数来增加加密数据的复杂性。根据密钥长度，AES 算法对 16 字节（128 位）数据的加密轮数分别是 10、12 和 14 轮，当前的密码分析研究表明，迭代型分组密码抗击密码分析攻击的能力随着加密轮数的增加而增加。

虽然到目前为止还没有已知的密码分析攻击可以破解 AES 加密的数据，但是，由于 AES 算法密钥扩展过程中，某一轮的密钥都是由前一轮的密钥推导而来的，如果我们知道了某轮密钥的部分字节，就有可能递推出本轮密钥的其他字节。当泄露的密钥信息达到一定程度时，或许就可以通过穷举法获得某一轮的子密钥，进而获得全部轮子密钥。

## 知识点 3.3 RSA 公钥密码技术

在公钥密码体制以前的整个密码学史中，所有的密码算法，包括原始手工计算的、由机械设备实现的及由计算机实现的，都是基于替换和换位这两个基本工具，而公钥密码体制则为密码学的发展提供了新的理论和技术基础。一方面，公钥密码算法的基本工具不再是替换和换位，而是数学函数；另一方面，公钥密码算法是以非对称的形式使用两个密钥，两个密钥的使用对保密性、密钥分配、认证等都有着深刻的意义。

### 3.3.1 RSA 的产生

Diffie 和 Hellman 提出了非对称密码系统的设想，并给出了其算法的必要条件：公钥公开、私钥解密、攻击者由公钥推出私钥在计算上不可行，攻击者恢复明文在计算上也不可行。

1977 年，麻省理工学院的 Ron Rivest、Adi Shamir 和 Leonard Adleman 三位博士受 Diffie 和 Hellman 非对称密码系统思想的启发，设计了以他们的名字命名的 RSA 公开密钥密码算法。RSA 算法是目前最有影响力的公钥加密算法，它能够抵抗目前绝大多数密码攻击，于 1992 年被国际标准化组织（ISO）正式纳入国际标准。

RSA 算法的关键思想是，将两大素数相乘生成一个合数很容易，但要把一个大合数还原为两个素数却十分困难，利用这一事实，可以将乘积公开作为加密密钥。

### 3.3.2 RSA 算法的计算过程

RSA 算法是先生成一对 RSA 密钥，其中一个是保密密钥（解密密钥 SK），由用户保存；另一个是公开密钥（加密密钥 PK），可对外公开。为提高保密强度，RSA 密钥至少为 500b 长（一般推荐使用 1 024b）。为减少计算量，在传送信息时，信息采用改进的 DES 加密，然后使用 RSA 密钥加密对话密钥和信息摘要，对方收到信息后，用不同的密钥解密并核对信息摘要。

RSA 算法的计算过程简单描述如下：

(1) 用户首先选择一对不同的大素数 $p$ 和 $q$；$p$ 和 $q$ 的长度要接近，都处在 $10^{75}$～$10^{100}$ 的数量级；$p-1$ 和 $q-1$ 都应包含大的质因子。

(2) 计算 $n=p\times q$。

(3) 计算 $\Phi(n)=(p-1)(q-1)$，此后素数 $p$ 和 $q$ 不再需要，应该丢弃，不要让任何人知道。

(4) 找一个与 $\Phi(n)$ 互质的数据 $e$，且 $1<e<\Phi(n)$。

(5) 计算 $d$，使 $d\times e=1 \bmod \Phi(n)$。

(6) 公钥 $K_U=(n, e)$，私钥 $K_R=(n, d)$。

(7) 若 $m$ 为明文，$c$ 为密文，加密过程为 $(m\wedge e) \bmod n=c$。

(8) 解密过程为 $(c\wedge d) \bmod n=m$。

RSA 算法中 $a\wedge m \bmod n$ 的计算，是首先将 $m$ 表示为二进制形式：$b_k b_{k-1}$，…，$b_0$，然后，应用 RSA 的快速指数实现算法：

```
c = 0; d = 1;
For i = k downto 0 do
{
c = 2×c;
d = (d×d) mod n;
if b_i = 1
```

```
then {
c=c+1;
d=(d×a) mod n
}
}
Reture d;
```

$d$ 最终为所求的加密结果，$c$ 的最终值为 $m$。

RSA 加密解密过程如图 3-7 所示。

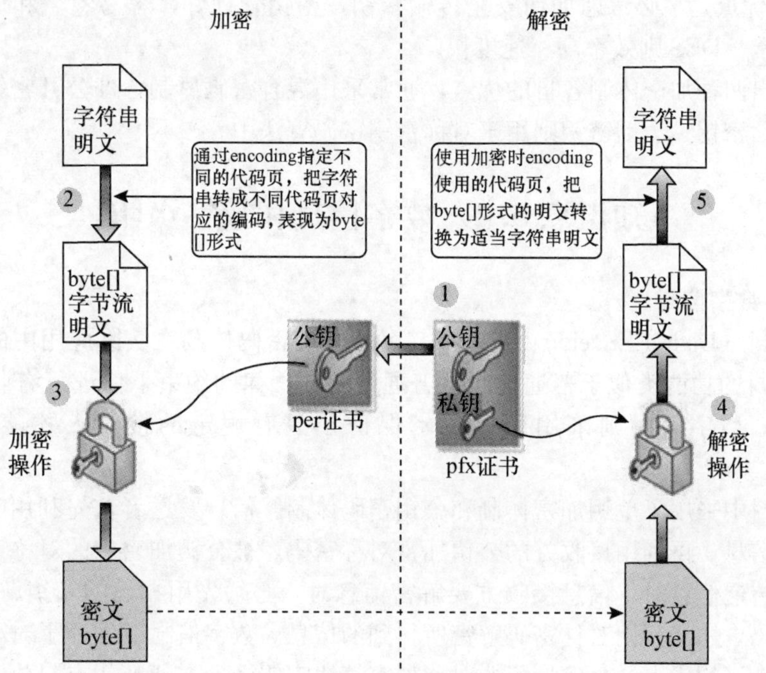


**图 3-7 RSA 加密解密过程图解**

### 3.3.3 RSA 的安全性

RSA 的安全性取决于大合数分解的困难性。对 RSA 算法的攻击主要有：

(1) 强行攻击：包括对所有的私钥都进行尝试。

(2) 数学攻击：实质上等效于对两个素数乘积的因式分解。

(3) 定时攻击：依赖于解密算法的进行时间。

### 3.3.4 RSA 密码系统举例

(1) 产生一对密钥。

1) 选择两个素数，如 $p=7$，$q=17$；

2) 计算 $n=p\times q=7\times 17=119$；

3) $\Phi(n)=(p-1)(q-1)=6\times 16=96$；

4) 从 [0，95] 间选一个与 96 互质的数 $e=5$；

5) 根据 $5\times d=1 \bmod 96$，得 $5\times d=77$（因为 $5\times 77=4\times 96+1$）；

6) 得到公钥 $PK=(5, 119)$，私钥 $SK=(77, 119)$。

(2) 用这对密钥进行加密解密实验。

1) 将明文分组，使每组明文的二进制值不超过 $n$，即不超过 119。现在设明文为 $X=19$。

2) 用公钥 $PK=(5\ 119)$ 加密。先计算 $X^e=19^5=2\ 476\ 099$；再除以 119，商 20 807，余数为 66。密文即为 66。

3) 用私钥 $SK=(77\ 119)$ 解密。先计算 $Y^d=66^{77}=127\cdots$；再除以 119，得余数为 19。明文即为 19。

### 3.3.5 RSA 与 DES 比较

RSA 的优点是不必考虑如何安全传输密钥，密钥管理好，容易签名和认证；缺点是实现速度较慢。DES 则效率高、速度快。

为发挥出两种加密体制各自的优点，通常采用混合密码体制，即公开密钥密码用来保护和分发会话密钥；会话密钥则用于对称密钥密码算法中。

## 知识点 3.4 数字信封和数字水印

### 3.4.1 数字信封

数字信封 (Digital Envelop) 和数字签名是公钥密码体制在实际应用中的两种主要技术。数字信封的功能类似于普通信封，普通信封在法律的约束下保证只有收信人才能阅读信的内容；数字信封则采用密码技术保证了只有规定的接收人才能阅读信息的内容。

数字信封中采用了单钥加密体制和公钥密码体制。信息发送者首先利用随机产生的对称密码加密信息，再利用接收方的公钥加密对称密码，被公钥加密后的对称密钥被称为数字信封。在传递信息时，信息接收方要解密信息时，必须先用自己的私钥解密数字信封，得到对称密码，才能利用对称密码解密所得到的信息。数字信封既发挥了对称加密算法速度快、安全性好的优点，又发挥了非对称加密算法密钥管理方便的优点。数字信封实现原理如图 3-8 所示。

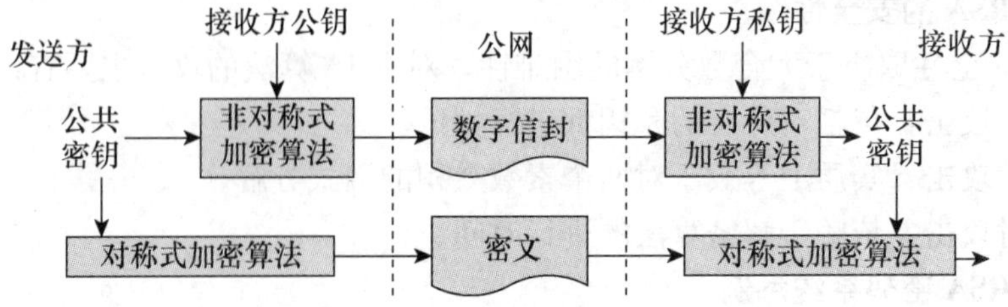


图 3-8 数字信封

### 3.4.2 数字水印

1. 数字水印的定义与特征

数字水印 (Digital Watermark) 是一种信息隐藏技术，是指在数据化的数据内容中嵌入不明显的记号，这种记号通常是不可见或不可察觉的，只有通过计算机操作才能检测或被提取。通过这些隐藏在载体中的信息，可以达到确认内容创建者、传送隐秘信息是否被篡改等目的。水印和源数据紧密结合并隐藏其中，成为源数据不可分离的一部分，并可以经过一些不破坏源数据使用价值或商用价值的操作进行保存。

根据信息隐藏的目的和技术要求，数字水印应具有以下三个基本特征：

(1) 隐藏性（透明性）。水印和源数据集成在一起，不改变源数据的存储空间；嵌入水印后，源数据必须无明显降质现象；只能看到或听到源数据，而无法查看或听到任何水印信息。

(2) 强壮性（免疫性、鲁棒性）。指嵌入水印后的数据经过各种处理和攻击操作后，不会导致其中的水印信息丢失或被破坏的能力。

(3) 安全性。采取隐藏的算法和对水印进行加密等预处理技术，使水印信息隐藏的位置及内容无法被察觉。

2. 数字水印的嵌入与检测

嵌入数字水印的方法都包含一些基本的构造模块，即一个水印嵌入系统和一个水印提取系统。数字水印的嵌入过程如图 3-9（a）所示。

系统输入水印 W、载体数据 I 和一个可选择的公钥/私钥 K，得到加入水印后的数据 I′。水印可以是数值、文本或者图像等任何形式的数据。密钥主要用于加强安全性，数字水印系统应当使用一个密钥或几个密钥的组合，以避免未授权方篡改数字水印。当数字水印与公钥/私钥结合时，嵌入水印的技术通常称为私钥数字水印和公钥数字水印技术。数字水印的检测过程如图 3-9（b）所示。

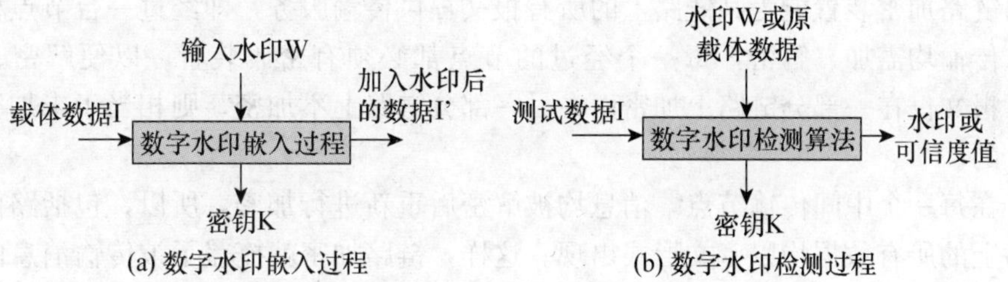


**图 3-9 数字水印的嵌入与检测**

3. 数字水印的应用

随着数字水印技术的发展，数字水印的应用领域也得到了扩展，数字水印的基本应用领域主要有版权保护、隐藏标识、认证和安全不可见通信。具体应用如下：

(1) 数字作品的知识产权保护。数字水印利用数据隐藏原理使版权标志不可见或不可听，既不损害原作品，又达到了版权保护的目的。目前，利用版权保护的数字水印技术已经进入实用化阶段，如 IBM 公司在“数字图书馆”软件中就提供了数字水印功能，Adobe 公司在其 Photoshop 软件中集成了 Digimarc 公司的数字水印插件。

(2) 商务交易中的票据防伪。数字水印技术可以为各种票据提供不可见的认证标志，从而大大增加了伪造的难度。

(3) 证件真伪鉴别。目前，国内证件防伪领域面临着巨大的商机，由于缺少有效的防伪措施，使得“造假”“买假”“用假”成风，已经严重干扰了正常的经济秩序，对国家的形象也有不良影响。通过水印技术可以确认证件的真伪，使得证件无法被仿制和复制。

(4) 声像数据的隐藏标识和篡改提示。

(5) 隐藏通信及其对抗。数字水印所依赖的信息隐藏技术不仅提供了非密码的安全途径，更引发了信息战的革命，引起了许多国家的重视。网络多媒体技术的广泛应用使得利用公用网络进行保密通信有了新的思路，利用数字化声像信号相对于人的视觉、听觉冗余，可进行多种形式的信息隐藏，从而实现隐蔽通信。

# 知识点 3.5 使用密码通信

安全性包括数据安全性、通信安全性、信息安全性等，它们连成一条链子，整个系统的安全性取决于其中最脆弱的环节的安全性。因此，加密算法、协议、密钥管理等每一个环节都必须安全。

## 3.5.1 通信信道加密

密码技术是网络安全最有效的技术之一。一个加密网络不仅可以防止非授权用户的搭线窃听和入网，而且也是对付恶意软件的有效方法之一。一般的数据加密可以在通信的 3 个层次上实现：链路加密、节点加密和端到端加密。

1. 链路加密

链路加密是传输数据仅在物理层前的数据链路层进行加密。接收方是传送路径上的各节点机，信息在每台节点机内都要被解密和再加密，依次进行，直至到达目的地。

使用链路加密装置能为某链路上的所有报文提供传输服务，即经过一台节点机的所有网络信息传输均需加、解密，每一个经过的节点都必须有密码装置，以便解密、加密报文。如果报文仅在一部分链路上加密而在另一部分链路上不加密，则相当于未加密，仍然是不安全的。

由于在每一个中间传输节点，消息均被解密后重新进行加密，所以，包括路由信息在内的链路上的所有数据均以密文形式出现。这样，链路加密就掩盖了被传输消息的源点与终点。由于填充技术的使用及填充字符在不需要传输数据的情况下就可以进行加密，这使得消息的频率和长度特性得以掩盖，从而可以防止对通信业务进行分析。

链路加密的缺点主要有：链路加密通常用在点对点的同步或异步线路上，它要求先对在链路两端的加密设备进行同步，然后使用一种链模式对链路上传输的数据进行加密，这就给网络的性能和可管理性带来了副作用。在线路/信号经常不通的海外或卫星网络中，链路上的加密设备需要频繁地进行同步，带来的后果是数据丢失或重传。此外，即使一小部分数据需要进行加密，也会使得所有传输数据被加密。

在一个网络节点，链路加密仅在通信链路上提供安全性，消息以明文形式存在，因此所有节点在物理上必须是安全的，否则就会泄露明文内容。然而保证每一个节点的安全性需要较高的费用，包括为每一个节点提供加密硬件设备和一个安全策略与程序的正确执行而进行审计的费用，以及为防止安全性破坏带来损失而参加保险的费用。

在传统的加密算法中，用于解密消息的密钥与用于加密的密钥是相同的，该密钥必须被秘密保存，并按一定规则进行变化。这样，密钥分配在链路加密系统中就成了一个问题，因为每一个节点必须存储与其相连接的所有链路的加密密钥，这就需要对密钥进行物理传送或者建立专用网络设施。而网络节点地理分布的广阔性使得这一过程变得复杂，同时增加了密钥连续分配时的费用。

2. 节点加密

节点加密在操作方式上与链路加密类似：两者均在通信链路上为传输的消息提供安全性；都在中间节点先对消息进行解密，然后进行加密。因为要对所有传输的数据进行加密，所以加密过程对用户是透明的。

然而，与链路加密不同，节点加密不允许消息在网络节点以明文形式存在，它先把收到的消息进行解密，然后采用另一个不同的密钥进行加密，这一过程是在节点上的一个安全模块中进行的。

节点加密要求报送和路由信息以明文形式传输，以便中间节点能得到如何处理消息的信息，因此这种方法对于防止攻击者分析通信业务是脆弱的。

3. 端到端加密

使用端到端加密方式，数据在发送端被加密，在最终目的地（接收端）解密，中间节点处不以明文的形式出现。消息在被传输时到达终点之前不进行解密，因为消息在整个传输过程中均受到保护，所以即使有节点被损坏也不会使消息泄露。用端到端加密是在应用层完成，即在传输前的高层中完成。除报送外的报文均以密文的形式贯穿于全部传输过程。只是在发送端和最终端才有加、解密设备，而在中间任何节点报文均不解密，因此，不需要有密码设备。同链路加密相比，端到端加密可减少密码设备的数量。此外，信息是由报头和报文组成的，报文为传送的信息，报头为路由选择信息。由于网络传输中要涉及路由选择，在链路加密时，报文和报头两者均需加密。而在端到端加密时，由于通道上的每一个中间节点虽不对报文解密，但为将报文传送到目的地，必须检查路由选择信息，所以只能加密报文，而不能对报头加密。这样就容易被某些通信分析者发觉，而从中获取某些敏感信息。

端到端加密系统与链路加密和节点加密相比费用较低，更可靠，更容易设计、实现和维护。端到端加密还避免了其他加密系统所固有的同步问题，因为每个报文包均是独立被加密的，所以一个报文包所发生的传输错误不会影响后续的报文包。单个用户可能会选用这种加密方法，以便不影响网络上的其他用户，此方法只需要源节点和目的地节点是保密的即可。

端到端加密系统通常不允许对消息的目的地址进行加密，这是因为每一个消息所经过的节点都要用这些地址来确定如何传输消息。由于这种加密方法不能掩盖被传输消息的源点与终点，所以它对于防止攻击者分析通信业务是脆弱的。

4. 通信信道加密方式的比较

采用链路加密方式，从起点到终点，要经过许多中间节点，在每个节点均要暴露明文（节点加密方法除外），如果链路上的某一节点安全防护比较薄弱，那么按照木桶原理（木桶水量是由最低的一块木板决定的），虽然采取了加密措施，但整个链路的安全只相当于最薄弱的节点处的安全状况。

采用端到端加密方式，只是发送方加密报文，接收方解密报文，中间节点不必加、解密，也就不需要密码装置。此外，加密可采用软件实现，使用起来很方便。在端到端加密方式下，每对用户之间都存在一条虚拟的保密信道，每对用户共享密钥（传统密码保密体制，非公钥体制下），所需的密钥总数等于用户对的数目。对于几个用户，若两两通信，共需密钥 $n(n-1)/2$ 种，每个用户需 $n-1$ 种。这个数目将随网上通信用户的增加而增加。

为安全起见，每隔一段时间还要更换密钥，有时甚至只能使用一次密钥，密钥的用量很大。

采用链路加密，每条物理链路上，不管用户多少，都可使用一种密钥。在极限情况下，每个节点都与另外一个单独的节点相连，密钥的数目也只是 $n(n-2)/2$ 种。这里 $n$ 是节点数而非用户数，一个节点一般有多个用户。

从身份认证的角度看，链路加密只能认证节点，而不是用户。使用节点 A 密钥的报文仅保证它来自节点 A，不能提供用户鉴别。端到端加密对用户是可见的，可以看到加密后的结果，起点、终点很明确，可以进行用户认证。

总之，链路加密对用户来说比较容易，使用的密钥较少；而端到端加密比较灵活，用户可见。对链路加密中各节点安全状况不放心的用户也可使用端到端加密方式。

### 3.5.2 硬件加密与软件加密

任何加密算法都可以用软件实现。软件加密一般是用户在发送信息前，先调用信息安全模块对信息进行加密，然后发送，到达接收方后，由用户使用相应的解密软件进行解密并还原。软件加密的缺点是速度慢、开销大和易于改动，优点是灵活和可移动，易使用、易升级。

加密产品有特定的硬件形式。这些加/解密盒子被嵌入到通信线路中，然后对所有通过的数据进行加密。虽然软件加密变得流行，但硬件加密仍是商业和军用的主要选择。使用硬件加密的原因如下：

(1) 速度上的优势。很多加密算法含有对明文的复杂运算（如 DES 和 RSA），在普通用途的微处理器上运行的效率不如专用硬件高。另外，加密常常是高强度的计算任务，需要长时间使用计算机微处理器，将加密移到专用芯片上，会使整个系统速度加快。

(2) 安全性。对于在没有物理保护下运行的某个加密程序，入侵者可以秘密修改算法而不被发现。硬件加密设备可以将其用防篡改盒安全地封装起来防止他人修改。

# 技 能 篇

## 任务 3.1 PGP 加密软件的使用

**任务目的**

掌握 PGP 软件的安装与基本操作。

**任务内容**

正确安装 PGP 软件并注册，熟悉 PGP 功能。

**任务准备**

(1) 互联网接入。

(2) 计算机（每人一台）。

(3) PGP 安装软件（本任务使用 PGP Desktop Pro v10.0.3<64 位>汉化破解版）。

**任务要求**

(1) 完成任务报告的所有设计内容，并附上关键步骤的截图。

(2) 记录任务结果。

**任务分析**

1. 软件准备

PGP 加密工具：PGP Desktop Pro v10.0.3。

下载地址：http://www.pgp.cn/或其他网站，下载适合系统的版本。

2. PGP 加密工具介绍

PGP (Pretty Good Privacy) 是一种在信息安全传输领域首选的加密软件，采用了非对称的“公钥”和“私钥”加密体系。由于美国对信息加密产品有严格的法律约束，因此限制了 PGP 的一些发展和普及，现在该软件的主要使用对象为情报机构、政府机构、信息安全工作者（例如较高水平的安全专家和有一定资历的黑客）。

PGP 是基于 RSA 公钥加密体系的，可以提供一种安全的通信方式，采用一种 RSA 和传统加密的杂合算法，用于数字签名的邮件文摘算法、加密前压缩等。PGP 可以用于商务合同、文件等重要机密邮件保密；还可以给邮件加上数字签名，并能只签名而不加密整个邮件。这适用于发信人在公开发表声明时，用自己的私钥签名以证实自己的身份。这样就可以让收件人能确认发信人的身份，也可以防止发信人抵赖自己的声明。这一点在商业领域有很大的应用前途，它可以防止发信人抵赖和信件被中途篡改。

PGP 中的每个公钥和私钥都伴随着一个密钥证书。它一般包含以下内容：

(1) 密钥内容（用长达百位的大数字表示的密钥）；

(2) 密钥类型（表示该密钥是公钥还是私钥）；

(3) 密钥长度（密钥的长度，以二进制位表示）；

(4) 密钥编号（用以唯一标识该密钥）；

(5) 创建时间；

(6) 用户标识（密钥创建人的信息，如姓名、电子邮件等）；

(7) 密钥指纹（为 128 位的数字，是密钥内容的提要，表示密钥唯一的特征）；

(8) 中介人签名（中介人的数字签名，声明该密钥及其所有者的真实性，包括中介人的密钥编号和标识信息）。

PGP 把公钥和私钥存放在密钥环（KEYR）文件中，PGP 提供有效的算法查找用户需要的密钥。PGP 的每个私钥都由一个相应的口令加密，需要用户输入口令的地方主要有：

(1) 需要解开收到的加密信息时，PGP 需要用户输入口令，取出私钥解密信息；

(2) 当用户需要为文件或信息签字时，用户输入口令，取出私钥加密；

(3) 对磁盘上的文件进行传统加密时，需要用户输入口令。

3. PGP 加密工具的安装

打开安装包内的 setup 文件夹，运行 PGP 安装程序 PGP DesktopWin64-10.0.3.exe，会出现如图 3-10 所示的 PGP 的安装界面，选择语言“English”，并点击“OK”，进入如图 3-11 所示的界面，选择“I accept the license agreement”，单击“Next”，出现如图 3-12 所示的软件安装欢迎界面。点击“Next”按钮，开始安装，安装完毕后先不要重启计算机。

图 3-10　PGP 的安装 1

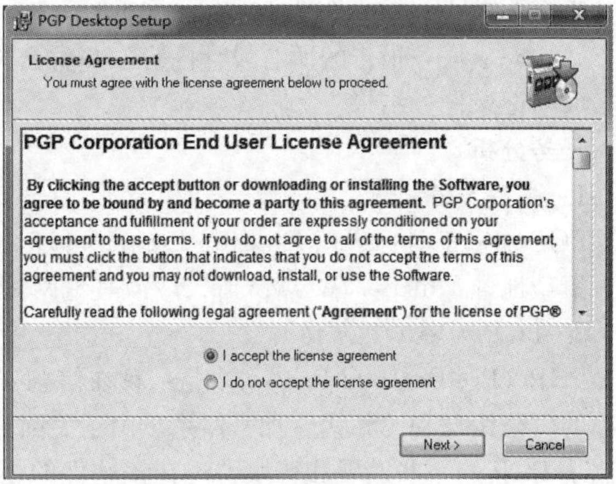


图 3-11　PGP 的安装 2

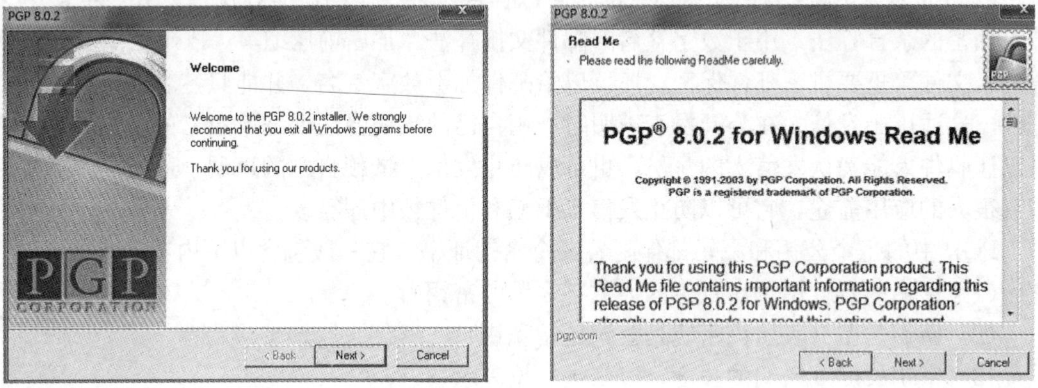


图 3-12　PGP 安装 3

4. PGP 注册

打开安装包下 keygen 文件夹，并运行 keygen. exe，出现如图 3-13 所示界面，点击“Path”按钮，出现“Patching done”后重新启动计算机。

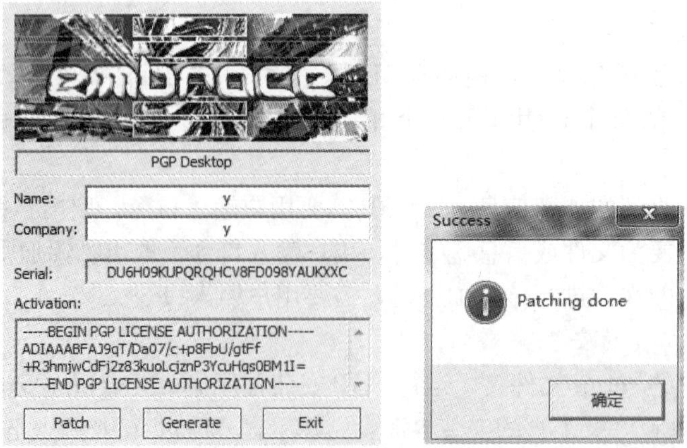


图 3-13　PGP 注册码生成

重启计算机后，重新运行 keygen. exe，在如图 3－13 中输入名称等相关参数，并点击“Generate”按钮生成注册码。

运行 PGP Desktop，选择工具栏中“Help”下的“PGP Desktop License”选项进行注册，如图 3－14 所示。

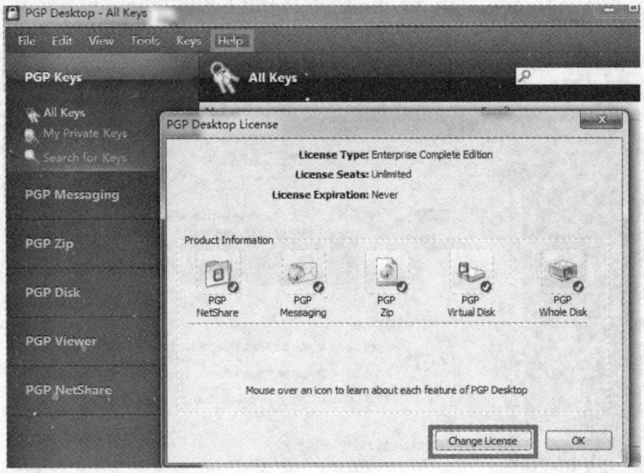


**图 3－14　PGP 注册 1**

在图 3－15（a）中输入序列号，点击“下一步”出现如图 3－15（b）所示界面，选择“Enter a License Authorization provide by PGP Customer Service ”选项，点击“下一步”，在新界面内输入上一步生成的注册码，点击“下一步”即可完成注册，如图 3－15（c）所示。

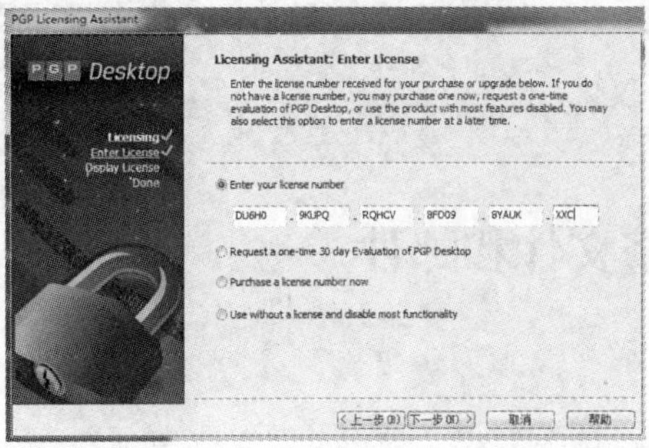


（a）

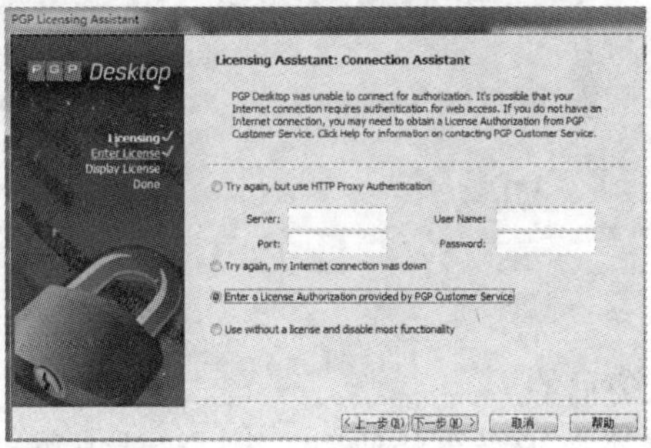


（b）

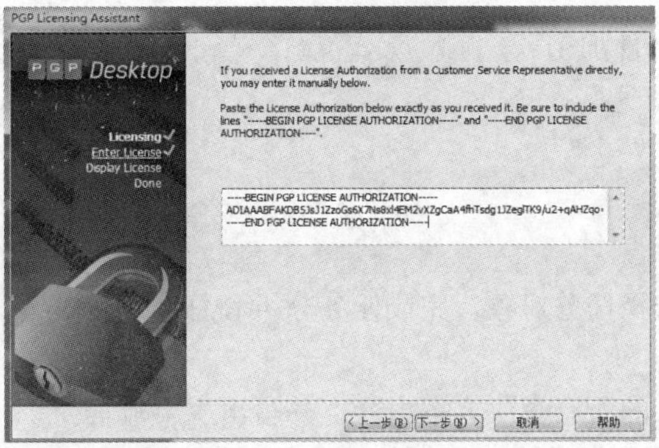


（c）

**图 3－15　PGP 注册 2**

5. PGP 汉化

打开 PGP 的汉化包，将中文包内的所有文件复制到 PGP 安装目录下覆盖原文件（如 C:\Program Files\Common Files\PGP Corporation\Strings），重新启动 PGP Desktop，选择“Tools”菜单下的“PGP Options”，打开如图 3 - 16 所示的设置界面，在“Product Language”选项选择“Deutsch”，点击“确定”按钮即可。

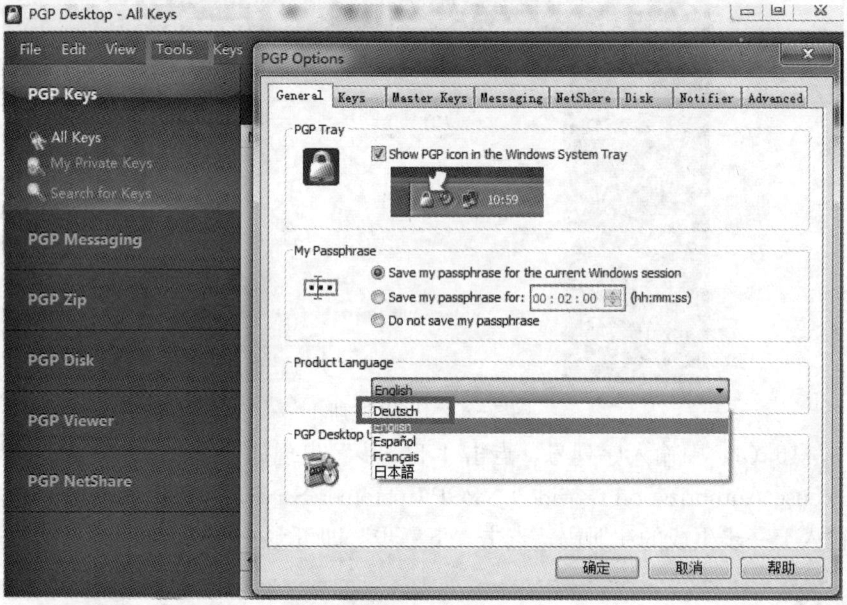


图 3 - 16 PGP 汉化

## 任务 3.2 PGP 加密文件和邮件

**任务目的**

通过 PGP 软件的使用，进一步认识和掌握加密解密过程，熟悉软件的主要功能。

**任务内容**

PGP 实现文件、邮件加密。

**任务准备**

(1) 互联网接入。

(2) 计算机（每人一台）。

(3) PGP 软件。

(4) 组建团队，选择任务对象，完成任务分析和总结。

**任务要求**

(1) 完成任务报告的所有解决方案内容，并写出主要流程。

(2) 分析任务结果。

**任务分析**

两个用户 yyx 和 qqq，新建密钥，yyx 作为发送方，qqq 作为接收方，实现密钥交换、文件的加密、签名等操作。

1. 生成密钥

(1) 启动 PGP 软件，选择“文件”→“新建 PGP 密钥”，进入密钥创建界面，单击“下一步”，进入如图 3-17 所示界面，输入全名和电子邮件地址，单击“下一步”。

**图 3-17 输入全名和电子邮件地址**

在创建口令界面，输入密码（用于保护私钥的密码），后面使用私钥时需要输入密码，如图 3-18 所示。

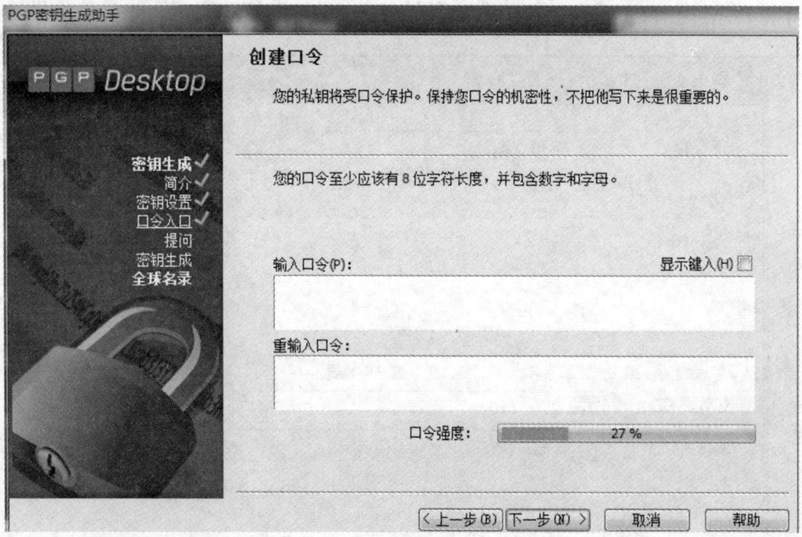


**图 3-18 创建保护私钥的口令**

输入完成后，单击“下一步”，进入密钥生成过程，完成后返回密钥管理界面将会看到已成功创建的密钥，如图 3-19 所示。

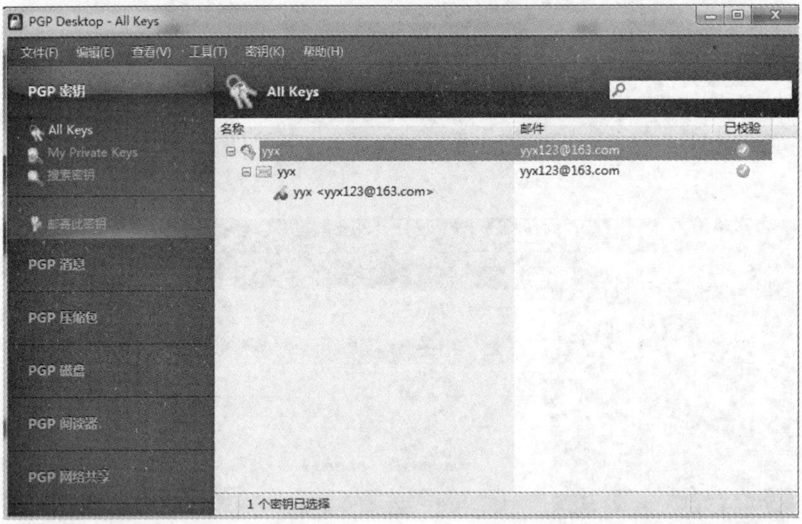


**图 3-19　成功密钥创建**

（2）按照前面 PGP 安装步骤在另一台机器上安装 PGP 并生成 qqq 的密钥，在“PGP Desktop”窗口中右击要交换的密钥“qqq”导出，存成 qqq.asc 文件，然后自由地传该文件，或放在双方方便取得的地方，如利用邮件或文件共享方式进行交换（也可以在一台计算机上新建两个用户的密钥）。

2. 邮件安全传输

接收方 qqq 首先需要生成密钥，并将密钥导出发送给发送方 yyx。yyx 导入公钥后，就拥有接收方 qqq 的公钥。yyx 可以使用 qqq 的公钥对邮件进行加密，并发送给 qqq，qqq 通过自己的密钥进行解密。实现过程如下：

（1）qqq 生成密钥 qqq.asc，导出并发送给 yyx，导出文件为 qqq.asc，如图 3-20 所示。

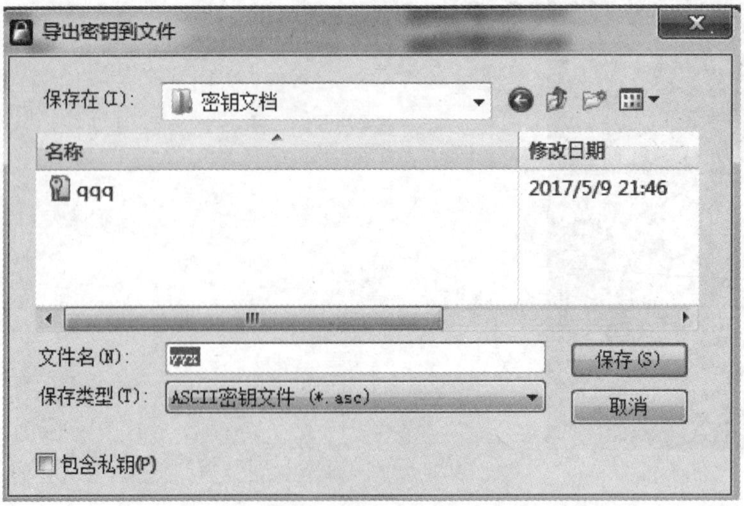


**图 3-20　导出密钥**

（2）yyx 收到 qqq 的公钥后，导入，如果校验属性为绿色并勾选，表明其正确性已经得到验证，如图 3-21 所示。

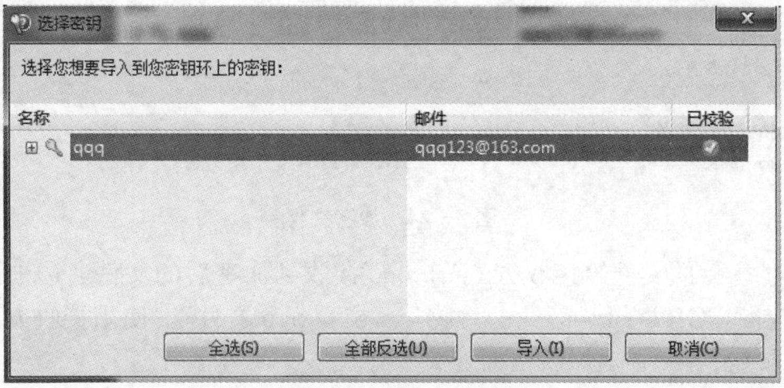


图 3-21　导入公钥

(3) 由 yyx 使用自己的私钥对其进行签名，右键点击“签名”，输入保护密钥的密码，如图 3-22 所示。

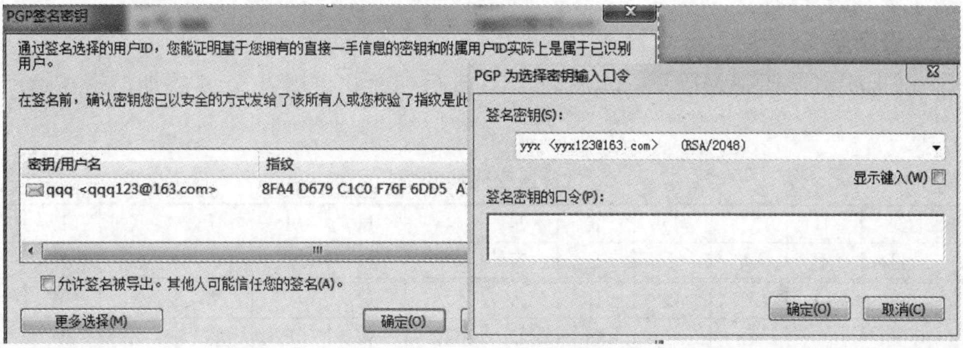


图 3-22　PGP 签名密钥

(4) 加密文件。发送端新建一个文本文件“qqq 接收文件测试.txt”，并输入内容。完成后选中该文件，右键点击“PGP Desktop”使用密钥保护文件，使用接收方 qqq 的公钥加密文件，如图 3-23 所示。

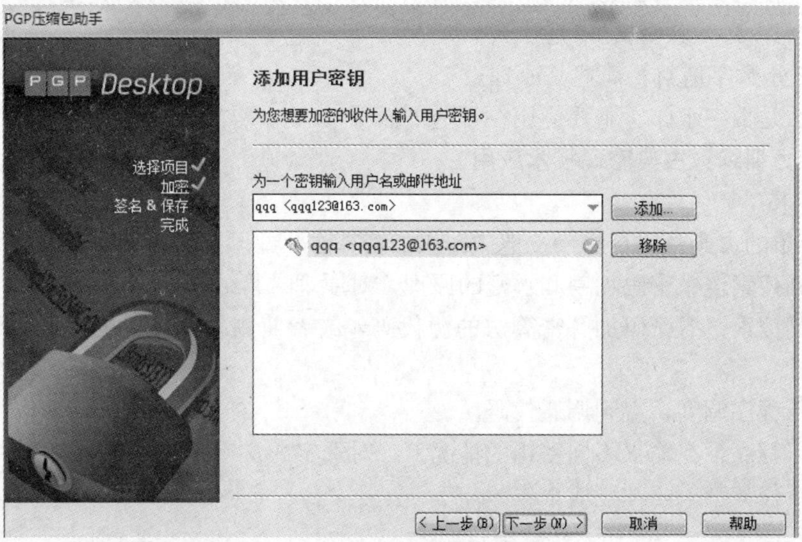


图 3-23　使用公钥加密文件

单击“下一步”选择保存目录，点击“确定”完成，在保存目录下将会出现加密后的文件，如图3－24 所示。

图 3－24　加密文件

(5) 发送加密后的文件给接收方 qqq，qqq 接收到加密后的文件，选中接收到的加密文件，右键点击“PGP Desktop”→“解密 & 校验 pgp 文件”，使用接收方 qqq 自己的私钥对密文进行解密。

## 实践篇

### 一、思考题

1. 试把明文“EXAMPLE”先用表 3－3 进行加密，再用表 3－4 叠加加密，给出加密结果。

表 3－3　替换密码加密表

| 明文 | A | B | C | D | E | F | G | H | I | J | K | L | M |
|---|---|---|---|---|---|---|---|---|---|---|---|---|---|
| 密文 | H | T | A | J | C | N | V | D | L | O | E | R | X |
| 明文 | N | O | P | Q | R | S | T | U | V | W | X | Y | Z |
| 密文 | Y | I | U | F | Q | B | K | W | P | G | Z | M | S |

表 3－4　换位密码加密表

| 明文 | 1 | 2 | 3 | 4 | 5 | 6 | 7 |
|---|---|---|---|---|---|---|---|
| 密文 | 3 | 5 | 1 | 7 | 2 | 4 | 6 |

2. 一个使用 RSA 的公开密钥系统中，若截获了发给一个公开密钥是 e=5、n=35 的用户的密文 C=10，其明文 M 是什么？

3. 什么是数字信封？简述其原理。

4. 什么是数字水印？主要应用在哪些方面？

### 二、能力训练：古典密码技术应用

任务要求：

实现简单的古典密码算法——恺撒密码加密算法，并验证恺撒密码加密过程。

1. 上网搜索恺撒密码加密和解密的原理，对原理进行分析。

2. 上网搜索恺撒密码加解密算法的源代码，或者使用教师提供的恺撒密码加解密源代码。

3. 进行程序调度，直到调通代码。

4. 运行程序，在输入不同密钥的情况下，对选定的文字进行加密和解密。

5. 分析任务结果，并完成报告。

## 模块小结

本模块介绍了密码学的基本概念、密码技术的种类、典型密码技术的原理及应用、数字信封和数字水印技术，并通过 PGP 加密软件加深对加密技术的理解。

密码技术包括加密和解密两个方面，按照密钥方式可为两大类：对称密码和非对称密码。对称加密又称私钥加密，加密密钥与解密密钥是相同的，加密方式有序列密码和分组密码两大类，常用的对称加密算法有 DES 加密、AES 加密、流密码和 RC4 等。非对称加密又称公钥加密，加密和解密使用不同的密钥，常用的非对称加密算法有 RSA、ECC 等。

数字信封是公钥密码体制在实际应用中的主要技术之一，数字信封中采用了单钥加密体制和公钥密码体制。数字水印是一种信息隐藏技术，是指在数据化的数据内容中嵌入不明显的记号。数字水印应具有隐藏性（透明性）、强壮性（免疫性、鲁棒性）和安全性。

# 模块 4
# 安全认证与数字签名技术

## 学习目标

**知识目标**

1. 掌握安全认证的基本概念
2. 了解安全认证的方法
3. 理解用户认证和证书管理
4. 理解数字签名的概念及原理
5. 理解 PKI 技术和 CA 认证

**能力目标**

1. 能够正确申请并使用个人数字证书
2. 能够使用数字签名
3. 能够应用安全认证的方法

**模块结构图**

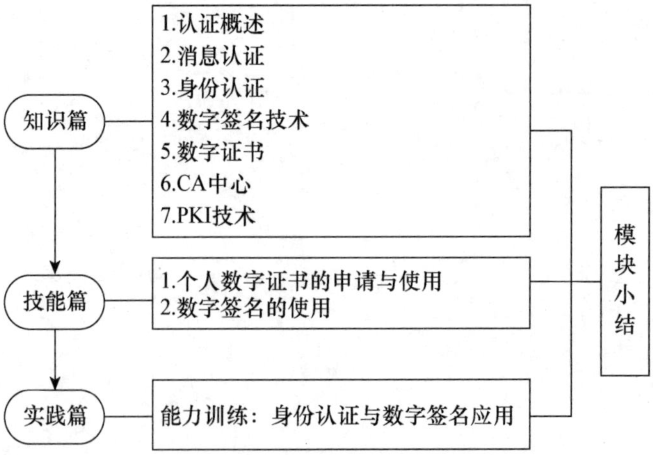


## 知 识 篇

为了确保交易的顺利进行，在网络中开展电子商务，必须建立一种可信的交易环境和机制解决身份认证的问题。一方面，只有合法用户才可以使用网络资源，所以网络资源管理必须识别用户的身份。另一方面，传统的交易双方是通过面对面的谈判和沟通，很容易识别对方的身份，而通过网络交易却不同，交易双方不见面，通过普通的电子传输信息很难确认对方身份。电子商务安全认证技术的三项最主要内容是消息认证、身份认证和数字签名。

# 知识点4.1　认证概述

现代密码的两个最重要的分支就是加密和认证。加密的目的是防止敌方获得机密消息；认证则是为了防止敌方的主动攻击，包括验证消息真伪及防止消息在通信过程中被修改、删除、插入、伪造、延迟及重放等。

## 4.1.1　认证的内容

认证（Authentication）又称鉴别，是通过对网络系统使用过程中的主客体进行鉴别确认身份后，对其赋予恰当的标志、标签、证书等的过程。认证解决了主体本身的信用问题和客体对主体的访问的信任问题，认证为下一步的授权奠定基础，是对用户身份和认证信息的生成、存储、同步、验证和维护的全生命周期的管理。认证的内容包括：消息的源和宿、消息的内容、消息的序号和时间性。

### 1. 消息的源和宿

消息的源和宿的认证可使用数字签名技术和身份识别技术，常用的方法有两种：一种是通信双方事先约定发送消息的数据加密密钥，接收者只需证实发送来的消息能否用该密钥还原成明文就能鉴定发送者。另一种是通过通信双方事先约定各自发送消息所使用的通行字，发送消息中含有此通行字并进行加密，接收者只需鉴别消息中解密的通行字是否等于约定的通行字，就能鉴定发送者，为了安全起见，通行字应该是可变的。

### 2. 消息的内容

消息内容的认证即消息的完整性检验，常用的方法是：消息发送者在消息中加入一个认证码，并经加密后发送接收者检验（有时只需加密认证码即可），接收者利用约定的算法对解密后的消息进行运算，将得到的认证码与收到的认证码进行比较，若二者相等，则接收；否则拒绝接收。目前实现这种方法的基本途径有两条：

(1) 采用消息认证码。

利用必须满足一定条件的函数 $f(x)$ 和密钥 $k$ 将要发送的明文 $x$ 或密文 $y$ 变换成 $r$ 位的消息认证码 $f(x, y)$，附加在 $x$ 或 $y$ 之后发出。通常将 $f(x)$ 选为带密钥的哈希函数。

(2) 采用篡改检测码。

利用必须满足一定条件的函数 $f(x)$ 将要发送的明文 $x$ 变换成 $r$ 位的篡改检测码 $f(x)$，附加在 $x$ 之后一起加密。当然，也可以只对篡改检测码 $f(x)$ 加密。通常将 $f(x)$ 选为不带密钥的哈希函数。

接收者收到发送的消息后，按照发送者同样的方法，对接收的数据或解密后的数据的前面部分进行计算，得到相应的 $r$ 位串，然后与接收恢复的 $r$ 位串逐位进行比较，若完全相同，则认为收到的消息未被篡改；否则，认为收到的消息已被篡改。

### 3. 消息的序号和时间性

消息的序号和时间性的认证主要是阻止消息的重放攻击。常用的方法有消息的流水作业号、链接认证符、随机数认证法和时间戳等。

### 4.1.2 认证的种类

1. 按鉴别对象分类

认证技术从鉴别对象上可以分为消息认证和身份认证两种。

(1) 消息认证。

主要用于确认网上信息真实性，是否被第三方修改或伪造。

(2) 身份认证。

鉴别用户身份，包括识别访问者的身份，对访问者所声称身份进行验证。

2. 按应用的需要分类

根据应用的需要，认证技术可分为单向验证和双向验证。

(1) 单向验证。

单向验证是从甲到乙的单向通信。它建立了甲和乙双方身份的证明以及从甲到乙的任何通信消息的完整性，也可以防止通信过程中的任何攻击。

单向验证过程如下：

1) 甲产生一个随机数 $R_a$。

2) 甲构造一条消息，$M=(T_a, R_a, I_b, D)$，其中 $T_a$ 是甲的时间标记，$I_b$ 是乙的身份证明，$D$ 为任意的一条数据消息。为安全起见，数据可用乙的公开密钥 $Eb$ 加密。

3) 甲将 $[C_a, D_a(M)]$ 发送给乙。$C_a$ 为甲的证书，$D_a$ 为甲的私人密钥。

4) 乙确认 $C_a$ 并得到 $E_a$，并确认这些密钥没有过期。$E_a$ 为甲的公开密钥。

5) 乙用 $E_a$ 去解密 $D_a(M)$，这样既证明了甲的签名，又证明了所签发消息的完整性。

6) 为准确起见，乙检查 $M$ 中的 $I_b$。

7) 乙检查 $M$ 中的 $T_a$ 以证实消息是刚发来的。

8) 作为一个可选项，乙对照旧随机数数据库检查 $M$ 中的 $R_a$，以确保消息不是旧消息。

(2) 双向验证。

双向验证与单向验证类似，但它增加了来自乙的应答。双向验证保证了是乙而不是冒名者发送来的应答，保证了双方通信的机密性，并可防止攻击。

双向验证除了完成单向验证的第 1 到 8 步外，双向验证还包括：

1) 乙产生另一个随机数 $R_b$。

2) 乙构造一条消息，$M_m=(T_b, R_b, I_a, R_a, D)$，其中 $T_b$ 是乙的时间标记，$I_a$ 是甲的身份，$D$ 为任意的一条数据消息。为确保安全，可用甲的公开密钥对数据加密，$R_a$ 是甲在第 1 步中产生的随机数。

3) 乙将 $D_b(M_m)$ 发送给甲。

4) 甲用 $E_a$ 解密 $D_b(M_m)$，以确认乙的签名和消息的完整性。

5) 为准确起见，甲检查 $M_m$ 中的 $I_a$。

6) 甲检查 $M_m$ 中的 $T_b$，并证实消息是刚发送来的。

7) 作为可选项，甲可检查 $M_m$ 中的 $R_b$ 以确保消息不是重放的旧消息。

认证技术的实现通常要借助于加密和数字签名等密码学的技术。实际上，数字签名本身也是一种认证技术，它可用来鉴别消息的来源。

# 知识点 4.2 消息认证

消息认证是一个过程，用来验证接收消息的真实性（的确是由它所声称的实体发来的）和完整性（未被篡改、插入、删除），同时还可用来验证消息的顺序性和时间性（未重排、重放、延迟）。消息认证所用的摘要算法与一般的对称或非对称加密算法不同，它并不用于防止信息被窃取，而是用于证明原文的完整性和准确性，也就是说，消息认证主要用于防止信息被篡改。可用来做消息认证的函数主要分为以下三类：

（1）消息加密函数：用完整消息的密文作为对消息的认证。

（2）消息认证码（MAC）：对信源消息的一个编码函数。

（3）哈希函数：一个公开的函数，能将一个任意长的消息映射成一个固定长度的消息。

## 4.2.1 消息加密函数

消息加密函数主要分两种：一种是利用对称加密体制实现消息认证；另一种是利用公钥加密体制实现消息认证。此外，还有利用私钥加密体制实现消息认证，利用私钥签名再公钥加密体制实现消息认证。

1. 利用对称加密体制实现消息认证

发送方 B（Bob，下同）和接收方 A（Alice，下同）事先共享一个密钥。在这个过程中提供保密、认证，但不能提供签名，如图 4-1 所示。

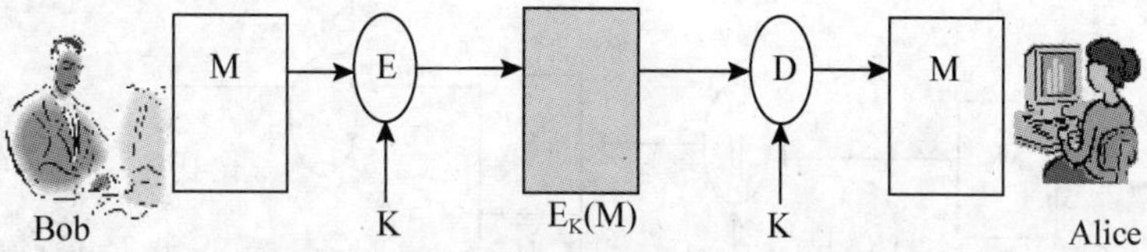


图 4-1 利用对称加密体制实现消息认证

2. 利用公钥加密体制实现消息认证

公钥加密的特点是保密性。在利用公钥加密体制实现消息认证的过程中提供保密，不能提供认证，如图 4-2 所示。

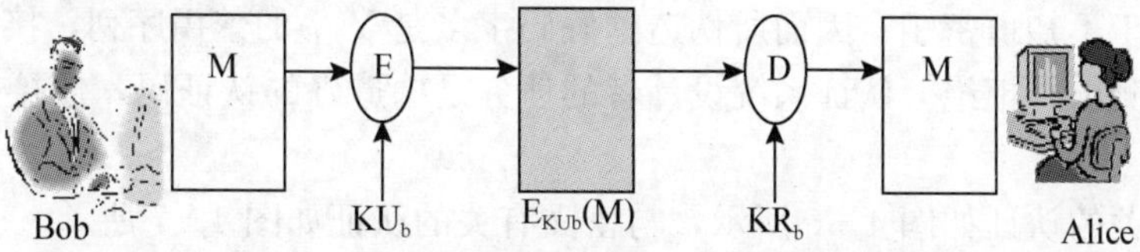


图 4-2 利用公钥加密体制实现消息认证

3. 利用私钥加密体制实现消息认证

私钥加密的特点是认证与签名。在利用私钥加密体制实现消息认证的过程中提供认证和签名，如图 4-3 所示。

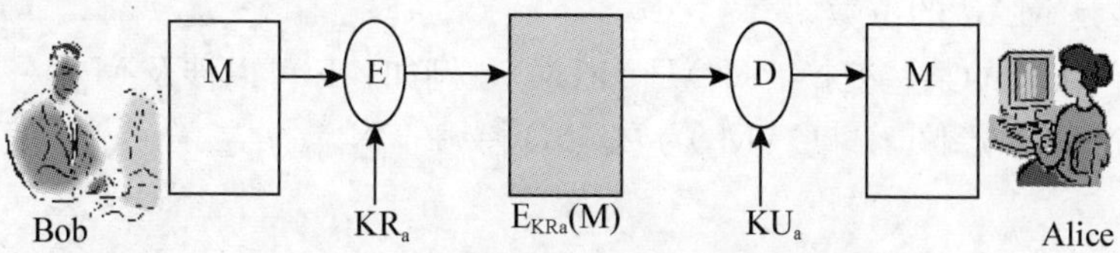


图 4-3 利用私钥加密体制实现消息认证

4. 利用私钥签名再公钥加密体制实现消息认证

在这个过程中提供保密、认证、签名，如图 4-4 所示。

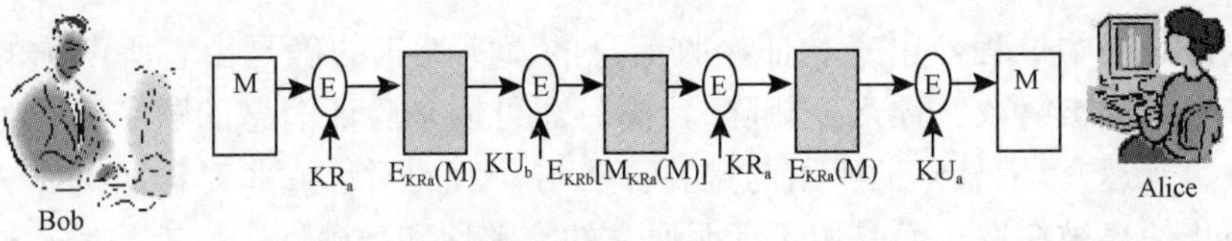


图 4-4 利用私钥签名再公钥加密体制实现消息认证

### 4.2.2 消息认证码

数据完整性是信息安全的一项基本要求，它可以防止数据未经授权被篡改。消息认证码（Message Authentication Code，MAC）是用来保证数据完整性的一种工具。MAC 使用一个密钥生成一个固定大小的短数据块，并将该数据块加载到消息后。

认证编码的基本方法是在发送的消息中引入冗余度，使通过信道传送的可能序列集 Y 大于消息集 X。对于任何选定的编码规则，发送方从 Y 中选出用来代表消息的随机序列，即码字；接收方根据编码规则确定出发送方按此规则向其传来的消息，如图 4-5 所示。

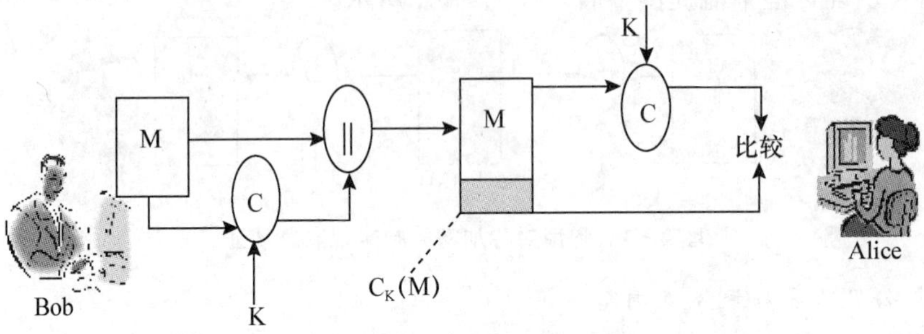


图 4-5 MAC 的基本用法

串扰者由于不知道密钥，因而所伪造的假码字多是 Y 中的禁用序列，接收方将以很高的概率将其检测出并拒绝。认证系统设计者的任务是构造好的认证码，使接收方受骗概率极小。

与明文有关的认证如图 4-6 所示，与密文有关的认证如图 4-7 所示。

为了防止以上可能的攻击，MAC 应具有以下性质：

(1) 如果一个攻击者得到 M 和 $C_k(M)$，则攻击者构造一个消息 M' 使得 $C_k(M')=C_k(M)$ 应具有计算不可行性。

(2) $C_k(M)$ 应均匀分布，即随机选择消息 M 和 M'，$C_k(M')=C_k(M)$ 的概率是 2—N，其中 N 是 MAC 的位数。

(3) 令 M' 为 M 的某些变换，即 M'=F(M)，例如，F 可以涉及 M 中一个或多个给定位的反转，在这种情况下，$P_r[C_k(M')=C_k(M)]=2-N$。

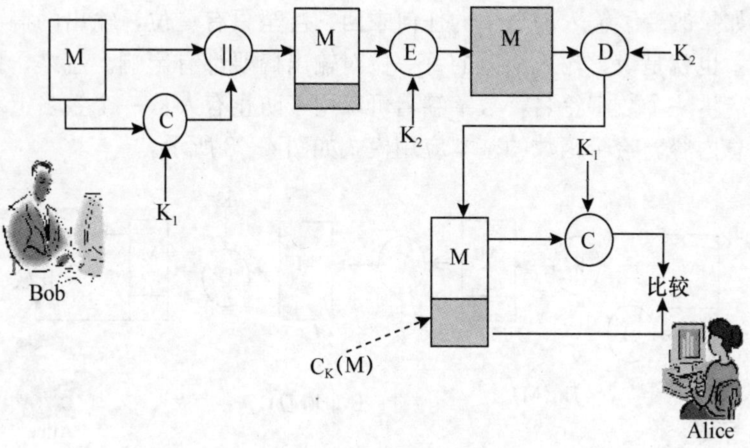


图 4-6 与明文有关的认证

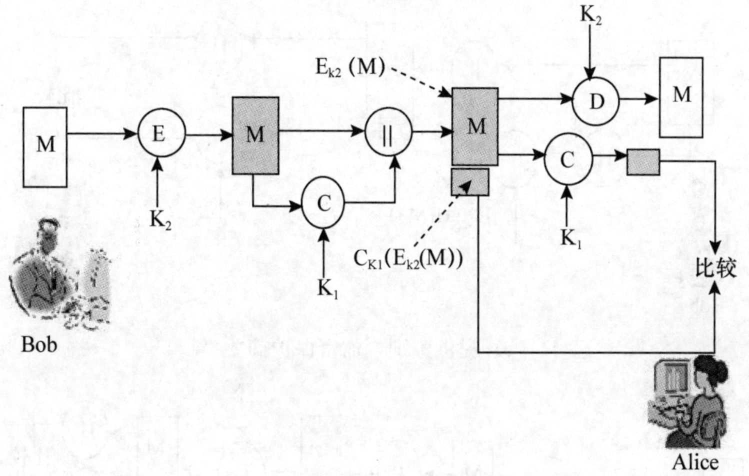


图 4-7 与密文有关的认证

### 4.2.3 MD5 加密

MD5（Message Digest Algorithm 5）是计算机安全领域广泛使用的一种散列函数，用以提供消息的完整性保护。MD5 是一个不可逆的字符串变换算法，能将任意长度的字符串变换成一个 128bit 的大整数。

MD5 的典型应用是对一段字符串产生指纹（Fingerprint），以防止被“篡改”。举个例子，将一段话写在一个叫 readme. txt 文件中，对这个 readme. txt 产生一个 MD5 的值并记录在案，然后可以传播这个文件给别人，别人如果修改了文件中的任何内容，文件作者对这个文件重新计算 MD5 时就会发现（两个 MD5 值不相同）。如果再有一个第三方的认证机构，用 MD5 还可以防止文件作者的“抵赖”，这就是所谓的数字签名应用。

MD5 还广泛用于加密和解密技术上，在很多操作系统中，用户的密码是以 MD5 值（或类似的其他算法）的方式保存的，用户登录的时候，系统是把用户输入的密码计算成 MD5 值，然后和系统中保存的 MD5 值进行比较，而系统并不知道用户的密码是什么。

### 4.2.4 哈希函数

哈希函数的输入可以是任意大小的消息，而输出是一个固定长度的摘要。摘要有这样一个特点，即如果改变了输入消息中的任何东西，甚至只有一位，输出的摘要将会发生不可预测的改变，也就是说，输入消息的每一位对输出摘要都有影响。总之，摘要算法从给定的文本块中产生一个数字签名，数字签名可以用于防止有人从一个签名上获取文本消息或改变文本消息内容。哈希函数的基本应用模式如图 4-8 所示。

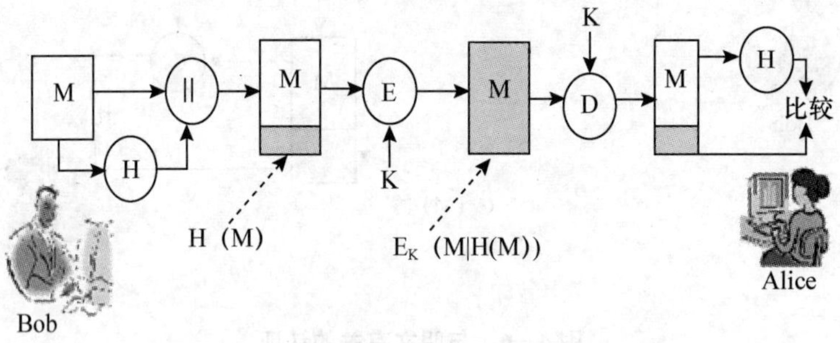


(a) 提供保密、鉴别

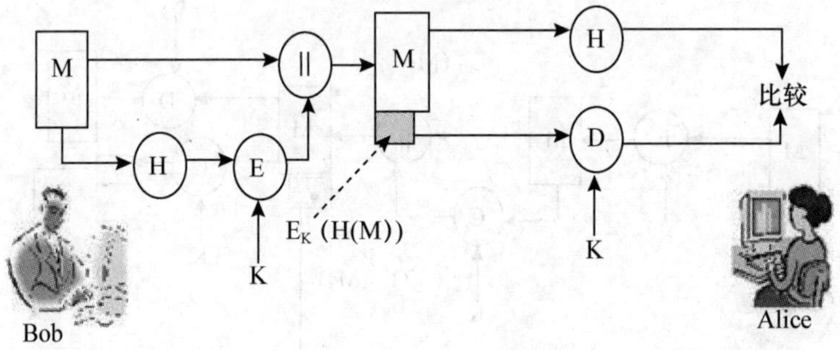


(b) 提供鉴别，加密保护摘要

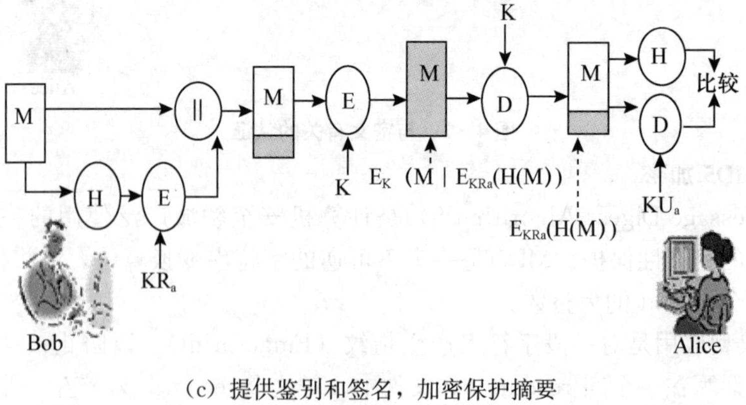


(c) 提供鉴别和签名，加密保护摘要

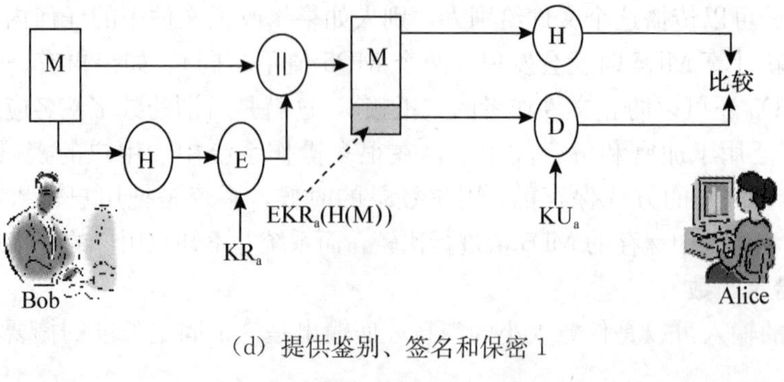


(d) 提供鉴别、签名和保密 1

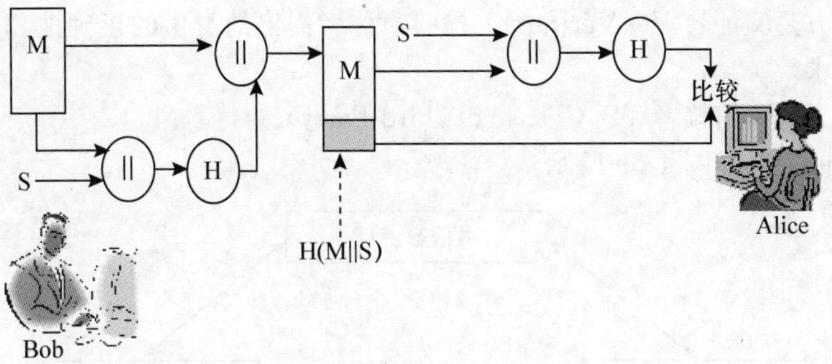


（e）提供鉴别、签名和保密 2

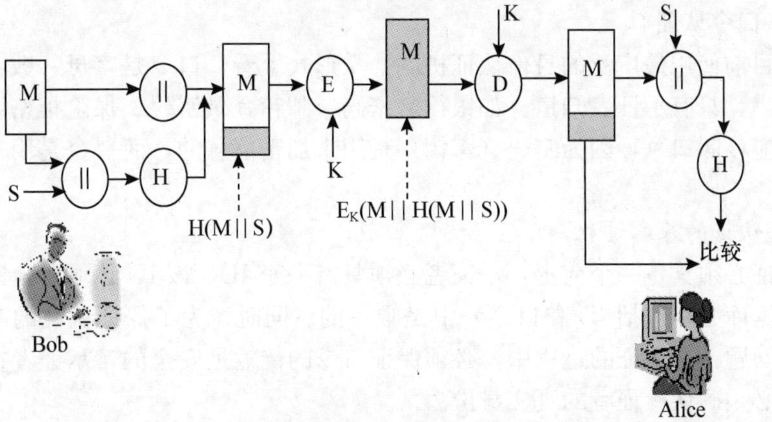


（f）提供鉴别、签名和保密 3

**图 4－8　哈希函数的基本应用模式**

# 知识点 4.3　身份认证

身份认证是声称者向验证者出示自己的身份证明，验证者证实声称者的真实身份与其所声称的身份是否相符的过程。认证的目的是使别的成员（验证者）获得对声称者所声称的事实的信任。身份认证是获得系统服务所必需的第一道关卡。

## 4.3.1　身份认证的方法

身份认证的基本方法有三种：

（1）用户物件认证（What you have，你有什么），即认证用户拥有的某种物件，如身份证、银行卡、护照、驾驶证等各类证件。

（2）用户有关信息确认（What you know，你知道什么），即认证用户所知道的某种信息，如口令或某个秘密。

（3）体貌特征识别（Who you are，你是谁），即认证用户具有的某种特征，如指纹、DNA、声音等。

## 4.3.2　身份认证系统的组成

身份认证是系统安全的第一道关卡，身份认证系统的组成主要包括：

（1）第一方是出示证件的人，称为声称者（Claimant），又称示证者 P（Prover）。

(2) 第二方是验证者 V(Verifier),检验声称者提出的身份的正确性和合法性,决定是否满足其要求。

(3) 第三方是可信赖者 TP(Trusted Third Party)。

三者之间的关系如图 4-9 所示。

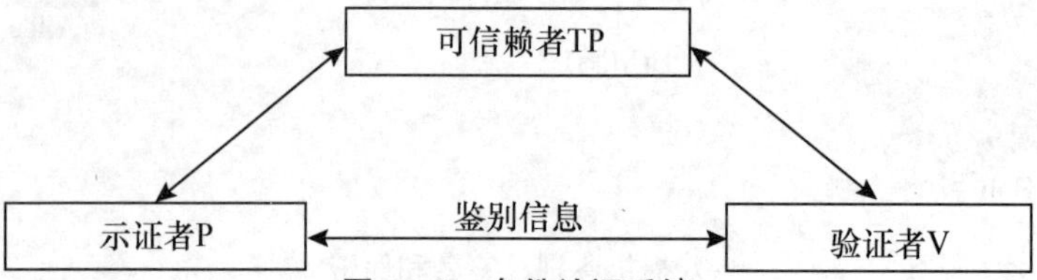


图 4-9 身份认证系统

### 4.3.3 口令认证

口令是目前使用最广泛的身份认证机制。从形式上看,口令是字母、数字或特殊字符构成的字符串,只有示证者知道。如银行卡密码、邮箱登录密码、保险柜密码等,这些密码准确地说应该叫口令,因为密码(密钥)是用来加密信息的,而口令是用来作为某种鉴别的秘密。

1. 口令认证的基本过程

口令认证必须具备一个前提:示证者必须具有一个 ID,该 ID 必须在验证者的用户数据库(该数据库必须包括 ID 和口令)中是唯一的。同时,为了保证认证的有效性,必须考虑到以下问题:在认证的过程中,必须保证口令的传输是安全的,示证者在向验证者请求认证前,必须确认验证者的真实身份。

2. 单向身份认证流程

使用口令的单向身份认证流程如下:

(1) 示证者和验证者之间作为认证初始化,可在该过程中实现建立安全连接、确认认证者身份等。

(2) 示证者向验证者发送认证请求,认证请求中必须包括示证者的 ID 和口令(即用户输入用户名和口令),如图 4-10 所示。

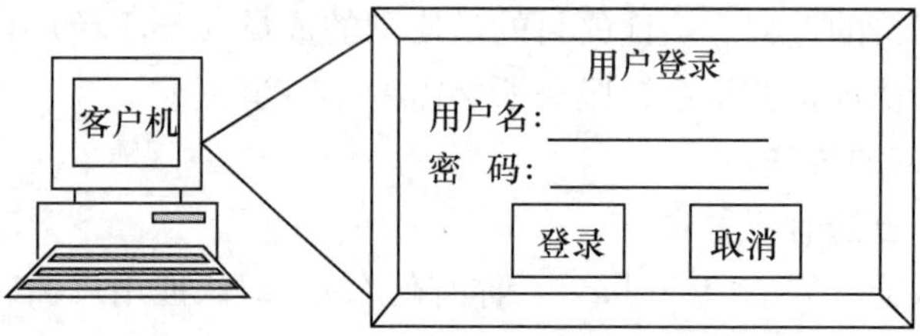


图 4-10 用户登录

(3) 验证者接收 ID 和口令,并在用户数据中找出与示证者的 ID 对应的口令(即用户输入用户名和口令,用户名和口令以明文形式传递到服务器上),如图 4-11 所示。

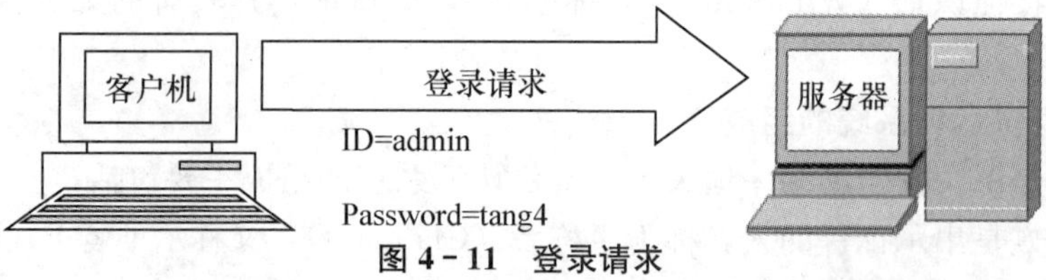


图 4-11 登录请求

（4）验证者比较两口令是否相同（即服务器验证用户名和口令），如图 4－12 所示。

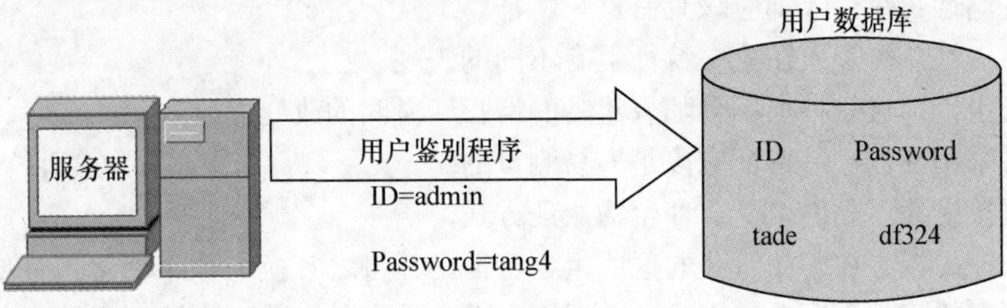


**图 4－12　登录比较**

（5）验证者向示证者发送认证结果，示证者接收认证结果（即服务器通知用户），如图 4－13 所示。

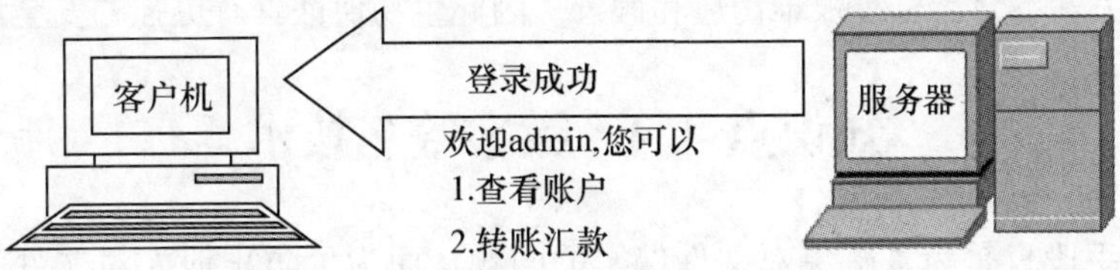


**图 4－13　登录成功**

### 4.3.4　持证认证

持证是一种个人持有物，它的作用类似于钥匙，用于启动电子设备。使用比较多的是一种嵌有磁条的塑料卡，磁条上记录有用于机器识别的个人信息。这类卡通常和个人识别号（PIN）一起使用。这类卡易于制造，而且磁条上记录的数据也易于转录，因此要设法防止仿制。

为了提高磁卡的安全性，人们使用一种被称为“智能卡”的磁卡来代替普通的磁卡，智能卡已成为目前身份识别的一种更有效、更安全的方法。智能卡存储用户个人的秘密信息，同时在验证服务器中也存放该秘密信息。进行认证时，用户输入 PIN，智能卡认证 PIN 成功后，即可读出智能卡中的秘密信息，进而利用该秘密信息与认证服务器之间进行认证。

基于智能卡的认证方式是一种双因素的认证方式（PIN＋智能卡），即使 PIN 或智能卡被窃取，用户仍不会被冒充。智能卡提供硬件保护措施和加密算法，可以利用这些功能加强安全性，如可以把智能卡设置成用户只能得到加密后的秘密信息，从而防止秘密信息的泄露。智能卡仅仅为身份识别提供了一个硬件基础，要想得到安全的识别，还需要与安全协议配套使用。

### 4.3.5　生物认证

生物认证是指通过自动化技术利用人体的生理特征或行为特征进行身份鉴定。目前利用生理特征进行生物认证的主要方法有：指纹识别、虹膜识别、掌纹识别、视网膜识别和面部识别；利用行为特征进行生物认证的主要方法有：声音识别、笔迹识别和击键识别等。除了这些之外，还有许多新兴的技术，如人耳识别、人体气味识别、血管识别、步态识别等。随着现代生物技术的发展，尤其是人类基因组研究的重大突破，研究人员认为 DNA 识别技术或基因识别技术将是未来生物认证技术的主流。

只有满足以下条件的生理特征或行为特征才可以用来识别个人身份：

(1) 普遍性：每个人都应该具有这一特征。

(2) 唯一性：每个人在这一特征上有不同的表现。

(3) 稳定性：这一特征不会随着年龄的增长、时间的改变而改变。

(4) 易采集性：这一特征应该是容易测量的。

(5) 可接受性：人们接受这种生物认证方式。

生物认证的核心在于如何获取这些生物特征，并将之转换为数字信息，存储于计算机中，利用可靠的匹配算法来完成验证与识别个人身份。所有的生物认证系统都包括如下几个处理过程：采集、解码、比对和匹配。

由于人体生物特征具有人体固有的不可复制的唯一性，使得生物认证身份验证方法可以不依赖于各种人造的或附加的物品来证明自己的身份，而证明自身的恰恰是人本身，这些生物密钥不会丢失、不会遗忘，很难伪造和假冒。因此生物认证具有更强的安全性与方便性。

# 知识点 4.4 数字签名技术

采用加密手段只是为了解决对文件保密的问题，而为了防止他人对文件的破坏以及为了鉴别文件或合同的真伪，还需要采用其他的方法手段。现实中的解决方式是用亲笔签名或印章来证明其真实性，在信息数字化环境中，解决这一问题的手段就是数字签名技术，签名者用自己的密钥对文件进行加密，采用一定的数据交换协议来保证身份的可鉴别性和数据的完整性。在电子商务安全服务中的源鉴别、完整性服务、不可否认服务中都会用到数字签名技术。

## 4.4.1 数字签名概述

### 1. 数字签名的概念

联合国国际贸易法委员会在《电子签名示范法》中对电子签名的定义为：在数据电文中以电子形式所含、所附或在逻辑上与数据电文有联系的数据，可用于鉴别与数据电文相关的签名人和表明签名人认可数据电文所含信息。在欧盟的《电子签名共同框架指令》中也有类似的规定：以电子形式所附或在逻辑上与其他电子数据相关的数据，作为一种判别的方法，则称为电子签名。

数字签名在 ISO 7498－2 标准中的定义为：附加在数据单元上的一些数据，或是对数据单元所做的密码变换，这种数据和变换允许数据单元的接收者用以确认数据单元来源和数据单元的完整性，并保护数据，防止被人进行伪造。

签名的作用有两点：第一，因为自己的签名难以否认，从而确认了文件已签署的事实；第二，因为签名不易仿冒，从而确定了文件是真的这一事实。数字签名和传统书面签名有相同的目的，也能确认两方面的事实：一是保证信息是由签名者发送的；二是保证信息自签发到接收者接收到为止未曾被修改。这样，通过签名就能防止电子信息因容易被修改而被伪造发送，或已经发出（接收）的信息却又加以否认等情况的发生。目前，各国已经制定了相应的法律、法规，把数字签名作为执法的依据。利用非对称加密算法（比如 RSA 算法）进行数字签名是最常用的方法。

总体上来说，数字签名有以下特点：

(1) 签名是可信的。文件的接收者相信签名者是慎重地在文件上签名的。

(2) 签名不可抵赖。发送者事后不能抵赖对报文的签名，可以核实。

(3) 签名不可伪造。签名可以证明是签名者而不是其他人在文件上签名。

(4) 签名不可重用。签名是文件的一部分，不可能将签名移动到其他的文件上。

(5) 签名不可变更。签名和文件不能改变，签名和文件也不可分离。

(6) 数字签名有一定的处理速度，能够满足所有的应用需求。

2. 数字签名算法

实现电子签名的技术手段有多种，主要的方法包括：基于公钥基础设施（Public Key Infrastructure，PKI）的公钥密码技术的数字签名；以生物特征统计学为基础的识别标识，例如手写签名的模式识别技术；掌纹、声音或视网膜扫描的识别；密码、密码代号或个人识别码；基于量子力学的计算机等技术。目前发达国家和我国普遍使用的电子签名技术是基于 PKI 的数字签名技术。

一个数字签名算法组成主要有两部分：签名算法和验证算法。签名者可使用一个秘密的签名算法签一个消息，所得的签名可通过一个公开的验证算法来验证。目前，应用最为广泛的数字签名算法是 RSA 算法、DSA 算法和 DSS 算法。

RSA 算法（非对称加密体制）所使用的密钥是不同的，其中公开密钥保存在系统目录内、黄页上或 BBS 上，网络上的任何用户都可以获得，是公开的；而私有密钥则是用户专有的，是对公开密钥加密的信息进行解密的，是保密的，因此用 RSA 等公钥密码算法进行数字签名的最大好处，就是极大程度地方便了密钥分配问题。

DSA 算法是一种单向不可逆的公钥密码体制，它只能用于数字签名，而不能用于加密、解密和密钥分配。与 RSA 算法不同，DSA 算法在每次签名的时候使用了随机数，所以对同一个消息签名，每次签名的结果是不同的。因此，DSA 算法的数字签名方式被称为随机数字签名，而 RSA 算法的数字签名方式为确定性数字签名。

DSS 算法是由美国政府颁布实施的，主要用于与美国政府做生意的公司或企业，其他公司或企业很少使用。

### 4.4.2 数字签名的应用方式

根据电子商务的应用需要，数字签名的应用方式也随之增加，如数字时间戳、盲签名、群签名等。

1. 数字时间戳

在安全电子交易中，同样需要对交易文件的日期和时间信息采取安全措施，而数字时间戳（DTS）为电子文件发表时间所提供的安全保护和证明是很重要的。

电子交易中，如股票、期货的交易时间直接影响到商品的交易价格，此时，就需要一个可信任的第三方——时间戳权威（Time Stamp Authority，TSA），来提供可信赖的且不可抵赖的时间戳服务。TSA 的主要功能是证明某份文件在某个时间存在，防止用户在这个时间后伪造数据进行欺诈。

DTS 产生的过程是，用户首先对需要加时间戳的文件用哈希函数计算其摘要，然后将摘要发送给 TSA，TSA 将收到文件摘要的时间信息加到文件中，再用 TSA 的私钥对该文件进行加密，即 TSA 的数字签名，然后送回用户，整个过程如图 4-14 所示。用户收到数字时间戳后，可以将其与原始文件一起发送给接收方，供接收方验证时间。

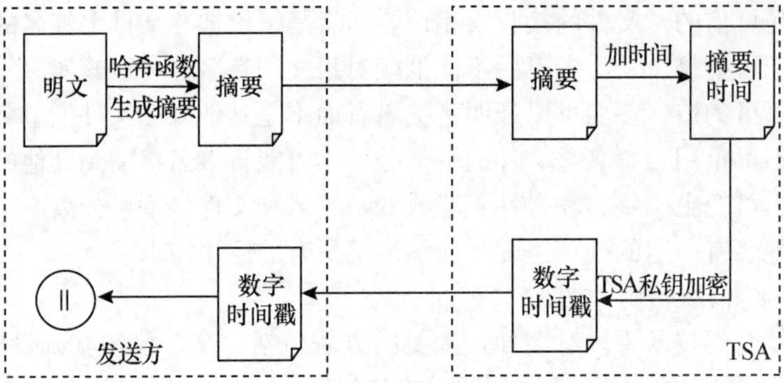


图 4-14 数字时间戳产生的过程

2. 盲签名

一般来说，签名者对自己发出的签名必须是记得的，并且知道自己在签署什么。但是有时需要某人对一个文件签名，却又不想让其知道文件的内容。比如，用户使用钞票消费的时候，不会在钞票上写上自己的名字，因为任何人都不希望银行通过追踪自己发出的签名来获得自己的消费情况，于是就设计出盲签名，其主要功能是实现电子现金的匿名性。

盲签名允许消息拥有者先将消息盲化，而后让签名者对盲化的消息进行签名，最后消息拥有者对签名除去盲因子，得到签名者关于原消息的签名。盲签名在具体操作中主要涉及三方，分别是消息拥有者、签名者和签名验证者。盲签名的具体过程包括盲化、签名、脱盲、验证，如图 4-15 所示。

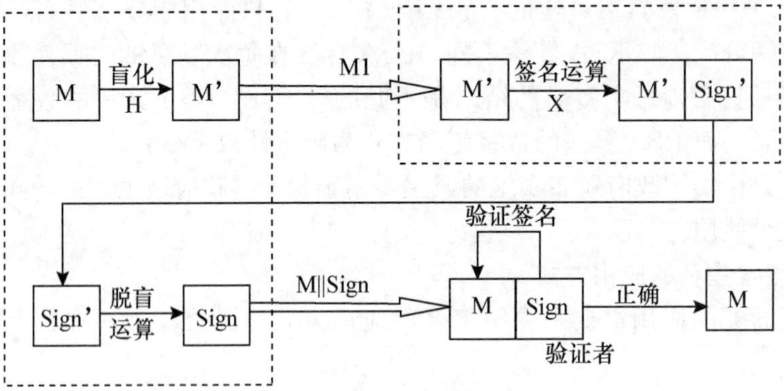


图 4-15 盲签名的过程

盲签名实际上就是接收者在不让签名者获取所签署消息具体内容的情况下，所采取的一种特殊的数字签名技术，它除了满足一般的数字签名条件外，还必须满足下面两个条件：

(1) 签名者对其所签署的消息是不可见的，即签名者不知道其所签署消息的具体内容。

(2) 签名消息不可追踪，即当签名消息被公布后，签名者无法知道这是其哪次签署的。在图 4-15 中，签名者即使看到 Sign，仍不能把它和 M' 联系在一起。

3. 群签名

在一个群签名（Group Signature）方案中，一个群体中的任意一个成员都可以以匿名的方式代表整个群体对消息进行签名。与其他数字签名一样，群签名是可以公开验证的，而且可以只用单个群公钥来验证，也可以作为群标志来展示群的主要用途、种类等。但当出现争议时，借助于一个可信的机构或群成员的联合就能识别出那个签名者。

### 4.4.3 安全的哈希函数

哈希函数就是把任意长度的输入（又叫作预映射，Pre-image)，通过散列算法变换成固定长度的输出，该输出就是散列值。对于数字签名来说，安全的哈希函数是必需的。安全的哈希函数必须具备以下两个条件：

(1) 函数是单向的，即函数从信息中建立一个校验和，但是不能从校验和建立信息。

(2) 创建两条经过函数运行后获得相同校验和的信息非常难。

条件（2）不容易实现，所说的校验和应该小于信息，这样才容易进行签名和传输。但是，如果是这样，那么大量不同信息肯定会映射到同一个校验和。只有让原始信息中的所有位都映射到校验和中的所有位，才能使函数成为安全的。所以，如果信息中的一个位发生改变了，那么校验和中的大量位也随之改变。

1. 哈希加密

在加密技术的学习中，我们知道，想要永久加密数据似乎不太可能。但是确实存在许多只需要加密而不需要解密的用户，如ATM实际上不对客户产生的PIN个人身份识别号进行解密，磁条上的客户代码被单向加密为哈希码。插入磁卡后，ATM根据客户输入的PIN计算哈希码，从而产生一个结果，然后将这个结果与客户磁卡上的哈希码比较。无论是来自ATM还是持卡人，使用这个方法时，PIN都是安全的，因为ATM比较来自两个不同的实体的数值，而没有暴露信息。

2. 哈希签名

哈希签名是通过单向加密算法签名的数据而实现的。签名过程中，在发送方用私钥加密哈希值时，提供签名验证。这种身份验证保证接收者收到的信息来源于发送方。获得哈希值后，接收者通过相同的单向加密算法处理数据，来获得自己的哈希值，然后比较哈希值，如果相同，说明数据在传输中没有被篡改。

### 4.4.4 数字签名的实现过程

在网上进行数字签名并进行安全传输，通常需要的技术实现过程包括：身份认证、签名和验证。

1. 身份认证

身份认证主要分为单向认证和双向认证。单向认证是指A、B双方在网上通信时，A只需认证B的身份，A需要获取B的证书；双向认证是指A、B双方在网上通信时，双方相互认定身份，其认证过程的各方都与单向认证过程相同，如图4-16所示。

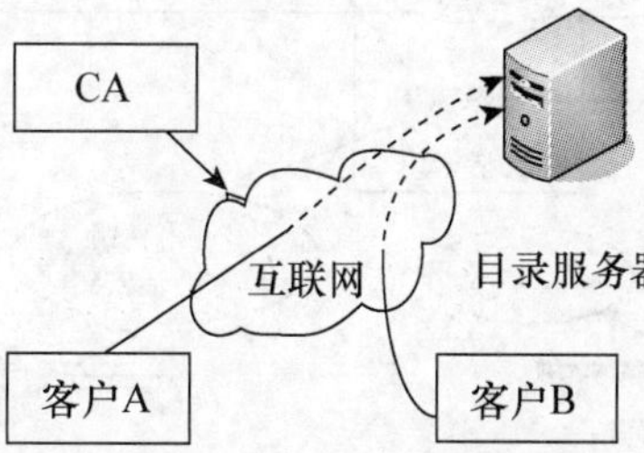


图4-16 双向认证过程

2. 签名和验证

通信双方在相互认证身份后即可发送签名的电子文件。签名和验证的过程为：甲先用他的密钥对消息签名得到加密文件，再将文件发给乙，最后，乙用甲的公钥验证甲的签名合法性。在实际的运行中，数字签名具体过程一般是先对消息用哈希函数求消息摘要（散列值），然后发送方用其私钥加密该散列值，这个被发送方私钥加密的散列值就是数字签名，将其附在文件后，一起发送给接收方，就可以让其验证签名。接收方先用签名者的公钥解密数字签名，然后将提取到的散列值与自己计算该文件的散列值比较，如果相同就表明该签名是有效的。整个过程如图 4－17 所示。

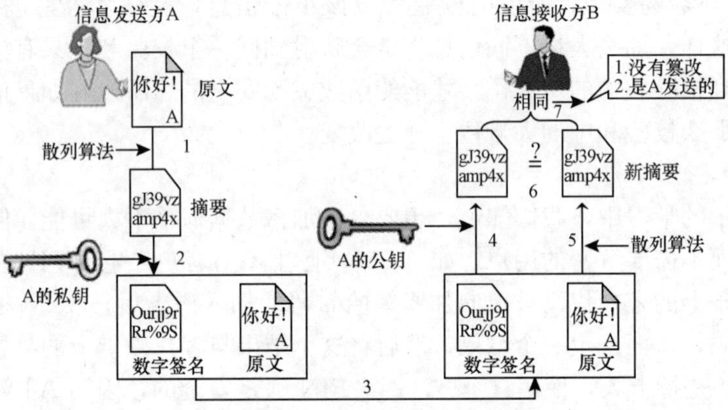


图 4－17 签名和验证过程示意图

这样，攻击者虽然能截取并阅读消息，但不能修改消息内容或将消息更换，因为别的消息的散列值和该消息的散列值是不同的，接收方能通过验证签名实现。这样虽然解决了公钥密码体制加密长、消息速度慢的问题，但是由于消息以明文形式传输，即无法实现消息的保密性。如果对消息有保密性要求，再用接收方的公钥加密对称密钥，得到数字信封，并将加密后的组合体以及对称密钥的数字信封发送给接收方。具体如图 4－18 所示。这种方式是将数字签名技术和数字信封技术结合在一起，实现了带有保密性要求的数字签名。

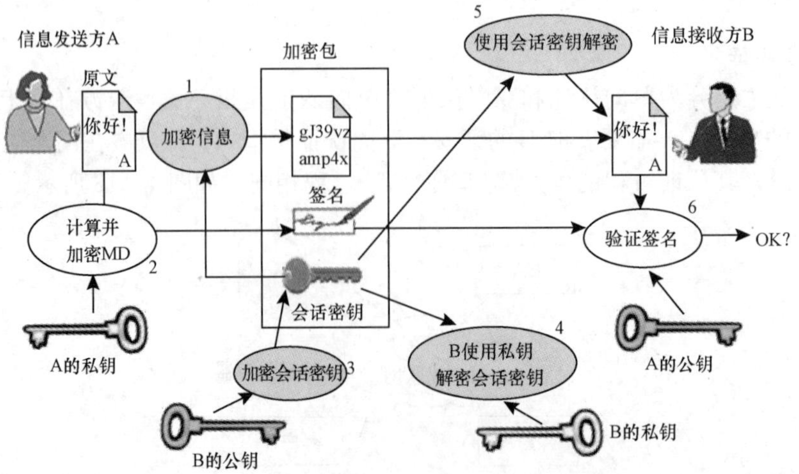


图 4－18 完整的数字签名加密过程

# 知识点 4.5 数字证书

1978 年麻省理工学院的 Kohnfelder 提出了数字证书的概念，用一个签名的数据块来保护用户名和相应的公钥。数字证书又称为公钥证书，简称证书，是用于身份验证的经过（权威机构）数字签名的声明（以文件的形式存在）。证书将公钥与保存对应私钥的实体绑定在一起，一般由可信的第三方 CA 中心颁发，CA 中心对其颁发的证书进行数字签名，以保证所颁发证书的完整性和可鉴别性。CA 中心可以为用户、计算机或服务等各类实体颁发证书。数字证书示例见图 4－19。

**图 4－19 数字证书示例**

## 4.5.1 数字证书的概念

数字证书又称为数字标识，是标志网络用户身份信息的一系列数据。它提供了一种在互联网上身份验证的方式，是用来标志和证明网络通信双方身份的数字信息文件。通俗地讲，数字证书就是个人或单位在互联网上的身份证。数字证书用来证明一些关键信息，主要证明用户与用户持有的公钥之间的关联性，如图 4－20 所示。通过数字证书就能确定某个公钥的确是某个用户的。数字证书也可以理解成为一个小的计算机文件，其常用的证书文件扩展名为 . cer，如 ja. cer 就是一个数字证书文件的文件名。

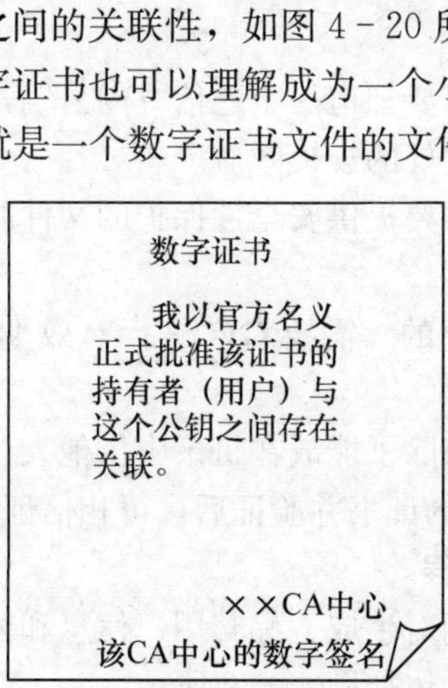


**图 4－20 数字证书**

那么用户与公钥之间的关联是由谁批准的？正如日常生活中的身份证是由公安局签发的，同样，数字证书也需要有一个可信任的实体进行签发，否则很难让用户信服。签发数字证书的这个权威机构，我们称为CA中心，又称为证书授权中心。人们可以通过数字证书来识别对方的身份。

### 4.5.2 数字证书的原理与特点

1. 数字证书生成的基本原理

数字证书生成的基本原理，即主体将其身份信息和公钥以安全的方式提交给CA中心，CA中心用自己的私钥对主体的公钥和身份ID的混合体进行签名，将签名信息附在公钥和身份ID等信息后，从而生成一张证书，如图4-21所示。它主要是由公钥、身份ID和CA签名组成。最后CA中心负责将证书发布到相应的目录服务器上，供其他用户查询和获取。

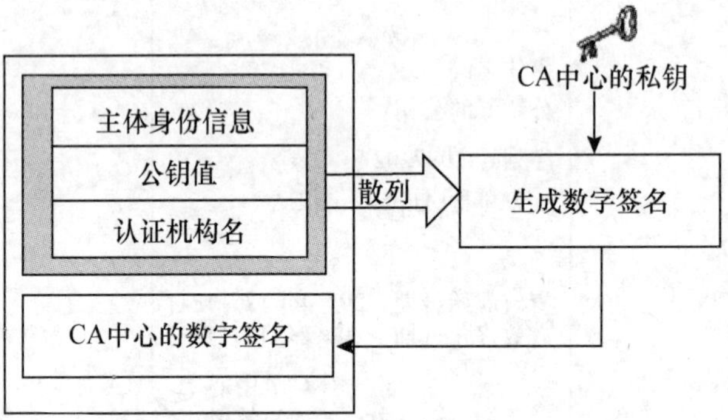


图4-21 数字证书生成的基本原理

由于主体的身份信息和主体的公钥被捆绑在一起，被CA中心用其私钥计算数字签名。CA中心的私钥除了CA中心外其他人都不知道，因此除CA中心外的任何人都无法修改主体的身份信息和公钥值的捆绑体，否则验证者用CA中心的公钥验证证书的签名后，会发现其中的散列值和证书的散列值不一致。这样，数字证书就建立了主体与公钥之间的关联。

2. 数字证书的特点

（1）通过数字证书，用户只要知道一个通信方的公钥，就可以安全地获得其他很多通信方的公钥，因此，可以获得很好的规模效应。

（2）数字证书可以通过不需要提供安全性保护的文件服务器、目录服务系统及其他的通信协议来分发。

（3）数字证书是有生命周期的，需要对它进行有效期校验，因为不可能假设某个公钥/私钥对是可以永远使用的。

（4）数字证书中，用户证书除了能放在目录中供他人访问外，还可以由用户直接发给其他用户，用户X得到用户Y的证书并验证后，可相信证书中的Y的公钥确实是Y的。

### 4.5.3 数字证书的生成过程

数字证书生成主要包含密钥对生成、提交用户信息和公钥进行注册、验证用户信息和私钥、生成证书等几个过程。具体如图4-22所示。

用户可以使用Web浏览器、Web服务器自带软件或特殊的软件程序，随机生成公钥/私钥对。用户将生成的私钥保密，将公钥和其他信息与身份证明信息用CA中心的公钥加

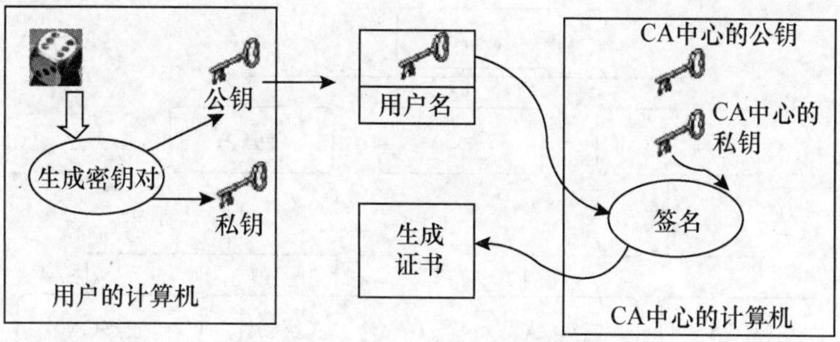


**图 4-22　数字证书的生成过程**

密后，发送到证书注册机构（Registration Authority，RA）。

RA 要对用户提交的信息进行验证。第一，需要验证用户的身份信息是否合法，是否有资格申请证书，如果用户已经在该 CA 中心申请过证书了，则不允许重复申请。第二，需要检查用户持有的证书请求中公钥所对应的私钥，这样可以表明该公钥确实是用户的。

### 4.5.4　数字证书的验证

验证数字证书是否可信，主要验证两个方面：一是证书是否是真实的，是否被篡改或伪造；二是颁发证书的机构是否是可信任的。通常，通过验证证书中 CA 中心的签名来验证证书的真伪；用检查 CA 中心的信任链来验证颁发证书的机构是否可信。

1. 数字证书的验证过程

（1）验证数字证书的真实性。

在数字证书生成的过程中，CA 中心用其私钥对证书进行签名。所以，需要用 CA 中心的公钥对其证书的签名进行解密，看能否设计证书。如果可以，并且确认证书是在有效期内，则认为证书是有效的。

（2）验证颁发证书的 CA 中心是否可信任。

需要验证者信任给自己颁发证书的 CA 中心，然后将自己的 CA 中心作为信任锚点。

如果验证者收到 X 的数字证书，发现 X 的证书和自己的证书是同一 CA 中心颁发的，则验证者可以信任 X 的证书，因为验证者信任自己的 CA 中心（如申请支付宝的证书，可以认为该用户是信任支付宝网站的），而且已经知道自己的 CA 中心的公钥，可以用该公钥去验证 X 的证书的真实性。

如果 X 的证书是另一个 CA 中心颁发的，那么验证者该如何得知该 CA 中心是可信任的呢？此时需要引进该证书的证书链来解决。因为在同一个 PKI 体系中的 CA 中心之间是相互关联的。

证书链是指从根 CA 开始，根 CA 下面有一个或多个子 CA，以此类推，如图 4-23 所示。其中，上级 CA 颁发证书对它的直接子 CA 进行认证。比如，用户信任给自己颁发证书的子 CA，就意味着信任该子 CA 的根 CA 和所有父级 CA。所以，只要被验证的证书和验证者自己的证书有着共同的根 CA 或父级 CA，验证者就可以信任被验证者的 CA。

比如，验证者可以从 X 的证书开始，逐级验证颁发证书的 CA 和父级 CA，一旦发现有父级 CA 和自己的父级 CA 相同，就可以信任 X 的 CA。逐级验证证书 CA 及其父级 CA 的方法是：先从被验证的证书中找到颁发该证书的上级 CA 名，通过该 CA 名查找到该 CA 的证书，如图 4-24 所示。

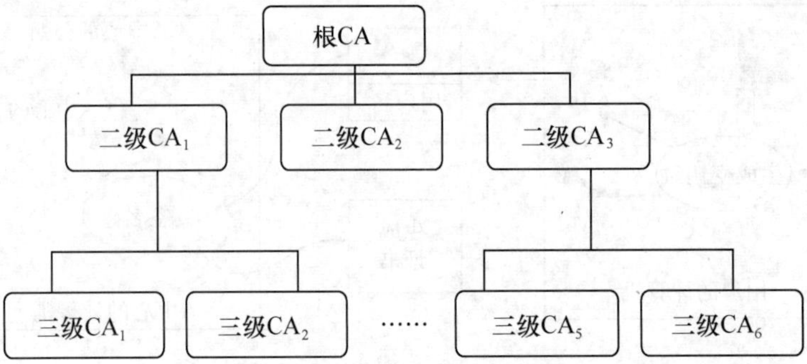


**图 4-23 证书链**

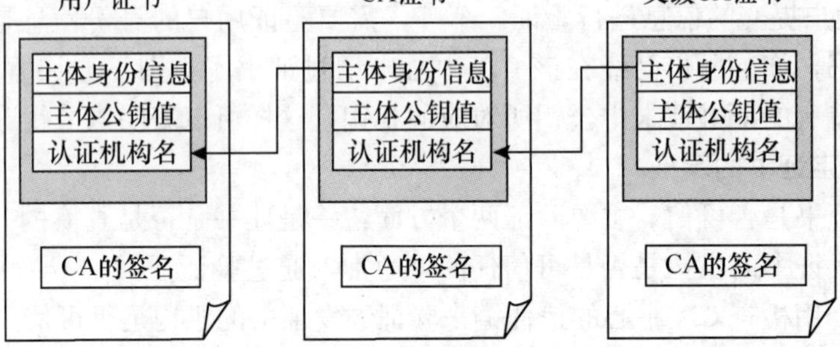


**图 4-24 证书路径**

假设 Y（验证者）的 CA 为三级 $CA_1$，X 的 CA 为三级 $CA_6$。这里，Y 不能直接知道 X 的公钥，所以，除了自己的证书外，X 还要向 Y 发送其证书，用来通知 Y 三级 $CA_6$ 的公钥。这样，Y 就可以使用三级 $CA_6$ 的公钥验证 X 的证书。

但同时还存在另一个问题，即 Y 如何得知三级 $CA_6$ 的证书是可信任的。如果 X 发送的证书是伪造的，怎么办？所以，Y 还要验证三级 $CA_6$ 的证书，而三级 $CA_6$ 的证书是由二级 $CA_3$ 签发和签名的，Y 必须用二级 $CA_3$ 的公钥验证三级 $CA_6$ 的证书，所以，Y 此时还需要拥有二级 $CA_3$ 的证书。同理，Y 为了信任二级 $CA_3$，还需要对二级 $CA_3$ 进行验证，为此，Y 还需要根 CA 的证书，如果得到根 CA 的证书，则可以成功地验证二级 $CA_3$ 的证书。

如果所有级别的证书验证都通过，就可以断定 X 的证书确实是从根 CA 逐级认证而来的，是可信的。因此在根 CA 可信任的前提下，所有 CA 和用户的证书验证成功，就意味着所有 CA 是真实可信的，并且用户的证书也是真实可信的。

最后的问题就是如何验证根 CA 是真实可信的。根 CA 能够自动作为可信任的 CA，有些机构或网站的根 CA 证书通常一开始就下载安装到用户的浏览器中，而且用户浏览器中还可能有预编程。预编程的根 CA 证书，表示用户无条件信任某些根 CA。根 CA 证书是一种自签名证书，即根 CA 对自己的证书签名，因此这个证书的颁发者名和主体名都指向根 CA，如图 4-25 所示。用根 CA 证书中的公钥就可以验证该证书。

2. 证书的交叉认证

如果 X 和 Y 连根 CA 都不相同，那如何验证双方证书的颁发机构是可信的？这就需要使用交叉证书进行认证。即 X 的根 CA 颁发一个证书给 Y 的根 CA，证明 Y 的根 CA 可信；同样 Y 的根 CA 也颁发了证书给 X 的根 CA，证明 X 的根 CA 可信。那么 X 和 Y 就可

**图 4－25 根 CA 证书**

以相互信任对方的根 CA。

在公钥基础设施（PKI）体系建设完善的发达国家，通常存在一家全国性的根 CA。在我国，由于 PKI 体系建设不完善，目前还没有一家权威的、全国性的认证机构，各个企业通常自己建设根 CA，来为自己的产品和用户服务，这些企业的 CA 之间是无法相互认证的。

### 4.5.5 数字证书的格式

数字证书的格式遵循国际电信联盟（International Telecommunication Union，ITU）制定的 X.509 国际标准，如图 4－26 所示。

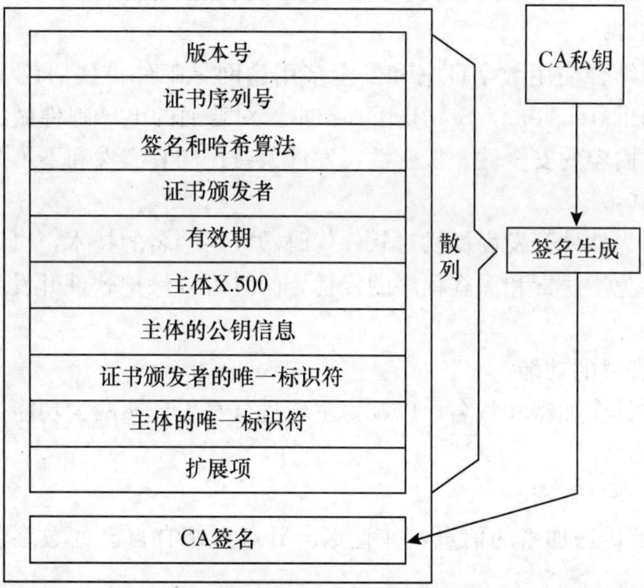


**图 4－26 数字证书基本格式**

一个标准的 X.509 数字证书包含以下一些内容：

（1）版本号。代表数字证书的版本格式是 X.509 标准的哪个版本。

（2）证书序列号。由认证机构发放的代表该数字证书的唯一标识号。

（3）签名和哈希算法。认证机构对数字证书进行签名所使用的数字签名算法，方便验证。

（4）证书颁发者。颁发数字证书的 CA 中心的区别名，即不同的 CA 中心该名称是不同的。

（5）有效期。数字证书的起始时间和终止时间。

（6）主体 X.500。与对应的被验证公钥所对应的私钥持有者的 X.500 名称，即该证书的持有者名称。

(7) 主体的公钥信息。主体的公钥值以及该公钥被使用时所用的算法标识符。

(8) 证书颁发者的唯一标识符。在两个或多个CA中心使用相同签发者名标识CA中心，使认证机构的X.500名称不具有二义性，这一项是可选项。

(9) 主体的唯一标识符。当不同实体具有同样的名称时，利用该标识符可使主体的X.500名称不具有二义性，这一项是可选项。

### 4.5.6 数字证书的类型

1. 客户端数字证书

客户端数字证书是用户使用此证书向对方表明个人身份的证明，同时应用系统可以通过证书获得用户的其他信息。目前主流的浏览器和电子邮件客户端软件都支持客户端数字证书。浏览器使用数字证书主要是让服务器能够对浏览器进行认证。

2. 服务器数字证书

服务器数字证书主要颁发给Web站点或其他需要安全鉴别的服务器，用于证明服务器的身份信息。服务器数字证书支持目前主流的Web服务器，可存放于服务器硬盘或加密硬件设备上，服务器数字证书主要是让客户端鉴别服务器的真实性。由于滥用服务器数字证书可能造成严重损失，因此签发这类证书要认真审核身份。

3. 安全邮件证书

安全邮件证书结合使用数字证书和安全多用途网际邮件扩展协议（Secure Multipurpose Internet Mail Extensions，S/MIME）技术，对普通的电子邮件做加密和数字签名处理，确保电子邮件内容的安全性、机密性，发件人身份的真实性和不可抵赖性。

4. 代码签名证书

代码签名证书为软件开发商提供对软件代码做数字签名的技术，可以有效防止软件代码被篡改，使用后免遭病毒和黑客程序的侵扰，同时可以保护软件开发商的版权利益，又称为开发者证书。

### 4.5.7 数字证书的功能

数字证书主要具有加密和签名，以及为主体进行身份证明两大功能。

1. 加密和签名

(1) 使用数字证书加密。

如果X要向Y传送加密的信息，并且X、Y双方都有自己的数字证书，具体传送过程如下：

1) X准备好要传送给Y的信息。

2) X获取Y的数字证书，并验证该证书有效后，用Y证书中的公钥加密信息。

3) Y收到加密的信息后，用自己的证书对应的私钥解密密文，得到明文。

如果明文数据很大，可以结合数字信封的方式加密，即X只用公钥来加密一个对称密钥，再用对称密钥加密明文。

(2) 使用数字证书签名。

具体签名过程如下：

1) X准备好传送给Y的明文。

2) X对该信息进行哈希运算，得到一个消息摘要。

3）X用自己证书对应的私钥对消息摘要进行加密，得到X的数字签名，并将其附在信息后。

4）X将附有数字签名的消息摘要传送给Y。

5）Y得到后，对X的数字证书进行验证，如有效，就用X证书中的公钥解密数字签名，得到一个消息摘要，再对明文信息求消息摘要，将这两个消息摘要进行比对，如果相同，就确认X的数字签名有效。

（3）使用数字证书同时加密和签名。

具体实现过程如下：

1）X准备好传送给Y的明文。

2）X对该信息进行哈希运算，得到一个消息摘要。

3）X用自己证书对应的私钥对消息摘要进行加密，得到X的数字签名，并将其附在信息后。

4）X获取Y的数字证书，并验证该证书有效后，用Y证书中的公钥加密信息和签名的混合体。

5）Y收到加密的信息后，用自己的证书对应的私钥解密密文，得到明文和数字签名的混合体。

6）Y获得X的数字证书，并验证该证书的有效性。然后用X证书中的公钥解密数字签名，得到一个消息摘要，再对明文求消息摘要，将这两个消息摘要进行比对，如果相同，就确认X的数字签名有效。

2. 身份认证

（1）单向身份认证。

如果申请者X要向验证者Y表明自己的身份，并且X有一个数字证书，则验证过程如下：

1）X产生一条数据消息M，并用自己的证书对应的私钥加密该消息，得到密文。

2）X将自己的证书和密文发送给Y。

3）Y收到后，先验证证书的真实性和有效性，验证过程包括用颁发该证书的CA的公钥验证证书的签名，再验证证书链有效等。

4）证书验证通过后，Y用X证书中的公钥解密密文，如果解密成功，则说明X拥有该证书对应的私钥，是该证书的拥有者，身份验证通过。同时，还表明密文没有被篡改。

（2）双向身份认证。

双向身份认证需要X、Y双方相互鉴别身份。除了完成单向身份认证中的步骤外，还需要完成以下几点：

1）Y产生另一个随机数Ry。

2）Y构造一条消息，并用自己的证书对应的私钥加密该消息，得到密文Dy(My)；Y将自己的证书和该密文发送给X。

3）X收到后，首先验证证书的真实性和有效性。

4）证书验证通过后，X用Y中的公钥解密密文Dy，如果解密成功，则表明Y拥有该证书对应的私钥，是该证书的拥有者，身份验证通过。

# 知识点 4.6　CA 中心

数字证书具有唯一性，它将实体的公开密钥同实体本身联系起来。为此，数字证书的来源必须是可信赖的，这就意味着要有一个网上各方都信任的机构，专门负责数字证书的发放和管理，这个机构就是 CA 中心。

## 4.6.1　CA 中心的工作内容

CA 中心作为电子商务交易中受信任的第三方，承担公钥体系中公钥的合法性检验的责任。CA 中心为每个使用公开密钥的用户发放一个数字证书，数字证书的作用是证明证书中列出的用户合法拥有证书中列出的公开密钥。CA 中心的数字签名使得攻击者不能伪造和篡改证书。在安全电子交易（Secure Electronic Transaction，SET）中，CA 中心不仅对持卡人、商户发放证书，还要对获款的银行、网关发放证书。它负责产生、分配并管理所有参与网上交易的个体所需的数字证书。

1. 发放证书

CA 中心为每个合法的申请者发放一张数字证书。数字证书的作用是证明证书中的用户是证书中公钥的合法拥有者。

2. 撤销证书

在数字证书过期之前，由于某些原因可能需要撤销数字证书，以停止该证书的使用。CA 中心启动证书撤销程序时，首先要收到这个证书的撤销请求，然后要先鉴别证书撤销请求的合法性后，再判断是否接受证书的撤销请求，以防止盗用者撤销不属于自己的证书。

CA 中心撤销证书就是将已经撤销的证书记录在一张表里，这张表称为证书作废列表(Certificate Revocation List，CRL)，证书作废列表里记录着所有被撤销的证书的编号、撤销的日期以及原因等，被撤销的证书将不再被信任。用户可以通过查询 CRL 查到某个证书是否已经被撤销。每个 CA 中心签发自己的 CRL 列表，并对该 CRL 进行签名，因此，CRL 很容易验证真伪，CRL 就是个顺序文件，随着时间的推移，它包括了有效期内因故被撤销的所有证书，如图 4－27 所示。

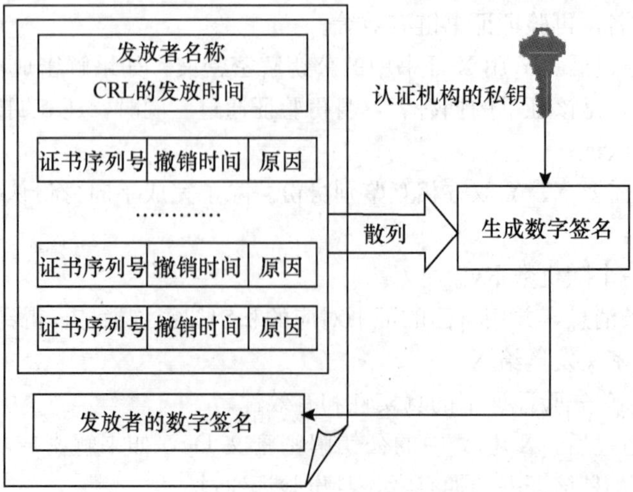


图 4－27　CRL

3. 管理证书

数字证书经过CA中心签名后，需要通过一定的渠道发送给申请者。过期的证书要从证书库中删除。当证书被撤销时，证书库中的证书作废列表也要更新。所有这些都是CA中心负责的工作内容。

### 4.6.2 CA中心的机构

1. 注册机构RA

作为CA中心发放、管理证书的延伸，RA的作用相当于派出所，主要负责接收注册信息、审核用户身份等工作。从技术上说，RA是用户和CA中心之间的中间实体，帮助证书机构完成某些日常工作，RA的作用如图4-28所示。RA只对唯一的CA中心负责，但是一个CA中心可以有多个RA。

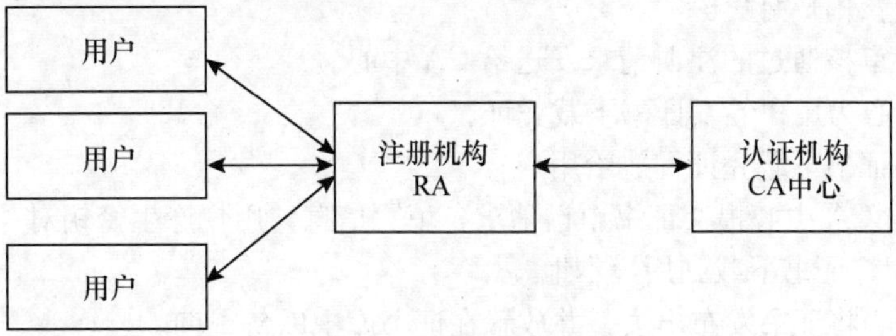


**图4-28　RA的作用**

具体来说，RA主要提供下列服务：

（1）为最终用户生成密钥。

（2）接收和验证用户的注册信息。

（3）接收和授权密钥备份和恢复请求。

（4）接收和撤销请求。

（5）使CA中心成为隔离实体，不容易被攻击者直接访问或攻击。

2. 数字证书库

数字证书库（Certificate Repository，CR）是CA中心颁发和撤销证书的集中存放地，是网上的一种公共信息库，供广大公众进行开放式查询。数字证书库通过目录技术实现网络服务，常用的目录技术是轻型目录访问协议（Lightweight Directory Access Protocol，LDAP）。LDAP是在X.500的基础上开发的目录存取协议，LDAP在目录模型上与X.500相兼容，但比X.500简单，更容易实施。LDAP是一种用于存取存放在目录中的信息的有效标准协议，支持LDAP协议的目录系统能够支持大量用户的同时访问，对检索请求有较好的适应能力，能满足大规模和分布式组织请求的要求。数字证书库的功能如下：

（1）存放证书。数字证书库存放证书形成目录系统，以供查询。

（2）提供证书。根据证书信任方的请求，数字证书库提供所需要的证书副本。

（3）确认证书状态。如若证书信任方已经获得某人的证书，仅需要查询证书的合法性时，数字证书库能够提供简单的状态标记信息来验证其有效性，而不是整个证书的副本，目的是提高查询效率。

# 知识点 4.7 PKI 技术

## 4.7.1 PKI 的工作过程

公钥基础设施（PKI）是一种遵循既定标准的密钥管理平台，它能够为所有网络应用提供加密和数字签名等密码服务及所必需的密钥和证书管理体系。简单来说，PKI 就是利用公钥理论和技术建立的提供安全服务的基础设施。PKI 技术是信息安全技术的核心，也是电子商务的关键和基础技术。PKI 的工作过程如图 4－29 所示，具体包括以下内容：

（1）一个新用户准备申请数字证书。

（2）新用户发送注册信息给 RA。

（3）RA 审核用户身份。

（4）RA 将审核通过的注册请求发送给 CA 中心。

（5）CA 中心为用户签发证书下载凭证。

（6）RA 将证书下载凭证发放给用户。

（7）用户向 CA 中心提交证书申请请求，填写信息，用户产生密钥对。

（8）通过后，证书下载到用户本地。

（9）CA 中心将证书发布出去，并放置在证书库中以备查询。

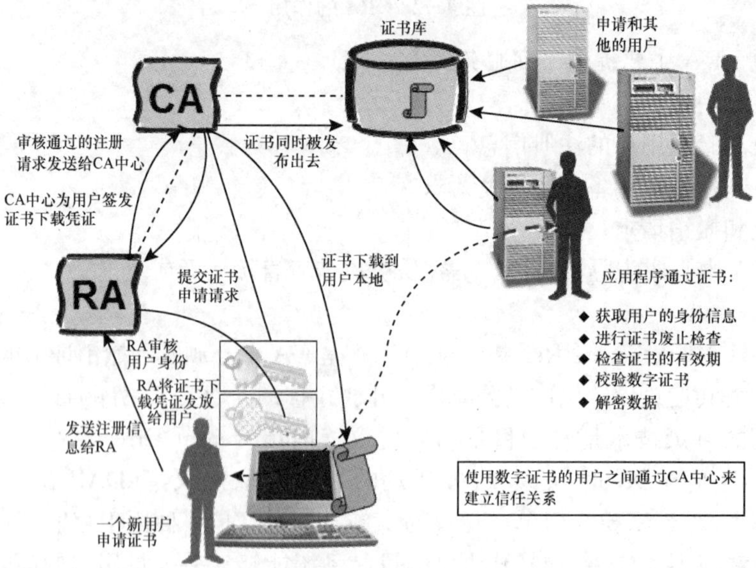


图 4－29　PKI 的工作过程

## 4.7.2 PKI 的组成

一个典型、完整、有效的 PKI 应用系统至少包括以下部分：公钥密码证书管理、黑名单的发布和管理、密钥的备份和恢复、自动更新密钥、自动管理历史密钥以及支持交叉认证。其具体组成如图 4－30 所示。

1. 密钥备份与恢复系统

当用户丢失或损坏了自己的解密密钥后，用公钥加密的数据将无法使用，所以要求

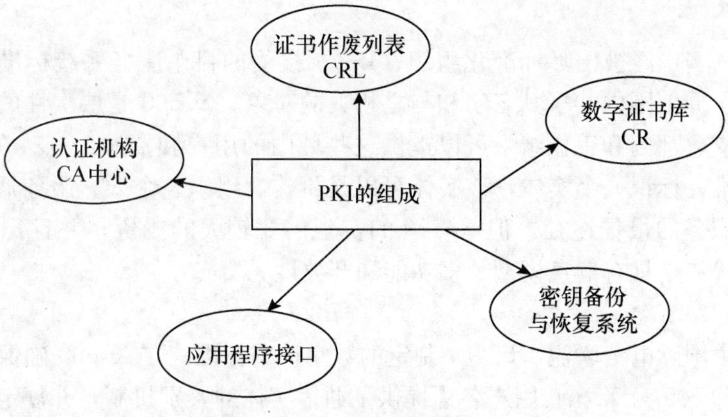


**图 4-30 PKI 的组成**

CA 中心提供密钥的备份与恢复功能。电子商务活动要求双密钥机制，一对密钥用于对数据加密和解密，称为加密密钥对；另一对密钥用于数字签名和验证数字签名，称为签名密钥对。需要 CA 中心备份的只是加密密钥对中的解密密钥，用于签名的私钥不能由 CA 中心备份，而且要在用户的绝对控制之下，否则，将破坏电子商务安全最基本的防抵赖要求。

2. 应用程序接口

PKI 的价值在于使用户能够方便地使用加密、数字签名等安全服务，因此一个完整的 PKI 必须提供良好的应用接口程序系统，使得各种各样的应用能够以安全、一致、可信的方式与 PKI 交互，确保安全网络环境的完整性和易用性。

PKI 应用程序接口系统需要实现的功能主要包含以下几个方面：

(1) 完成证书的验证工作，为所有应用以一致、可信的方式使用公钥证书提供支持。

(2) 以安全、一致的方式与 PKI 的密钥备份与恢复系统交互，为应用程序提供统一的密钥备份与恢复支持。

(3) 在所有应用系统中，确保用户的私钥始终只在用户本人的控制下，阻止备份私钥的行为。

(4) 根据安全策略自动为用户更换密钥，实现密钥更换的自动性和透明性。

(5) 为所有用户访问统一的公钥证书库提供支持。

(6) 以可信、一致的方式与证书作废系统交互，向所有应用程序提供统一的证书作废系统服务。

(7) 完成交叉证书的验证工作，为所有应用程序提供统一的交叉验证支持。

(8) PKI 应用程序接口系统可以跨平台提供服务。

### 4.7.3 PKI 的技术标准

从整个 PKI 体系建立与发展的历程来看，与 PKI 相关的技术标准主要如下。

1. ASN.1

ASN.1 是描述在网络上传输信息格式的标准方法。它包含两部分：第一部分（ISO 8824/ITU X.208）描述信息内的数据、数据类型及序列格式，也就是数据的语法；第二部分（ISO 8825/ITU X.209）描述如何将各部分数据组成消息，也就是数据的基本编码规则。

ASN.1 原来是作为 X.409 的一部分而开发的，后来才独立地成为一个标准。这两个协议除了在 PKI 体系中被应用外，还被广泛应用于通信和计算机的其他领域。

2. X.500

X.500是一套已经被国际标准化组织(ISO)接受的目录服务系统标准,它定义了一个机构如何在全局范围内共享其名字和与之相关的对象。X.500是层次性的,其中的管理域(机构、分支、部门和工作组)可以提供这些域内的用户和资源信息。在PKI体系中,X.500被用来唯一标识一个实体,该实体可以是机构、组织、个人、服务器。X.500被认为是实现目录服务的最佳途径,但X.500的实现需要较大的投资,并且比其他方式速度慢。X.500的优势是具有信息模型、多功能和开放性。

3. X.509

X.509是由国际电信联盟(ITU)制定的数字证书标准。在X.500确保用户名称唯一性的基础上,X.509为X.500用户名称提供了通信实体的鉴别机制,并规定了实体鉴别过程中广泛适用的证书语法和数据接口。

X.509的最初版本公布于1988年。X.509证书由用户公共密钥和用户标识符组成,此外还包括版本号、证书序列号、CA标识符、签名算法标识、签发者名称、证书有效期等信息。

4. PKCS系列标准

PKCS(Public Key Cryptography Standards)是由美国RSA数据安全公司及其合作伙伴制定的一组公钥密码学标准,其中包括证书申请、证书更新、证书作废表发布、扩展证书内容以及数字签名、数字信封的格式等方面的一系列相关协议。PKCS已经公布的标准如下所示:

PKCS#1:RSA算法加密标准;

PKCS#3:Diffie-Hellman密钥交换标准;

PKCS#5:基于口令的密码学标准;

PKCS#6:扩展的数字证书语法标准;

PKCS#7:密码信息的语法标准;

PKCS#8:私钥信息语法标准;

PKCS#9:可选择的属性类型;

PKCS#10:数字证书申请语法标准;

PKCS#11:密码令牌接口标准;

PKCS#12:个人信息交换语法标准;

PKCS#13:椭圆曲线密码体制标准;

PKCS#14:伪随机数生成标准;

PKCS#15:密码令牌信息格式标准。

5. 在线证书状态协议

在线证书状态协议(Online Certificate Status Protocol,OCSP)是互联网工程任务组(Internet Engineering Task Force,IETF)颁布的用于检查数字证书在某一交易时刻是否仍然有效的标准。该标准提供给PKI用户一条方便快捷的数字证书状态查询通道,使PKI体系能够更有效、更安全地在各个领域中被广泛应用。

6. 轻型目录访问协议

轻型目录访问协议(LDAP)简化了X.500目录访问协议,并且在功能性、数据表示、编码和传输方面都进行了相应的修改。1997年，LDAP第3版本成为互联网标准。目前，LDAP已经在PKI体系中被广泛应用于证书信息发布、CRL信息发布、CA政策以及与信息发布相关的各个方面。

此外，还有一些构建在PKI体系之上的应用协议，如安全套接层协议（SSL）、传输层安全协议（TLS）、安全多用途网际邮件扩展协议（S/MIME）、IP安全协议（IPSec）等。

### 4.7.4　PKI信任模型

选择信任模型（Trust Model）是构筑和运作PKI所必需的一个环节。选择正确的信任模型以及与其相应的安全级别是非常重要的，同时也是部署PKI所要做的基本决策之一。

信任模型主要阐述了以下几个问题：

（1）一个PKI用户能够信任的证书是怎样被确定的？

（2）这种信任是怎样被建立的？

（3）在一定的环境下，这种信任如何被控制？

目前PKI系统有四种常用的信任模型：认证机构的严格层次结构模型（Strict Hierarchy of Certification Authorities Model）、分布式信任结构模型（Distributed Trust Architecture Model）、Web模型（Web Model）、以用户为中心的信任模型（User Centric Trust Model）。

#### 1. 认证机构的严格层次结构模型

CA的严格层次结构可以被描绘为一棵倒转的树，根在顶上，树枝向下伸展，树叶在下面。在这棵倒转的树上，根代表一个对整个PKI系统的所有实体都有特别意义的CA，通常叫作根CA（Root CA），它充当信任的根或信任锚（Trust Anchor），也就是认证的起点或终点。在根CA的下面是零层或多层中介CA（Intermediate CA），也被称作子CA（Subordinate CA），因为它们从属于根CA。子CA用中间节点表示，从中间节点再伸出分支。与非CA的PKI实体相对应的树叶通常被称作终端实体（End Entities）或被称作终端用户（End Users）。在这个模型中，层次结构中的所有实体都信任唯一的根CA。这个层次结构按如下规则建立：

（1）根CA认证（更准确地说是创立和签署证书）直接连接到它下面的CA。

（2）每个CA都认证零个或多个直接连接在它下面的CA。在一些认证机构的严格层次结构中，上层的CA既可以认证其他CA，也可以认证终端用户。但现有的PKI标准中往往都假设一个给定的CA要么认证终端用户，要么认证其他CA，不能两者都认证。

（3）倒数第二层的CA认证终端用户。在认证机构的严格层次结构中，每个实体（包括中介CA和终端用户）都必须拥有根CA的公钥，该公钥的安装是在这个模型中为随后进行的所有通信进行证书处理的基础。因此，它必须通过一种安全的方式来完成。

值得注意的是，在一个多层的严格层次结构中，终端用户直接被其上层的CA认证（也就是颁发证书），但是它们的根CA不是同一个CA。如果是没有子CA的浅层次结构，则对所有终端用户来说，根CA和证书颁发者是相同的。这种层次结构被称为可信颁发者层次结构（Trusted-Issuer Hierarchies）。

下面举例说明在认证机构的严格层次结构模型中进行认证的过程：

一个持有根CA公钥的终端用户A可以通过下述方法检验另一个终端用户B的证书：假设用户B的证书是由$CA_2$签发的，而$CA_2$的证书是由$CA_1$签发的，$CA_1$的证书又是由根CA签发的。A（拥有根CA的公钥KR）能够验证$CA_1$的公钥$K_1$，因此它可以提取出可信的$CA_1$的公钥。然后，这个公钥可以被用作验证$CA_2$的公钥，类似地就可以得到$CA_2$的可信公钥$K_2$。公钥$K_2$能够被用来验证用户B的证书，从而得到用户B的可信公钥KB。用户A现在就可以根据密钥的类型来使用密钥KB，如对发给用户B的消息加密或者用来验证用户B的数字签名，从而实现用户A和B之间的安全通信。

2. 分布式信任结构模型

与严格层次结构相反，分布式信任结构把信任分散在两个或多个CA上。也就是说，用户A把$CA_1$作为其根CA，而用户B可以把$CA_2$作为其根CA，因为这些CA都被作为根CA，因此相应的CA必须是整个PKI系统的一个子集所构成的严格层次结构的根CA（$CA_1$是包括用户A在内的严格层次结构的根，$CA_2$是包括用户B在内的严格层次结构的根）。

一方面，如果这些严格层次结构都是可信颁发者层次结构，那么该总体结构被称作完全同位体结构（Fully Peered Architecture），因为所有的CA实际上都是相互独立的同位体。另一方面，如果所有的严格层次结构都是多层结构（Multi Level Hierarchy），那么最终的结构就叫作满树结构（Fully Treed Architecture）。一般说来，完全同位体结构部署在某个组织内部，而满树结构和多层结构则是在原来相互独立的PKI系统之间进行互联的结果。同位体根CA（Peer Root CA）的互联过程通常被称为交叉认证（Cross Certification）。

3. Web模型

Web模型是在万维网上诞生的，而且依赖于流行的浏览器，如微软公司的Internet Explorer、网景公司的Navigator。在这种模型中，许多CA的公钥被预装在标准的浏览器上。这些公钥确定了一组浏览器用户最初信任的CA。尽管这组密钥可以被用户修改，然而普通用户对于PKI和安全问题几乎不可能精通到可以进行这种修改的程度。

从表面上看，Web模型似乎与分布式信任结构模型相似，但从根本上讲，它更类似于认证机构的严格层次结构模型。因为，浏览器厂商起到了根CA的作用，而与被嵌入的密钥相对应的CA就是它所认证的CA，当然这种认证并不是通过颁发证书实现的，而只是物理地把CA的密钥嵌入浏览器。

Web模型在方便性和简单互操作性方面有明显的优势，但是也存在许多安全隐患。例如，因为浏览器的用户自动地信任预安装的所有公钥，所以即使这些根CA中有一个是“坏的”（例如，该CA从没有认真核实被认证的实体），安全性将被完全破坏。用户A可能相信任何声称是用户B的证书都是用户B的合法证书，即使它实际上可能只是由其公钥嵌入浏览器中的挂在用户B名下的用户C的公钥。所以，用户A就可能无意间向用户C透露机密或接受用户C伪造的数字签名。这种假冒能够成功的原因是：用户A一般不知道收到的证书是由哪一个根密钥验证的。在嵌入到其浏览器中的多个根密钥中，用户A可能只认可所给出的一些CA，但并不了解其他CA。然而在Web模型中，用户A的软件信任所有嵌入浏览器的CA，并接受它们中任何一个签署的证书。

另外一个潜在的安全隐患是没有实用的机制来撤销嵌入到浏览器中的根密钥。如果发现一个根密钥是“坏的”（就像前面所讨论的那样），或者与根的公钥相应的私钥被泄密了，要使全世界数百万个浏览器都自动地废止该密钥的使用是不可能的，这是因为无法保证通报的报文能到达所有的浏览器，而且即使报文到达了浏览器，浏览器也没有处理该报文的功能。

此外，该模型还缺少有效的方法在CA和用户之间建立使双方共同承担责任的合法协议。因为浏览器可以自由地从不同站点下载，也可以预装在操作系统中；CA不知道（也无法确定）它的用户是谁，并且一般用户对PKI也缺乏足够的了解，因此不会主动与CA直接接触。这样，所有的责任最终都会由用户承担。

4. 以用户为中心的信任模型

在以用户为中心的信任模型中，每个用户自己决定信任哪些证书。通常，用户的最初信任对象可能是家人、朋友或同事，但是否信任某证书则是由多种因素决定的。

安全软件Pretty Good Privacy（PGP）是以用户为中心的信任模型的典型代表。在PGP中，一个用户通过担当CA（签署其他实体的公钥）并使其公钥被其他人所认证来建立“信任网”（Web of Trust）。例如，当A收到一个据称属于B的证书时，他发现这个证书是由他不认识的D签署的，但是D的证书是由他认识并且信任的C签署的。在这种情况下，A可以决定信任B的密钥（即信任从C到D再到B的密钥链），也可以决定不信任B的密钥（认为未知的B与已知的C之间的距离太远）。

因为要依赖于用户自身的行为和决策能力，所以以用户为中心的信任模型在技术水平较高和利益高度一致的群体中是可行的，但是在一般的群体（它的许多用户有极少或者没有安全及PKI的概念）中是不现实的。而且，这种模型一般不适合用在贸易、金融或政府环境中，因为在这些环境下，通常希望或需要对用户的信任实行某种控制，而这样的信任策略在以用户为中心的信任模型中是不可能实现的。

## 实践篇

# 任务4.1 个人数字证书的申请与使用

**任务目的**

了解认证体系的体制结构、功能作用，掌握网上个人数字证书的申请、导入、导出和安装。

**任务内容**

在开放的互联网环境下，搜索国内知名认证机构网站，了解其功能作用，并在网站申请支付宝数字证书。

**任务准备**

(1) 互联网接入。

(2) 计算机（每人一台）。

(3) 组建团队，设计任务环境和任务步骤。

**任务要求**

(1) 完成任务报告的所有设计内容，并附上关键步骤的截图。

(2) 记录任务结果。

(3) 分析数字证书的安全风险来源。

(4) 总结经验。

**任务分析**

在很多电子商务活动中，都要求用户使用数字证书。例如，支付宝和很多银行的网银系统都会要求用户安装个人数字证书，网站可以根据证书识别用户的身份，提高交易或支付活动的安全性。本任务以申请个人支付宝证书为例，介绍支付宝个人数字证书的申请过程。

1. 申请个人数字证书

数字证书是使用支付宝账户资金的身份凭证之一，加密用户的信息并确保账户资金安全。支付宝数字证书由权威公正的第三方机构——天威诚信 CA 中心签发。申请数字证书后，即使账号被盗，对方也动不了用户账户里的资金。申请支付宝证书前要确定有合法有效的支付宝账户，并绑定手机号。

(1) 访问天威诚信 CA 中心（网址：http://www.itrus.com.cn/），选择“个人安全服务认证”→“支付宝—数字证书”→“点击此链接申请支付宝数字证书：https://110.alipay.com/cert/intro.htm”,进行证书申请。

(2) 登录支付宝安全中心，点击“申请数字证书”进入申请安装过程。认证需要填写真实的个人信息，如图 4-31 所示。

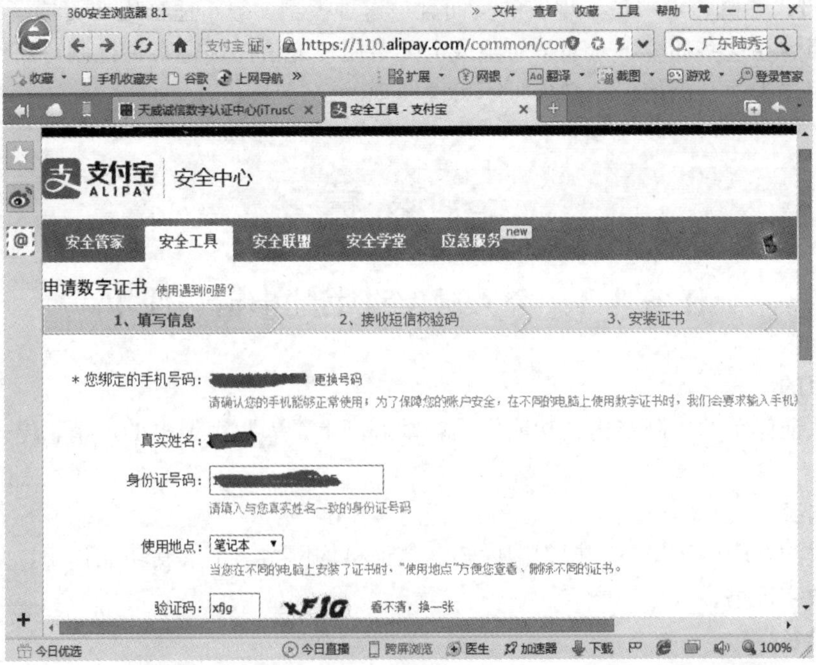


**图 4-31 申请支付宝数字证书**

(3) 通过输入手机收到的验证码开始安装证书，网站会向浏览器发送证书，此时浏览器会弹出询问框，选择“是”，就会弹出即将下载证书的提示框。通常会要求安装两个证书：一个是支付宝网站的根CA证书，如图4-32所示。它是自签名的，只有安装了根CA的证书才能验证其他CA是否合法。另一个是用户自己的证书，该证书的公钥对应的私钥是用户的Web浏览器生成的，其中私钥保存在用户电脑中。

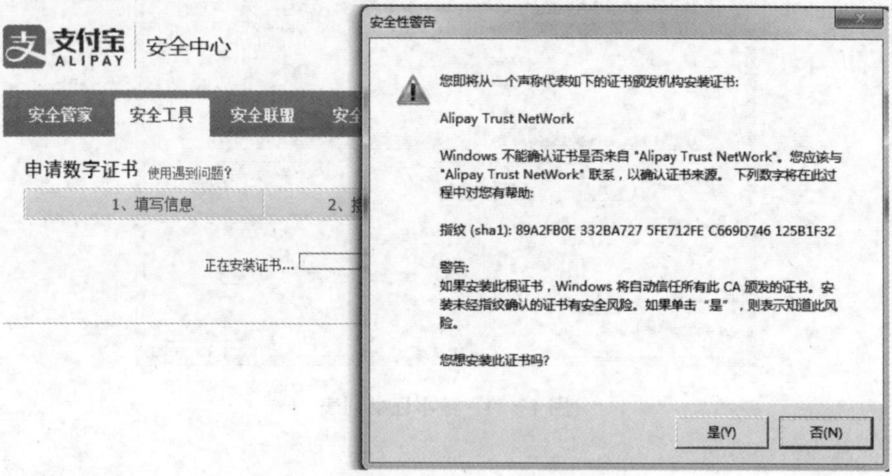


图4-32 证书安装

数字证书成功安装后，返回“安全工具”页面的管理界面中，会显示数字证书的使用情况，如图4-33所示。

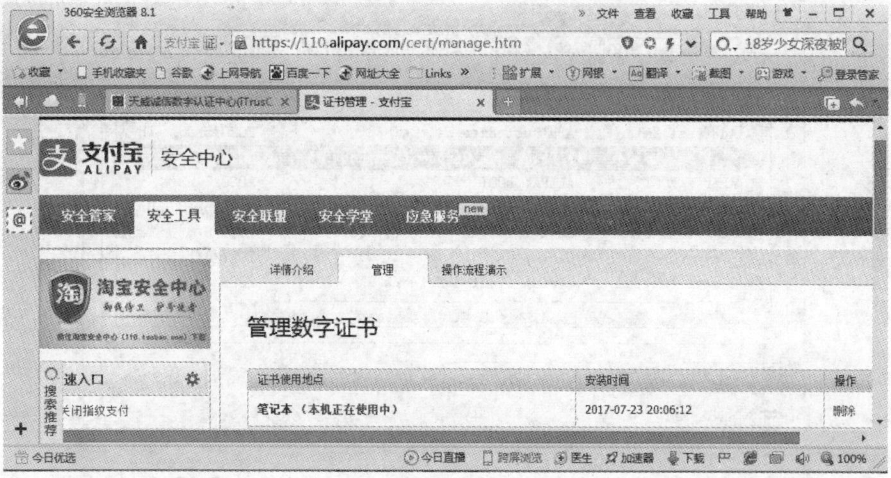


图4-33 数字证书管理

用户可以根据需求在数字认证中心下载所需的证书，如电子邮件保护证书等。

（4）查看已安装证书。

在IE浏览器中，可以查看已经安装的数字证书。单击“工具”菜单项中的“Internet选项”，在弹出的界面中单击“证书”，可以查看已安装的数字证书列表，如图4-34所示。

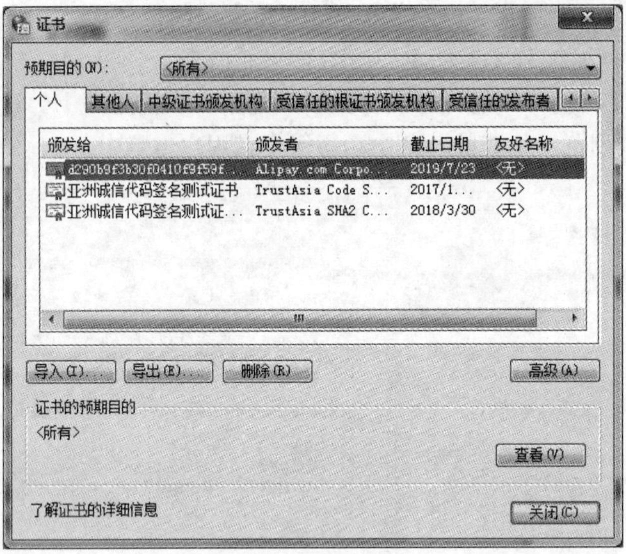


图 4-34　数字证书列表

2. 根数字证书的备份

打开 IE 浏览器，单击“工具”菜单项中的“Internet 选项”，单击“证书”项，选择“受信任的根证书颁发机构”选项卡，如图 4-35 所示。

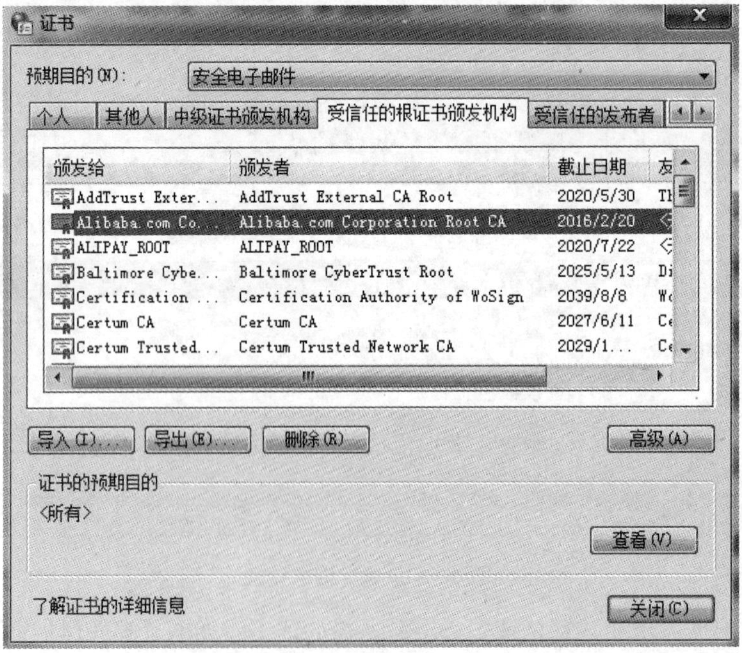


图 4-35　数字证书列表

选择要备份的个人数字证书的根证书，单击“导出”按钮，在证书导出向导界面选择要使用的格式和要导出的文件名，直至出现如图 4-36 所示的界面，单击“完成”按钮就可以看到导出的证书文件了。

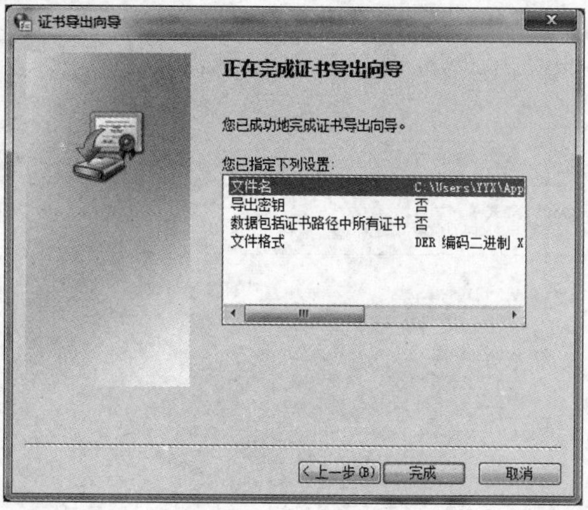


图 4-36　根证书导出

3. 个人证书的导出和导入

证书安装以后，我们就可以在本机上使用数字证书提供的各种功能了。但有时可能需要在其他计算机上使用这个数字证书，这时就需要将证书从本机中导出，生成一个文件，再在其他计算机上导入该证书文件。另外，重新安装操作系统之前也需要将证书导出，作为备份，避免证书丢失。

(1) 证书的导出。

1) 打开 IE 浏览器，单击“工具”菜单项中的“Internet 选项”，打开“证书”项，选择“个人”选项卡，在列表中选择要导出的证书，点击“导出”按钮，在列表中选择要导出的证书，点击“导出”按钮。

2) 在证书导出向导的导出私钥界面中，选择“是，导出私钥 (Y)”，因为证书没有私钥的配合就是不完整和无效的，以后也没有办法再导入和使用。导出某些证书时可能出现“导出私钥”选项是灰色的，也就是无法导出私钥，这通常是因为安装证书时选择了“私钥不可导出”，这将导致该证书只能在本机上使用，如图 4-37 所示。

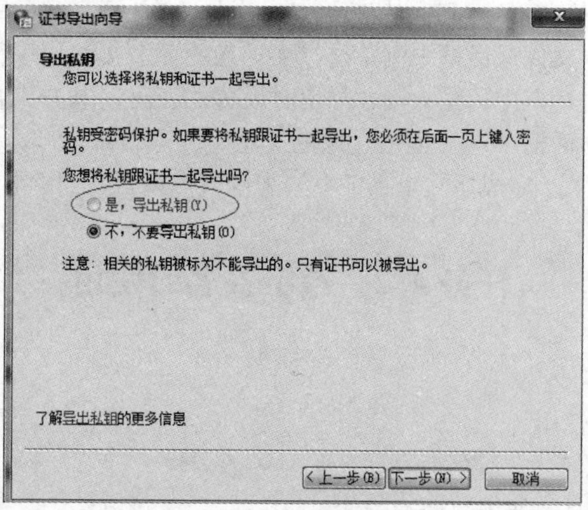


图 4-37　证书私钥导出

3）单击“下一步”，在弹出的“导出文件格式”窗口可按默认选项保存格式，为安全起见可选择“如果导出成功，删除私钥”，继续单击“下一步”按钮，如图4-38所示。

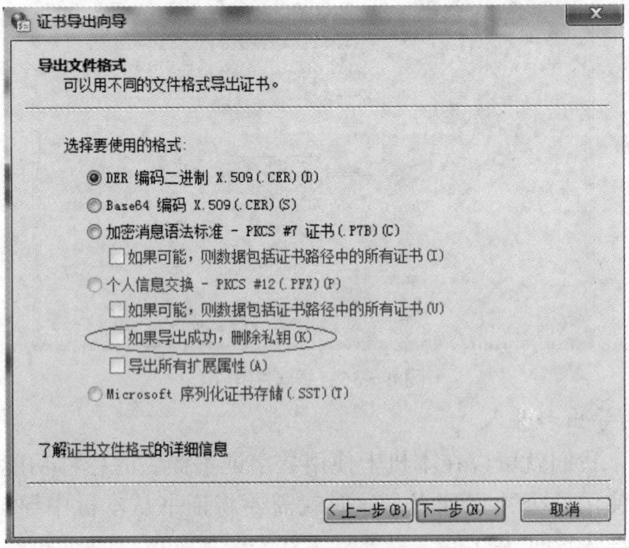


图4-38 导出文件格式选择

4）在“证书导出向导”的“密码”窗口中为私钥设置密码以保护私钥，继续单击“下一步”按钮。

5）在弹出指定要导出文件的文件名对话框，可选择导出文件的存放路径和文件名，给证书命名时可取一个有意义的文件名，以方便辨别该证书是哪个机构颁发的。单击“下一步”，出现“成功完成证书导出”即可完成对证书及其私钥的备份。

(2) 证书的导入。

将刚才导出的证书删除，重新进行导入操作。

1）打开IE浏览器，单击“工具”菜单项中的“Internet选项”，打开“证书”项，选择“个人”选项卡，单击“导入”按钮打开“证书导入向导”。

2）在弹出的导入文件对话框中浏览选择要导入的证书文件，并点击“下一步”。

3）在私钥保护对话框中，输入刚才导出时设置的密码，单击“下一步”。

4）在证书存储对话框中选择证书存储的类型，一般默认为“个人”类型，单击“下一步”完成证书的导入。完成后在个人证书列表中就可以查看到刚导入的证书文件。

# 任务4.2 数字签名的使用

**任务目的**

掌握数字签名的使用。

**任务内容**

利用数字签名工具，使用数字签名。

**任务准备**

(1) 网络环境。

(2) 计算机(操作系统 Windows XP、Windows 7 及以上)。

(3) 数字签名工具专业版 V3.1.0 版本 。

**任务要求**

(1) 完成任务报告的所有设计内容,并附上关键步骤的截图。

(2) 记录任务结果。

(3) 总结任务,形成报告。

**任务分析**

亚洲诚信数字签名工具专业版是将图形化和命令行集于一体的专业数字签名工具,支持应用程序代码签名、ActiveX 控件数字签名、64 位驱动程序数字签名,让用户可以完全摆脱微软的 signcode 和 signtool。功能主要包括:签名测试,内置免费测试证书,一键安装和签名测试;证书管理,随时对证书进行备份和恢复;独创签名规则,一键式数字签名;数字签名、代码签名、驱动签名一应俱全,支持文件或文件夹拖放;签名校验,签名状态检查,确保数字签名有效性;右键签名,直接在资源管理器中右键对应用程序和驱动进行签名;CAB 打包,对 ActiveX 控件和相关文件进行打包和签名;CAT 生成,对驱动和 INF 及相关文件进行安全编目签名;时间戳,内置 VeriSign、Thawte 时间戳服务器。

1. 数字签名工具的安装与启动

(1) 工具的安装。

上网下载数字签名工具,并点击其安装程序 setup.exe,进行安装,将出现如图 4-39 所示的安装向导界面。根据安装向导进行安装路径等参数选择,直至出现如图 4-40 所示的界面表示完成安装。

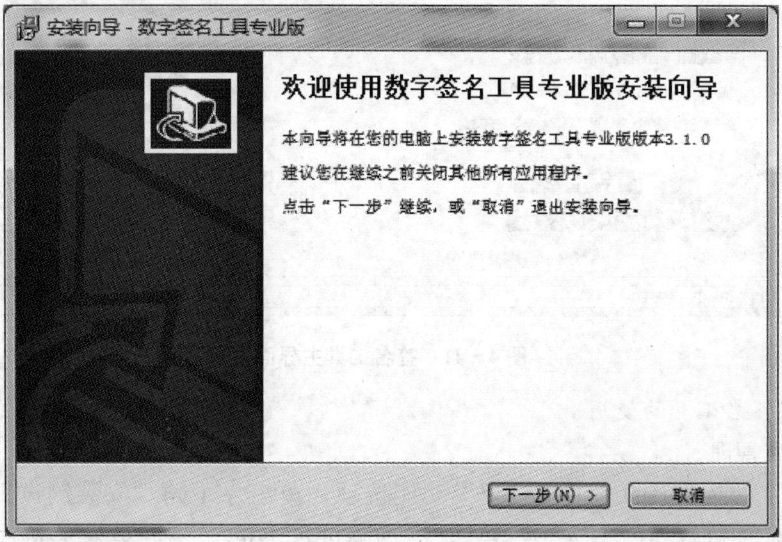


图 4-39 安装向导界面

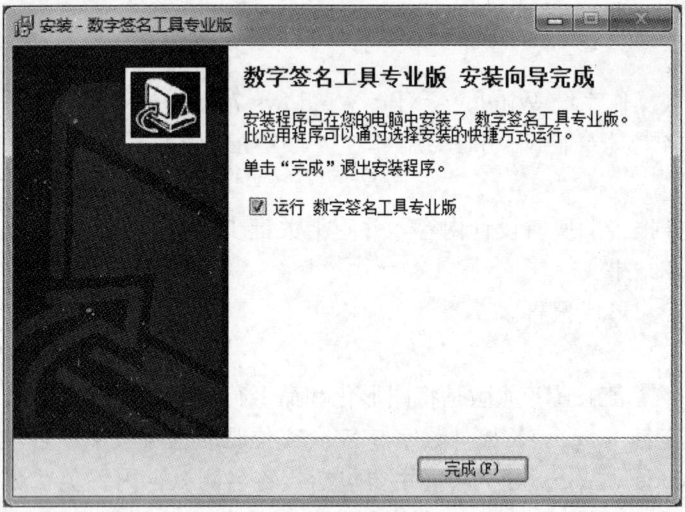


图 4 - 40 安装完成

(2) 启动数字签名工具。在程序里选择数字签名工具，启动并运行工具软件，主界面如图 4 - 41 所示。

图 4 - 41 签名工具主界面

2. 数字签名工具的使用

(1) 证书管理。

点击欢迎主界面上的“证书管理”功能选项，单击左下角“安装测试证书”按钮，在出现的安全性警告界面中选择“是”，进行测试证书的安装，安装完成后如图 4 - 42 所示。

图 4-42　测试证书安装

（2）签名规则设置。

点击欢迎主界面上的“签名规则”功能选项，单击“添加”按钮，可以添加签名的规则，包括规则名、证书、需要签名的文件类型即文件扩展名、签名信息、时间戳功能等，如图 4-43 所示。

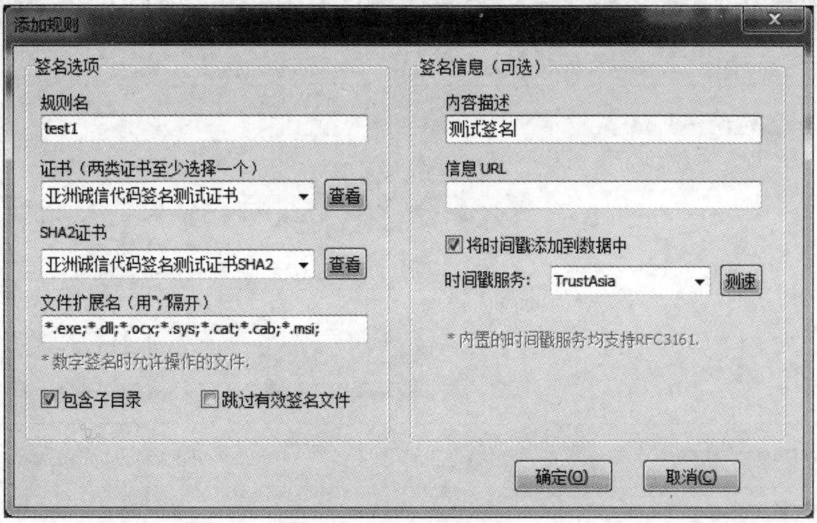


图 4-43　添加签名规则

单击“确定”按钮完成签名规则的设置，并返回到如图 4-44 所示的界面，可以选择“编辑”“删除”对已有的签名规则进行修改和删除。

（3）数字签名及验证。

点击欢迎主界面上的“数字签名”功能选项，在数字签名界面单击“添加文件”按钮

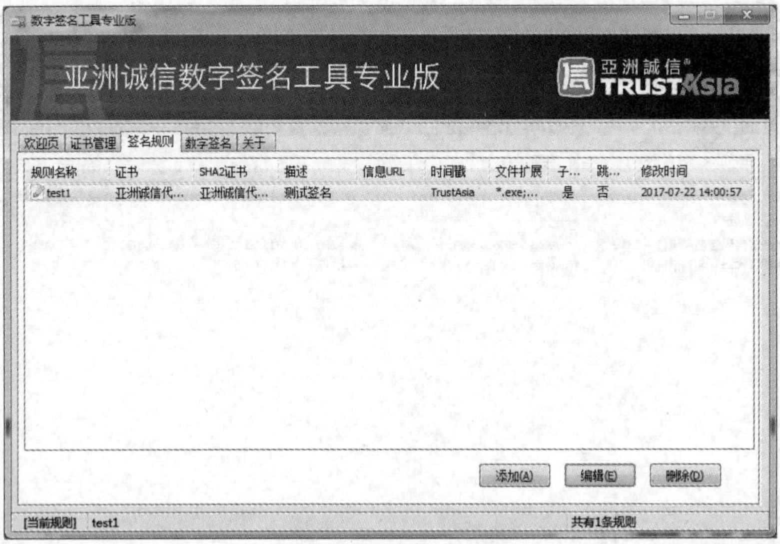


图 4-44 签名规则的设置

添加要签名的文件，完成后会在列表中显示。选中列表中的文件单击“数字签名”按钮，将出现模式选择对话框，如图 4-45 所示，选择“应用模式（普通签名)”开始进行数字签名。

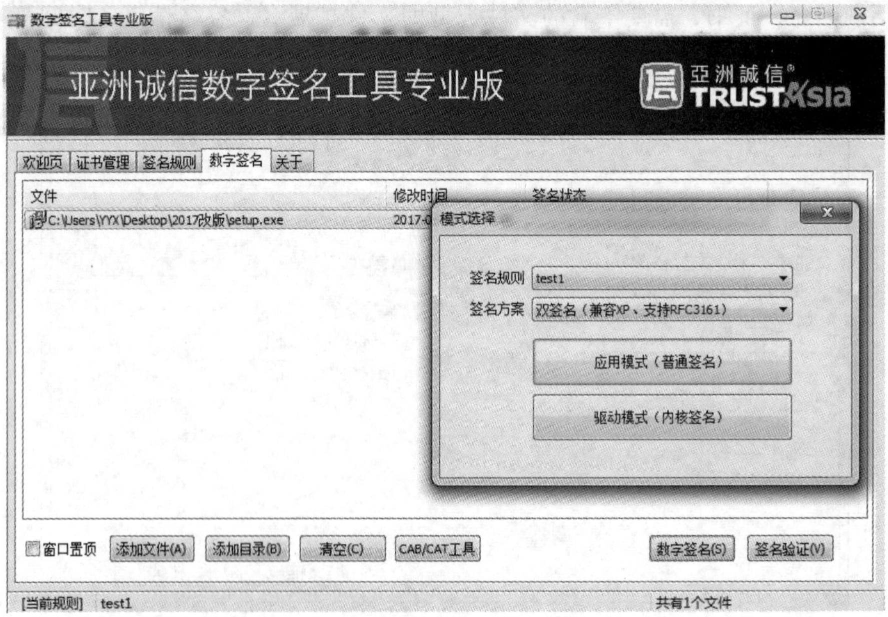


图 4-45 数字签名模式选择

签名完成后将会在签名状态处显示签名成功，如图 4-46 所示。签名成功后，点击右键选择“签名认证”选项或单击右下角的“签名验证”按钮进行验证，在弹出的模式选择对话框同样选择“应用模式”，验证完成后在签名状态处将会显示验证有效的结果，如图 4-47 所示。

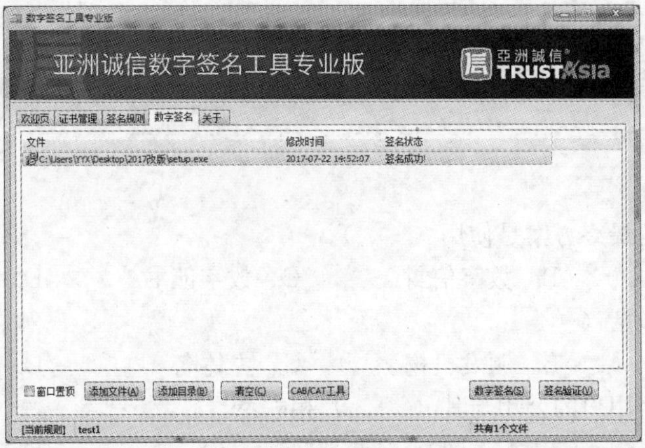


图 4-46　数字签名成功

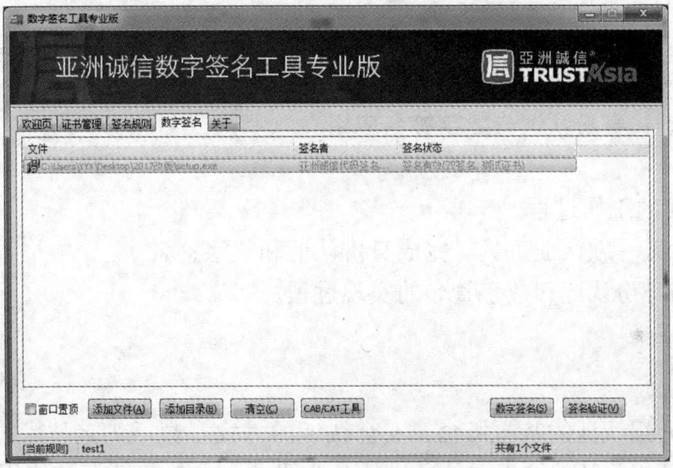


图 4-47　签名验证成功

(4) 查看数字签名结果。

选中完成数字签名后的文件，单击右键选择“属性”选项，可以查看文件的数字签名的详细信息，如图 4-48 所示。

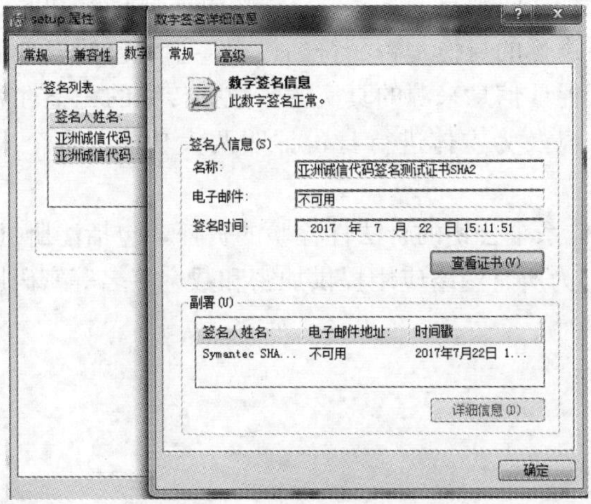


图 4-48　文件数字签名属性

# 实践篇

**一、单选题**

1. 密钥交换的最终方案是使用（　　）。

A. 公钥　　B. 数字信封　　C. 数字证书　　D. 消息摘要

2. 证书中不包括（　　）。

A. 序列号　　B. 颁发机构　　C. 主体名　　D. 主体的私钥

3. 数字证书将用户的公钥与其（　　）相联系。

A. 私钥　　B. CA 中心　　C. 身份　　D. 序列号

**二、思考题**

申请开通支付宝账户，了解支付宝在支付安全方面采取的措施有哪些、支付宝数字证书有何作用、支付宝提供的数字证书有哪些功能和特点。

**三、能力实训：身份认证与数字签名应用**

任务要求：

1. 理解 PKI 的工作过程。
2. 从网上下载一款认证工具，完成身份认证和数字签名。
3. 分析总结身份认证和数字签名的实现过程。

## 模块小结

本模块重点介绍认证的基本概念、安全认证的方式、数字签名技术、数字证书、PKI 技术和 CA 中心等相关基础知识，并通过任务介绍了个人数字证书和使用，以及数字签名的使用方法。

认证是通过对网络中的主客体进行鉴别确认身份后，对其赋予恰当的标志、标签、证书等的过程，主要有单向验证和双向验证两种认证模式，可以分为消息认证和身份认证两种。消息认证是用来验证接收消息的真实性、完整性、顺序性和时间性；身份认证是证实客户的真实身份与其所声称的身份是否相符的过程，主要包括口令认证、持证认证、生物认证。数字签名是用于保证信息来源的真实性、数据传输的完整性和防抵赖性。数字证书主要具有加密和签名，以及为主体进行身份证明两大功能，是个人或单位在互联网的身份证。

CA 中心承担公钥体系中公钥的合法性检验的责任，包括注册机构 RA 和数字证书库。公钥基础设施 PKI 能够为所有网络应用提供加密和数字签名等密码服务及所必需的密钥和证书管理体系。

# 模块 5
# 电子商务安全协议

## 学习目标

**知识目标**

1. 了解电子商务安全交易需求
2. 理解安全套接层协议 SSL
3. 理解安全电子交易协议 SET
4. 理解安全超文本传输协议 S-HTTP

**能力目标**

1. 能够进行电子商务相关安全机制的应用
2. 能够正确安装数字证书服务器
3. 能够对证书服务进行管理及使用

**模块结构图**

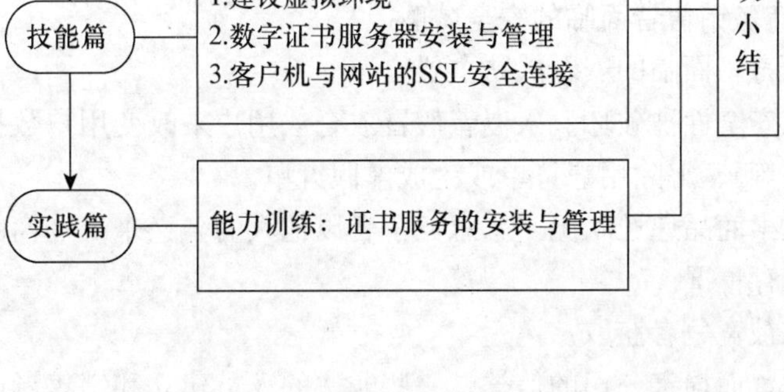


## 知识篇

随着计算机和网络的发展，电子商务已经深入到我们生活中的各个角落。电子商务在提供机遇和便利的同时，也面临着最大的挑战——交易的安全性，为此互联网已经在电子商务领域开发了与应用相关的安全机制，包括SSL协议、SET协议、S-HTTP、互联网电子数据交换和IPSec等。本模块将对这些协议进行较为详细的研究和介绍。

## 知识点5.1 电子商务安全交易需求

### 5.1.1 电子商务交易的安全需求

安全交易是电子商务发展的核心问题，现在社会已经推出了许多与电子商务交易安全相关的协议，如安全套接层（Security Socket Layer，SSL）协议、安全电子交易（Secure Electronic Transaction，SET）协议、安全超文本传输（Secure Hypertext Transfer Protocol，S-HTTP）协议、安全电子邮件协议、IPSec安全协议等，以此来保障电子商务交易的安全。与电子商务的基本安全需求类似，电子商务交易的安全需求可归纳为以下几方面：

（1）真实性要求。能对信息、实体的真实性进行鉴别。

（2）机密性要求。保证信息不被泄露给非授权的人或实体。

（3）完整性要求。保证数据的一致性，防止数据被非授权建立、修改或破坏。

（4）可用性要求。保证合法用户对信息和资源的使用不会被不正当地拒绝。

（5）不可抵赖性要求。建立有效的责任机制，防止实体否认其行为。

（6）可控性要求。能控制使用资源的人或实体的使用方式。

了解电子商务交易双方面临的一些特殊安全威胁，对保障电子商务交易活动的安全至关重要。

从安全和信任关系来看，在传统交易过程中，买卖双方是面对面地进行交易，因此很容易保证交易过程的安全性，并建立起信任关系。但在电子商务过程中，买卖双方是通过网络进行联系和沟通的，彼此相隔千山万水，并且网络既不安全，也不可靠，所以建立交易双方的安全和信任关系就十分困难。在电子商务交易中双方都面临不同的安全威胁。

### 5.1.2 电子商务销售者面临的安全威胁

对于销售者而言，面临的安全威胁主要有：

（1）中央系统安全性被破坏。入侵者假冒成合法用户来改变用户数据（如商品送达地址、无故给予差评等）、解除用户订单或生成虚假订单。

（2）竞争者检索商品递送状况。恶意竞争者以他人的名义来订购商品，从而了解有关商品的递送商和库存情况。

（3）客户资料被竞争者获取。

（4）被他人假冒而损害公司的信誉。一些非法的人员建立和销售者服务器名字相同的另一个服务器来假冒销售者，以欺骗客户在此服务器中进行购物，假冒他人的品牌，损害他人的信誉。

（5）消费者提交订单后不付款。

（6）经营方面的机密数据被获取。

### 5.1.3　电子商务消费者面临的安全威胁

对于消费者而言，面临的安全威胁主要有：

（1）付款后不能收到商品。在要求客户付款后，销售商中的内部人员不将订单和钱转发给执行部门，使消费者不能收到商品。

（2）拒绝服务。攻击者可能向销售商的服务器发送大量的虚假订单来耗尽其资源，从而使消费者得不到正常的服务。

（3）机密性丧失。消费者可能将秘密的个人数据或自己的身份数据（如PIN、口令等）发送给冒充销售商的机构，这些信息也可能会在传递过程中被窃听。

## 知识点5.2　安全套接层协议

安全套接层（SSL）协议是网景公司（Netscape）提出的基于Web应用的安全协议，SSL协议是国际上最早应用于电子商务的一种网络安全协议，SSL协议是在网络应用层和传输层之间提供一种基于RSA和保密密钥的、用于浏览器和Web服务器之间的安全连接技术，可实现服务器认证、客户认证，并保证SSL链路上数据的完整性和保密性。

### 5.2.1　SSL协议提供的安全服务

1. 加密数据以隐藏被传送的数据

安全套接层协议在握手和会话过程中，采用各种加密技术对其加密，以保证其机密性和数据的完整性，并且用数字证书进行鉴别，从而防止非法用户在劫持数据后进行破译。SSL协议所采用的加密技术有对称加密技术和公开密钥技术。

2. 用户和服务器的合法性认证服务

SSL协议通信过程中，客户机与用户之间需要使用标准的非对称加密技术和可靠的CA中心的证书，来确认身份的合法性，同时在连接交换数据过程中做数字认证，以保证用户的合法性。

3. 维护数据完整性服务

SSL协议采用哈希函数和机密共享的方法提供信息完整性的服务，在客户机与服务器之间建立安全通道，以保证数据在传输中完整和准确地到达目的地。

SSL协议是在互联网基础上提供的一种保证私密性的安全协议。它可以用于保护正常运行于TCP之上的任何应用协议，如HTTP、FTP、SMTP或Telnet的通信，最常见的是用SSL来保护HTTP的通信。SSL协议的优点在于它是与应用层协议无关的，高层的应用协议（如HTTP、FTP、Telnet等）能透明地建立于SSL协议之上。SSL协议在应用层协议之前就已经完成加密算法、通信密钥的协商以及服务器的认证工作。在此之后的应用层协议所传送的数据都会被加密，从而保证通信的安全性。

### 5.2.2　SSL协议的运行步骤

SSL协议的运行分为以下六个步骤：

（1）接通：客户机通过网络向服务器打招呼，服务器回应。

（2）密码交换：客户机与服务器之间交换双方认可的密码，一般选用RSA密码算法。

（3）会谈密码：客户机与服务器间产生彼此交谈的会谈密码。

（4）检验：客户机检验服务器取得的密码。

(5) 客户认证：服务器验证客户机的可信度。

(6) 结束：客户机与服务器之间相互交换结束的信息。

当上述动作完成之后，两者间的资料传送就会加密，接收方收到资料后，再将密文资料还原。即使盗窃者在网络上取得密文资料，如果没有原先编制的密码算法，也不能获得可读的有用资料。

在电子商务交易过程中，还有银行的参与。按照SSL协议，客户的购买信息首先发往商家，商家再将信息转发给银行，银行验证客户信息合法后，通知商家付款成功，商家再通知客户购买成功，并将商品寄送给客户。

### 5.2.3 SSL协议的体系结构

SSL协议位于TCP/IP协议模型的网络层和应用层之间，使用TCP来提供一种可靠的端到端的安全服务。SSL协议实际由两层协议组成，分别是SSL握手协议层和SSL记录协议层，SSL协议栈如图5-1所示。

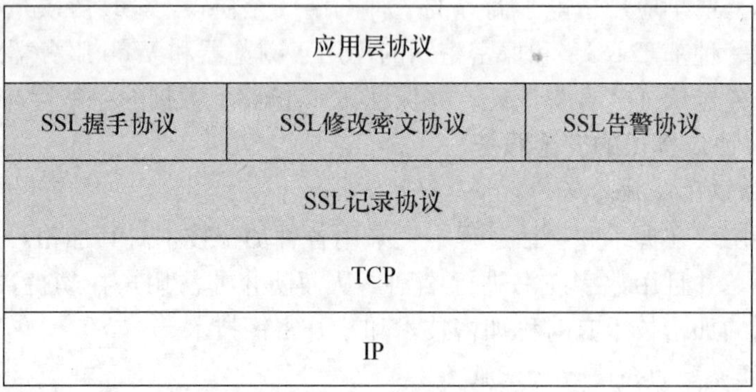


**图5-1 SSL协议栈**

1. SSL记录协议

在SSL协议中，所有的传输数据都被封装在记录中，一个记录由两部分构成：记录头和长度不为0的记录数据。SSL记录协议的功能是根据当前会话状态指定的压缩算法、Cipher Spec指定的对称加密算法、MAC算法、密钥长度、散列长度等参数，以及连接中指定的客户和服务器的随机数、加密密钥、MAC密钥及消息序列号等，对当前的连接中要传送的高层数据进行压缩与解压缩、加密与解密、计算与检验MAC操作。

SSL记录协议为每一个SSL协议连接提供了两种服务：一是机密性，二是消息完整性。SSL协议记录协议发送的步骤如下：

(1) 从应用层接收要发送的数据和消息；

(2) 对数据进行分片，形成SSL记录；

(3) 根据指定的压缩方法对数据分片进行数据压缩（这一步是可选的）；

(4) 使用指定的MAC算法生成对应数据分片的MAC；

(5) 使用指定的加密算法进行数据分片加密；

(6) 发送数据。

SSL记录协议层封装了上层协议的数据，并采用SSL握手协议中协商好的加密算法和MAC算法进行保护。记录协议传送的数据中还包括了一个序列号，可以检测消息的丢失、改动和重放。

2. SSL修改密文协议

SSL修改密文协议是使用SSL记录协议服务的SSL高层协议的三个特定协议之一，也是其中最简单的一个。协议由单个消息组成，该消息只包含一个值为1的单个字节。该消息的唯一作用就是使未决状态拷贝为当前状态，更新用于当前连接的密码组。为了保障SSL协议传输过程的安全性，双方应该每隔一段时间就改变加密规范。

3. SSL告警协议

SSL告警协议是用来为对等实体传递SSL的相关警告。如果在通信过程中，某一方发现任何异常，就需要给对方发送一条警示消息通告。SSL告警协议报文由严重级别和警告代码两部分组成，严重级别分为两种：第一种是Fatal，它要求通信双方都要采取紧急措施，并终止会话，如传递数据过程中发现错误的MAC，双方就需要立即中断会话，同时消除自己缓冲区相应的会话记录；第二种是Warning消息，这种情况中通信双方通常都只是记录日志，而对通信过程不造成任何影响。

4. SSL握手协议

SSL握手协议允许通信实体在交换应用数据之前协商密钥的算法，加密密钥和对客户端进行认证（可选）的协议，为下一步记录协议要使用的密钥信息，使客户端和服务器建立并保持安全通信的状态信息。SSL握手协议是在任何应用程序数据传输之前使用的。

SSL握手协议的具体工作包含四个阶段：

第一个阶段：建立安全能力。主要工作是建立一个逻辑连接以及与这个连接有关的安全功能。

第二个阶段：服务器鉴别和密钥交换。在双方协商建立安全能力后，服务器向客户端发送证书信息以向客户端证明自己的身份。

第三个阶段：客户鉴别和密钥交换。客户端验证服务器证书后，向服务器端发送客户端证书消息，以证明自己的身份。

第四个阶段：完成握手协议。完成建立一个安全连接应该做的设定工作。

### 5.2.4 SSL协议的安全措施

SSL协议采用对称密码技术和公开密码技术相结合的技术，采用密码和证书实现通信数据完整性、认证性等安全服务，其安全措施如下。

1. 加密算法和会话密钥

加密算法和会话密钥是在握手协议中协商，并由CIPHER-CHOICE消息指定的。现有的SSL版本中所用到的加密算法有RC4、RC2、IDEA和DES，而加密算法所用的密钥由消息哈希函数MD5产生。RC4、RC2是由RSA定义的，其中RC2适用于块加密，RC4适用于流加密。

2. 认证算法

认证算法采用X.509电子证书标准，通过RSA算法进行数字签名来实现。SSL认证包括服务器的认证和客户的认证两种。

(1) 服务器的认证。

在上述的两对密钥中，对服务器进行认证时，只有用正确的服务器方私有密钥加密CLIENT-HELLO消息形成的数字签名，才能被客户正确地解密，从而验证服务器的身份。若通信双方不需要新的密钥，则它们各自所拥有的密钥已经符合上述条件。首先服务器方在 SERVER-HELLO 消息中的服务器证书中，提供了服务器的公有密钥，服务器用其私有密钥才能正确地解密由客户方使用服务器的公有密钥加密的 MASTER-KEY，从而获得服务器方的读密钥和写密钥。

(2) 客户的认证。

只有用正确的客户私有密钥加密的内容才能被服务器方用其读密钥正确地解开。当客户收到服务器方发出的 REQUEST-CERTIFICATE 消息时，客户首先使用 MD5 消息哈希函数获得服务器方信息的摘要，服务器方的信息包括 KEY-MATERIAL-0、KEY-MATERIAL-1、KEYMATERIAL-2、CERTIFICATE-CHALLENAGE-DATE（来自 REQUEST-CERTIFICATE 消息）、服务器所赋予的证书（来自 SERVER-HELLO）消息。KEY-MATERIAL-1、KEY-MATERIAL-2 是可选的，与具体的加密算法有关。然后客户使用自己的私有密钥加密摘要形成数字签名，从而被服务器认证。

# 知识点 5.3　安全电子交易协议

从 SSL 协议所提供的服务及其工作流程可以看出，SSL 协议运行的基础是在商家对消费者信息保密的承诺，即单一认证方式，虽然 SSL3.0 通过数字签名和数字证书可实现浏览器和 Web 服务器双方的身份验证，但是在涉及多方的电子交易中，SSL 协议并不能协调各方面的安全传输和信任关系。在这种情况下，Visa 和 Master Card 两大信用卡公司组织制定了安全电子交易（SET）协议，为网上信用卡提供了全球性的标准。

SET 协议主要是为了解决用户、商家和银行之间通过信用卡支付的交易而设计的，以保证支付命令的机密、支付过程的完整、商户及持卡人的合法身份以及可操作性。其核心技术主要有：公开密钥加密、数字签名、数字信封、数字安全证书等。

## 5.3.1　SET 协议的主要安全目标

SET 协议是一个基于可信的第三方认证中心的方案，其实质是一种应用在互联网上、以信用卡为基础的电子付款系统规范，其目的是保证网络交易的安全。SET 协议要实现的主要安全目标有下列五个方面：

(1) 保证信息在互联网上安全传输，防止数据被黑客或内部人员窃取。

(2) 保证电子商务参与者的相互隔离。客户的资料加密或打包后通过商家到达银行，但是商家不能看到客户的账户和密码信息。

(3) 解决多方认证问题。不仅要对消费者的信用卡进行认证，而且要对在线商店的信誉程度进行认证，同时还有消费者、在线商店与银行间的认证。

(4) 保证网上交易的实时性，使所有的支付过程都是在线的。

(5) 效仿 EDI 贸易的形式，规范协议和消息格式，促使不同厂家开发的软件具有兼容性和互操作功能，并可以运行在不同的硬件和操作系统平台上。

## 5.3.2　SET 协议的安全服务

SET 协议为电子交易提供了许多保证安全的措施，它能保证电子交易的机密性、数据完整性，交易行为的不可否认性和身份的合法性。

(1) 保证客户交易信息的保密性和完整性。SET 协议采用了双重签名技术对交易过程中消费者的支付信息和订单信息分别签名，使得商家看不到支付信息，只能接收用户的订单信息；而金融机构看不到交易内容，只能接收到用户支付信息和账户信息，从而充分保证了消费者账户和定购信息的安全性。

(2) 确保商家和客户交易行为的不可否认性。SET协议依据不可否认机制，采用的核心技术包括X.509电子证书标准、数字签名、报文摘要、双重签名等技术。

(3) 确保商家和客户的合法性。SET协议通过数字证书的验证，以确保交易中的商家和客户都是合法的、可信赖的。

### 5.3.3 SET协议的工作流程

电子商务的工作流程与实际的购物流程非常接近，从客户通过浏览器进入在线商店开始，一直到所订货物送上门或所需服务完成，包括账户上的资金转移，所有这些都是通过互联网完成的。如何保证网上传输数据的安全和确认交易对方的身份是电子商务能否得到推广的关键，这也正是SET协议所要解决的最主要的问题。在一个完整的电子商务交易过程中，SET协议的工作流程如图5-2所示。

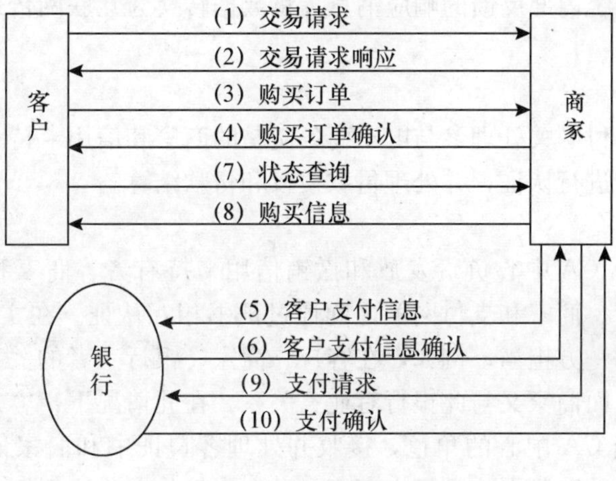


图5-2 SET协议的工作流程

图5-2中，消息(1)、(2)是交易初始设置，客户与商家相互交换身份证书，建立一个交易ID号；在消息(3)中，包含商品或服务名、客户签名、加密的客户信用卡信息；消息(4)是商家对客户购买订单的确认；消息(5)、(6)是商家对客户支付信息合法性的验证，在商家与银行(或其代理机构)间进行；消息(7)、(8)是客户对交易内容、交易状态进行查询；消息(9)、(10)是商家与银行间的兑现和平账过程。

在上述步骤中，前三步与SET协议无关，从第四步开始，SET协议起作用，一直到第九步。在处理过程中，对于通信协议、请求信息的格式、数据类型的定义等，SET协议都有明确的规定。在操作的每一步，持卡人、商家和支付网关都通过认证机构来验证通信主体的身份，以确保通信的对方不是冒名顶替者。

### 5.3.4 SET协议的体系结构

SET协议的交易过程中，需要以下六个角色的参与。

1. 信用卡持有者

信用卡持有者是指使用信用卡进行电子商务交易的买家，包括个人消费者和团体消费者。持卡人通过由发卡银行发行的信用卡进行付费，并从认证中心获取数字签名证书。

2. 信用卡发放银行

信用卡发放银行为信用卡持有者建立账户，并向持有者发行支付卡。在交易过程中，发卡银行负责处理电子货币的审核和支付工作，而且必须保证只对经过授权的交易进行付款。

3. 商家

商家是在互联网上符合 SET 协议规格的商店，提供商品和服务。商家必须与相关的付款银行达成协议，确保能接收买家的信用卡付款，实现商家和信用卡持有者之间的安全电子交易。

4. 支付网关

银行专网和互联网之间的接口，其主要作用是将不安全的网上交易信息传给银行专网，以隔离和保护银行专网。支付网关的功能主要有：

(1) 将互联网中传来的数据包解密，并按照银行系统内部的通信协议将数据重新打包；

(2) 接收银行系统内部反馈的响应消息，将数据转换为互联网传送的数据格式，并对其进行加密。

5. 收款银行

收款银行通过支付网关处理参与电子商务交易的商家和信用卡持有者之间的交易付款数据，同时对信用卡进行认证，并处理付款授权和付款结算。

6. CA 中心

在 SET 协议中，CA 中心负责发放和撤销信用卡持有者、商家和支付网关的数字证书，让信用卡持有者、商家和支付网关之间通过证书相互认证。在实际工作中，CA 中心也可由大家都信任的一方担当，例如，在客户、商家、银行三者的关系中，客户使用的是由某个银行发的卡，而商家又与此银行有业务关系。在此情况下，客户和商家都信任该银行，可由该银行担当 CA 中心的角色，接收并处理客户证书和商家证书的验证请求。又如，对商家自己发行的购物卡，则可由商家自己担当 CA 中心的角色。

SET 协议的交易过程中各参与者的关系如图 5-3 所示。

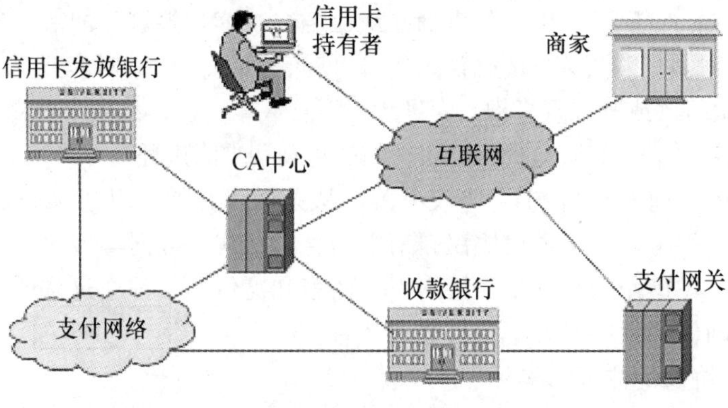


**图 5-3 SET 协议参与者关系**

### 5.3.5 SET 协议的安全措施

SET 协议的安全措施几乎全部以数据加密技术为基础，可以说，没有加密技术，就没有安全电子交易。SET 协议把对称密钥体制和公开密钥体制完美地结合起来，充分利用了 DES 效率高、速度快，RSA 安全性高、密钥管理简便的优点。下面从数据的机密性、认证性和完整性等方面阐述 SET 所采用的安全措施。

1. 通过加密保证数据的机密性

数据机密性用于保护敏感信息和个人信息，防止有意或无意的攻击或泄露。SET 协议在一个数字信封中使用对称和非对称两种加密技术和算法来保证数据的机密性。发送方将消息用 DES 加密，并将 DES 对称密钥用接收方的公钥加密，形成消息的数字信封，将数字信封与 DES 加密后的消息一起发给接收方。接收方收到消息后，先用其密钥打开数字信封，得到发送方的 DES 对称密钥，再用这些对称密钥去解开数据。只有用接收方的 RSA 密钥才能够打开此数字信封，保证了数据的机密性。

SET 协议既需保证支付数据的机密性，也需保证非支付数据的机密性，这些数据包含实际数据的提示。

2. 应用数据签名技术进行鉴别

签名技术在 SET 协议中有以下两种应用形式：

(1) 数字签名。

在 SET 协议中，数字签名采用 RSA 算法，数据发送方采用自己的私钥加密数据，接收方用发送方的公钥解密，由于私钥和公钥之间的严格对应性，使用其中一个加密只能用另一个来解密，保证了发送方不能抵赖发送过的数据，完全模拟了现实生活中的签名。

(2) 双重签名。

数字签名在 SET 协议中的一个重要应用就是双重签名。在交易中，持卡人发往银行的支付指令是通过商家转发的，为了避免在交易的过程中商家窃取持卡人的信用卡信息，以及避免银行跟踪持卡人的行为，侵犯消费者隐私，但同时又不能影响商家和银行对持卡人所发信息的真实性的验证，只有当商家同意持卡人的购买请求后，才会让银行给商家付费，SET 协议采用双重签名来解决这一问题。双重签名的过程如图 5-4 所示。

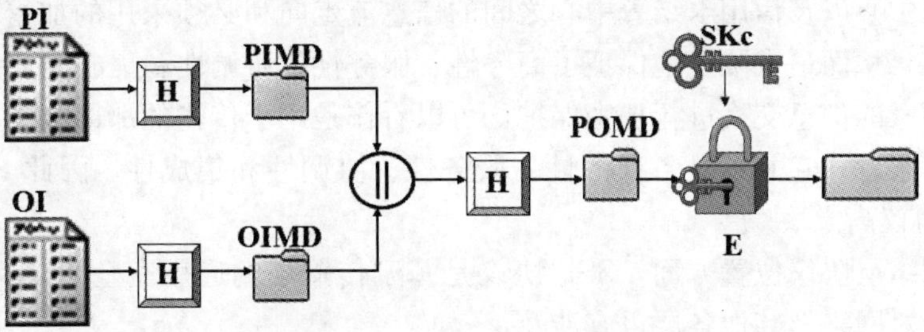


**图 5-4 双重签名过程**

3. 使用 X.509 v3 数字证书来提供信任

SET 协议中主要的证书是持卡人证书和商家证书。持卡人证书是支付卡的一种电子化的表示。持卡人证书不包括账号和终止日期信息，而是用单向哈希算法根据账号和截止日期生成的一个编码，如果知道账号、截止日期、密码值即可导出这个编码，反之不行。商家证书就像是贴在商家收款台小窗上的付款卡标识，表示它可以接受多种付款方法。除了持卡人证书和商家证书以外，还有支付网关证书、银行证书等。在双方通信时，通过出示由某个 CA 签发的证书来证明自己的身份，如果对签发证书的 CA 本身不信任，则可验证

CA的身份，以此类推，一直到公认的权威CA处就可确认信任层次来逐级验证。例如，C的证书是由B的CA签发的，而B的证书又是由A的CA签发的，A是权威的机构，通常称为根CA。验证到了根CA处，就可确认C的证书是合法的。

在网上购物过程中，持卡人的证书与发卡机构的证书关联，而发卡机构的证书通过不同品牌卡的证书连接到根CA，而根CA的公开密钥对所有的SET软件都是已知的，可以校验每一个证书。

持卡人可从公开媒体上获得商家的公开密钥，但持卡人无法确定商家是不是冒充的或有信誉的，于是持卡人请求CA对商家认证。CA对商家进行调查、验证和鉴别后，将包含商家公开密钥的证书经过数字签名传给持卡人。同样，商家也可对持卡人进行验证。

4. 应用哈希函数保证数据完整性

数据完整性保证接收到的是实际发出的数据，SET协议中用从传输数据产生的完整性数值来实现这一功能。数据的完整性数值从发送方传输到接收方，接收方通过比较完整性数值来验证数据是否被篡改。SET协议将哈希函数和数字签名结合起来使用，允许接收方验证数据的来源和完整性，防止伪造和篡改。在SET协议中，数字签名是采用发送方私用密钥加密支付数据的哈希值，该哈希值保证消息内数据的完整性。如果支付数据被修改，则其哈希值不同，当接收方接到消息后，重新计算哈希值，可发现数据是否被修改。该哈希值被加密后，第三方是无法改变的，因为没有发送方的私人密钥，第三方无法将新哈希值加入消息中。

### 5.3.6 SET协议和SSL协议的比较

(1) 在认证要求方面，早期的SSL协议并没有提供商家身份认证机制，虽然在SSL3.0中可以通过数字签名和数字证书，实现浏览器和Web服务器双方的身份验证，但仍不能实现多方认证。相比之下，SET协议的安全要求较高，所有参与交易的成员（持卡人、商家、发卡行、收款行和支付网关）都必须申请数字证书，进行身份识别。

(2) 在安全性方面，SET协议规范了整个商务活动的流程，从持卡人到商家，到支付网关，到认证中心以及信用卡结算中心之间的信息流走向和必须采用的加密、认证都制定了严密的标准，从而最大限度地保证了商务性、服务性、协调性和集成性。而SSL协议只对持卡人与商家的信息交换进行加密保护，可以看作是用于传输的那部分的技术规范。从电子商务特性来看，它并不具备商务性、服务性、协调性和集成性，因此SET协议的安全性比SSL协议高。

(3) 在网络层协议位置方面，SSL协议是基于传输层的通用安全协议，而SET协议位于应用层，对网络上其他各层也有涉及。

(4) 在应用领域方面，SSL协议主要是和Web应用一起工作，而SET协议是为信用卡交易提供安全，因此如果电子商务应用只是通过Web或是电子邮件，则可以不要SET协议。但如果电子商务应用是一个涉及多方交易的过程，则SET协议更安全、更通用。

## 知识点5.4 安全超文本传输协议

安全超文本传输（Secure Hypertext Transfer Protocol，S-HTTP）协议是Web使用

的 HTTP 的安全增强版本，它是 VeriFone 公司应 Commerce Net 要求开发的，建立以互联网为基础的电子商务所需的技术，目的是保证商业贸易的安全传输，促进电子商务的发展。

### 5.4.1　S-HTTP 协议简介

S-HTTP 协议为 HTTP 客户机和服务器提供了多种安全机制，提供安全服务选项是为了适用于万维网上的各类潜在用户。

S-HTTP 为客户机和服务器提供了相同的性能（同等对待请求和应答，也同等对待客户机和服务器），同时维持 HTTP 的事务模型和实施特征。S-HTTP 客户机和服务器能与某些加密信息格式标准相结合，S-HTTP 支持多种兼容方案并且与 HTTP 相兼容。使用 S-HTTP 的客户机能够与没有使用 S-HTTP 的服务器连接，反之亦然，但是这样的通信明显不会利用 S-HTTP 安全特征。S-HTTP 不需要客户端公用密钥认证（或公用密钥），但它支持对称密钥的操作模式。这点很重要，因为这意味着即使没有要求用户拥有公用密钥，私人交易也会发生。虽然 S-HTTP 可以利用大多现有的认证系统，但 S-HTTP 的应用并不必依赖这些系统。客户机可能"首先"启动安全传输（使用报头的信息），如它可以用来支持已填表单的加密。使用 S-HTTP，敏感的数据信息不会以明文形式在网络上发送。S-HTTP 提供了完整且灵活的加密算法、模态及相关参数。选项谈判用来决定客户机和服务器在事务模式、加密算法（用于签名的 RSA 和 DSA 、用于加密的 DES 和 RC2 等）及证书选择方面取得一致意见。虽然 S-HTTP 的设计者承认，他有意识地利用了多根分层的信任模型和许多公钥证书系统，但 S-HTTP 仍努力避开对某种特定模型的滥用。S-HTTP 与摘要验证的不同之处在于，它支持公钥加密和数字签名，并具有保密性。

### 5.4.2　S-HTTP 协议结构

S-HTTP 协议允许客户端与服务器端应用之间进行防窃听、防消息篡改及伪造的安全 Web 服务通信，S-HTTP 协议的结构如图 5-5 所示。

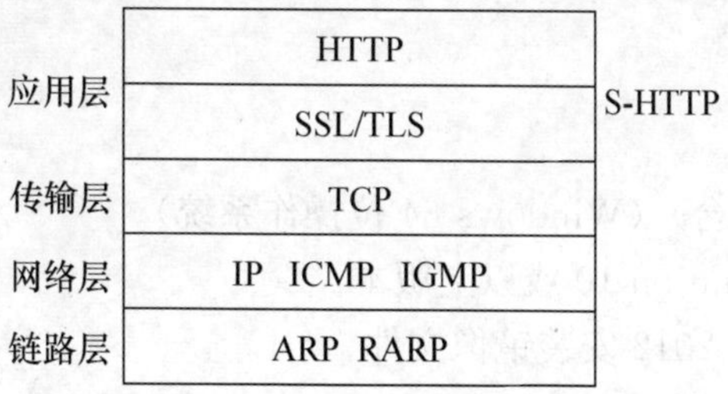


**图 5-5　S-HTTP 协议结构**

SSL 层位于 TCP/IP 和 HTTP 协议之间，作为一种数据安全协议以保证超文本文件的认证性、机密性和完整性。S-HTTP 协议是两种协议的有机结合，通过子层 SSL 协议来加强安全性，实现 HTTP 数据安全传输。在传输过程中，上层 HTTP 只负责提供或接收数据包，而 SSL 协议子层负责数据的加密、解密工作。

S-HTTP 协议在通信的安全性方面进行了一定程度的增强，具体表现在：

（1）实现了客户端与服务器端的双向身份认证。在传输 S-HTTP 数据前，需要通过交换各自的 X.509 数字证书来实现双方身份的认证。

（2）保证了数据的机密性。在传输数据前，需要根据非对称加密算法协商传输过程中所需要的加密密钥，并在传输过程中使用该密钥进行对称加密。

(3) 实现了数据的完整性检验。S-HTTP 通过消息验证码的方式，对传输数据进行数字签名，当有攻击行为篡改内容时，对应的哈希值也会改变。

### 5.4.3 S-HTTP 协议与 SSL 协议的比较

S-HTTP 协议是应用层的加密协议，它能感知到应用层数据结构，不像 SSL 协议一样完全当作流来处理，也就是说，S-HTTP 协议把消息当成对象进行签名或加密传输，而 SSL 协议则主动把数据流分帧处理，而不理会消息的边界。也由于这样，S-HTTP 协议可以提供基于消息的抗抵赖性证明，而 SSL 协议不可以。因此，S-HTTP 协议比 SSL 协议更灵活，但是实现较困难，而使用也更困难，因此现在使用基于 SSL 协议的 HTTPS 协议比 S-HTTP 协议更普遍。大多数 Web 贸易均采用传统的 Web 协议，并使用经 SSL 加密的 HTTP 协议来传输敏感的账单信息。各种 Web 交易应用程序都提供相似功能，其后端系统正在被商品化的商用服务器产品所取代。较为复杂的实时支付确认系统需要与商业银行中的商业系统集成。复杂性较小的系统可延迟支付确认，直到所需的交易移到贸易商的常规账单系统。

# 技 能 篇

## 任务 5.1 建设虚拟环境

**任务目的**

完成虚拟环境的安装和使用。

**任务内容**

安装和使用虚拟环境。

**任务准备**

(1) 互联网接入。

(2) 计算机（每人一台）(Windows 64 位操作系统)。

(3) VMware Workstation 10 或以上版本。

(4) Windows Server 2012 安装镜像文件。

**任务要求**

(1) 完成任务报告的所有设计内容，并附上关键步骤的截图。

(2) 记录任务结果。

**任务分析**

VMware Workstation 软件是一个“虚拟 PC”软件，它可以在一台 PC 上同时运行两个或更多 Windows、DOS、LINUX 系统。VMware 是真正“同时”运行，多个操作系统在主系统的平台上，就像标准 Windows 应用程序那样切换。而且每个操作系统都可以进行虚拟的分区、配置而不影响真实硬盘的数据。

VMware 产品的主要功能有：不需要区分或重新开机就能在同一台 PC 上使用两种以上的操作系统；完全隔离并保护不同 OS 的操作环境及所有安装在 OS 上面的应用软件和

资料；不同的操作系统之间能互动操作，虚拟机之间共享文件、应用、网络资源等；能够设定并随时更改操作系统的操作环境，如内存、磁盘空间及周边设备等；虚拟机的使用给网络实验、程序的测试和调试带来了方便。

在 Windows 7 操作系统上安装 VMware Workstation 10 以及创建虚拟机的方法与步骤如下。

1. 虚拟机软件 VMware Workstation 10 的安装

（1）双击虚拟机安装包进行安装，出现安装向导界面，点击“下一步”继续安装，如图 5-6 所示。根据向导安装提示，选择“接受安装许可协议条款”，选择安装目录后点击“下一步”开始安装，如图 5-7 所示。

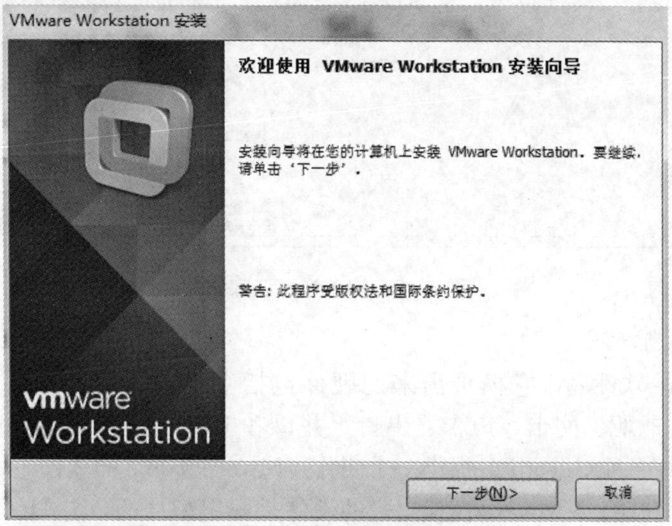


图 5-6 VMware 安装界面

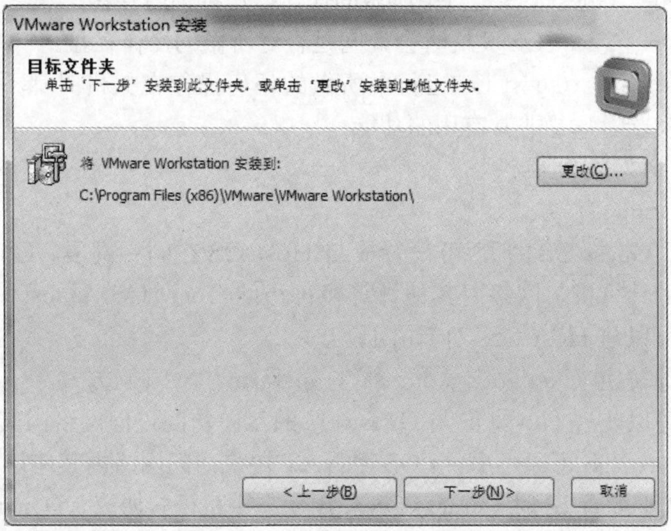


图 5-7 安装目录选择

（2）安装过程中需要输入许可证密钥，如图 5-8 所示。输入正确的许可证密钥后点击“输入”完成安装过程。

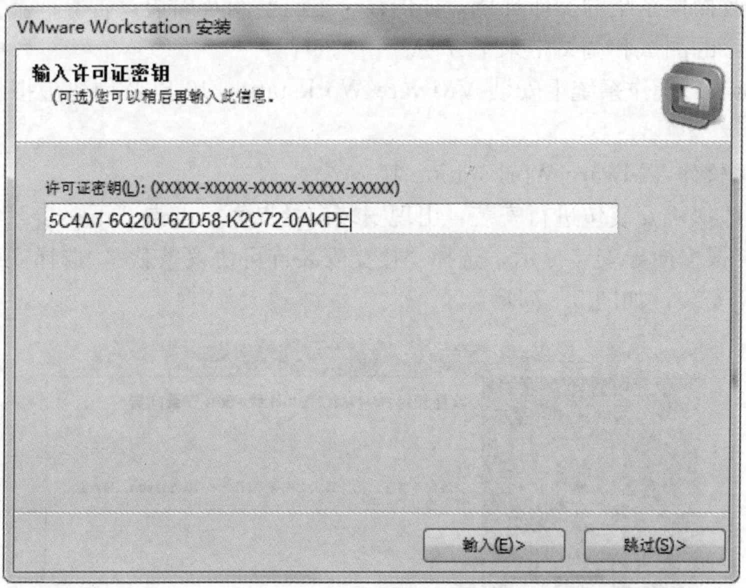


图 5-8 输入许可证密钥

2. VMware 的功能

安装 VMware 软件后，它模拟出来的硬件包括主板、内存、硬盘（IDE 和 SCSI）、DVD/CD-ROM、软驱、网卡、声卡、串口、并口和 USB 接口。VMware 没有模拟出显卡。VMware 为每一种 Guest OS 提供一个叫作 VMware-Tools 的软件包，用来增强 Guest OS 的显示和鼠标功能。VMware 模拟出来的硬件是固定型号的，与 Host OS 的实际硬件无关。VMware 为 Guest OS 的运行提供以下 3 种选项：

（1）Persistent：Guest OS 运行中所做的任何操作都即时存盘。

（2）Undoable：Guest OS 关机时会询问是否对所做的操作存盘。

（3）Nonpersistent：Guest OS 运行中所做的任何操作在关机时都不会保存。如果要进行软件测试或实验，这是非常有用的功能。

3. VMware 的网络设置方式

（1）桥接（Bridged）方式。

用这种方式，Guest OS 的 IP 可设置成与 Host OS 在同一网段，Guest OS 相当于网络内的一台独立的计算机，网络内其他计算机可访问 Guest OS，Guest OS 可访问网络内其他计算机，也可以与 Host OS 双向访问。

（2）网络地址转换（Network Address Transform，NAT）方式。

这种方式也可以实现 Host OS 与 Guest OS 的双向访问，但网络内其他计算机不能访问 Guest OS，Guest OS 可通过 Host OS 用 NAT 协议访问网络内其他计算机。

在 NAT 方式下配置 IP 时，Guest OS 先用动态主机设置协议（Dynamic Host Configuration Protocol，DHCP）自动获得 IP 地址，Host OS 中的 VMware Services 会为 Guest OS 分配一个 IP，之后如果想每次启动都用固定 IP，在 Guest OS 里直接设定这个 IP 即可。

4. 安装 Windows Server 2012

（1）新建虚拟机。

运行 VMware Workstation，进入主界面，点击“创建新的虚拟机”选项或选择“文件”菜单栏下的“新建虚拟机”选项，按向导进行安装，如图 5－9 所示。

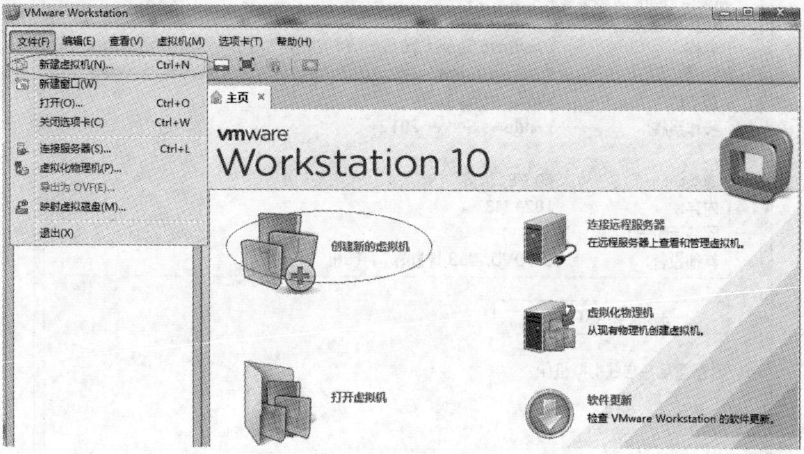


**图 5－9 新建虚拟机**

（2）虚拟机参数设置。

选择安装文件，在如图 5－10 所示的安装界面选择 Windows Server 2012 镜像文件，点击“下一步”开始安装。在出现输入产品密钥界面时先不输入，直接点击“下一步”按钮按照向导继续安装。在安装过程中需要指定硬件配置，要求至少 1GB 内存和 60GB 硬盘，如图 5－11 所示，点击“完成”。

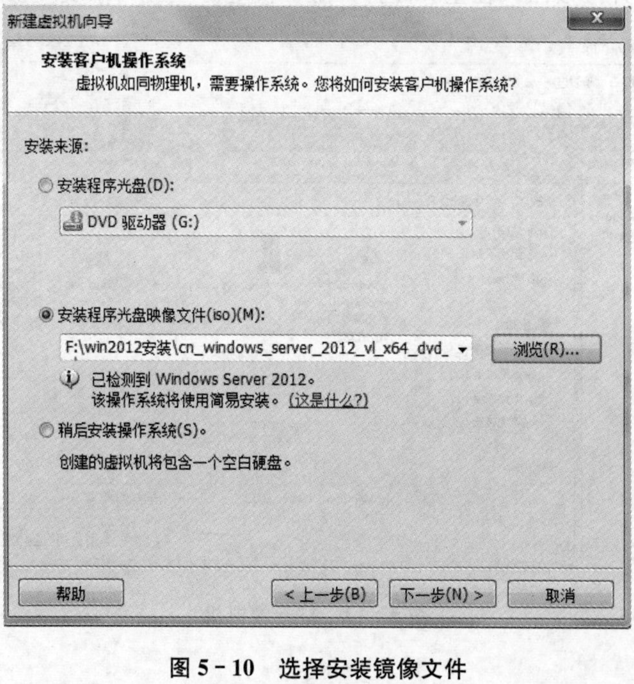


**图 5－10 选择安装镜像文件**

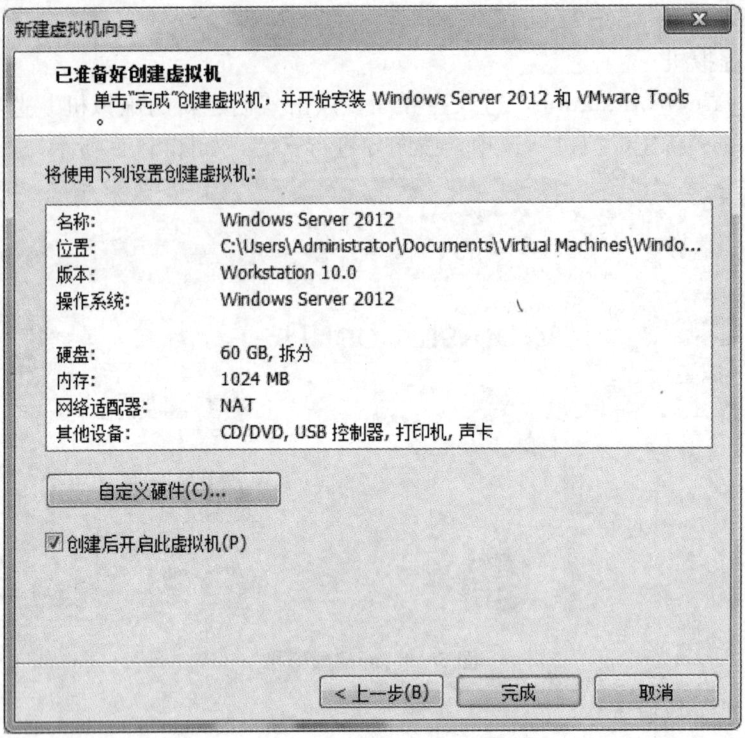


图 5-11　创建虚拟机硬件环境

(3) 系统的启动。

选择“文件”菜单下的“打开”选项，打开新建的虚拟机目录，选择如图 5-12 所示的文件，单击“打开”按钮，在主界面打开虚拟机电源，进入系统启动过程。

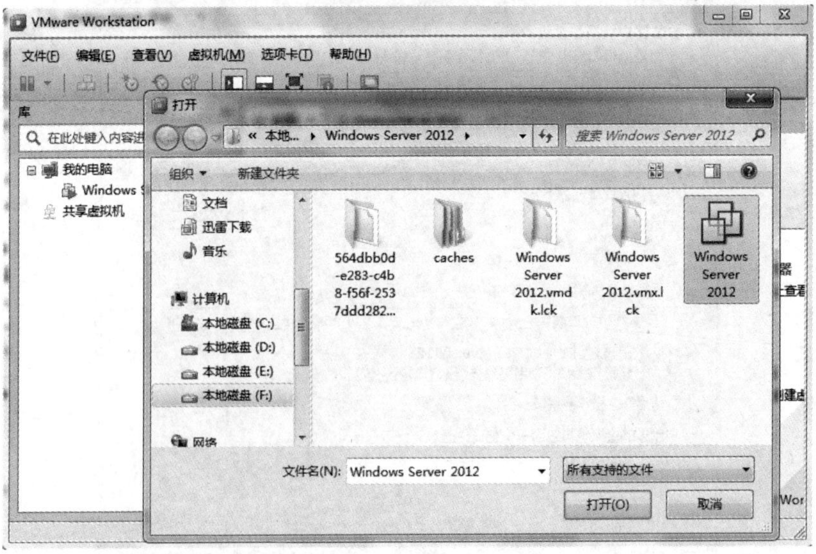


图 5-12　打开虚拟机

# 任务5.2 数字证书服务器安装与管理

**任务目的**

掌握证书服务器的安装，实现SSL协议在IIS服务器上的应用。

**任务内容**

获取SSL证书，配置服务器为Web服务器申请、安装证书，以便支持Web浏览器和其他客户端应用程序之间使用SSL协议安全地进行通信。

**任务准备**

(1) 安装Windows Server 2012环境的服务器，其IP地址为192.168.1.10。

(2) 安装Windows XP及以上系统的计算机。

(3) 联网环境。

(4) 组建团队，设计任务环境和任务步骤。

**任务要求**

(1) 完成任务报告的所有设计内容，并附上关键步骤的截图。

(2) 总结经验，形成报告。

**任务分析**

1. 安装证书服务器CA

(1) 启动Windows Server 2012，选择“服务器管理器”，在“服务器管理器”窗口选择“添加角色和功能”，如图5-13所示。在弹出的“添加角色和功能”对话框中，按提示确定服务器的管理员账号密码、IP地址等属性的正确设置后，单击“下一步”继续操作。

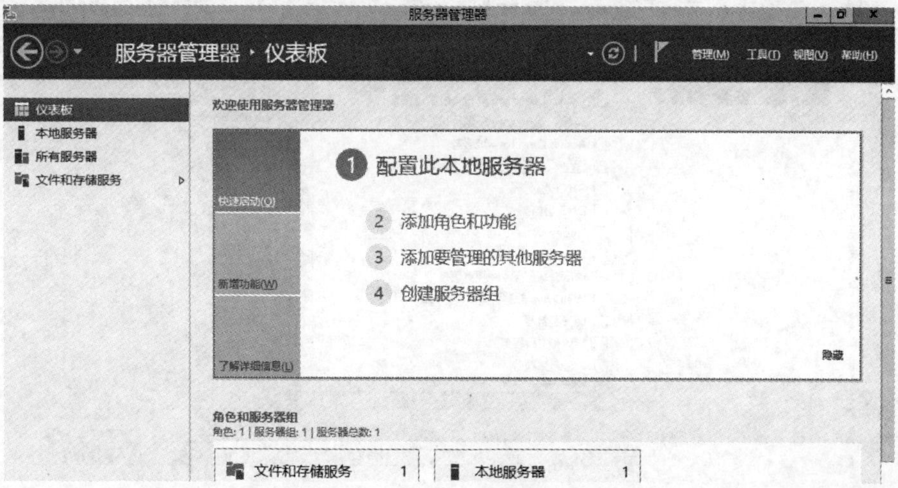


图5-13 “服务器管理器”窗口

(2) 在弹出的“选择安装类型”对话框中选择“基于角色或基于功能的安装”，并单击“下一步”按钮。

(3) 在弹出的“选择目标服务器”对话框中，选择“从服务器池中选择服务器”，并选中服务器（名称为server，IP地址为192.168.1.10），如图5-14所示。

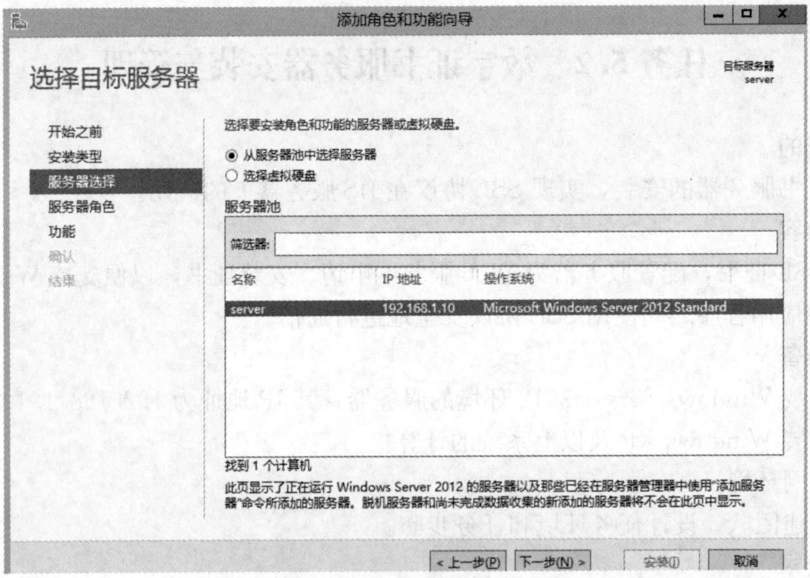


图 5-14 "选择目标服务器"窗口

(4) 单击"下一步",弹出"选择服务器角色"窗口,选择"Active Directory 证书服务",如图 5-15 所示。单击"下一步",弹出确认添加 Active Directory 证书服务所需的功能窗口,单击"添加功能"按钮,选择要添加的功能,本任务中选择默认选项即可。

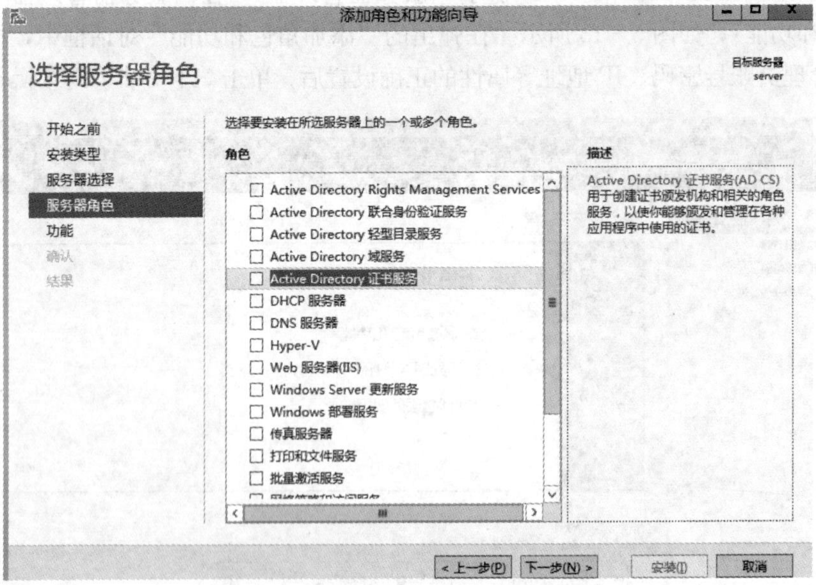


图 5-15 "选择服务器角色"窗口

(5) 单击"下一步",在"选择角色服务"窗口中,选择要安装的角色服务,选择"证书颁发机构"和"证书颁发机构 Web 注册"选项,如图 5-16 所示。

(6) 单击"下一步",确定要安装的所有内容,在如图 5-17 所示的界面中单击"安装"开始安装证书。

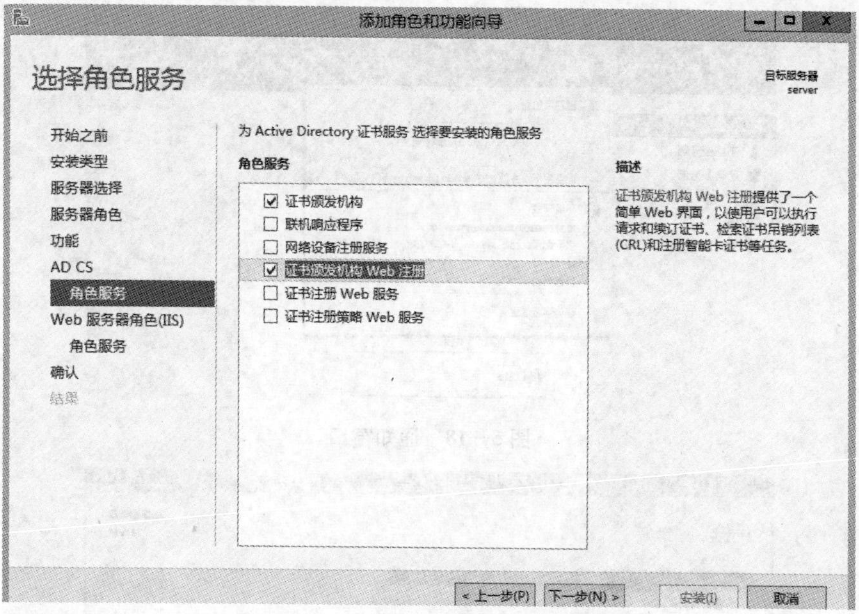


**图 5-16　“选择角色服务”窗口**

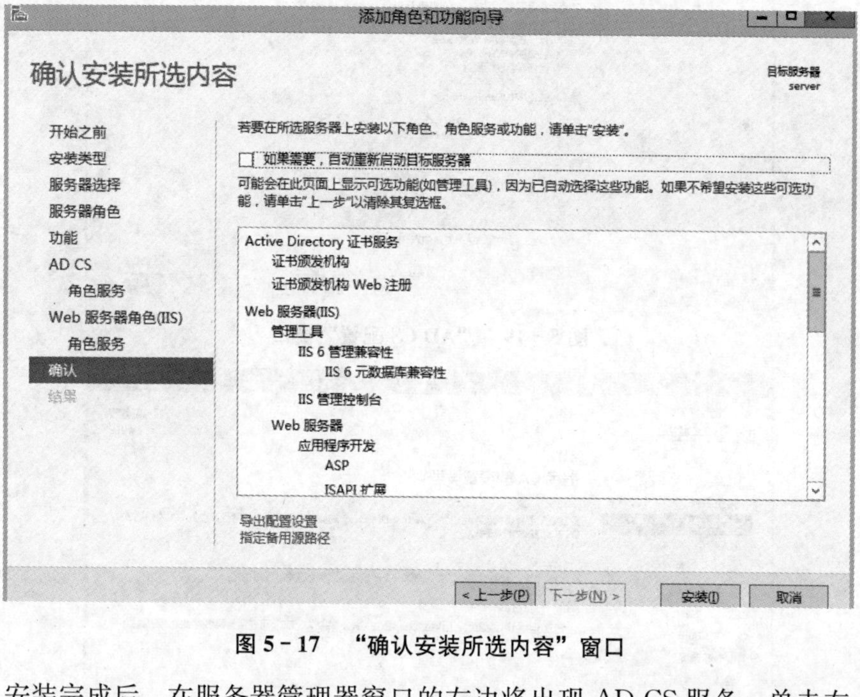


**图 5-17　“确认安装所选内容”窗口**

(7) 安装完成后，在服务器管理器窗口的左边将出现 AD CS 服务，单击右上角通知工具的图标，弹出“部署后配置”的通知窗口，如图 5-18 所示。选中“配置目标服务器上的 Active Directory 证书服务”，弹出“AD CS 配置”窗口，如图 5-19 所示。

(8) 单击“下一步”，在“选择要配置的角色服务”对话框中选择“证书颁发机构”和“证书颁发机构 Web 注册”。在“指定 CA 的设置类型”对话框中，选择“独立 CA”，如图 5-20 所示。

(9) 单击“下一步”，指定 CA 类型为“根 CA”，指定私钥类型为“创建新的私钥”。

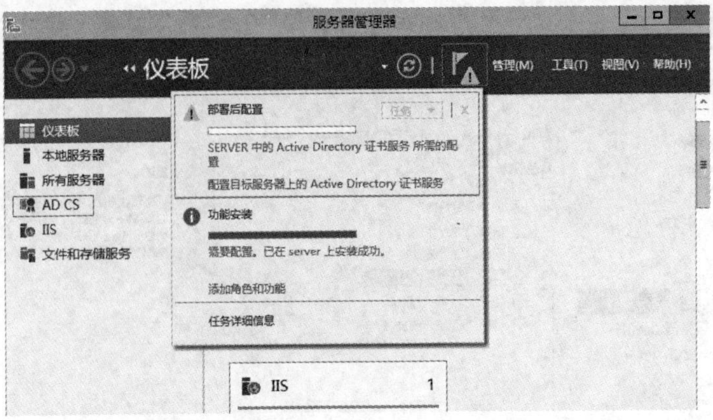


图 5-18 通知窗口

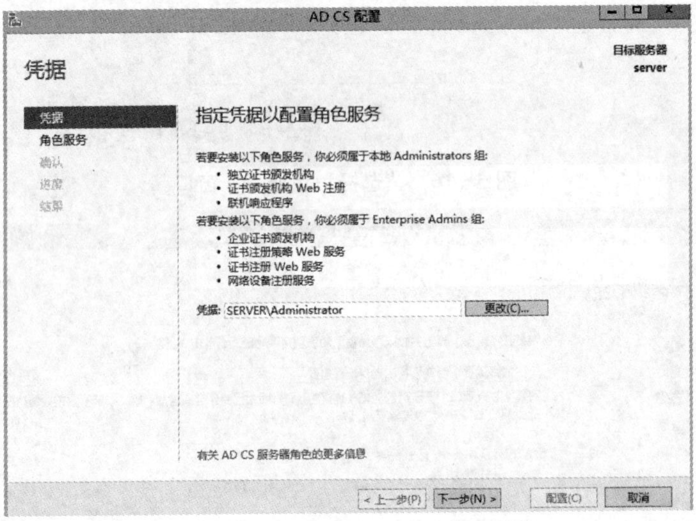


图 5-19 “AD CS 配置”窗口

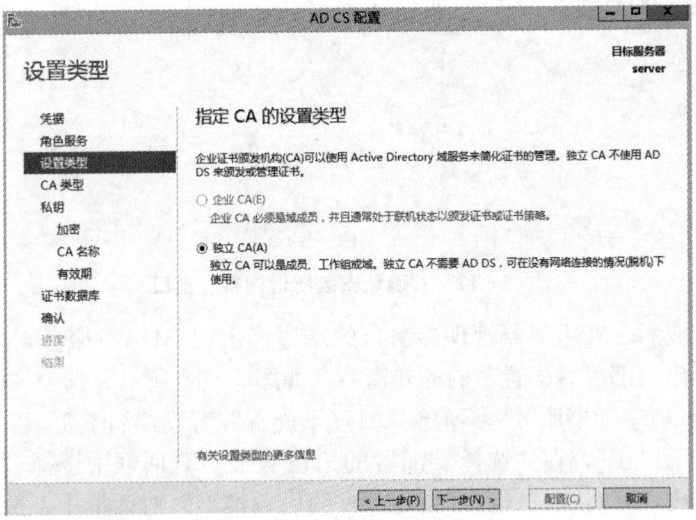


图 5-20 “设置类型”窗口

单击“下一步”，弹出“CA 的加密”窗口，选择默认算法，如图 5-21 所示。

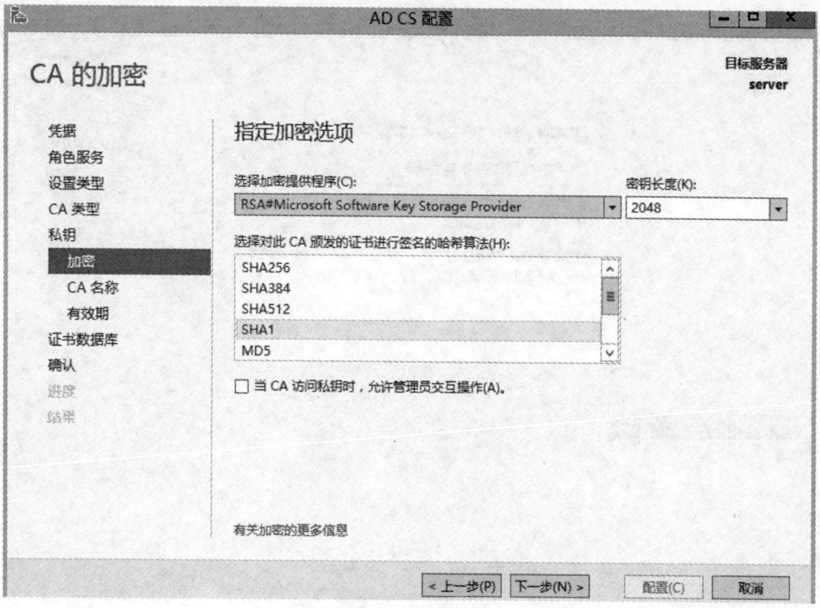


**图 5-21 “CA 的加密”窗口**

（10）单击“下一步”按钮，弹出“CA 名称”窗口，指定 CA 的公用名称为服务器有效的域名，如图 5-22 所示。

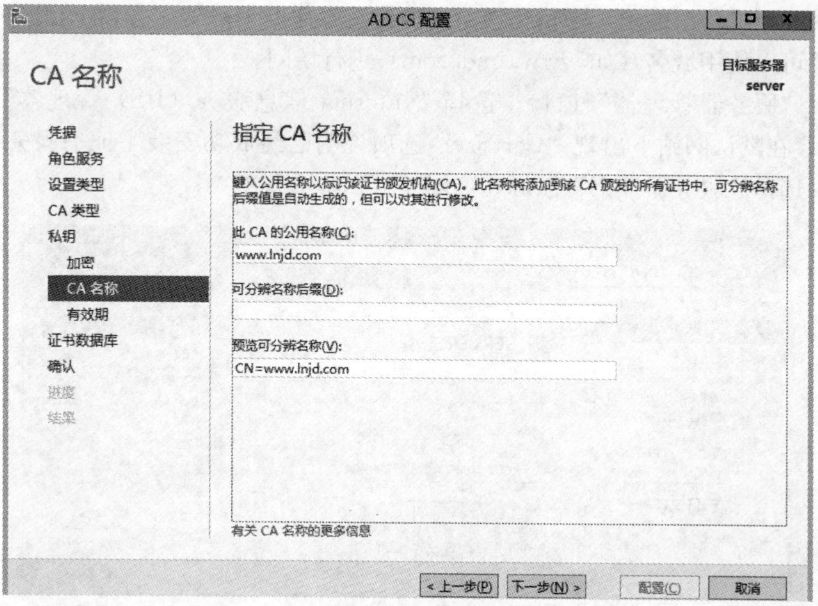


**图 5-22 “CA 名称”窗口**

（11）单击“下一步”，在弹出的“有效期”窗口指定此 CA 生成的证书的有效期，默认为 5 年。在“CA 数据库”窗口中指定数据库的存放位置，使用默认位置即可。

（12）所有属性指定完成后，在弹出的“确认”窗口单击“配置”按钮，开始安装证书服务。安装完成后，出现“结果”窗口，如图5-23所示，单击“关闭”结束安装。

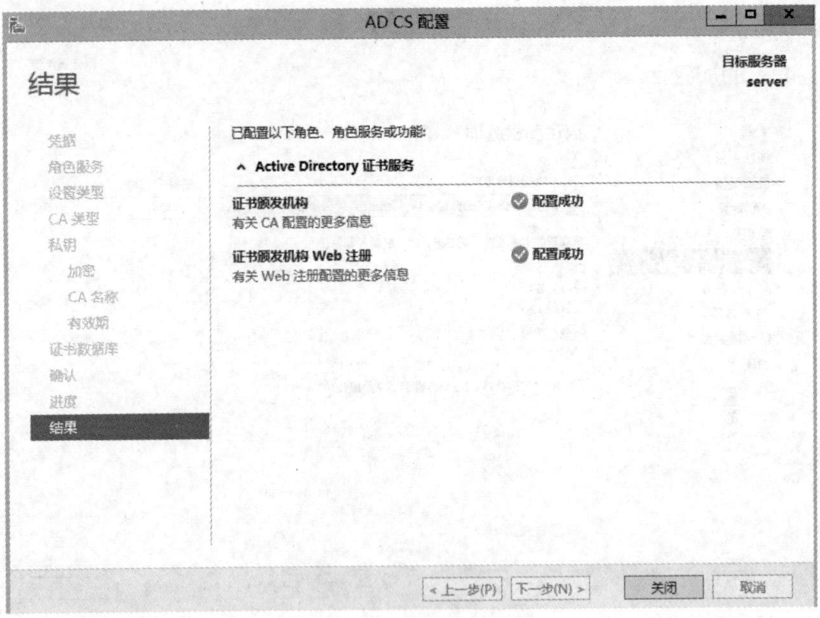

图5-23 证书安装完成

2. Web服务器证书申请和安装

对于构建基于SSL协议的Web站点，需要申请、下载、安装和管理自己的证书，以便在合适的时候将自己的公开密钥传递给浏览器。本任务中确保服务器上已经构建了合法的站点，并可以使用域名（如www.lnjd.com）进行访问。

（1）在“服务器管理器”窗口，选择“Internet信息服务（IIS）管理器”选项打开IIS管理器，在默认网站下出现“CertSrv”选项说明已经成功安装了证书服务。在IIS管理控制树中选择“服务器证书”图标，如图5-24所示。

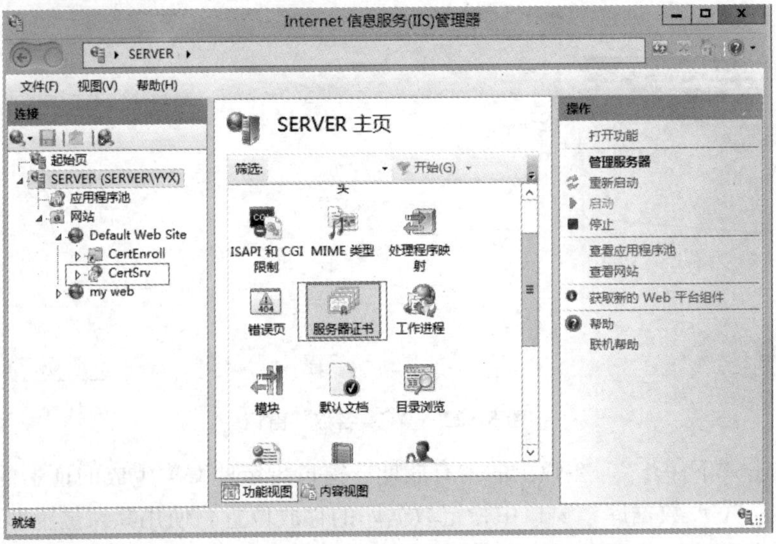

图5-24 IIS管理控制树

(2) 在弹出的“服务器证书”窗口，单击右侧“操作”栏中的“创建证书申请”选项，如图5-25所示。

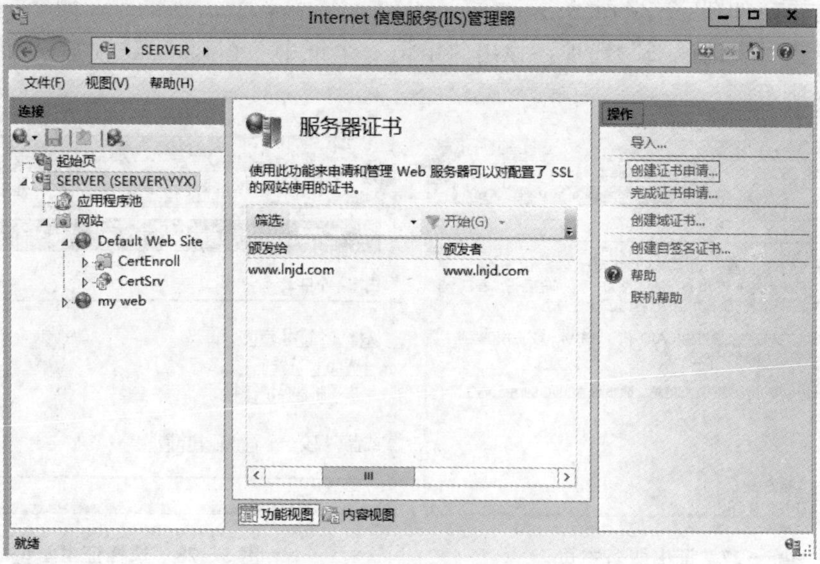


图5-25　服务器证书窗口

(3) 在弹出的“可分辨名称属性”对话框中，“通用名称”选项中输入网站名(www.lnjd.com)，其他项根据网络实际情况进行填写。单击“下一步”，在“加密服务提供程序属性”窗口中，各选项保持默认属性。

(4) 在“文件名”对话框中，选择文件名和存放位置，单击“完成”按钮创建完成，如图5-26所示。

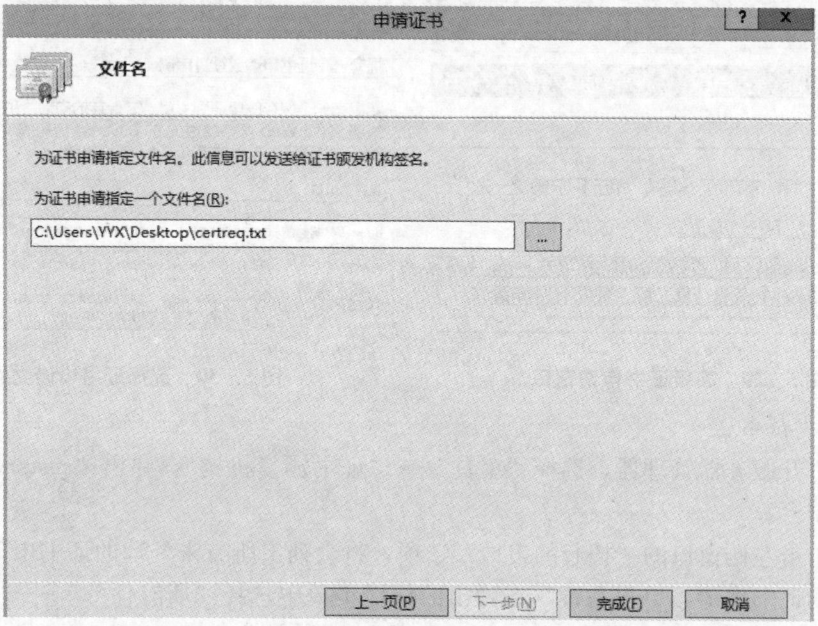


图5-26　创建完成

(5) 完成证书请求后，需要将该文件提交给证书颁发机构（证书颁发机构的 IP 地址为 192.168.1.10）。启动 IE 浏览器，在地址栏中输入 http://192.168.1.10/certsrv，弹出证书服务主页，如图 5-27 所示。

(6) 单击“申请证书”选项，弹出“申请一个证书”窗口，点击“高级证书申请”，如图 5-28 所示。

图 5-27 证书服务主页

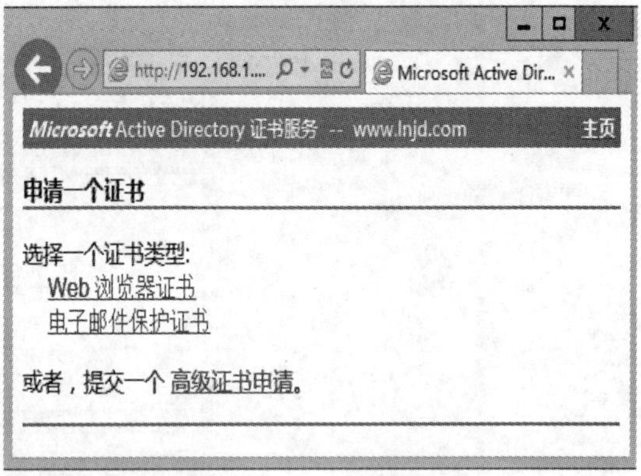


图 5-28 选择证书类型

(7) 在“高级证书申请”窗口，选择“使用 base64 编码……”选项，如图 5-29 所示。

(8) 在新弹出的“提交一个证书申请或续订申请”窗口，将前面保存的证书申请文件 certreq.txt 内容复制到保存的申请文本框处，如图 5-30 所示。单击“提交”按钮，证书申请文件将传送到安装有证书颁发机构的服务器中，如图 5-31 所示。

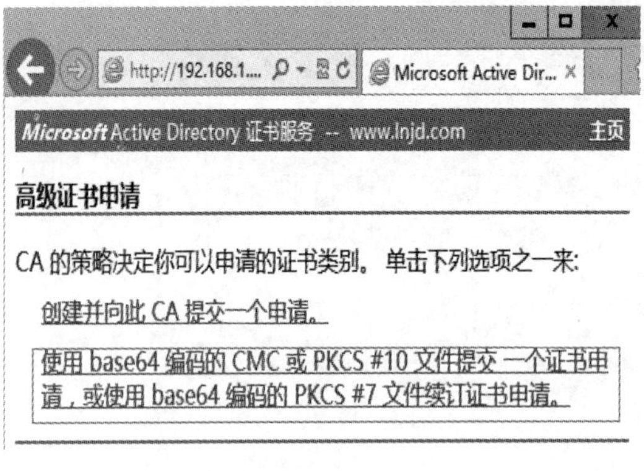


图 5-29 高级证书申请窗口

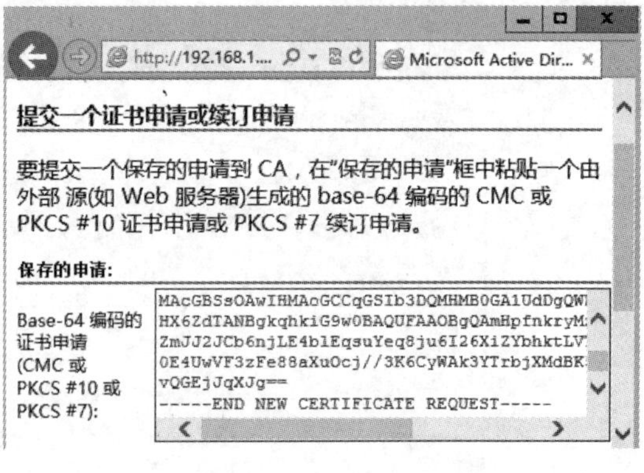


图 5-30 选择证书申请文件

3. 颁发证书

(1) 打开服务器管理器，选择“工具”→“证书颁发机构”，弹出“certsrv-证书颁发机构”控制台。

(2) 单击左侧窗口的“挂起的申请”选项，将会列出所有未处理的证书申请信息。选择要处理的证书申请，单击右键，在弹出的快捷菜单中选择“所有任务”→“颁发”，如图 5-32 所示。颁发的证书将会显示在“颁发的证书”列表中。

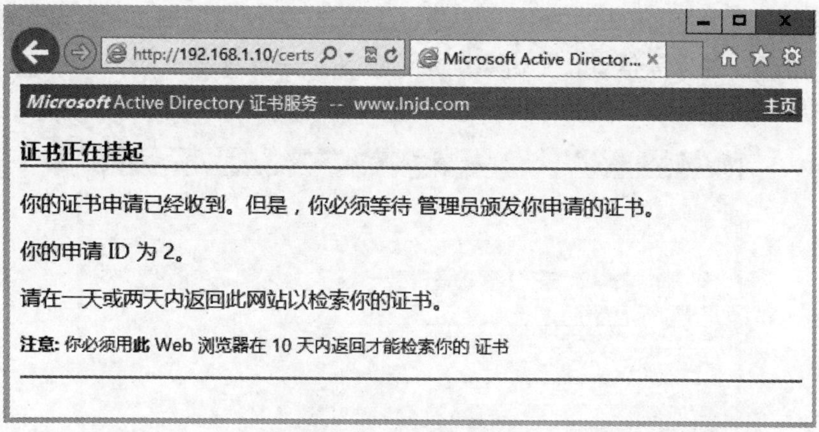


图 5-31　证书提交完成

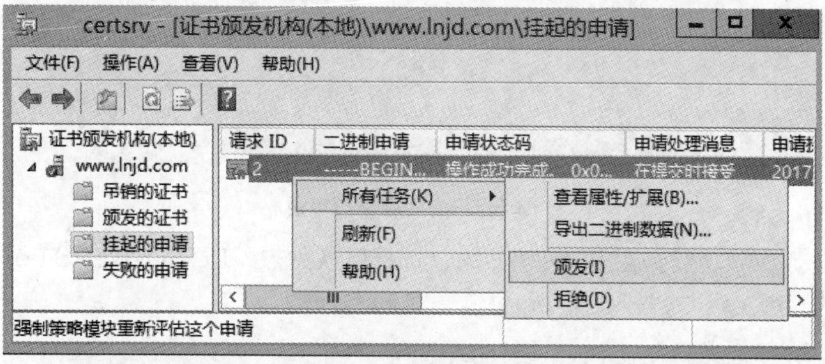


图 5-32　颁发证书

4. 下载安装证书和启动 SSL 功能

(1) 在 IE 浏览器地址栏中输入 http://192.168.1.10/certsrv，打开证书服务主页。单击“查看挂起的证书申请的状态”，选择要查看的证书申请，在弹出的如图 5-33 所示的窗口中，单击“下载证书”，在弹出的对话框中选择保存证书文件（文件名默认为 certnew.cer)，并保存到指定的目录。

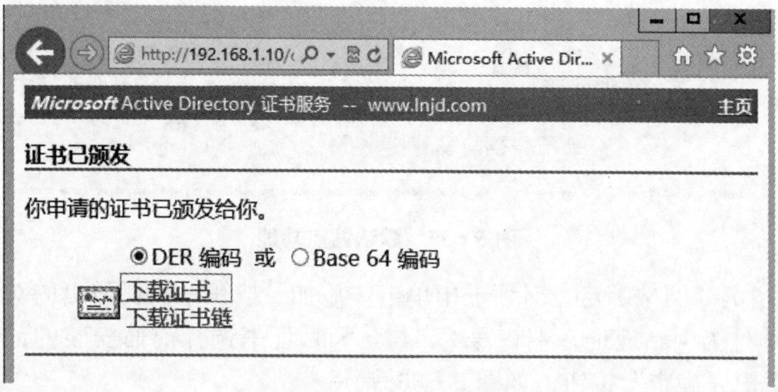


图 5-33　下载证书

(2) 获得证书颁发机构颁发的证书后，就可以安装证书了。打开 IIS 管理器，双击

“服务器证书”，在弹出的窗口中单击“完成证书申请”，弹出如图 5 - 34 所示窗口，输入下载的证书文件、名称等信息，单击“确定”按钮，完成证书安装，并可在“服务器证书”窗口列表中查看安装的证书。

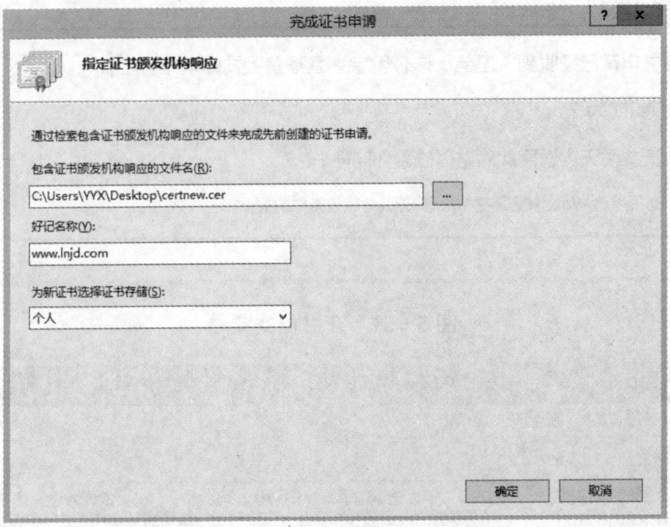


图 5 - 34　完成证书申请

(3) 启动 SSL 功能。在 IIS 管理器中，选择默认站点 (Default Web Site)，单击右侧操作栏中的“绑定”，如图 5 - 35 所示。

图 5 - 35　默认站点功能

(4) 在弹出的“网站绑定”对话框中单击“添加”按钮，在新弹出的对话框中类型选择 https，IP 地址为网站地址，端口号为 443，SSL 证书选择前面安装的证书 (www. lnjd. com)，并单击“确定”按钮，如图 5 - 36 所示。

(5) 在 IIS 管理器的默认站点窗口中，双击“SSL 设置”，在 SSL 设置窗口中，选中“要求 SSL”，单击操作栏中的“应用”选项，完成设置，如图 5 - 37 所示。

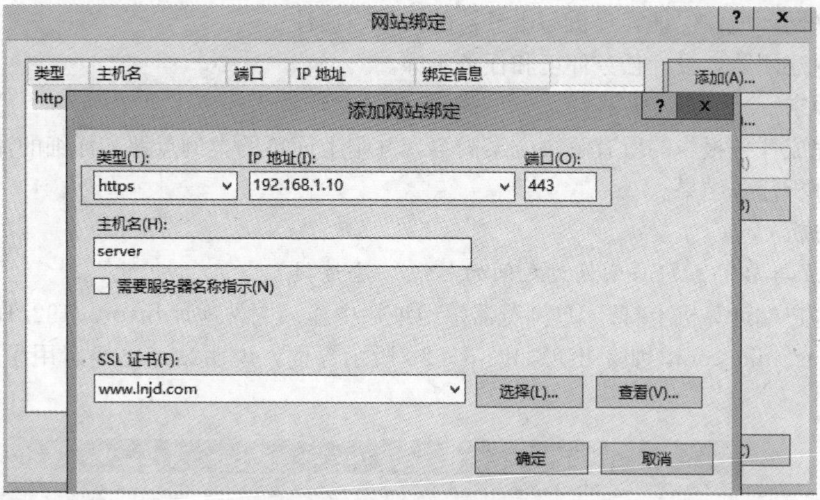


图 5-36 添加网站绑定

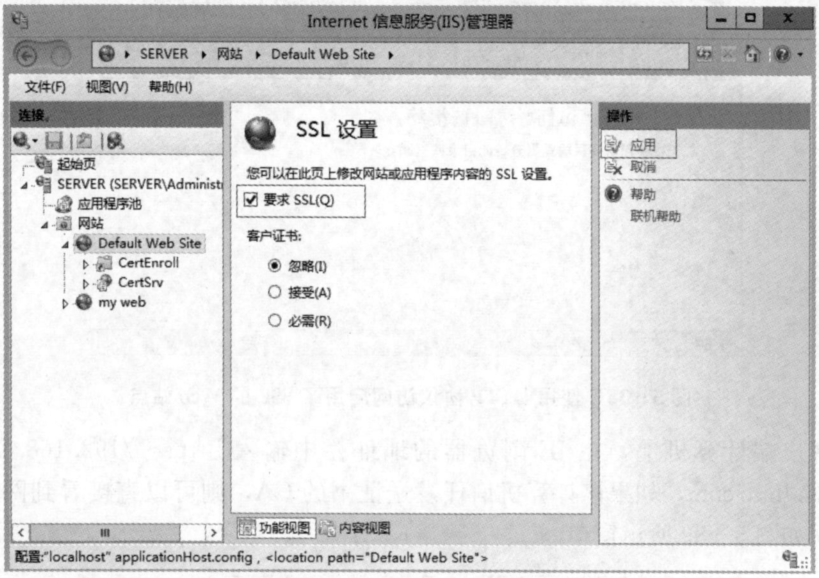


图 5-37 SSL 设置窗口

# 任务 5.3 客户机与网站的 SSL 安全连接

**任务目的**

掌握进入安装有 SSL 的网站时客户机如何与网站建立 SSL 安全连接。

**任务内容**

用户在客户机运用 Web 浏览器来连接安装有 SSL 的服务器，建立一个安全的通信通道。

**任务准备**

(1) 安装 Windows Server 2012 系统的服务器，IP 地址为 192.168.1.10。

(2) 客户机（安装 Windows XP 及以上版本系统），IP 地址为 192.168.1.11。

(3) 联网环境，保证客户机与服务器的网络连通性。

(4) 组建团队，设计任务环境和任务步骤。

**任务要求**

(1) 完成任务报告的所有解决方案内容，并附上简单的案例点评和详细的流程图。

(2) 分析任务结果。

**任务分析**

1. 建立与启用了 SSL 的网站之间的 SSL 安全连接

(1) 客户端计算机上打开 IE 浏览器，地址栏中输入网站地址 http://192.168.1.10 或 http://www.lnjd.com，如果出现如图 5-38 所示界面，说明站点已经启用了安全通道，无法访问。

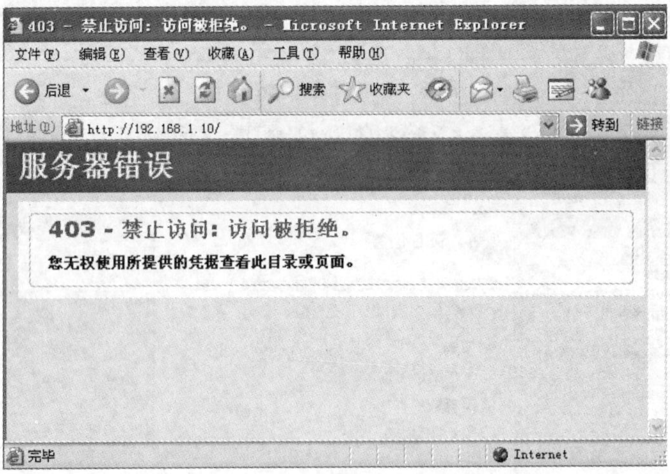


图 5-38 使用 HTTP 协议访问启用了 SSL 的 Web 站点

(2) 客户端计算机上，在 IE 浏览器的地址栏中输入 https://192.168.1.10 或 https://www.lnjd.com，如果该计算机信任发送证书的 CA，则可以直接看到网站的内容，否则会出现如图 5-39 所示窗口。

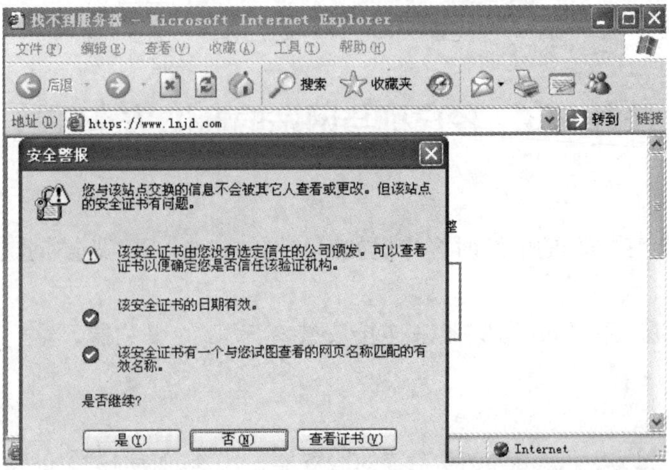


图 5-39 通过 SSL 访问站点安全警报

(3) 单击“是”，与网站建立SSL安全连接。在浏览器与网站建立连接后，该服务器将自动向浏览器发送站点证书并开始加密形式的数据传输，访问结果如图5-40所示。

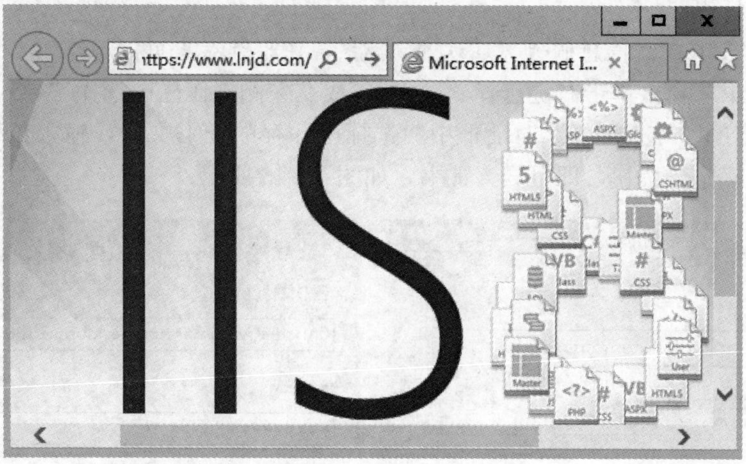


图5-40 通过SSL访问站点

2. 保存备份Web服务器证书

将Web服务器证书导出保存后，在计算机重装IIS或重新建立网站时，只要将证书导入即可具有SSL功能。

(1) 将网站证书导出存盘。

1) 打开“Internet信息服务（IIS）管理器”，在服务器主页窗口双击“服务器证书”，在服务器证书列表中选择要导出的证书，单击右键选择“导出”或在左侧操作栏中选择“导出”操作，如图5-41所示。

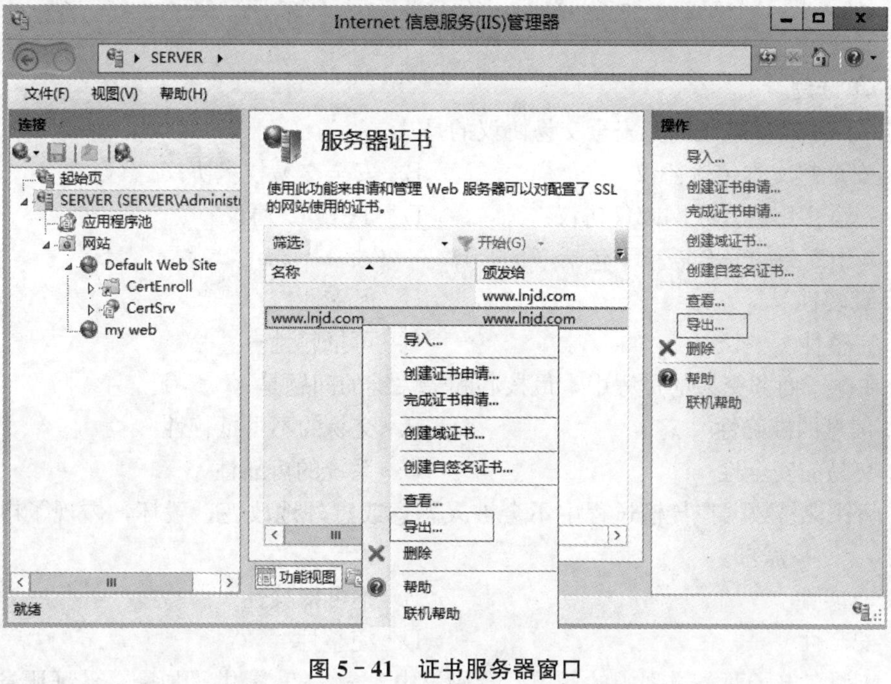


图5-41 证书服务器窗口

2）在“导出证书”对话框中设置存储路径及保存文件名和密码，如图 5－42 所示。单击“确定”按钮，完成证书导出。

（2）导入证书。

1）打开“Internet 信息服务（IIS）管理器”，在服务器主页窗口双击“服务器证书”，在“服务器证书”窗口单击右键选择“导入”，或在左侧操作栏中选择“导入”。

2）在弹出的“导入证书”对话框中，选择已保存的证书文件，输入正确密码，确认无误后单击“确定”按钮，即可导入证书，如图 5－43 所示。

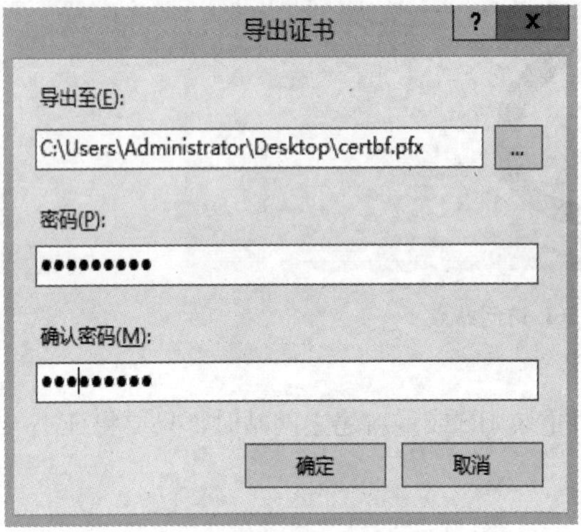


图 5－42　导出证书

图 5－43　导入证书

# 实 践 篇

## 一、单选题

1. 以下不属于电子商务安全交易协议的是（　　）。

A. 安全超文本传输协议　　B. 安全交易技术协议

C. 安全多用途互联网邮件协议　　D. TCP/IP 协议

2. 电子商务的安全需求不包括（　　）。

A. 真实性　　B. 保密性

C. 完整性　　D. 可抵赖性

3. 在电子商务交易的过程中，最核心和最关键的问题是（　　）。

A. 信息的准确性　　B. 交易的不可抵赖性

C. 交易的安全性　　D. 系统的可靠性

4. 确保交易数据在传输过程中不会被人恶意或意外地改变、毁坏，体现了电子商务交易的（　　）需求。

A. 真实性　　B. 不可抵赖性

C. 安全性　　D. 完整性

5. 应用在电子商务过程中的各类安全协议中，（　　）提供了加密、认证服务，并可以实现报文的完整性，以完成需要的安全交易操作。

A. 安全套接层协议 SSL　　B. 安全超文本协议 S-HTTP

C. 安全电子交易协议 SET　　D. 安全交易技术协议 STT

6. (　　) 将 SET 和现有的银行卡支付网络系统作为接口，实现授权功能。

A. 支付网关　　B. 网上商家

C. 电子货币银行　　D. CA 中心

**二、思考题**

1. SET 协议是如何保护在互联网上的交易安全的?

2. 为了安全地进行网上购物，应如何识别基于 SSL 协议的安全性商业网站?

**三、能力实训：证书服务的安装与管理**

为提高单位内部局域网的网站、FTP 站点的安全性，使网站具备 SSL 安全连接的功能，必须为网站申请证书。作为网络管理员，应该如何进行设置?

任务要求：

1. 申请证书。
2. 设置网站启用 SSL 安全连接。
3. 设置客户端信任发放此证书的 CA。
4. 建立 SSL 安全连接。
5. 理解 SSL 的工作原理以及 SSL 安全连接的建立过程。

## 模块小结

本模块介绍了电子商务交易安全相关的协议技术、数字证书服务器的安装和证书的管理使用。

SSL 协议位于 TCP/IP 协议模型的网络层和应用层之间，使用 TCP 来提供一种可靠的端到端的安全服务，SSL 协议由 SSL 握手协议层和 SSL 记录协议层两层协议组成，目前被广泛用于互联网上的身份认证与 Web 服务器和用户端浏览器之间的数据安全通信。SET 协议是一个基于可信的第三方认证中心的方案，其实质是一种应用在互联网上、以信用卡为基础的电子付款系统规范，其目的是保证网络交易的安全。SET 协议采用的主要技术包括加密技术和身份认证技术。S-HTTP 协议为 HTTP 客户机和服务器提供了多种安全机制，提供安全服务选项是为了适用于万维网上的各类潜在用户。

# 模块 6
# 电子商务安全技术

## 学习目标

**知识目标**

1. 理解主要的电子商务安全技术
2. 掌握防火墙技术的类型及使用
3. 理解入侵检测系统的原理
4. 掌握典型的扫描技术应用

**能力目标**

1. 能够合理部署防火墙
2. 能够根据实际安全需求合理部署入侵检测系统
3. 能够使用相关软件工具进行扫描监测及网络安全的防御

**模块结构图**

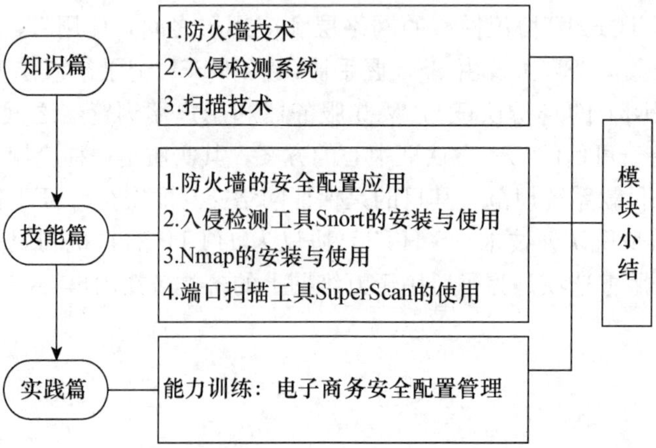


## 知 识 篇

环境优雅而美丽的公园是人们休息和游玩的好去处，如何使公园保持良好的环境呢？

一般而言，可以把公园用围墙围起来，实现与外界的物理隔离。然后在围墙上开一个门，合法的游园者必须得到公园管理员的批准，才能够从这个门出入，同时还配备一些监控设备和巡逻人员，这样就保证了公园的环境和安全。同理，可以采用同样的方法来保护企业网络的环境与安全。

## 知识点6.1　防火墙技术

在电子商务世界中，人们借助古代的防火墙概念，用先进的计算机系统构成防火墙，犹如一道防护栏隔离在被保护的内部网络和不安全的外部网络之间，用来保护敏感的数据不被窃取和篡改，保护计算机网络免受非授权人员的骚扰和黑客的攻击，同时允许合法用户不受妨碍地访问网络资源。

### 6.1.1　防火墙概述

1. 防火墙的定义和部署

防火墙就是介于内部网络和不可信任的外部网络之间的一系列部件的组合，它是不同网络或网络安全域之间信息的唯一出入口，根据企业的总体安全策略控制（如允许、拒绝）出入内部可信任网络的信息流，而且防火墙本身具备很强的抗攻击能力，是提供信息安全服务和实现网络及信息安全的基础设施。

在逻辑上，防火墙不仅是一个过滤器、限制器，还是一个智能分析器。在安全策略的指导和保证网络畅通的前提下，从逻辑上有效地隔离内部网络和外部网之间的活动，尽可能地保证内部网络的安全。图6-1是防火墙的逻辑位置图。

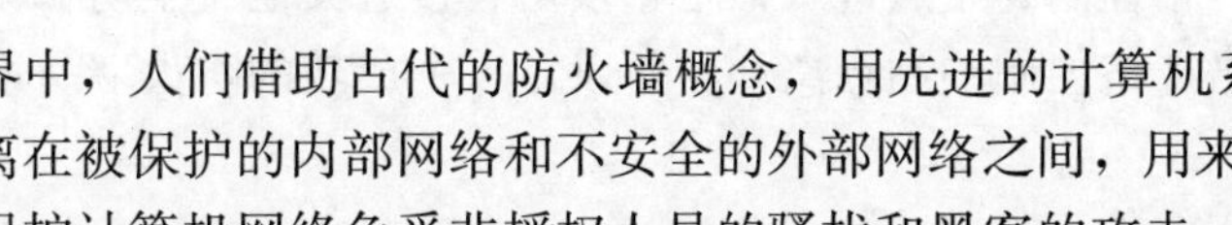


图6-1　防火墙的逻辑位置图

传统的防火墙通常是基于访问控制列表ACL进行包过滤的，位于内部专用网的入口处，所以也俗称为“边界防火墙”。随着网络技术的发展，防火墙技术也得到了发展，出现了一些新的防火墙技术，如电路级网关技术、应用网关技术和动态包过滤技术，在实际运用中，这些技术差别非常大，有的工作在OSI参考模型的网络层，有的工作在传输层，还有的工作在应用层。除了访问控制功能外，现在大多数防火墙制造商在自己的设备上还集成了其他的安全技术，如NAT和VPN、病毒防护等。

2. 防火墙的基本策略

防火墙是在安全策略指导下的一种安全防御措施，安全策略是防火墙的灵魂和基础。防火墙通常采用的安全策略有禁止和允许两个基本准则。

(1) 缺省禁止策略。拒绝所有的流量，特殊指定能够进入和出去的流量的类型。

(2) 缺省允许策略。允许所有的流量，特殊指定要拒绝的流量的类型。

3. 防火墙的特征

防火墙本身具备很强的抗攻击能力，它已成为实现网络安全策略最有效的工具之一，并被广泛应用到局域网与互联网的接口上。防火墙通常作用于被保护区域的入口处，基于访问控制策略提供安全防护。典型的防火墙具有以下三个基本特征：

(1) 所有的网络数据都必须经过防火墙。

(2) 防火墙是安全策略的检查站。

(3) 防火墙具有非常强的抗攻击能力。

4. 防火墙的功能

防火墙作为一种非常有效的网络安全手段，其主要服务于以下目的：限制用户或信息由一个特定的被严格控制的站点进入；阻止攻击者接近其他安全防御设施；限制用户或信息由一个特定的被严格控制的站点离开。所以，一个成功的防火墙一般应具备的基本功能如下：

(1) 创建一阻塞点。

防火墙在内网和外网间建立一个检查点，所有的流量都要通过这个检查点。一旦这个检查点被创建，防火墙就可以监视、过滤和检查所有进出的数据流。通过强制所有进出流量都通过这些检查点，网络管理员可以集中在较少的地方来实现安全目的，否则管理员就要在大量的地方来进行监测。

(2) 隔绝内、外网，保护内部网络。

这是防火墙的基本功能，通过隔离内、外网络，可以防止非法用户进入内部网络，并能有效防止邮件炸弹、蠕虫病毒等的攻击。

(3) 日志记录和告警。

防火墙能有效地记录互联网上的活动，即记录所有通过防火墙的信息内容和活动，形成日志记录提供给网络管理员，同时也提供网络使用情况的统计数据信息，实现安全监视和预警的目的。当有可疑情况发生时，防火墙可以进行适当的报警，并提供目前网络是否安全、是否需要进一步的配置等详细信息。

(4) 强化网络安全策略。

通过防火墙为中心的安全方案配置，能将所有的安全软件（如加密、口令、认证、审计等）配置在防火墙上，与将网络安全问题分散在各个主机上相比，防火墙的集中安全管理更为经济。

(5) 防止信息外泄。

防火墙可以作为部署网络地址转换（NAT）的地点，利用 NAT 技术，防火墙可以隐藏内部网的结构和内部 IP 地址信息。同时，防火墙也可以阻塞有关内部网络中的 DNS 信息，使一个主机内部的 IP 地址和域名不会被外界了解，有效地降低了内部信息的外泄程度，从而减小了可信任网络被攻击的可能性。

5. 防火墙技术的局限性

即使拥有最先进的防火墙，如果没有良好的管理，网络也会面临很大的威胁，由于互联网的开放性，即使具有许多防范功能的防火墙也可能无法抵挡网络攻击。防火墙具有如下局限性：

(1) 无法防范不经过防火墙的攻击，不能解决来自内部网络的攻击和安全问题，不能防止内部合法用户的主动泄密行为。

(2) 防火墙不能防止策略配置不当或错误配置引起的安全威胁，防火墙是一个被动的安全策略执行设备，就像门卫一样，只能按照对其配置的规则进行有效工作，不能抵抗最新的未设置策略的攻击漏洞。

(3) 防火墙不能防止利用服务器系统漏洞所进行的攻击，也不能防止利用标准网络协议中的缺陷进行的攻击。

(4) 防火墙不能防止本身的安全漏洞的威胁，同时只可以阻断攻击，但不能消灭攻击源。

(5) 防火墙不能防止感染了病毒的软件或文件的传输。防火墙本身不具备查杀病毒的功能，即使有的产品集成了第三方防病毒软件，也没有一种软件可以查杀所有的病毒。

### 6.1.2 防火墙的分类

防火墙技术可根据防范的方式和侧重点的不同而分为很多种类型，从形式上分为软件防火墙和硬件防火墙；从结构上又分为单一主机防火墙、路由集成式防火墙和分布式防火墙三种；按工作位置分为边界防火墙、个人防火墙和混合防火墙；从实现技术上可分为“包过滤型”“应用代理型”两大类，无论一个防火墙的实现过程多么复杂，归根结底都是在这两种技术的基础上进行功能扩展的。

1. 包过滤防火墙技术

包过滤防火墙工作在OSI网络参考模型的网络层和传输层，它对数据包的源地址、目的地址、端口号和协议类型等信息进行分析，依据系统内事先设定的过滤逻辑来确定是否允许该数据包通过。

包过滤防火墙可以分为静态包过滤防火墙和状态监测型包过滤防火墙。

(1) 静态包过滤防火墙。

静态包过滤防火墙是在OSI模型的网络层或TCP/IP协议模型的IP层中，依据系统事先制定好的过滤规则，检查经过的每个数据包，以确定其是否与包过滤规则匹配。过滤规则根据数据包头源地址、目的地址、端口号、TCP/UDP、协议类型和数据包中的各种标志位等参数信息，或它们的组合作为过滤参考，与用户预定的访问控制列表进行比较，确定数据是否符合预先制定的安全策略，决定数据包的转发或丢弃，即实施信息过滤。静态包过滤防火墙如图6-2所示。

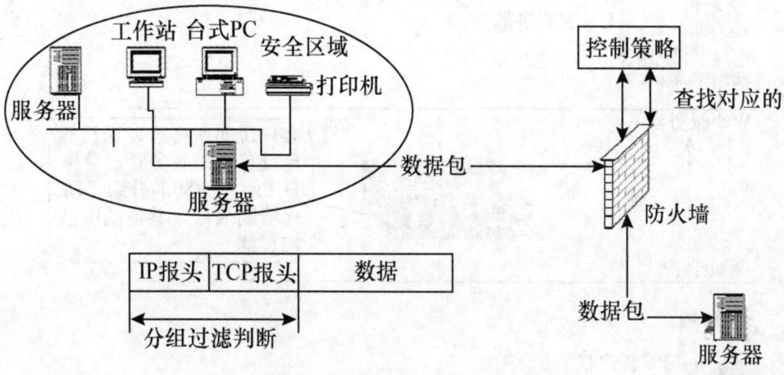


图6-2 静态包过滤防火墙

1) 静态包过滤防火墙的设置规则如图6-3所示。

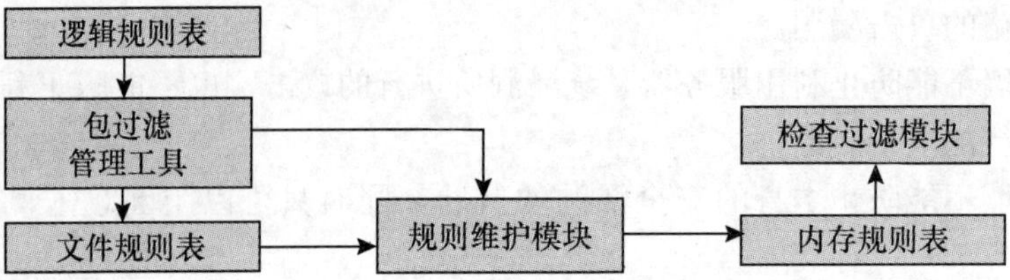


**图 6-3　设置规则**

A. 逻辑过滤规则：包括按照 IP 地址过滤（见图 6-4）和按照服务过滤。

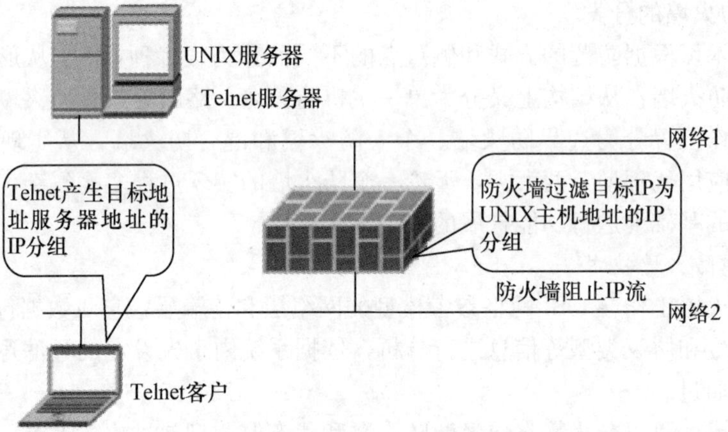


**图 6-4　按 IP 地址过滤**

在按照服务过滤中，依据传输层协议中的端口信息和 IP 头部中的上层协议信息分为服务器端的 TCP/UDP 端口过滤和客户端的 TCP/UDP 端口过滤（见图 6-5）两种。其中服务器端的 TCP/UDP 端口过滤中，TCP/IP 客户程序使用大于 1023 的随机分配的端口号，打开所有高于 1023 的端口不安全，可以要求防火墙放行已知服务的数据包，其他的全部挡在防火墙之外。

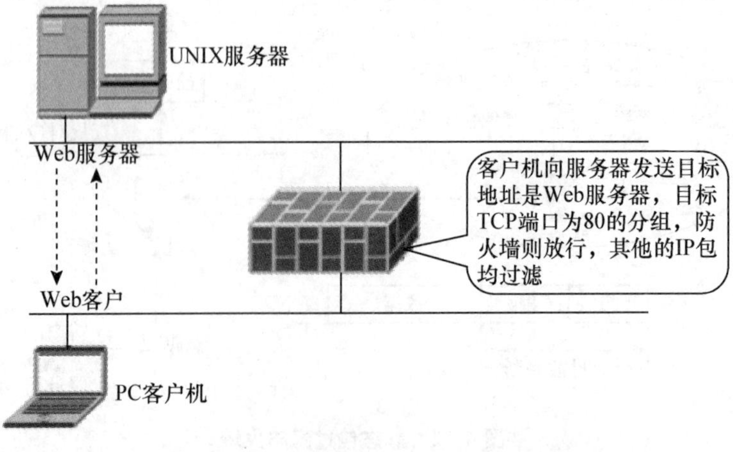


**图 6-5　客户端的 TCP/UDP 端口过滤**

B. 文件过滤规则：它将用户通过包过滤管理工具制定的过滤规则以文件形式存放在

磁盘中，提供一种长期保存用户制定的过滤规则的手段。

C. 内存过滤规则：逻辑规则表在内存中存在的形式。

2）针对静态包过滤防火墙的攻击。

主要针对以下几个方面进行攻击和防御：IP 地址欺骗，即假冒合法用户的 IP 地址，此时需要在外部接口上禁止该地址；源路由攻击，受到此攻击时需要设计禁止该类选项；小碎片攻击，即利用 IP 分片功能把 TCP 头部切分到不同的分片中时，需要丢弃分片过小的部分。最常见的是利用复杂协议和管理员配置失误进入防火墙。

3）静态包过滤防火墙的局限。

包过滤技术是一种通用、廉价、有效的安全手段，适合安全性要求较低的小型电子商务系统。但是，包过滤型防火墙也有其不足之处，主要表现在：

其一，配置访问控制列表比较复杂，要求网络管理员对网络安全必须有深入的了解，且其性能随访问控制列表长度的增加而呈指数下降。

其二，没有跟踪记录能力，不能从日志记录中发现黑客的攻击记录。

其三，不能在用户级别上进行过滤，即不能鉴别不同的用户和防止 IP 地址盗用。

其四，防火墙只检查数据包的地址和端口号，对通过网络应用链路层协议实现的威胁无防范能力。

其五，无法抵御数据驱动型攻击，不能理解特定服务的上下文环境和数据。

（2）状态监测型包过滤防火墙。

状态监测型包过滤技术主要是对动态包过滤技术的增强，采用了状态监测包过滤的技术。状态监测型防火墙在网络层有一个检查引擎截获数据包并抽取与应用层状态有关的信息，监视并维护每一个连接的状态信息，并以此为依据决定对该连接是接受还是拒绝。状态数据包过滤原则如下：在 TCP 建立之前，仍然使用普通的包过滤，但是在使用普通包过滤的同时，建立连接状态表，对一个已建立的连接使用连接状态表去匹配，如图 6－6 所示。

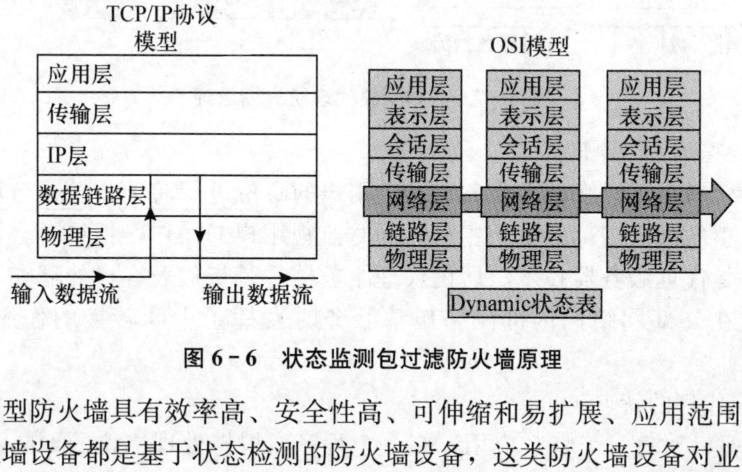


**图 6－6　状态监测包过滤防火墙原理**

状态监测型防火墙具有效率高、安全性高、可伸缩和易扩展、应用范围广等优势。现在的主流防火墙设备都是基于状态检测的防火墙设备，这类防火墙设备对业务应用是敏感的。涉及音频、视频等的一些多媒体业务，协议比较复杂，经常会因为对协议的状态处理不当造成加入防火墙之后业务不通，或者是为了保证业务的畅通就需要打开很多不必要的端口，造成安全性非常低。因此针对状态监测型防火墙一定要考察防火墙设备对业务的适应性能力，避免引入防火墙设备导致对正常业务造成影响。

2. 应用代理防火墙技术

应用代理防火墙工作在OSI的应用层，能够将网络通信链路分为两段，使内部网与互联网不直接通信，而是使用代理服务器作为数据转发的中转站，只有那些被认为可信赖的数据才允许通过。即防火墙内外计算机系统间应用层的"链接"，由两个终止代理服务器上的"链接"来实现，外部计算机的网络链接只能到达代理服务器，从而起到了隔离防火墙内外计算机系统的作用。代理防火墙技术根据工作层次的不同，又可以分为：电路级网关代理防火墙、应用网关代理防火墙和自适应代理防火墙。

(1) 电路级网关代理防火墙。

电路级网关通过在TCP握手过程中，检查双方的SYN、ACK和序列数据是否为合理逻辑，来判断该请求的会话是否合法。一旦该网关认为会话是合法的，就会为双方建立连接，自此，网关仅复制、传递数据，而不进行过滤。电路级网关通常需要依靠特殊的应用程序来进行复制、传递数据的服务，其客户程序只在初次连接时进行安全协商控制，其后就透明了。

(2) 应用网关代理防火墙。

这种防火墙通过一种代理（Proxy）技术参与到一个TCP连接的全过程。从内部发出的数据包经过这样的防火墙处理后，就好像是源于防火墙外部网卡一样，从而可以达到隐藏内部网结构的作用，如图6-7所示。

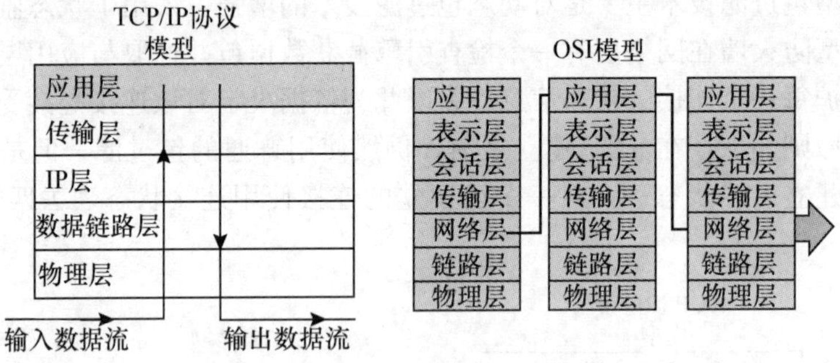


**图6-7 应用网关代理防火墙原理**

1) 代理服务器工作原理。

当外部网络向内部网络请求服务时，对用户的身份进行验证，若是合法用户，则把请求转发给真正的某个内部网络的主机，同时监视用户的操作，拒绝不合法的访问。它的核心技术就是代理服务器技术。所谓代理服务器，是指代表客户处理在服务器连接请求的程序，它在外部网络向内部网络申请服务时发挥了中间转接的作用，如图6-8所示。

2) 应用层代理的特点。

代理技术是针对每一个特定应用都有一个程序。根据处理协议的不同，可分为FTP网关型、WWW网关型、Telnet网关型等，其优点在于既能进行安全控制，又可以加速访问，但实现起来较困难，对于每一种服务协议必须设计一个代理软件模式，以进行安全控制。应用层代理的模式如图6-9所示。

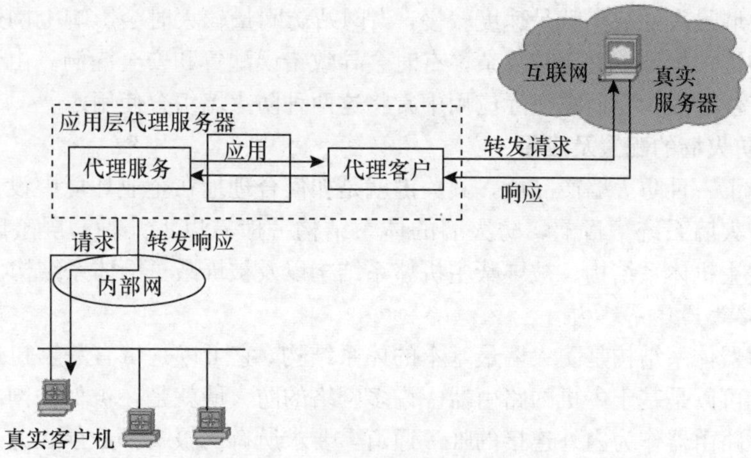


图 6-8　代理服务器工作原理

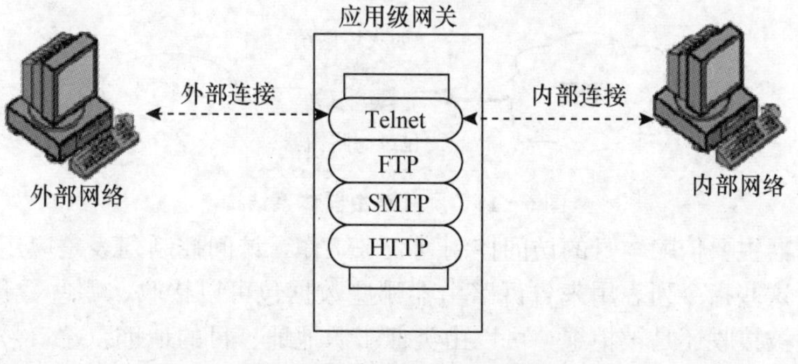


图 6-9　应用层代理的模式

(3) 自适应代理防火墙。

自适应代理技术（Adaptive Proxy）结合了代理服务器型防火墙的安全性和包过滤防火墙的高速度等优点，在毫不损失安全性的基础之上将代理型防火墙的性能提高 10 倍以上。组成这种类型防火墙的基本要素有两个：自适应代理服务器（Adaptive Proxy Server）与动态包过滤器（Dynamic Packet Filter）。自适应代理防火墙初始的安全检查仍在应用层中进行，保证实现传统防火墙的最大安全性，而一旦可信任身份得到认证，建立了安全通道，随后的数据包就可以重新定向到网络层，如图 6-10 所示。

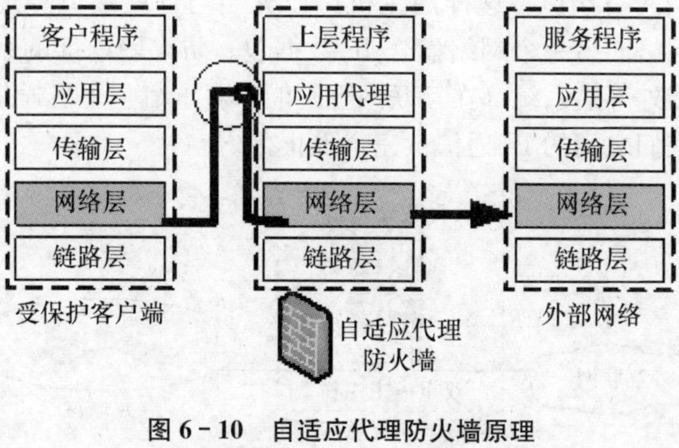


图 6-10　自适应代理防火墙原理

代理防火墙最大的缺点就是速度较慢，当网站访问量较大时会影响上网速度；代理防火墙在设立和维护规则集时比较复杂，有时会导致错误配置和安全漏洞。由于两种防火墙实现技术各有优缺点，因而在实际应用中常将这两种防火墙组合使用。

### 6.1.3 防火墙的配置及应用

用户选择了一种防火墙产品后，其关键就是如何合理地在企业环境中设计防火墙体系结构和部署防火墙系统。目前，防火墙的体系结构一般有以下几种：屏蔽路由器体系结构、双重宿主主机体系结构、被屏蔽主机体系结构以及被屏蔽子网体系结构。

1. 屏蔽路由器体系结构

屏蔽路由器体系结构是防火墙最基本的体系结构，它可以是带有数据包过滤功能的商用路由器，也可以是基于主机的路由器。许多网络的防火墙就是在被保护网络和互联网之间安置包过滤路由器作为内外连接的唯一通道，要求所有的报文都必须在此通过检查，其结构如图 6－11 所示。

图 6－11 屏蔽路由器体系结构

屏蔽路由器主要依赖本身的访问控制列表来工作，访问控制列表是应用在路由器接口的指令列表，这些指令列表用来告诉路由器哪些数据包可以接收、哪些数据包需要拒绝。至于数据包是被接收还是被拒绝，可以由类似于源地址、目的地址、端口号、协议等特定指示条件来决定。通过灵活地增加访问控制列表，ACL 可以作为一种网络控制的有力工具，用来过滤流入和流出路由器接口的数据包。

利用包过滤路由器实现防火墙的功能十分经济有效，且过滤的速度非常快，对用户而言是透明的。但是，随着服务的增多，网络的危险性将急剧增加。一旦过滤失效，就会形成直通状态，当网络被击破时，这种防火墙几乎无法保留攻击者的踪迹，甚至难以发现已发生的网络攻击。

2. 双重宿主主机体系结构

双重宿主主机体系结构（见图 6－12）是围绕具有双重宿主的主机计算机而构筑的，该计算机至少有两个网络接口。这样的主机可以充当与这些接口相连的网络之间的路由器；它能够从一个网络向另一个网络发送 IP 数据包。防火墙内部的系统能与双重宿主主机通信，同时防火墙外部的系统（在互联网上）能与双重宿主主机通信，但是这些系统不能直接互相通信，它们之间的 IP 通信被完全阻止。

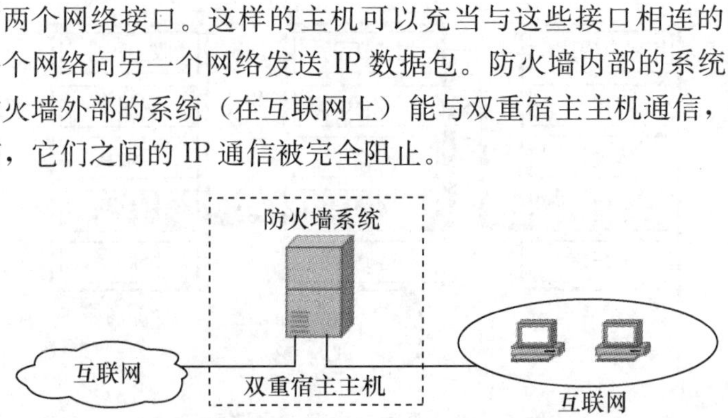


图 6－12 双重宿主主机体系结构

双重宿主主机体系结构优于屏蔽路由器的地方是：堡垒主机创建了一个完全的物理隔断，它的系统软件可用于维护系统日志、硬件拷贝日志或远程日志，这对于日后的检查很有用。但这不能帮助网络管理者确认内网中哪些主机可能已被黑客入侵，同时该防火墙系统仍是单机组成，没有安全冗余机制，仍是网络的“单失效点”。

3. 被屏蔽主机体系结构

被屏蔽主机体系结构易于实现，也很安全，因此应用广泛。一般被屏蔽主机体系结构由屏蔽路由器和堡垒主机构成，如图 6-13 所示。一个外部包过滤路由器连接外部网络，同时一个堡垒主机安装在内部网络上，通常在路由器上设立过滤规则，并使这个堡垒主机成为从外部网络唯一可直接到达的主机，这确保了内部网络不受未被授权的外部用户的攻击。

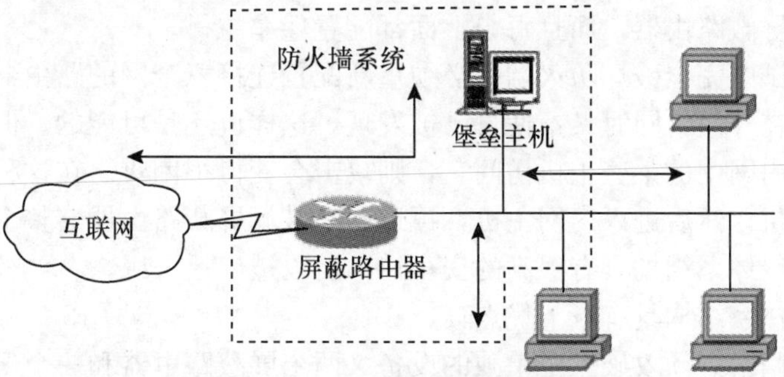


图 6-13 被屏蔽主机体系结构

被屏蔽主机体系结构是针对所有进出的信息都要经过堡垒主机而设计的。屏蔽路由器配置成把所有进来的流量路由到堡垒主机上。这种路由允许堡垒主机在把流量代理到内部网络前对所有的流量进行分析。屏蔽路由器还可以配置路由仅从堡垒主机出去的流量，用这种方式配置路由器不允许内部节点重新配置它们的机器绕过堡垒主机。通过仅接受从堡垒主机送出的流量，内部主机必须符合代理服务器所做的限制。堡垒主机配置成拒绝不能接受的流量和代理可按受的流量。

当然，对于内部用户对外部网络的访问，用户可以针对不同的服务混合使用这些手段；某些服务可以被允许直接经由数据包过滤，而其他服务可以被允许仅间接地经过代理。这完全取决于用户实行的安全策略。被屏蔽主机体系结构的优点是提高了网络的安全性，但是同时又增加了整个防火墙系统的成本和系统结构的复杂度。而且这种结构中的堡垒主机是网络的“单失效点”，也是网络黑客集中攻击的目标，安全保障仍不理想。

4. 被屏蔽子网体系结构

被屏蔽子网体系结构（见图 6-14）用两台屏蔽过滤路由器来增加周边子网，通过周边子网将内部网络和外部网络分开。周边子网是一个被隔离的独立子网，充当了内部网络和外部网络的缓冲区，在内部网络和外部网络之间形成一条“隔离带”，即非军事化区（DMZ 区）。

被屏蔽子网体系结构是四种防火墙类型中最安全的一种，主要是因为它利用一台既支持电路级网关也支持应用级网关的堡垒主机定义一个非军事化区。在这种配置下，所有的公共访问设备，包括 Modem 池和其他类似的资源，都被放在这个区域中。DMZ 区是在互

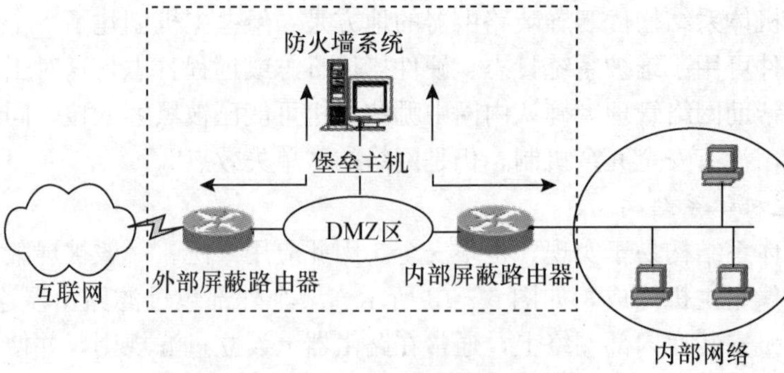


图 6-14 被屏蔽子网体系结构

联网和内部网之间的小型的独立的网络。从图 6-14 中可以看出，这种配置使用了外部屏蔽路由器和内部屏蔽路由器，而且每个上面都配置堡垒主机。

如果攻击者试图完全破坏防火墙，必须重新配置连接三个网的路由器，既不切断连接又不要把自己锁在外面，同时又不使自己被发现，这样也还是可能的。但若禁止网络访问路由器或只允许内网中的某些主机访问它，则攻击会变得很困难。在这种情况下，攻击者得先侵入堡垒主机，然后进入内网主机，再返回来破坏屏蔽路由器，整个过程中不能引发警报。这种防火墙体系结构具有很高的安全性，所以被广泛采用。

被屏蔽子网体系结构具有以下优点：

(1) 要访问网络必须攻破三个单独的设备（两个屏蔽路由器和一个堡垒主机）且不被发现。

(2) 内部网对互联网来说是有效的、不可见的，而且也只有处于 DMZ 区的服务器对外部网络开放。

(3) 内部用户只能看见周边子网（DMZ 区）的存在，不能直接连接外部网络，必须通过堡垒主机才能访问外部网络。

被屏蔽子网体系结构的缺点主要是因为体系结构复杂，从而造成防火墙系统的实施和管理相对比较复杂。

建造防火墙时，一般很少采用单一的技术，通常是采用解决不同问题的多种技术的组合。这种组合主要取决于网管中心向用户提供什么服务，以及网管中心能接受什么等级的风险。采用哪种技术主要取决于经费、投资的多少，以及技术人员的技术水平、时间等因素。

# 知识点 6.2 入侵检测系统

### 6.2.1 入侵检测系统概述

防火墙是一种隔离控制技术，一旦入侵者进入了系统，便不受任何阻挡。它不能主动检测和分析网络内外的危险行为，捕捉侵入罪证。而入侵检测系统能够监视和跟踪系统、事件、安全记录和系统日志，以及网络中的数据包，识别出任何不希望有的活动，在入侵者对系统发生危害前，检测到入侵攻击，并利用报警与防护系统进行报警、阻断等响应。

1. 入侵检测系统的定义

如果把防火墙比作守卫网络大门的门卫，那么我们还需要可以主动监视内部网络安全的巡警——入侵检测系统（Intrusion Detection System，IDS）。入侵检测系统从计算机网络系统中的关键点收集信息，并分析这些信息，利用模式匹配或异常检测技术来检查网络中是否有违反安全策略的行为和遭到袭击的迹象，是对防火墙的合理的补充。入侵检测系统一般是由传感器和控制台两部分组成，如图6－15所示。

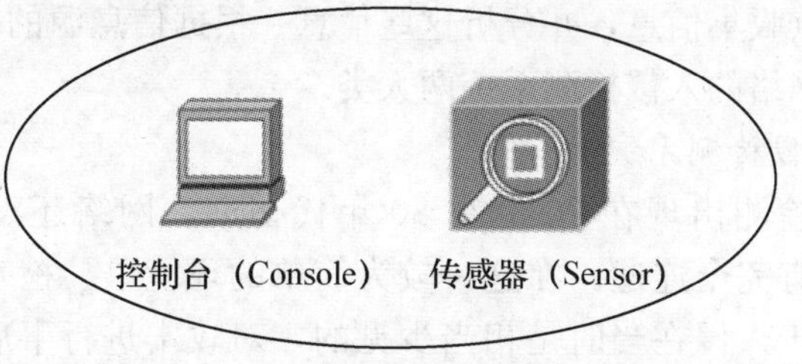


**图6－15 入侵检测系统的组成**

2. 入侵检测系统的功能

入侵检测系统被认为是防火墙系统之后的第二道安全闸门，是一种动态的安全检测技术。一个合格的入侵检测系统应该具备以下功能：

(1) 监视用户和系统的运行状况，查找非法用户和合法用户的越权操作。

(2) 检测系统配置的正确性和安全漏洞，并提示管理员修补漏洞。

(3) 对用户的非正常活动进行统计分析，发现入侵行为的规律。

(4) 检查系统程序和数据的一致性与正确性。

(5) 识别攻击的活动模式，并向网管人员报警。

(6) 对异常活动进行统计分析。

(7) 对操作系统进行审计跟踪管理，识别违反政策的用户活动。

衡量一个入侵检测系统的性能，主要有两个关键参数：误报和漏报。误报是指实际上无害的事件却被IDS检测为攻击事件的情况。漏报是指一个攻击事件未被IDS检测到或被分析人员认为是无害的情况。对于一个性能良好的IDS来说，要求误报率和漏报率越小越好。

3. 入侵检测系统模型

入侵检测相当于一个监视器，用于监测计算机网络和系统，以发现违反安全策略事件的过程。IDS分为四大组件：事件产生器、事件分析器、响应单元和事件数据库。公共入侵检测框架（Common Intrusion Detection Framework，CIDF）是一种IDS的通用模型，如图6－16所示。

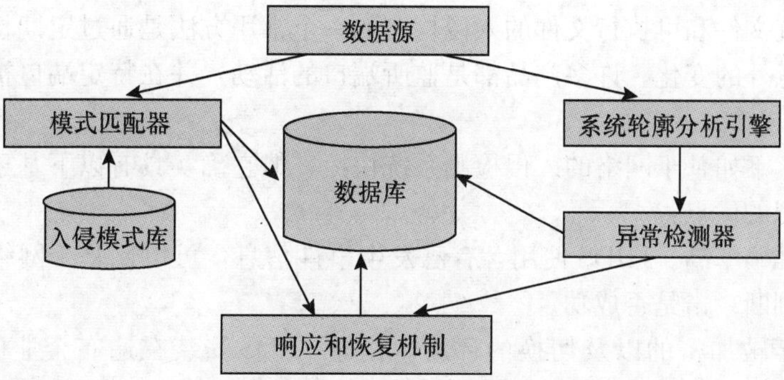


**图6－16 IDS通用模型**

### 6.2.2 入侵检测系统的分类

入侵检测系统是一种主动保护自己免受攻击的网络安全技术。作为防火墙的合理补充，入侵检测系统能够帮助系统对付网络攻击，扩展了系统管理员的安全管理能力（包括安全审计、监视、攻击识别和响应），提高了信息安全基础结构的完整性。它从计算机网络系统中的若干关键点收集信息，并分析这些信息。根据信息源的不同，分为基于主机的入侵检测系统和基于网络的入侵检测系统两大类。

1. 基于主机的入侵检测系统

基于主机的入侵检测出现在 20 世纪 80 年代初期，网络还没有今天这样普及、复杂，且网络之间也没有完全连通。在这一较为简单的环境里，检查可疑行为的检验记录是很常见的操作。由于入侵在当时是相当少见的，对攻击进行事后分析就可以防止以后的攻击。

基于主机的入侵检测系统（Host-based IDS，HIDS）在发展过程中融入了其他技术。IDS 部署在单主机上，HIDS 系统分析的数据是计算机操作系统的事件日志、应用程序的事件日志、系统调用、端口调用和安全审计记录，主机型入侵检测系统保护的一般是所在的主机系统。HIDS 不对网络数据包或扫描配置进行检查，它只是通过比较主机系统审计记录文件的记录与攻击签名以发现它们是否匹配。HIDS 可以精确地判断入侵事件，并对入侵事件及时做出反应，适用于被加密的和交换的环境。这类检测方法将基于网络的入侵检测的基本方法融入基于主机的检测环境中，如图 6－17 所示。

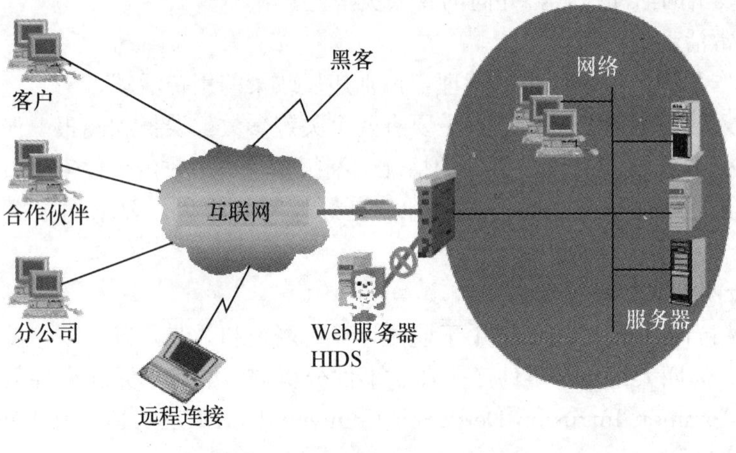


**图 6－17 基于主机的入侵检测**

对关键系统文件和可执行文件的入侵检测的一个常用方法是通过定期检查校验来进行的，以便发现意外的变化。许多产品都是监听端口的活动，并在特定端口被访问时向管理员报警。

尽管 HIDS 不如基于网络的入侵检测系统快捷，但它确实具有以下基于网络的入侵检测系统无法比拟的优点：

（1）检测准确率高。HIDS 使用含有已发生事件信息，可以比基于网络的入侵检测系统更加准确地判断攻击是否成功。

（2）适用于被加密的以及切换的环境。由于 HIDS 安装在遍布企业的各种主机上，比基于网络的入侵检测系统更加适于交换的以及加密的环境。交换设备可将大型网络分成许多的小型网络段加以管理。所以从覆盖足够大的网络范围的角度出发，很难确定配置基于网络的IDS的最佳位置。业务镜像和交换机上的管理端口对此有帮助，但这些技术有时并不适用。HIDS可安装在所需的重要主机上，在交换的环境中具有更高的能见度。

(3) 近于实时的检测和响应。尽管HIDS不能提供真正实时的反应，但如果应用正确，反应速度可以非常接近实时。老式系统利用一个进程在预先定义的间隔内检查登记文件的状态和内容，与老式系统不同，当前HIDS的中断指令这种新的记录可被立即处理，显著减少了从攻击验证到做出响应的时间，在从操作系统做出记录到HIDS得到辨识结果之间的这段时间是一段延迟，但大多数情况下，在破坏发生之前，系统就能发现入侵者，并中止其攻击。

(4) 不要求额外的硬件设备。HIDS存在于现行网络结构之中，包括文件服务器、Web服务器及其他共享资源。这些使得HIDS效率很高。因为它不需要在网络上另外安装登记、维护及管理的硬件设备。

(5) 能够检查到基于网络的入侵检测系统检查不出的攻击。HIDS可以检测到那些基于网络的入侵检测系统察觉不到的攻击。例如，来自主要服务器键盘的攻击不经过网络，所以可以躲开基于网络的入侵检测系统。

(6) 监视特定的系统活动。HIDS监视用户和访问文件的活动，包括文件访问，改变文件权限，试图建立新的可执行文件并且/或者试图访问特殊的设备。

HIDS存在的不足之处在于：会占用主机的系统资源，增加系统负荷；全面部署HIDS代价较大；它依赖于主机固有的日志与监视能力，故能检测到的攻击类型受到限制，而且主机审计信息易受攻击，入侵者可设法逃避审计。

2. 基于网络的入侵检测系统

基于网络的入侵检测系统（Network-based IDS，NIDS）主要用于防御外部入侵攻击，使用原始网络包作为数据源进行分析，从而发现协议攻击、运行已知黑客程序的企图和可能破坏安全策略的特征，做出入侵攻击判断。NIDS通常利用一个运行在混杂模式下网络的适配器来实时监视并分析通过网络的所有通信业务，如图6-18所示。

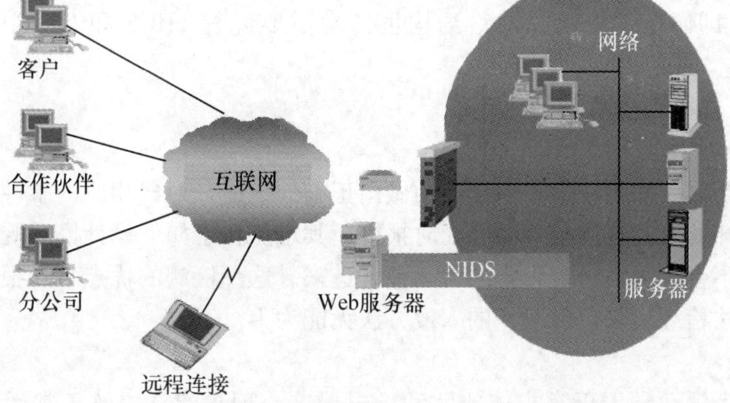


图6-18 基于网络的入侵检测系统

NIDS的攻击分析模块通常使用四种常用技术来识别攻击标志：模式匹配；频率或穿越阈值；次要事件的相关性；统计学意义上的异常现象检测。

一旦检测到了攻击行为，NIDS的响应模块就提供多种选项以通知、报警并对攻击采取相应的响应。响应行为因产品而异，但通常都包括通知管理员、中断连接并且/或为法庭分析和证据收集而做的会话记录。

NIDS有许多仅仅依靠HIDS无法提供的优点。实际上，许多客户在最初使用IDS时，都配置了NIDS，因为它拥有成本较低并且反应速度快。一般来说，它具有以下优点：

(1) 拥有成本较低。NIDS可在几个关键访问点上进行策略配置，以观察发往多个系统的网络通信。所以它不要求在许多主机上装载并管理软件。由于需监测的点较少，因此对于一个公司的环境来说，拥有成本很低。

(2) 检测HIDS漏掉的攻击。NIDS检查所有分组的头部，从而发现恶意的和可疑的行动迹象。HIDS无法查看分组的头部，所以它无法检测到这一类型的攻击。

(3) 检测未成功的攻击和不良意图。NIDS增加了许多有价值的数据，以判别不良意图。即便防火墙正在拒绝这些尝试，位于防火墙之外的NIDS可以查出躲在防火墙后的攻击意图。HIDS无法查到从未攻击到防火墙内主机的未遂攻击，而这些丢失的信息对于评估和优化安全策略是至关重要的。

(4) 操作系统无关性。NIDS作为安全监测系统，与主机的操作系统无关。与之相比，HIDS必须在特定的、没有遭到破坏的操作系统中才能正常工作，生成有用的结果。

(5) 占用资源少。在被保护的设备上不占用任何资源。

由于NIDS只能监视通过本网段的活动，因此不能检测不同网段的网络包，所以其精确度较差；在交换网络环境中难于配置，防欺骗能力也较差；缺乏终端系统对待定数据的处理方法等信息，使得从原始的数据包中重构应用层信息困难。

NIDS和HIDS都有各自的优势，两者相互补充，一般的网络安全解决方案都同时采用了HIDS和NIDS这两种入侵检测系统。许多客户在对内部网络做入侵检测分析时，一般配置了NIDS。而对于DNS、E-mail和Web服务器而言，虽然它们处于内部网络，但又必须与外部网络交互，不可能对其进行全部屏蔽，所以应当在各个服务器上安装HIDS。因此，即便是小规模的网络结构也常常需要配置HIDS和NIDS两种入侵检测系统。

### 6.2.3 入侵检测技术

1. 特征检测

特征检测是对已知的攻击或入侵活动做出正确的描述，形成相应的事件模式。当被审计的事件与已知的入侵事件模式相匹配时报警。其难点在于如何设计模式既能够表达“入侵”现象，又不会将网络时空正常的活动包含进来。这一检测的优点是误报少，它可以将已有的入侵方法检查出来，但对新的入侵方法无能为力。

2. 异常检测

假设入侵者活动异于正常主体的活动。根据这一理念建立主体正常活动的“活动简档”，将当前主体的活动状况与“活动简档”相比较，当违反其统计规律时，认为该活动可能是“入侵”行为。异常检测的难题在于如何建立“活动简档”以及如何设计统计算法，从而不把正常的操作作为“入侵”或忽略真正的“入侵”行为。

异常检测是根据使用者的行为或资源使用状况来判断是否入侵，而不依赖于具体行为是否出现来检测，因此能有效检测未知的入侵；系统能针对用户行为的改变进行自我调整和优化，但随着检测模型的逐步精确，异常检测会消耗更多的系统资源。

# 知识点 6.3 扫描技术

## 6.3.1 安全扫描技术概述

1. 安全扫描技术的概念

没有绝对安全的网站，任何安全漏洞都可能导致风险产生。网络安全技术中，另一类重要技术为安全扫描技术，安全扫描技术与防火墙、安全监控系统互相配合提供高安全性的网络。如果说防火墙和网络监控系统是被动的防御手段，那么安全扫描就是一种主动的防范措施，可以有效避免黑客攻击行为，做到防患于未然。网络漏洞扫描器是一个漏洞和风险评估工具，用于发现、发掘和报告安全隐患和可能被黑客利用的网络安全漏洞。

网络扫描是利用 TCP/IP 协议标准和 TCP/IP 协议在各种操作系统中不同的实现，通过向被扫描的对象发送含有不同信息的数据包，根据被扫描对象的不同响应来获取被扫描对象系统信息的一种信息采集技术。通过扫描确定系统是否在活动，确定哪些服务在运行，同时检测操作系统。

2. 安全扫描技术的类型

（1）根据扫描对象主要分为两类：网络安全扫描技术和主机安全扫描技术。

网络安全扫描技术主要针对系统中不合适的设置脆弱的口令，以及针对其他同安全规则抵触的对象进行检查等；而主机安全扫描技术则是通过执行一些脚本文件模拟对系统进行攻击的行为并记录系统的反应，从而发现其中的漏洞。

（2）根据扫描方式的不同，主要分为地址扫描（ping 扫描）、漏洞扫描和端口扫描。

1）ping 扫描，是最基本的一种扫描方式，扫描最基本的步骤是在一定的 IP 范围内执行 ping 扫描，以此来检测目标主机在 IP 级上是否可连通，可以用来判断某个 IP 地址是否有活动的主机，或者是某个主机是否在线。

ping 命令用于向目标系统发送 ICMP 回应请求报文（ICMP Echo Request），并等待返回 ICMP 回应应答（ICMP Echo Reply），然后打印出回显报文。如果 ping 不能连到某台主机，就表示这台主机并不在线。

在小型网络中使用 ping 命令是可行的，但是在大型网络中就需要一些能同时对多个目标进行 ping 扫描的工具，常见的扫描工具有 Pinger、SuperScan 等。

2）漏洞扫描，是使用漏洞扫描器对目标系统进行信息查询，检查目标系统中可能包含的已知漏洞，从而发现系统中存在的不安全地方。其原理是采用基于规则的匹配技术，即根据安全专家对网络系统安全漏洞、黑客攻击案例的分析和系统管理员对网络系统安全配置的实际经验，形成一套标准的网络系统漏洞库，然后在此基础上构成相应的匹配规则，通过漏洞库匹配的方法来检查目标设备是否存在漏洞。漏洞扫描主要包括 CGI、POP3、FTP、HTTP 和 SSH 漏洞扫描等。

3）端口扫描。端口是网络连接的附着点，不同的应用进程使用不同的端口，如果一个应用程序希望提供某种服务，它将自己附着在端口上等待客户请求的到来（即对端口进行监听），希望使用此服务的客户则在本地主机分配一个端口，与远程主机的服务端口连接，客户通过联系这些特殊的端口来获取特殊的服务。其原理是通过向目标系统的 TC-PhuoUDP 端口发送一定数量、带有各种特殊标识的报文，然后记录目标系统反馈的报文信息，再分析判断其上端口的状态。

### 6.3.2 端口扫描技术

端口扫描通常是指发送特定类型的 TCP/UDP 报文给所要扫描的服务器的特定端口，诱发服务器发送响应报文，从服务器返回的响应报文来推断出服务器特定端口的当前状态，用于帮助黑客侦测出网络中某台主机上开发的端口和提供的服务，确定运行在目标系统上的 TCP 服务和 UDP 服务。

Windows 操作系统中查看系统端口的方法：在命令提示符下输入“netstat-a-n”，即可显示 TCP 和 UDP 连接的端口及状态，如图 6－19 所示。

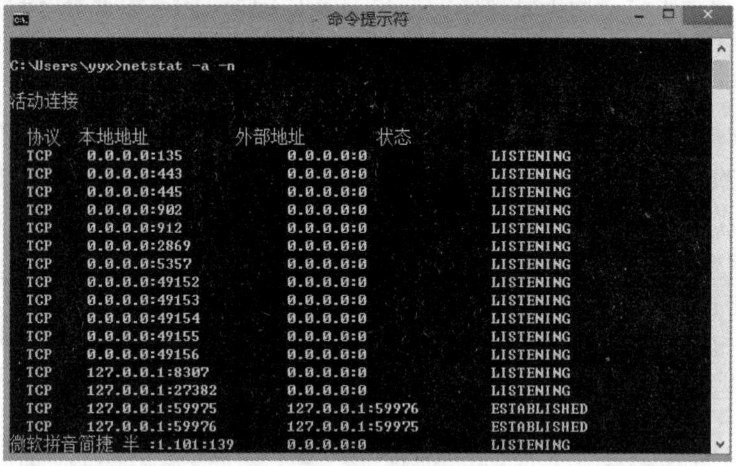


**图 6－19 执行 netstat 命令**

现有的端口扫描技术一般可以分为 TCP Connect 扫描、TCP SYN 扫描、TCP FIN 扫描、UDP 扫描、TCP ACK 扫描、ICMP 扫描以及 FTP 代理扫描。

1. TCP Connect *扫描*

TCP Connect 扫描也称全连接扫描，是最基本的 TCP 扫描方式。TCP Connect 扫描实现起来非常容易，只需要在软件编程中调用 Socket API 的 connect() 函数去连接目标主机的指定端口，完成一次完整的 TCP 三次握手连接建立过程，如图 6－20 所示。如果目标端口正处于监听状态，connect() 就成功返回；否则，返回－1，表示端口不可访问。

这种扫描方法实现简单，对操作者的权限没有严格要求，另一个优点是扫描速度快。其缺点是会在目标主机的日志记录中留下痕迹，易被发现，并数据包会被过滤掉。

2. TCP SYN *扫描*

TCP SYN 扫描也称“半开放”扫描，这是因为扫描程序不必要打开一个完全的 TCP 连接。TCP SYN 扫描实现的过程如下：扫描器向远程主机的端口发送一个请求连接的 SYN 数据报文，如果没有得到目标主机的 SYN/ACK 确认报文，而是 RST 数据报文，则

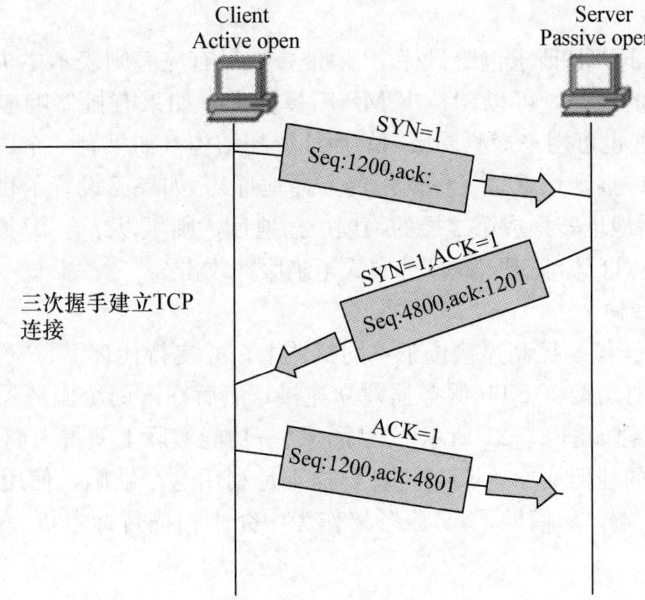


**图6-20 三次握手过程**

说明远程主机的这个端口没有打开。而如果收到远程主机的SYN/ACK应答，则表明远程主机的端口是开放的。

扫描器在收到远程主机的SYN/ACK后，不会再复制自己的ACK应答，因此，三次握手没有完成，正常的TCP连接无法建立，因此这个扫描信息不会被系统记录。

TCP SYN扫描的优点在于，其扫描过程更加隐蔽，在被扫描方不会留下日志记录。

3. TCP FIN *扫描*

TCP FIN扫描向目标主机的特定端口发送一个FIN数据包，如果端口关闭，则远程主机丢弃该包，并返回一个RST包。否则，远程主机丢弃该包，不回送。很多情况下，SYN扫描也不能做到很隐蔽，一些防火墙和包过滤器会对指定的端口进行监视，可以检测到SYN扫描。相反，TCP FIN扫描数据包却可以躲过这些监视。TCP FIN扫描是利用FIN数据包来探测端口的，所以称之为“秘密扫描”。

TCP FIN扫描的优点是比较隐蔽，不易被记录追踪，但通常用于UNIX系统及其他少数系统，对Windows系统不适用，同时与SYN扫描类似，也需要自己构造IP数据包。

4. UDP *扫描*

UDP扫描用来确定被扫描对象的哪个UDP端口开放，向被扫描对象的各个UDP端口发送数据为0字节的UDP数据包。若被扫描对象的端口关闭，它会返回一个ICMP端口无法到达的差错报文；若端口开放，则忽略该UDP数据包。

5. TCP ACK *扫描*

TCP ACK扫描不能侦测出被扫描的特定端口是否打开，它主要是用来侦测被扫描对象是否有防火墙或者包过滤装置的保护。它向目标主机的特定端口发送ACK标记位设置的数据包。如果没有RST报文段返回，则被扫描对象的该特定端口被防火墙过滤。如果RST报文段返回或返回一个ICMP unreachable，则表示防火墙没有过滤该端口。

6. ICMP扫描

ping命令发送ICMP请求包给目标IP地址，如果有应答则表示主机开机。如果要探测目标网络内主机的情况，可以构造ICMP广播报文，如果有机器响应，则可判断其开机。ICMP扫描方法也可用来探测局域网的地址分配结构（如果有一个以上的主机响应广播报文，则表示此广播地址就是目标网络的广播地址）。如果已设置了目标网络的网关默认将外来的IP广播地址转换成第二层的物理广播地址，则可以结合IP欺骗技术，通过发送ping的广播报文对目标实现DDoS分布式拒绝服务攻击。

7. FTP代理扫描

FTP允许数据连接与控制连接位于不同机器上，并支持代理FTP连接。最初目的是允许一个客户端同时与两个FTP服务器建立连接，然后在这两个服务器之间直接传输数据。FTP的工作原理如图6-21所示。然而，这一功能实际上使得人们利用FTP服务器发送文件到互联网的任何地方。FTP代理扫描正是利用这个缺陷，使用支持代理的FTP服务器来扫描TCP端口。借助FTP服务器作为中介来扫描目标主机，被称为FTP返回攻击。

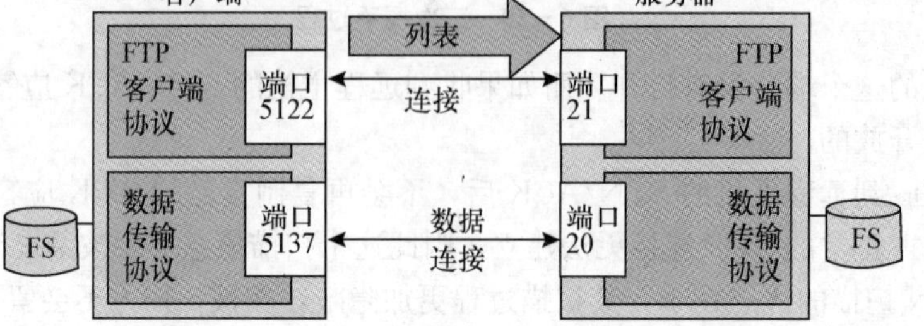


**图6-21 FTP的工作原理**

FTP返回攻击中首先让FTP服务器与目标主机建立连接，而且目标主机的端口可以指定，如果端口打开，则可以传输；否则，返回“425 Can't build data connection: Connection refused”。FTP的这个缺陷还可以被用来向目标邮件或新闻传送匿名信息。代理FTP连接如图6-22所示。

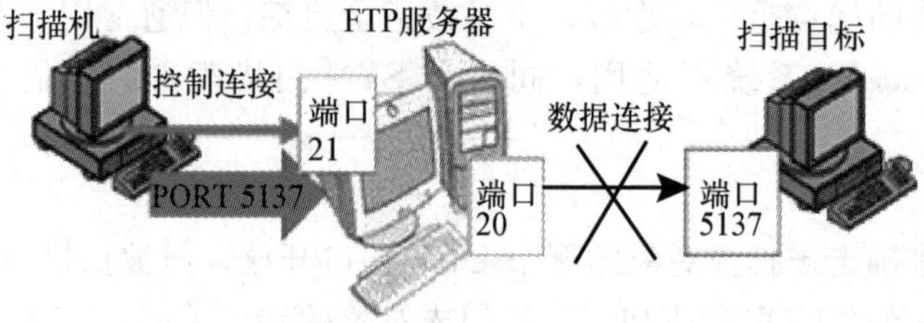


**图6-22 代理FTP连接**

### 6.3.3 常用的扫描器

由于网络技术的发展，网络规模迅猛增长，计算机系统日益复杂，导致新的系统漏洞层出不穷。再加上系统管理员的疏忽和经验缺乏，可能系统上存在很多漏洞，所以扫描器对于系统管理人员来说，是一个很实用的工具。综合性的扫描器不仅可以扫描较大范围的IP段，还可以列出详尽的漏洞信息，产生一些特殊的报警及日志信息，并给出一定的解决方法。扫描器的基本原理如图 6-23 所示。

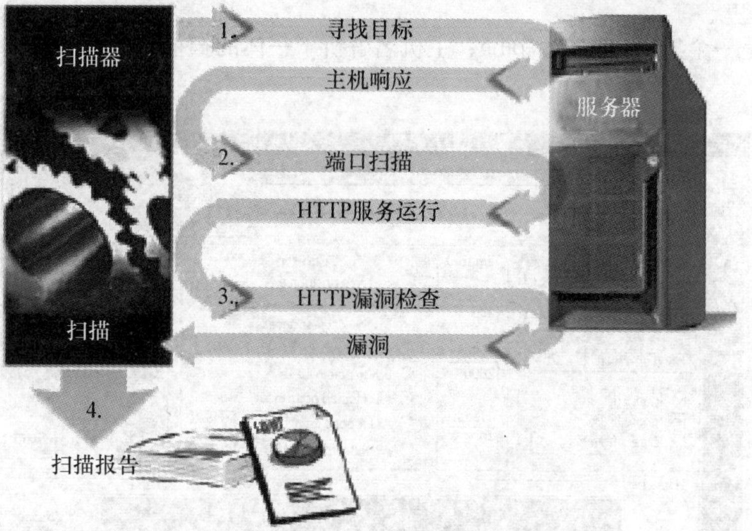


**图 6-23　扫描器的基本原理**

从安全评估考虑，扫描器分为基于主机系统的扫描器和基于网络的扫描器两大类。基于主机系统的扫描器用于审计软件所在主机上的风险漏洞。基于网络的扫描器用于远程探测其他主机或指定网络内的服务器、路由器、交换机或防火墙等设备，查找可能被远程恶意访问者攻击的隐患及脆弱点，在得到特定漏洞信息后，还可以进行模拟攻击，以测试系统的防御能力。其扫描过程主要分为三个阶段：第一阶段，发现目标主机或网络。第二阶段，进一步搜集目标信息，包括操作系统类型、运行的服务以及服务软件的版本等。如果目标是一个网络，还可以进一步发现该网络的拓扑结构、路由设备以及各主机的信息。第三阶段，根据收集到的信息判断或者进一步测试系统是否存在安全漏洞。

1. Nmap

Nmap 是一个网络探测和安全扫描工具，系统管理者可以使用该软件扫描大型网络，获取哪台主机正在运行以及提供什么服务。Nmap 支持多种扫描技术，如 UDP、TCPconnect、TCP SYN、FTP 代理等。Nmap 还提供一些高级功能，如通过 TCP/IP 协议栈特征探测操作系统类型、秘密扫描、动态延时和重传计算、并行扫描、通过并行 ping 扫描探测关闭的主机、诱饵扫描、避开端口过滤检测、直接 RPC 扫描、碎片扫描，以及设定灵活的目标和端口。

Nmap 的语法使用格式为：Nmap [扫描类型] [扫描选项] [扫描目标]。

2. Nessus 分布式扫描器

Nessus 是免费的开源软件。Nessus 是基于 C/S 的分布式软件，它实质是一种评估工具，可以帮助管理员评估系统的临界状态和应用程序的漏洞。该软件根据已知的系统漏洞和弱点，对被评估的系统进行模拟攻击，最后给出详细报告。Nessus 将系统的漏洞归结为三类：Security Holes、Security Warnings、Security Notes，同时将这三类漏洞分为不同的等级。对于每个被发现的漏洞，Nessus 都会提供一个 BugTraq ID（BID）列表链接、一个公共漏洞和暴露（CVE）代码链接、一个 Nessus ID。

3. X-Scan

X-Scan 是一个集端口扫描、ping、主机名解析于一体的扫描器（见图 6-24），具有以下功能：

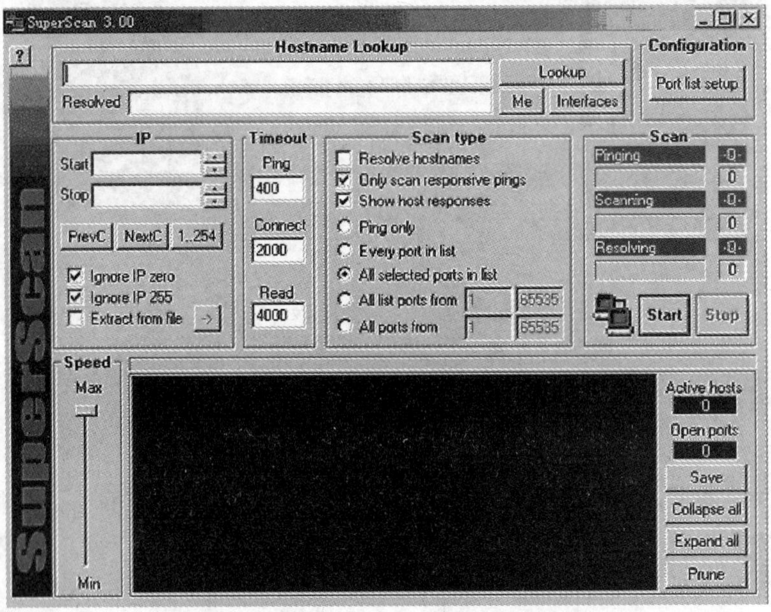


图 6-24 X-Scan

(1) 通过 ping 来检验 IP 是否在线。

(2) IP 和域名相互转换。

(3) 检验目标计算机提供的服务类别。

(4) 检验一定范围目标计算机是否在线和端口情况。

(5) 工具自定义列表检验目标计算机是否在线和端口情况。

(6) 自定义要检验的端口，并可以保存为端口列表文件。

(7) 软件自带一个木马端口列表 trojans. lst，通过这个列表可以检测目标计算机是否有木马；同时，也可以自己定义修改这个木马端口列表。

X-Scan 支持的操作系统有 Windows NT/2000/XP/Server2003/Win7，采用多线程方式对指定 IP 地址段（或单机）进行安全漏洞检测，支持插件功能，提供了图形界面和命令行两种操作方式，扫描内容包括：远程操作系统类型及版本，标准端口状态及端口 BANNER 信息、CGI/IIS/RPC 漏洞、SQL/FTP/SMTP/POP3/NT-SERVER 弱口令用户、NT-SERVER NETBIOS 信息等。扫描结果保存在 log 目录中，index _ *. htm 为扫描结果索引文件。X-Scan 把扫描报告和安全焦点网站相连接，对扫描到的每个漏洞进行“风险等级”评估，并提供漏洞描述、漏洞溢出程序，方便网管测试、修补漏洞。相关参数说明如下：

(1) 检测范围。

“指定 IP 范围”：可以输入独立 IP 地址或域名，或一段 IP 地址。如果选中了“从文件中获取主机列表”复选框将从文件中读取待检测主机地址，文件格式应为纯文本，每一行可包含独立IP或域名，也可包含以“-”和“,”分隔的IP范围。

（2）全局设置。

1）“扫描模块”项：选择本次扫描需要加载的插件。

2）“并发扫描”项：设置并发扫描的主机和并发线程数，也可以单独为每个主机的各个插件设置最大线程数。

3）“网络设置”项：设置适合的网络适配器，若找不到网络适配器，请重新安装WinPCap 3.1 beta4以上版本的驱动。

4）“扫描报告”项：扫描结束后生成的报告文件名，保存在log目录下。扫描报告目前支持TXT、HTML和XML三种格式。

（3）其他设置。

1）“跳过没有响应的主机”：若目标主机不响应ICMP ECHO及TCP SYN报文，X-Scan将跳过对该主机的检测。

2）“无条件扫描”：如标题所述。

3）“跳过没有检测到开放端口的主机”：若在用户指定的TCP端口范围内没有发现开放端口，将跳过对该主机的后续检测。

4）“使用Nmap判断远程操作系统”：X-Scan使用SNMP、NETBIOS和NMAP综合判断远程操作系统类型，若Nmap频繁出错，可关闭该选项。

5）“显示详细信息”：主要用于调试，平时不推荐使用该选项。

6）“插件设置”：该模块包含针对各个插件的单独设置，如“端口扫描”插件的端口范围设置、各弱口令插件的用户名/密码字典设置等。

4. PortScan

PortScan是由StealthWasp编写的一款基于图形界面的端口扫描工具，可以用于扫描目的主机的开放端口，并猜测目的主机的操作系统。支持Edge、Wi-Fi和3G网络。

## 技能篇

# 任务6.1 防火墙的安全配置应用

**任务目的**

使用防火墙软件防御网络攻击。

**任务内容**

（1）防火墙安装与基本配置。

（2）使用防火墙防御网络攻击。

**任务准备**

（1）互联网接入。

（2）计算机（Windows XP系统及以上）。

（3）防火墙软件。

(4) 组建团队，设计任务环境和任务步骤。

**任务要求**

(1) 完成任务报告的所有内容，掌握防火墙的基本使用。

(2) 分析攻防的过程，详细介绍防火墙自定义规则的配置。

**任务分析**

1. 防火墙软件产品的选择与安装

随着互联网技术和电子商务的发展，大量用户采用网上交易的方式进行消费，对于个人用户来讲，软件防火墙的选择和正确使用对用户个人信息的安全有着很大的影响。目前，国内主流的防火墙软件有多种选择，如 360 网络防火墙、瑞星防火墙、Comodo Firewall、天网个人防火墙、金山网盾防火墙、天鹰 DDoS 防火墙、冰盾 DDoS 防火墙等。下面以 360 网络防火墙为例学习防火墙软件的使用。

(1) 在 360 官网上下载免费防火墙软件：360 网络防火墙。

(2) 运行安装程序 360fwbeta. exe，根据安装向导进行安装，完成后点击“完成”结束安装向导。

(3) 启动 360 网络防火墙进入主界面，主界面主要包括防护状态、连接监控、入侵检测、程序规则、网络规则、防护日志六大功能模块，选中“防护状态”模块，主界面将出现防火墙功能启用的状态，用户可以开启或关闭防火墙的部分防护功能，如图 6 - 25 所示。

图 6 - 25 360 网络防火墙主界面

(4) 用户根据自己的使用需求，可以点击主界面中的“设置”选项进行基本安全设置，如图 6 - 26 所示。

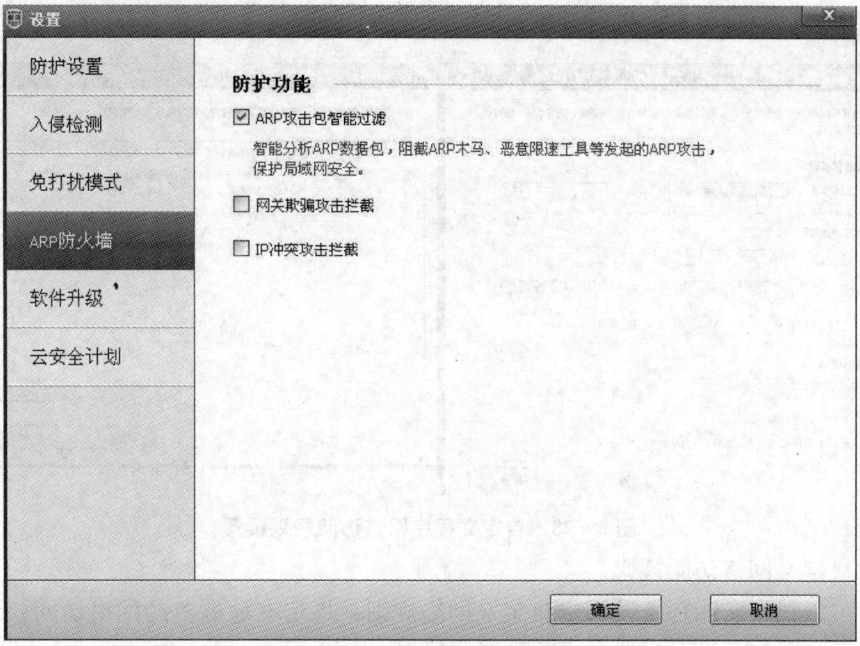


图 6-26　基本安全设置

2. 自定义访问规则防御攻击

防火墙软件有自己默认的程序规则和网络访问规则，用户也可以通过自定义一些访问规则来防御网络攻击。

(1) 自定义程序规则。

在主界面选择“程序规则”，点击右下角的“添加规则”按钮为新的应用程序定义访问规则，或在已有的列表中选择需要自定义访问规则的应用程序，并点击“管理”进入应用程序规则设置界面，如图 6-27 所示。

图 6-27　选择应用程序

在应用程序规则设置界面选择自定义网络访问规则选项，并点击“编辑规则”进入自定义程序网络访问规则界面进行规则设置，如图 6－28 所示。

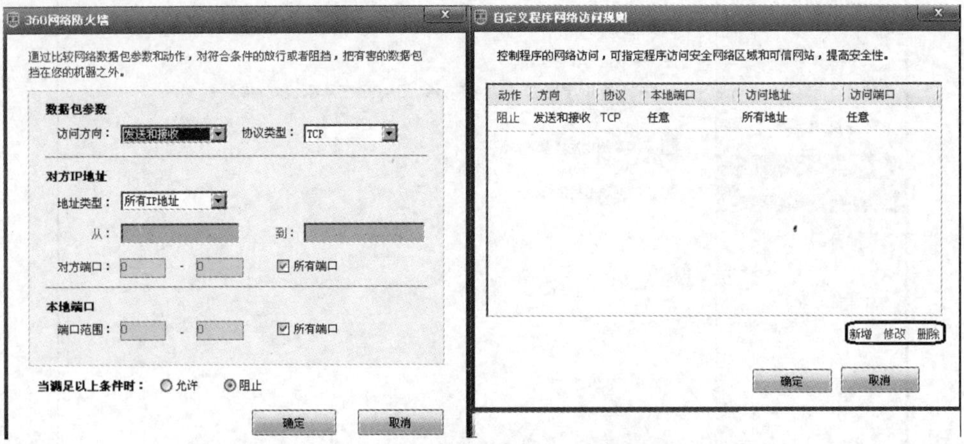


**图 6－28 自定义程序网络访问规划设置**

（2）自定义网络访问规则。

用户可以根据实际环境及需求自定义网络规则，指定本地端口的网络访问权限，通过设定允许/终止特定的网络端口，增强本机的网络安全。

1）添加规则禁止访问 FTP。在系统服务中，FTP 服务器端口号为 21，当要连接一台 FTP 服务器时，其客户端会连接到服务器的 21 号端口。要禁止用户访问 FTP，只要拒绝来自外部网络中的 21 号端口的数据包就可以。设置步骤：选中“网络规则”功能模块，选择“自定义网络规则”，单击“添加规则”按钮进行新规则的定义。在设置对话框中输入规则名称、数据包访问方向、协议类型、地址类型、端口号等参数，具体设置参数如图 6－29（a）所示。

2）添加规则防范冰河木马。冰河木马病毒是最常见的攻击手段，它使用的是 TCP/UDP 协议，默认端口 7626，防范冰河木马我们需要在防火墙里将 7626 端口封掉就可以实现。操作过程与上述禁止访问 FTP 类似，具体 IP 规则的配置如图 6－29（b）所示。

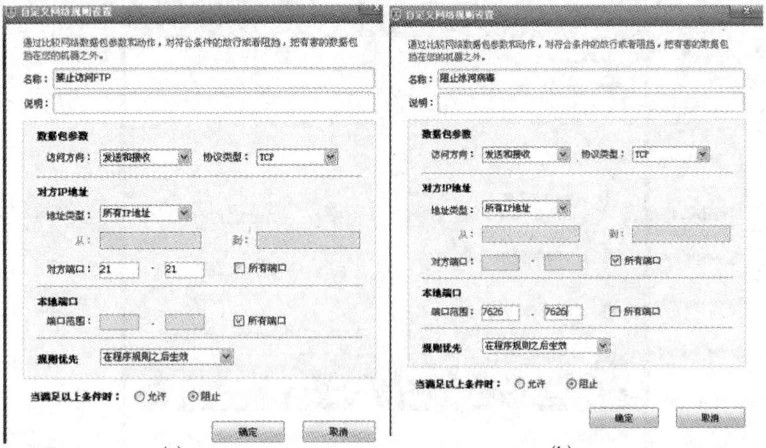


(a) (b)

**图 6－29 自定义网络规则**

3．防护日志功能

360 网络防火墙提供了四种日志记录：云监控日志、拦截日志、入侵检测日志和 ARP

防护日志。云监控日志记录程序上网时云安全引擎的智能判断结果；拦截日志记录程序的可疑上网行为；入侵检测日志记录拦截到的网络攻击；ARP防护日志记录拦截到的局域网的ARP攻击。图6-30所示为拦截到的可疑行为日志记录。

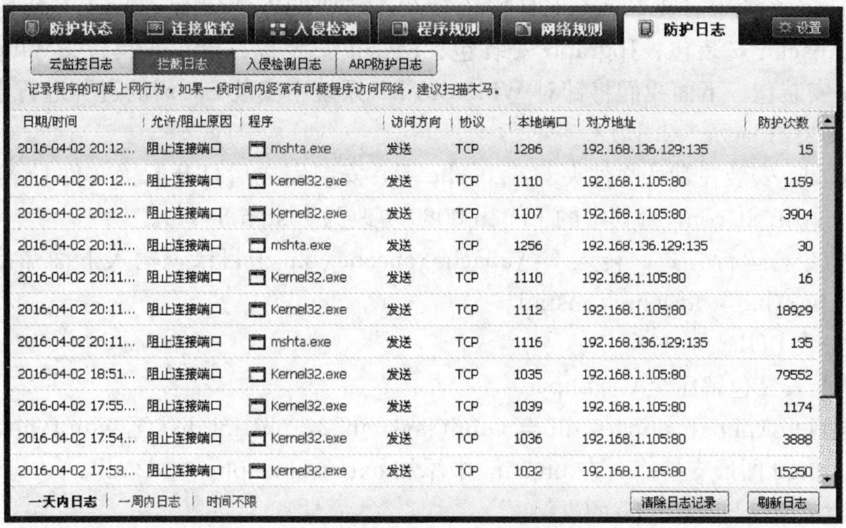


**图6-30　防护日志记录**

# 任务6.2　入侵检测工具Snort的安装与使用

**任务目的**

Windows系统中Snort的安装与使用。

**任务内容**

(1) 掌握入侵检测的原理与技术。

(2) 掌握Windows系统中Snort的安装与使用。

**任务准备**

(1) 互联网接入。

(2) 装有Windows操作系统的计算机。

(3) 操作平台：Windows (Windows XP或Server版) +My SQL+ Apache+ PHP5以及相应的安装包。

(4) 组建团队，设计任务环境和任务步骤。

**任务要求**

(1) 完成任务报告的所有解决方案内容，详细介绍Windows系统中Snort的安装与使用。

(2) 查看并分析结果。

**任务分析**

Snort是一套开放源代码的网络入侵预防软件与网络入侵检测软件。Snort使用了以侦测签章 (Signature-based) 与通讯协定的侦测方法。Snort有三种工作模式：嗅探器、数据包记录器、网络入侵检测系统。嗅探器模式仅仅是从网络上读取数据包并作为连续不断的流显示在终端上。数据包记录器把数据包记录到硬盘上。网络入侵检测系统是最复杂的，而且是可配置的。我们可以让 Snort 分析网络数据流以匹配用户定义的一些规则，并根据检测结果采取一定的动作。

Windows 系统中安装 Snort 工具比较复杂，需要的安装包有：Acid 安装包、Adodb 安装包、Apache 安装包、Jpgraph 安装包、Mysql 安装包、Php 安装包、Winpcap 安装包、Snort 安装包。下面我们将针对 Windows XP 系统中安装 Snort 的过程进行学习。

（1）安装 Apache _ 2.4.12。

将 Apache 安装在默认文件夹 C:\apache 下，安装完成后打开配置文件 C:\apache\apache2\conf\httpd.conf，将其中的 Listen 8080 更改为 Listen 50080。

进入命令行运行方式，转入 C:\apache\apache\bin 子目录，输入下面命令：C:\apache\apache2\bin> apache-k install。

（2）安装 PHP。

1）将原安装包解压至 C:\php。

2）复制 C:\php 下 php4ts.dll 至 winnt\system32，phi.ini-dist 至 winnt\php.ini。

3）添加 gd 图形支持库，在 php.ini 中添加 extension=php _ gd2.dll。

4）添加 Apache 对 PHP 的支持。

5）在 Windows 中启动 Apache Web 服务，命令：net start apache2。

6）在 C:\apache\apche2\htdocs 目录下新建 test.php 测试文件，test.php 文件内容为 <? phpinfo ()；? >，使用 http://127.0.0.1:50 080/test.php 测试。

（3）安装 Snort。

（4）安装配置 Mysql 数据库。

1）安装 Mysql 到默认文件夹 C:\mysql，并使 Mysql 在 Windows 中以服务形式运行。命令：C:\mysql\bin\mysqld-install。

2）启动 Mysql 服务，命令：net start mysql。

3）以 root 用户登录 Mysql 数据库，采用 create 命令，建立 Snort 运行必需的 Snort 数据库和 Snort _ archive 数据库。命令：命令 C:\mysql\bin>mysql-u root-p。

4）退出 Mysql 后，使用 mysql 命令在 Snort 数据库和 Snort _ archive 数据库中建立 Snort 运行必需的数据表。输入 quit 命令退出 Mysql 后，在出现的提示符之后输入：

(c:\mysql\bin>)Mysql-D snort-u root-p< C:\snort\contrib\ create_mysql

(c:\mysql\bin>)Mysql-D snort_archive-u root-p<C:\snort\contrib\
create_mysql

5）再次以 root 用户身份登录 Mysql 数据库，在提示符后输入下面的语句：

(mysql>)grant usage on *.* to "acid"@"loacalhost" identified by "acidtest"

(mysql>)grant usage on *.* to "snort"@"loacalhost" identified by "snorttest"

6）为新建用户在 Snort 和 Snort _ archive 数据库中分配权限。

（5）安装 Adodb。

（6）安装配置数据控制台 Acid。

1）解压缩 Acid 软件包至 C: \apache\apache2\htdocs\acid 目录下。

2）修改 C:\apahce\apache2\htdocs 下的 acid_conf.php 文件。

3）查看 http://127.0.0.1:50080/acid/acid_db_setup.php 网页，按照系统提示建立数据库。

（7）安装 Jpgraph 库。

（8）安装 Winpcap。

（9）配置并启动 Snort。

1）指定 snort.conf 配置文件中 classification.config、reference.config 两个文件的绝对路径，include C:\snort\etc\classfication.config 和 include C:\snort\etc\reference.config。

2)在文件中添加语句指定默认数据库、用户名、主机名、密码、数据库用户等。命令为：output database: alert,mysql,host=localhost user=snort password=snorttest dbname=snort encoding=hex detail=full。

3)输入命令:C:\snort\bin>snort-c “C:\snort\etc\snort.conf”-l “C:\snort\log”-d-e-X 启动 Snort。

4）打开 http://127.0.0.1:50 080/acid/acid_main.php 网页，检查配置是否正确。

（10）使用 Snort 工具。

1）打开 snort.conf 配置文件，设置 Snort 内、外网检测范围。

2）设置监测包含规则，并使用控制台察看检测结果。

3）配置 Snort 规则：添加实现对内网的 UDP 协议相关流量进行检测，并报警。

4）通过网络另一台电脑攻击该主机，查看检测日志记录。

## 任务 6.3 Nmap 的安装与使用

**任务目的**

Nmap 的安装与使用。

**任务内容**

（1）掌握网络探测和安全扫描工具的使用。

（2）Nmap 的安装与使用。

**任务准备**

（1）互联网接入。

（2）装有 Windows 操作系统的计算机。

（3）扫描工具 Nmap（工具本实验中使用 Nmap v7.01）。

**任务要求**

（1）完成任务报告的所有内容，详细介绍 Nmap 的安装与使用。

（2）分析扫描结果。

**任务分析**

Nmap 是一款开放源代码的网络探测和安全审核的工具，基本上包括了所有知名的扫描方式，并且提供了许多非常实用的辅助功能以对目标主机做进一步的侦测，如操作系统指纹识别、进程用户分析以及众多可选的方式来逃避目标系统的监测等。Nmap 可任意指定主机、网段甚至整个网络作为扫描目标，扫描方式也可通过添加合适的选项按需组合。

它支持多种协议的扫描，如 UDP、TCP Connect、TCP SYN（half open）、ftp proxy（bounce attack）、Reverse-ident、ICMP（ping sweep）、FIN、ACK sweep、Xmas Tree、SYN sweep 和 Null。

Nmap 运行通常会得到被扫描主机端口的列表、周知端口的服务名（如果可能）、端口号、状态和协议等信息。每个端口有 Open、Filtered 和 Unfiltered 三种状态，其中 Open 状态表明目标主机能够在此端口使用 accept() 系统调用接受路径；Filtered 状态表明防火墙、包过滤和其他网络安全软件掩盖了此端口，禁止 Nmap 探测是否打开；Unfiltered 状态表明此端口关闭，且无防火墙/包过滤软件来隔离 Nmap 的探测企图。

1. Nmap 的安装

Nmap 有命令行和 GUI 两种运行方式，这里以 GUI 的 Nmap v7.01 为例。上网下载免费文件，直接打开 nmap-7.01-setup.exe 程序，根据安装向导即可完成安装，运行程序后进入主界面，如图 6-31 所示。

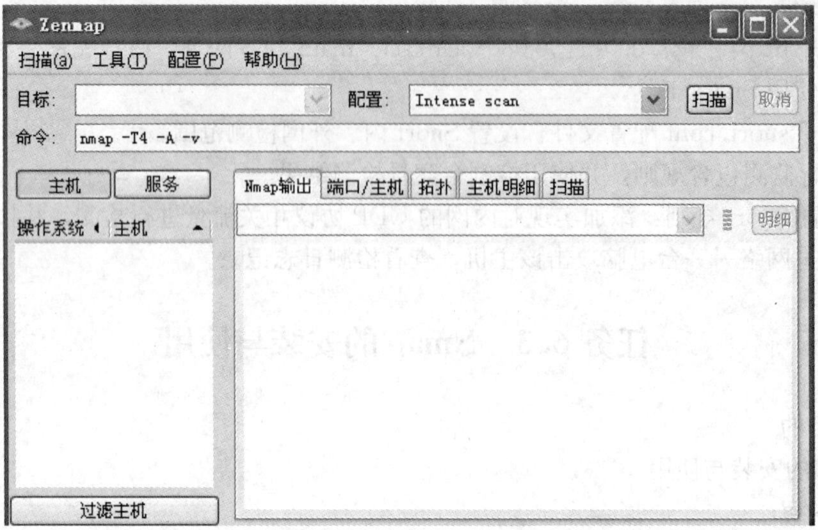


**图 6-31 Zenmap 主界面**

在“目标”列表框中输入扫描的目标，在“命令”文本框中设置所需的扫描参数，单击“扫描”按钮，系统就开始进行扫描，结束后会显示扫描结果。

2. Nmap 的使用

（1）ping 扫描。

可以使用 ping 扫描方式探测网络上有哪些主机是开放的，Nmap 通过对指定的 IP 地址发送 icmp 的 echo request 信息包来完成这一功能，有回应的主机就是开放的。命令行格式为：nmap-sn IP 地址，如命令 nmap-sn 192.168.136.129，可对目标主机 192.168.136.129 进行探测，输出结果包括开放主机的 IP 地址和 MAC 地址，如图 6-32 所示。

（2）全面 TCP 扫描。

全面 TCP 扫描是一种基本的扫描模式，不需要任何命令选项开关，即可对目标主机进行全面 TCP 扫描，显示监听端口的服务情况。命令行格式为：nmap IP 地址，如使用命令 nmap 192.168.136.129，则可对目标主机 192.168.136.129 进行全面 TCP 扫描，结果如图 6－33 所示。

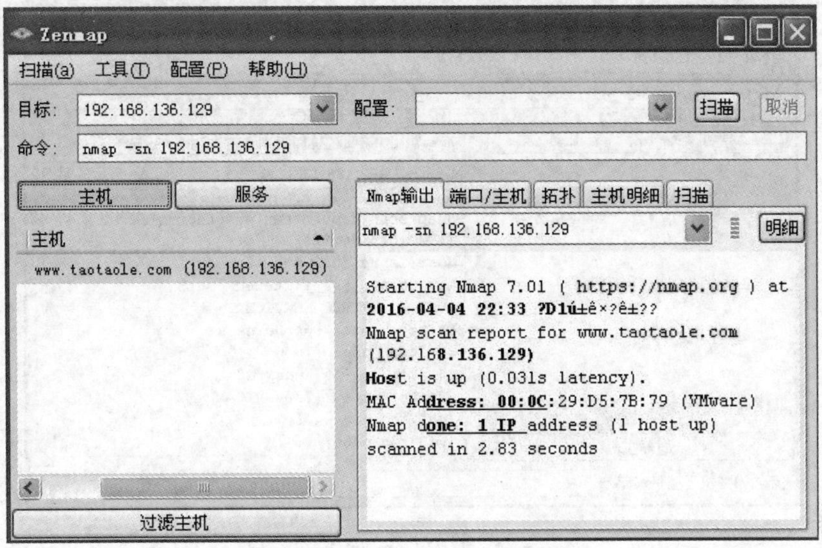


**图 6－32　ping 扫描结果**

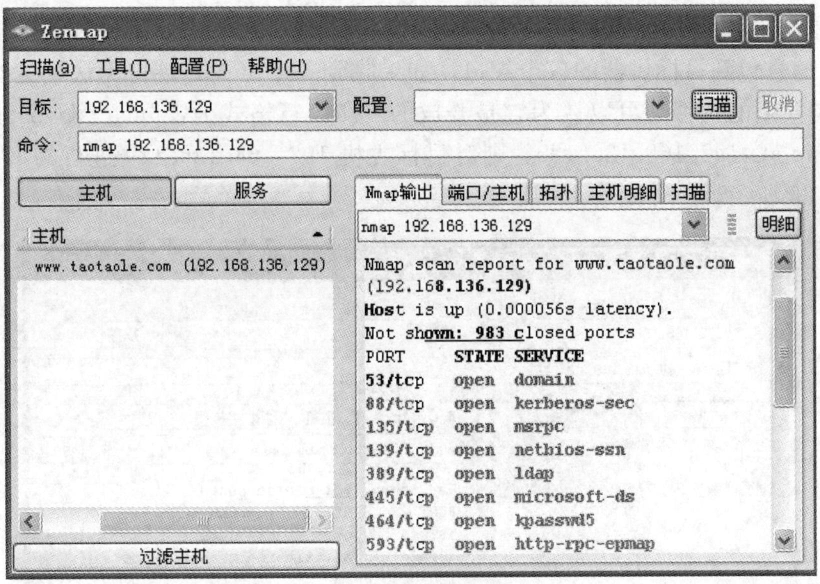


**图 6－33　全面 TCP 扫描结果**

(3) TCP Connect 扫描。

这是对 TCP 的最基本形式的侦测。在该操作下，在 connect()对目标主机上感兴趣的端口进行试探，如果该端口被监听，则连接成功，否则代表这个端口无法到达。操作系统提供的 connect()对目标主机上感兴趣的端口进行试探，如果该端口被监听，则连接成功，否则代表这个端口无法系统调用可以用来对目标主机上感兴趣的端口进行连接试探，如果该端口处于监听状态，则连接成功，否则代表这个端口无法到达。命令行格式为：nmap-sT IP 地址。如使用命令 nmap-sT 192.168.136.129 的扫描结果如图 6－34 所示。

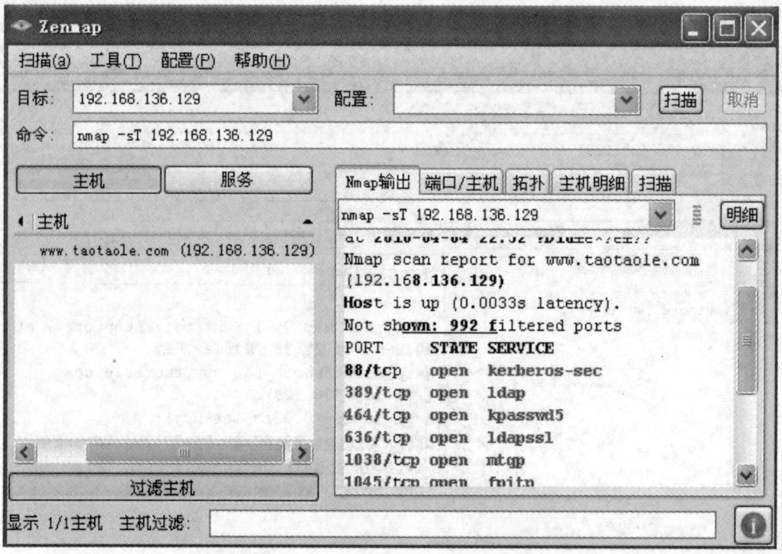


图 6-34 TCP Connect 扫描结果

(4) UDP 扫描。

UDP 扫描可以用来确定主机上哪些 UDP 端口处于开放状态，其原理是通过发送零字节的 UDP 信息包到目标机器的各个端口，如果收到一个 ICMP 端口无法到达的回应，那么该端口是关闭的，否则可以认为它是开放的。命令行格式为：nmap-sU IP 地址，如使用命令 nmap-sU 192.168.136.129，则对目标主机 192.168.136.129 进行的 UDP 扫描结果如图 6-35 所示。

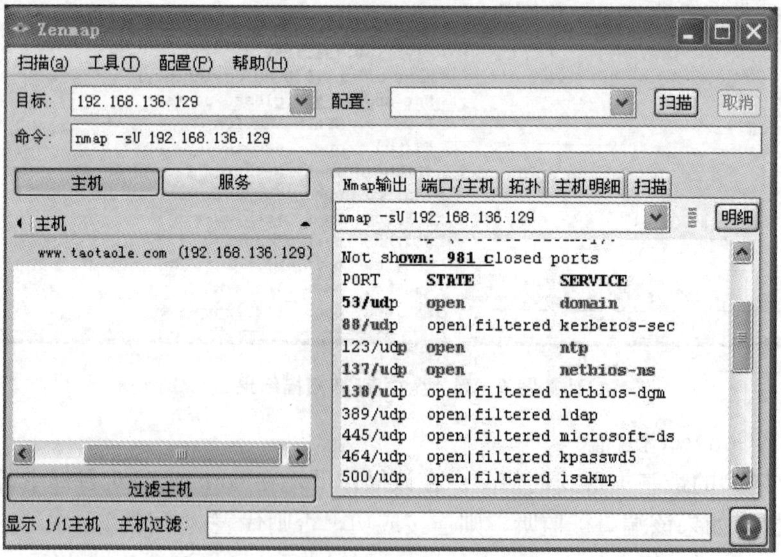


图 6-35 UDP 扫描结果

(5) TCP SYN 扫描。

这是“半开放”式的扫描，即不打开完整的 TCP 连接，发送一个 SYN 信息包并等待对方的回应。这种扫描的最大好处是只有极少的站点会对其做出记录，但是需要有 root 权限来定制这些 SYN 包。命令行格式为：nmap-sS IP 地址，如使用命令 nmap-sS 192.168.136.129，则对目标主机 192.168.136.129 进行的 TCP SYN 扫描结果如图 6－36 所示。注意对 TCP SYN 扫描与 TCP Connect 扫描的速度和结果进行对比。

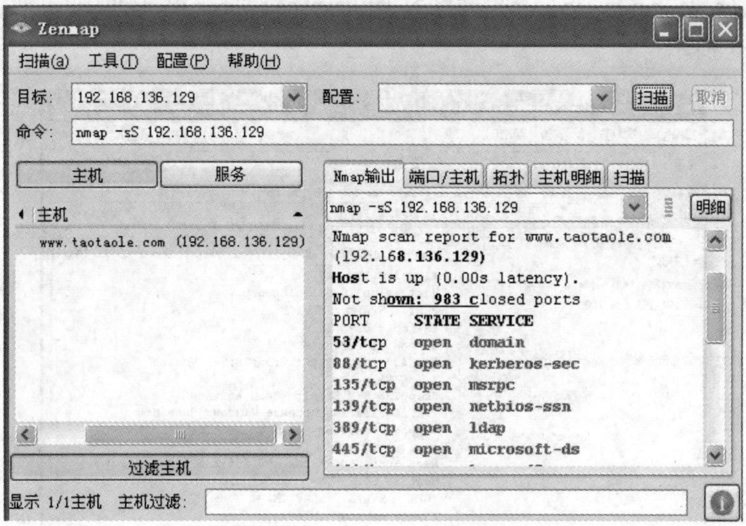


**图 6－36 TCP SNY 扫描结果**

（6）隐秘扫描。

SYN 扫描在有些情况下仍不够隐蔽，一些防火墙及信息包过滤装置会在重要端口守护，只要安装了过滤和日志软件来检测同步空闲字符 SYN，则-sS 的隐蔽作用就失效了，SYN 包在此时便会被截获，一些应用软件如 Synlogger、Courtney 对侦测这种类型的扫描都是行家。所以，需要有更进一步的隐蔽扫描方式。

1）FIN 扫描使用空的 FIN 信息包作为探针，命令行格式为：nmap-sF IP 地址。

2）Xmas Tree 使用 FIN、URG、PUSH 标记，命令行格式为：nmap-sX IP 地址。

3）Null 扫描则不用任何标记，命令行格式为：nmap-sN IP 地址。

（7）其他常用参数。

1）-iR：进行随机主机扫描。命令行格式为：nmap-iR 扫描主机数，如 nmap-iR 2。

2）-p：扫描特定的端口范围，默认扫描的是从 1 到 1024 端口。命令行格式为：nmap-p 端口范围 IP 地址，如 nmap-p 1025-3000 192.168.0.5。

3）-I：进行 TCP 反向用户认证扫描，可以透露扫描用户信息。命令行格式为：nmap-I IP 地址。

4）-O：经由 TCP/IP 获取“指纹”来判别主机的操作系统类型。命令行格式为：nmap-O IP 地址。有时 Nmap 也会得到错误的诊断信息，比如系统有端口开放。但 Nmap 返回不可识别的操作系统也是有可能的，这时可以用另一个办法——Nmap 的-d参数来测试。

5）-PB：默认的 ping 形式，用于 ACK(-PT)与 ICMP(-PI)并行攻击，以这一形式可以通过防火墙或包过滤。

6）-v：详细模式，能带来更多信息，进行长数据显示，-v-v 是最长数据显示。命令行格式为：nmap-v IP 地址。

对 Nmap 的不同参数进行组合，可根据不同需要实现对目标主机的功能强大的灵活扫描，例如：对 192.168.136.120-192.168.136.130 范围内的主机进行 SYN 半开扫描，探测哪些主机提供 FTP 或者 HTTP 服务，并将扫描结果存放到 ftphttpscan _ result. txt 文件中，则命令行为：nmap-sS-p 23，80-oN ftphttpscan _ result. txt 192.168.136.120-130，结果如图 6－37 所示。

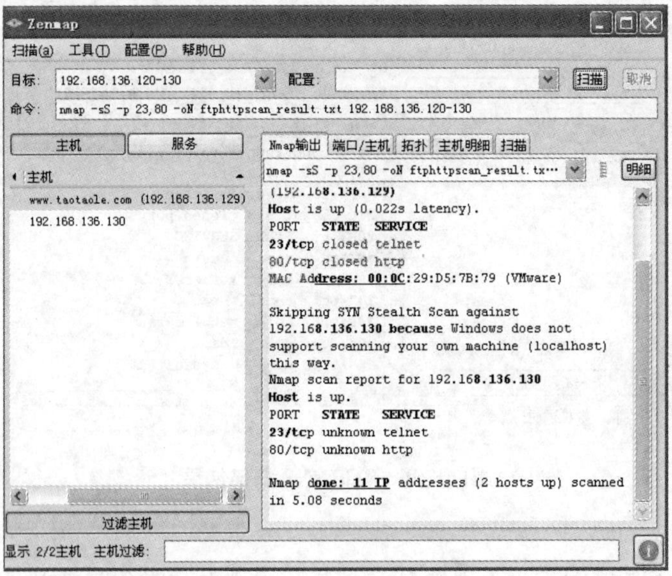


图 6－37 参数组合扫描结果

# 任务 6.4 端口扫描工具 SuperScan 的使用

**任务目的**

使用 SuperScan 工具实现的端口扫描。

**任务内容**

(1) 掌握网络探测和安全扫描工具的使用。

(2) SuperScan 的安装与使用。

**任务准备**

(1) 互联网接入。

(2) 装有 Windows XP 及以上操作系统的计算机。

(3) SuperScan 工具。

(4) 组建团队，设计任务环境和任务步骤。

**任务要求**

(1) 完成任务报告的所有内容，详细介绍 SuperScan 的安装与使用。

(2) 分析探测结果。

**任务分析**

SuperScan 免费软件是一款强大的扫描工具，能通过本地和远程主机的 IP 地址扫描该主机相关的软件、端口和服务等的安全状况，并能生成详细的扫描报告提供给用户。

1. 安装及功能

直接解压运行扫描工具，运行程序后主界面如图 6 - 38 所示。

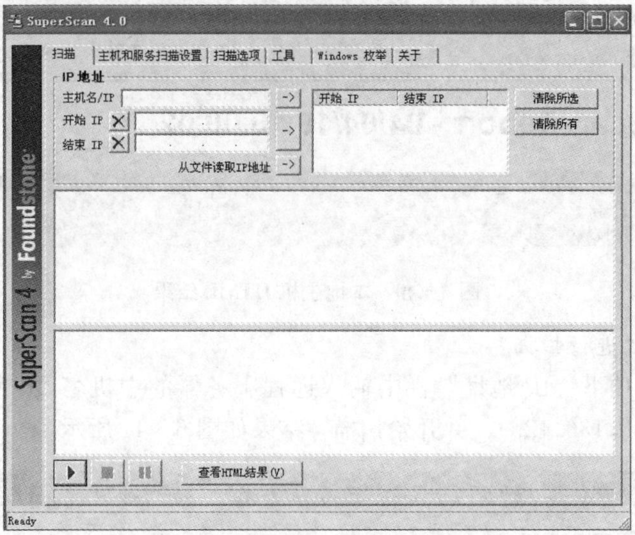


图 6 - 38　SuperScan 主界面

SuperScan 主界面有 6 个选项卡，其中，“扫描”选项是用来进行端口扫描的；“主机和服务扫描设置”选项用来设置主机和服务选项，其中包括要扫描的端口类型和端口列表；“扫描选项”选项用来设置扫描的各项具体参数以及扫描速度等详细信息；“工具”选项包含一些特殊扫描工具，可以借助这些工具对特殊服务进行扫描；“Windows 枚举”对目标主机的一些主机信息进行扫描；“关于”显示 SuperScan 的版本信息。

2. 对本地主机进行扫描

在“扫描”选项下“IP 地址”栏中输入本地主机的主机名/IP 地址，如 192.168.136.130。点击“开始”按钮，程序在默认设置下开始对本地主机进行扫描，扫描结果如图 6 - 39 所示。

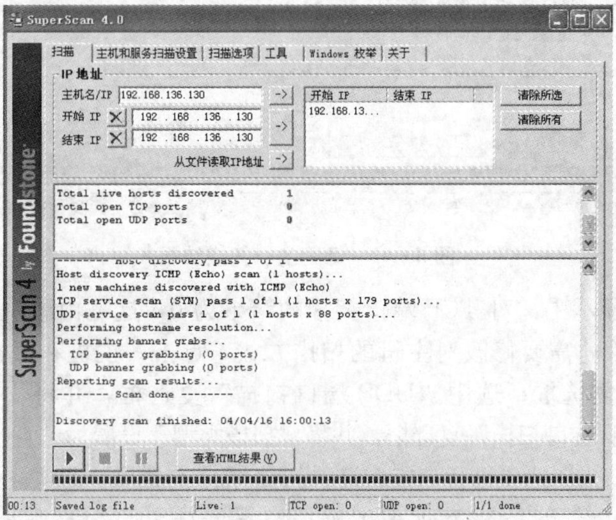


图 6 - 39　本地主机扫描结果

点击“查看 HTML 结果”将出现如图 6－40 所示的扫描报告。

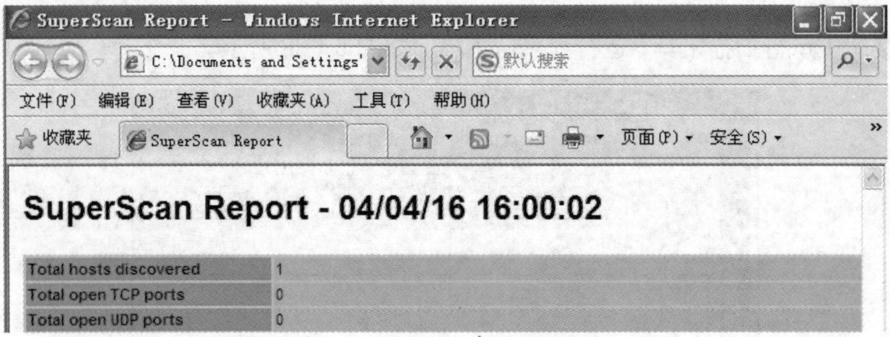


图 6－40 本地主机 HTML 结果

3. 对远程主机进行扫描

在“扫描”选项下“IP 地址”栏中输入远程服务器的主机名/IP 地址（www.taotaole.com 或 192.168.136.129），并开始扫描，结果如图 6－41 所示。

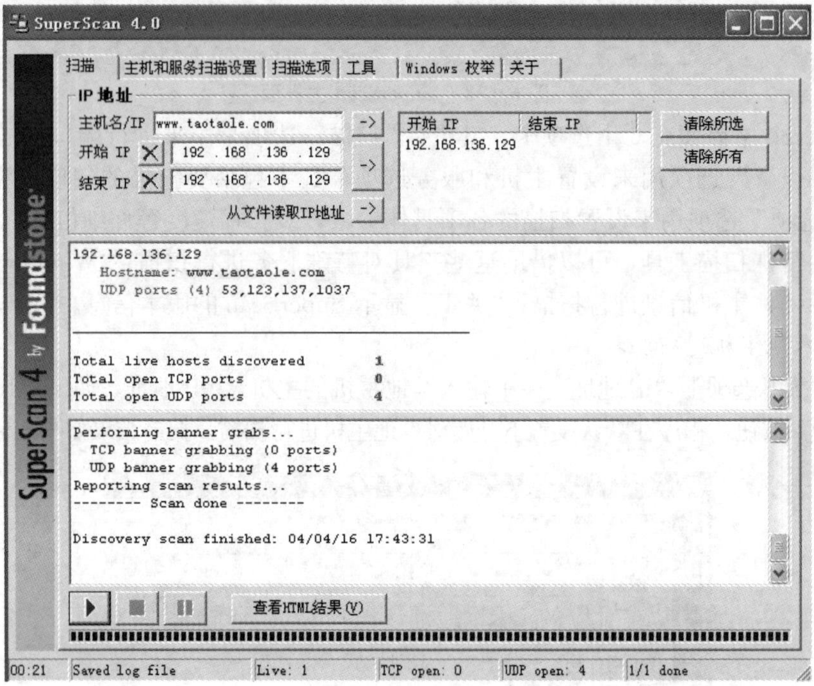


图 6－41 远程主机扫描结果

图 6－41 结果显示中，对 TCP 端口扫描的结果为 0，这是由于主机禁止了扫描器的 ICMP 扫描响应，因此需要修改对主机的扫描方式。点击“主机和服务扫描设置”选项，去掉“查找主机”复选框；选中“UDP 端口扫描”复选框，并将“扫描类型”设置为“Data”；选中“TCP 端口扫描”复选框，并将“扫描类型”设置为“直接连接”，如图 6－42 所示。重新返回“扫描”选项进行扫描，查看扫描结果与图 6－41 所示结果有什么不同。点击“查看 HTML 结果”，观察远程主机扫描报告结果与扫描本地主机的 HTML 结

果有哪些区别。

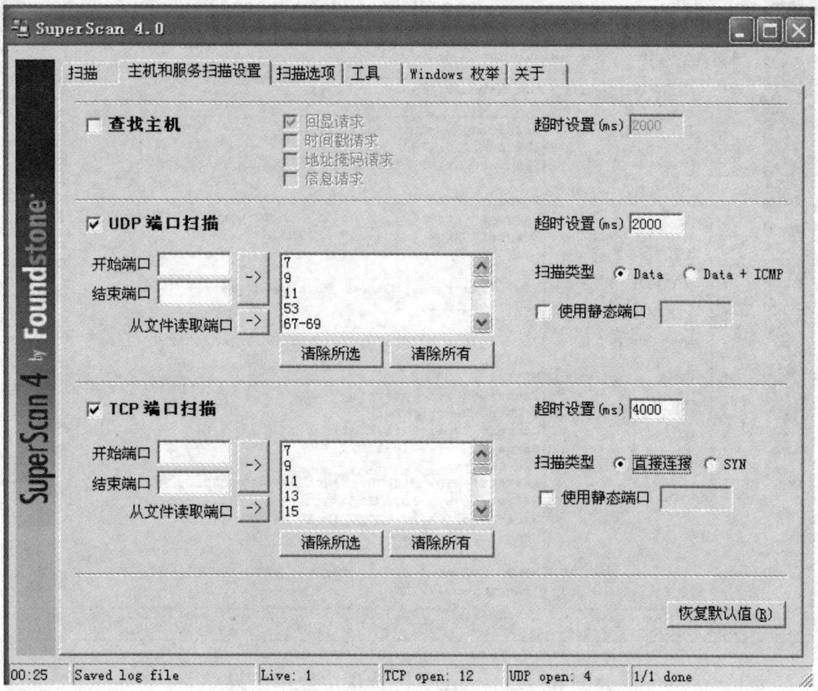


图6-42　主机和服务扫描设置

SuperScan不仅可以对远程主机的所有端口进行扫描，也可以针对特定端口进行扫描。如通过在“主机和服务扫描设置”中对扫描端口进行定义，以检测目标计算机是否存在木马，因为所有的木马必须打开一定的端口，只要检测这些特定的端口就可以知道计算机是否被种植了木马。需要注意的是，木马程序的种类很多且更新速度快，因此，有必要时常注意最新出现的木马和它们使用的端口，随时更新自定义扫描的端口列表。

对目标主机进行扫描时，可以对主机进行逐个扫描，也可以通过设置“起始IP”和“结束IP”同时扫描多个主机。

4. “工具”选项的使用

“工具”选项中提供对本地和远程主机相关信息查询。在“主机名/IP/URL”中输入网络中主机的主机名/IP或对应的URL地址，选择左边所列的相应信息标识按键，在右边显示框中能显示各项具体信息，如图6-43所示。

“工具”选项卡提供了查找目标主机名、进行Ping测试操作、ICMP跟踪、路由跟踪、HTTP头请求查询等。其中，“查找主机名/IP”的作用是取得域名如sina.com的IP，或者根据IP地址取得域名；使用“Ping”的主要目的在于检测目标计算机是否在线和通过反应时间判断网络状况。

5. “Windows枚举”选项的使用

“Windows枚举”选项对目标主机的一些主机信息进行扫描，“主机名/IP/ URL”中输入要探测的主机名/IP或对应的URL地址，键入要探测的主机地址，并选择要扫描的选项，然后点击“Enumerate”按钮，在右边会出现左边选项的具体信息，如图6-44所

图 6-43 “工具”选项中显示结果

示，其中包括被扫描主机的用户信息、共享文件夹信息等。

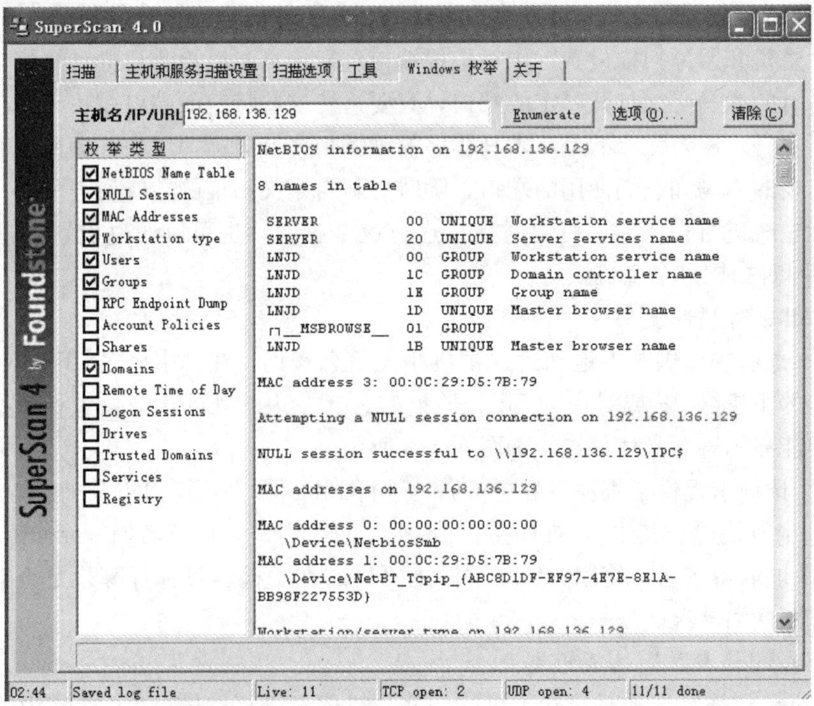

图 6-44 远程主机的 Windows 枚举结果

# 实践篇

**一、单选题**

1. 包过滤防火墙的缺点为（　　）。

A. 容易受到 IP 欺骗攻击

B. 处理数据包的速度较慢

C. 开发比较困难

D. 代理的服务（协议）必须在防火墙出厂之前进行设定

2. 双宿主主机是一台（　　）网络接口卡的计算机。

A. 有 1 块　　B. 有 2 块　　C. 有 3 块　　D. 没有

3. 防火墙（　　）不通过它的连接。

A. 不能控制　　B. 能控制　　C. 能过滤　　D. 能禁止

4. 下列关于防火墙的描述不正确的是（　　）。

A. 防火墙不能防止内部攻击

B. 如果一个公司信息安全制度不明确，拥有再好的防火墙也没有用

C. 防火墙可以防止伪装成外部信任主机的 IP 地址欺骗

D. 防火墙可以防止伪装成内部信任主机的 IP 地址欺骗

5. 按照检测数据的来源可将入侵检测系统 IDS 分为（　　）。

A. 基于主机的 IDS 和基于网络的 IDS

B. 基于主机的 IDS 和基于域控制器的 IDS

C. 基于服务器的 IDS 和基于域控制器的 IDS

D. 基于浏览器的 IDS 和基于网络的 IDS

**二、思考题**

1. 尝试验证 Nmap 其他参数功能及不同参数组合，并分析各自的技术原理和优缺点。

2. 如何对网络端口扫描进行防范?

3. 上网了解目前在电子商务中网络黑客入侵的主要方式，并学习防范这些入侵行为的措施。

**三、能力实训：电子商务安全配置管理**

任务要求：

1. 利用 PortScan、X-Scan、Nmap 完成电子商务实训室的安全扫描工作，并对扫描报告进行分析评估。

2. 选择一款个人防火墙产品（天网防火墙、瑞星防火墙等）进行配置，说明配置的策略，并对其安全性进行评估。

3. 配置电子商务实训室的防火墙。

## 模块小结

本模块主要介绍了防火墙技术、入侵检测系统和扫描技术的功能，以及防火墙的部

署、入侵检测工具的安装与使用、常见扫描工具的使用等内容。

防火墙是实现网络安全策略最有效的工具之一，通常作用于被保护区域的入口处，基于访问控制策略提供安全防护。防火墙通常采用的安全策略有禁止和允许两个基本准则。防火墙从实现技术上可分为包过滤型和应用代理型两大类。

入侵检测系统可以主动监视内部网络安全，是对防火墙的合理的补充。入侵检测系统一般是由传感器和控制台两部分组成。根据信息源的不同，分为基于主机的入侵检测系统和基于网络的入侵检测系统两大类。实现技术主要包括特征检测和异常检测。

安全扫描是一种主动的防范措施，根据扫描方式的不同，主要分为地址扫描（ping 扫描）、漏洞扫描和端口扫描。扫描过程主要分为三个阶段：第一阶段，发现目标主机或网络；第二阶段，进一步搜集目标信息；第三阶段，根据收集到的信息判断或者进一步测试系统是否存在安全漏洞。

# 模块 7
# 网上银行与安全电子支付系统

## 学习目标

**知识目标**

1. 理解电子支付安全的内涵
2. 了解不同的电子商务在线支付系统
3. 理解移动支付的概念及实现方式

**能力目标**

1. 使用不同的在线支付方式和网络银行完成电子商务安全支付
2. 掌握几种常见的移动支付工具的使用

**模块结构图**

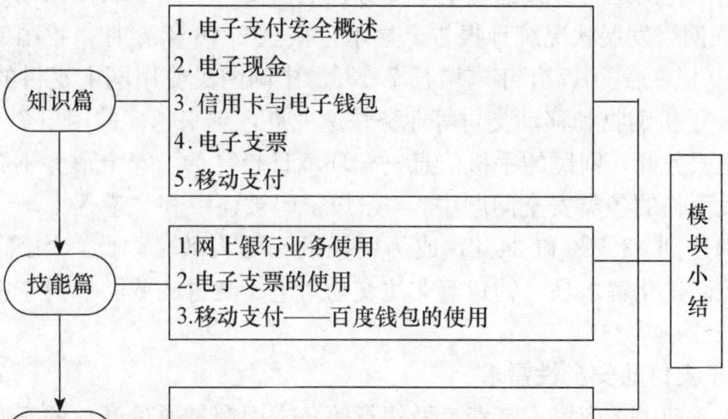


## 知识篇

在经济全球化的趋势下，电子商务凭借便捷、低成本的优势日益深入人心，作为电子商务的核心环节，在线支付也得到了迅速发展。互联网的发展，促进了第三方支付行业的发展。随着第三方支付的不断完善、升级，中国第三方支付企业加速布局。目前，国内已有以支付宝、财付通为首的互联网型支付企业，以银联商务、快钱、易宝等为首的金融型支付企业提供电子支付业务。同时，在线支付系统的安全性也变得越发重要。第三方支付流程如图 7-1 所示。

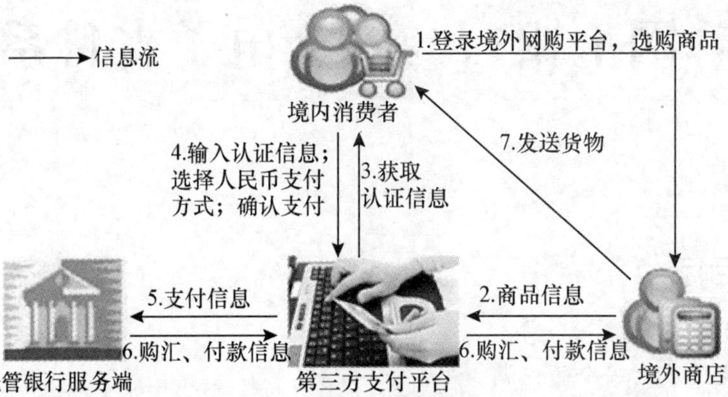


图 7-1 第三方支付流程

# 知识点 7.1 电子支付安全概述

电子支付是一种全新的商务支付模式，是电子商务发展到一定时期的必然产物，它以虚拟的形态、网络化的运行方式适应电子商务发展需要。中国互联网络信息中心发布的第 42 次《中国互联网络发展状况统计报告》显示，截至 2018 年 6 月，我国使用网络支付用户规模达到 5.69 亿，较 2017 年年末增长 7.1%。中国网民使用网上支付的比例从 68.8% 提升至 71.0%。手机购物和移动支付等业务快速发展，越来越多的用户个人信息通过互联网流向各类应用服务商，网民的手机信息安全环境日趋复杂，安全形势不容乐观。数据显示，目前在网民面临的各类安全问题中，“账户密码被盗”和“遭遇木马钓鱼”造成资金损失的占比分别达到 33.9%和 24%，成为网民的头号大敌。因此，构筑安全保障体制，加强安全风险控制，化解木马、钓鱼等非法交易对电子支付的威胁，对于电子支付产业的发展尤为重要。

### 7.1.1 电子支付的安全性需求

在电子商务活动中，商家、消费者及银行等各方面都是通过开放的互联网连接在一起的，从而对网络传输过程中数据的安全性和保密性提出了更高的要求，尤其是对电子支付过程中的重要数据，更要确保万无一失。

解决电子支付问题成为电子商务所面临的严峻挑战，这其中包括网络银行本身业务系统的问题以及如何为企业及个人提供完善服务的问题，而最为重要的方面就是电子支付的安全性需求问题。虽然网上交易开发商在这方面做了大量的努力，但也只能保证运行的相对安全性。而电子支付的安全性直接影响电子商务的发展，如安全问题解决不好，将成为制约电子商务发展最严重的瓶颈。

1. 电子支付系统面临的安全威胁

(1) 以非法手段窃取信息，使机密信息或支付内容被泄露给未被授权者。

(2) 篡改数据传输中出现错误、丢失、乱序，都会使数据的完整性被破坏。

(3) 伪造信息或假冒合法用户的身份进行欺骗。

(4) 系统安全漏洞、网络故障、病毒等导致系统被破坏。

为了抵抗各种威胁，确保电子支付安全进行，需要建立完善的安全电子支付协议体系。

2. 电子支付安全要求

电子支付系统的各种安全需求依赖于系统的特征和定义在其操作上的信用假设。一般来说，电子支付系统必须具备完整性与授权、机密性、可用性和不可否认性。

(1) 完整性与授权。

一个具有完整性的支付系统不允许一个用户在没有另一个用户明确授权的情况下取走资金。为了防止行贿受贿，没有允许，系统也不能接收款项。授权是支付系统中最重要的环节。支付授权有三种方式，即外部授权、口令授权和数字签名。

1) 外部授权。在这种方式中，检验方（银行）通知交易的授权方（付款人），授权方通过一个安全的外部通道（如邮件或电话）同意或否定支付，这是目前用信用卡进行邮汇和电汇的通用方法。任何知道用户信用卡数据的人都可以发起交易，所以合法用户必须检查有关记录并主动地控告非授权交易。如果用户没有在一定时间内（通常为3个月）提出控告，所做交易被默认为有效。

2) 口令授权。对于一个用口令保护的交易，每个从授权方发来的信息都需要一个密码检查值，这个值由只有授权方和检验方知道的密码计算得出，这个密码可以是一个个人标识号（PIN）、一个口令或一个任意形式的共享密码。然而，短的共享PIN，如一个6位数字很容易遭受攻击，它们本身不能提供高级的安全性，应该只用于控制访问像智能卡这样的物理标记，因为智能卡采用安全密码机制（如数字签名）执行实际授权。

3) 数字签名。在这种类型的交易中，检验方要求授权方的数字签名。数字签名提供一个原始的非拒绝支付证据，因为只有签名密码的拥有者才能签署有关信息，而知道相应公开密钥的任何人都可以验证签名的真实性。

(2) 机密性。

这里所说的机密性，是指防止泄露有关交易的各种信息，如付款人和收款人的标识、交易的内容和数量等。机密性要求这些信息只能让交易的参与者知道，有时甚至要求只让参与方的部分人知道。

(3) 可用性。

所有的交易方要求无论何时都可以进行支付和接收支付。付款人不希望他们的钱由于网络或系统的故障而丢失。可用性即保证假设基本网络服务和软硬件系统具有足够的可靠性，为了能恢复故障系统的信息，所有交易方需要某些可靠的存储器和专用同步协议。

(4) 不可否认性。

必须防止交易各方日后否认发出或接收过某信息。

### 7.1.2 电子支付的发展

电子支付方式的出现要早于互联网，银行采用信息技术进行电子支付的形式有五种，分别代表着电子支付发展的不同阶段，具体如图7-2所示。

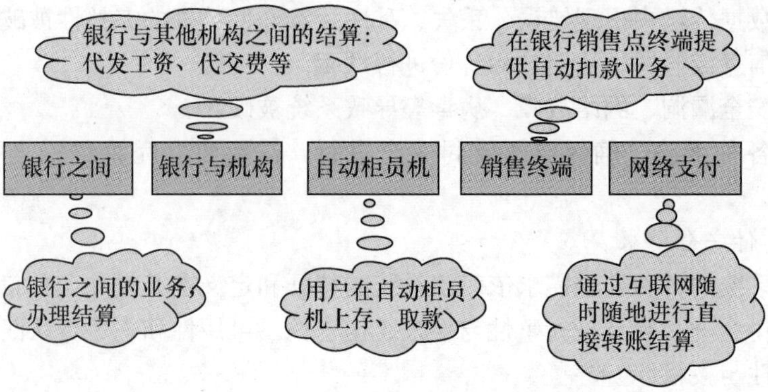


图 7-2 电子支付的五种形式

(1) 第一阶段是银行间采用安全的专用网络进行电子资金转账（EFT），即利用通信网络进行账户交易信息的电子传输，办理结算。EFT 的好处包括减少管理费用、提高效率、简化簿记并且更加安全。

(2) 第二阶段是银行计算机与其他机构计算机之间资金的结算，如代发工资，代交水费、电费、燃气费、电话费等业务。

(3) 第三阶段是利用网络终端向用户提供各项银行服务，如用户在自动柜员机（ATM）上进行取、存款操作。它是由计算机控制的持卡人自我服务的金融专用设备，ATM 可以向持卡人提供提款、存款、查询余额、更改密码等功能。

(4) 第四阶段是利用银行销售点终端（Point of Sales，POS）向用户提供自动扣款服务。金融 POS 系统是由银行计算机与商业网点、收费网点、金融网点之间通过公用电话线或网络进行联机业务处理的银行计算机网络系统。

(5) 第五阶段是最新发展阶段，电子支付可随时随地通过互联网络进行直接转账结算，这一阶段的电子支付称为网络支付。目前国际通行的网络支付工具主要有电子信用卡、电子借记卡、电子支票和电子现金等。

随着 4G 等通信技术的不断发展，中国移动互联网迅速崛起。移动互联时代颠覆了桌面互联网时代人类生产、生活的方式，创造了新的信息传播模式和商业模式。移动互联网加速发展，相关的行业也经历着深刻的变革，其中，移动支付向线下支付领域的快速渗透，极大丰富了支付场景，移动支付正逐渐成为电子支付发展的新方向，未来现金及银行卡交易将逐步被移动支付所取代。

### 7.1.3 电子支付的特征

所谓电子支付，是指从事电子商务交易的当事人，包括消费者、商家和金融机构，使用安全电子支付手段通过网络进行的货币支付或资金流转。与传统的支付方式相比，电子支付具有以下特征：

(1) 电子支付是在开放的网络系统中以先进的数字流转技术来完成信息传输，采用数字化的方式进行款项支付；而传统的交易支付方式则以传统的通信媒介通过现金流转、票据转让和银行的汇兑等物理实体来完成款项的支付。

(2) 电子支付的工作环境是基于一个开放的系统平台（即互联网）；而传统的交易支付方式在较为封闭的系统中运作。

（3）电子支付对软、硬件设施有很高的要求，一般要求有联网的计算机、相关的软件及其他一些配套设施；而传统的交易支付方式对设施没有特殊的要求。

（4）电子支付具有方便、快捷、高效、经济的优势，交易方只要拥有一台上网的计算机，便可足不出户、在很短的时间内完成整个支付过程，支付费用仅相当于传统支付方法的几十分之一，甚至几百分之一。

（5）由于电子支付工具、支付过程具有无形化的特征，它将传统支付方式中面对面的信用关系虚拟化。如对支付工具的安全管理不是依靠普通的防伪技术，而是通过用户密码、软硬件加解密系统以及路由器等网络设备的安全保护功能来实现的。

### 7.1.4　电子支付的分类

随着计算机技术的发展，电子支付的工具越来越多，这些支付工具可以分为三大类：

（1）电子货币类，如电子现金、电子钱包等；

（2）电子信用卡类，包括智能卡、借记卡、电话卡等；

（3）电子支票类，如电子支票、电子资金转账（EFT）、电子划款等。

这些方式各有自己的特点和运作模式，适用于不同的交易过程。除了将电子支付分为以上三大类外，电子支付还可以依据不同的分类标准进行分类，如表 7－1 所示。

**表 7－1　　电子支付的分类**

| 分类标准 | 类型 |
|---|---|
| 交易金额 | 宏支付 |
| | 小额支付 |
| | 微支付 |
| 支付时间 | 预先支付 |
| | 即时支付 |
| | 延后支付 |
| 用户在银行中是否有账号 | 基于账号支付（包括电子支票和电子信用卡） |
| | 基于代币支付（电子现金） |
| 支付者隐私的保护程度 | 无匿名性的支付系统（电子支票） |
| | 完全匿名的支付系统 |
| | 条件匿名的支付系统 |
| 支付方式 | 直接支付 |
| | 间接支付 |

目前，我国电子支付市场主要有四大阵营：一是独立的第三方支付企业，如快钱、易宝支付等；二是国内电子商务交易平台价值链延伸的在线支付工具，如支付宝、财付通等；三是银行，如中国银联的 ChinaPay 以及各银行自己的网上银行；四是以中国移动等电信运营商为代表的移动支付企业。

## 知识点 7.2　电子现金

电子现金（E-cash）又称为电子货币（E-money）或数字货币（Digital Cash），是以数据形式流通的货币，是一种非常重要的电子支付系统。它把现金数值转换成为一系列的加密序列数，通过这些序列数来表示现实中各种金额的市值，用户在开展电子现金业务的银行开设账户并在账户内存钱后，就可以在接受电子现金的商店购物了。

电子现金以荷兰为发源地，其创立者是被誉为电子现金之父的美籍荷兰人大卫·乔姆(David Chaum)。他于20世纪70年代末开始研究如何制作电子现金，并于1982年提出了世界上第一种电子现金方案。该方案是一个在线的、基于RSA盲签名的完全匿名电子现金方案，安全性基于RSA、哈希函数和随机性假设，提款和支付时采用分割选择技术。虽然该方案不是很实用，但为以后电子现金的研究奠定了基础。

1992年，Brands最早利用限制性盲签名提出了一个离线、完全匿名的电子现金方案，该方案的安全性基于Schnorr签名和素数阶群上的表示问题，是迄今为止效率最高的方案之一，已经成为一个经典的电子现金方案。

### 7.2.1 电子现金的特点

电子现金在经济领域起着与普通现金同样的作用，对正常的经济运行至关重要。电子现金应具备以下特征。

1. 匿名性

电子现金不能提供用于跟踪持有者的信息，这样可以保证交易的保密性，也就维护了交易双方的隐私权。也正是因为这一点，如果电子现金丢失了，就会同纸币一样无法追回。

2. 安全存储

电子现金能够安全地存储在用户的计算机或IC卡中，并且可以方便地在网络上传输。

3. 独立性

电子现金不依赖于所用的计算机系统，必须通过电子现金自身使用的各项密码技术保证电子现金的安全以及在互联网上传输过程的安全。

4. 不可重复使用

电子现金一次花完后，就不能用第二次。

5. 可传递性

电子现金可以方便地从一个人传给另一个人，并且不能提供跟踪这种传递的信息。

6. 可分性

电子现金可以用若干种货币单位，并且可以像普通的现金一样，把大钱分为小钱。

7. 可存储性

电子现金能够安全地存储在计算机硬盘、IC卡、电子钱包或电子现金专用软件等特殊用途的设备中。

### 7.2.2 电子现金使用的密码技术

电子现金的安全性和可靠性等主要是依靠密码技术来实现的，主要有以下几种。

1. 分割选择技术

用户在提取电子现金时，不能让银行知道电子现金中用户的身份信息，但银行需要知道提取的电子现金是正确构造的。分割选择技术是用户正确构造 $N$ 个电子现金传给银行，银行随机抽取其中的 $N-1$ 个让用户给出它们的构造，如果构造是正确的，银行就认为另一个的构造也是正确的，并对它进行签名。用户如果想要伪造一张大额电子现金欺骗银行，则只有 $1/N$ 的概率能成功，即该伪造的电子现金恰好被银行抽中。

2. 零知识证明

证明者向验证者（银行）证明并使其相信自己知道或拥有某一消息，但证明过程不能向验证者泄露任何关于被证明消息的信息。零知识证明由于不需要向银行透露某些用户的信息，因此也能实现电子现金的匿名性，而且可实现条件匿名。

3. 认证

认证一方面是鉴别通信中信息发送者是真实的而不是假冒的；另一方面是验证被传送的信息是正确和完整的，没有被篡改、重放或延迟。电子现金在传递前必须先进行认证。

4. 盲数字签名

签名申请者将待签名的消息经"盲变换"后发送给签名者，签名者并不知道所签发消息的具体内容，该技术用于实现用户的匿名性。

5. 离线鉴别技术

离线鉴别技术的核心是在没有银行等第三方参与的条件下，完成对电子现金真实性的鉴别。目前，离线鉴别技术主要是通过数字签名技术来实现的。

### 7.2.3　电子现金的支付模型

电子现金主要涉及用户、商家和银行等三类参与方，具体如图7-3所示。银行和商家应该有协议和授权关系，用户、商家和电子现金银行需要使用电子现金软件，电子现金银行负责用户和商户之间的资金转移，电子现金对使用者来说都是匿名的。

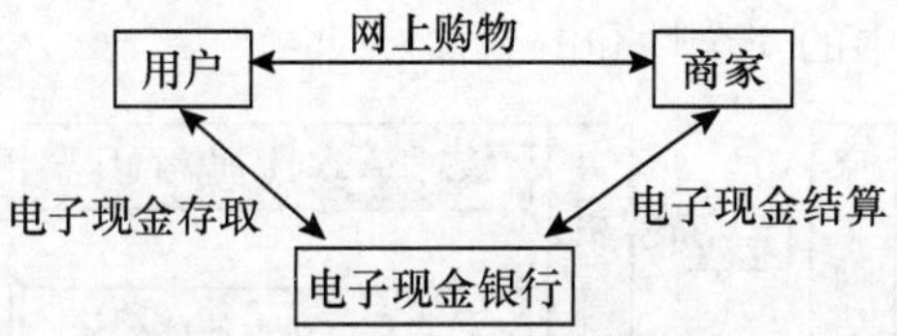


**图7-3　电子现金支付模型**

用户要提取电子现金，首先要在银行开设一个账户，并提供表明身份的证件。当用户想提取电子现金消费时，可以通过互联网访问银行并提供身份证明。在银行确认其身份后，银行可以向用户提供电子现金，并从用户的账户上减去相同金额，然后用户可以将电子现金保存到电子钱包或智能卡中。

例如，用户拨号进入互联网网上银行，使用一个口令（Password）和个人识别码（PIN）来验明自身，直接从其账户中下载成包的低额电子"硬币"，这时候电子现金才起作用。然后，这些电子现金被存放在用户的硬盘中，直到用户从网上商家进行购买为止。为了保证交易安全，还为每个硬币建立随时选择的序号，并把这个号码隐藏在一个加密的信封中，这样就没有人可以搞清是谁提取或使用了这些电子现金。按这种方式购买可以实现匿名性。具体支付过程如图7-4所示。

电子现金支付系统要求用户预先购买电子现金，属于预支付系统。在电子现金生命周期中，主要经过提款、支付、存款三个阶段，涉及取款、支付、存款、重用检查四个基本协议。

（1）取款协议，即从用户账户中提取电子现金的协议。它要求用户与银行中间的通道必须通过身份鉴别。

（2）支付协议，即用户向商家支付电子现金的协议。

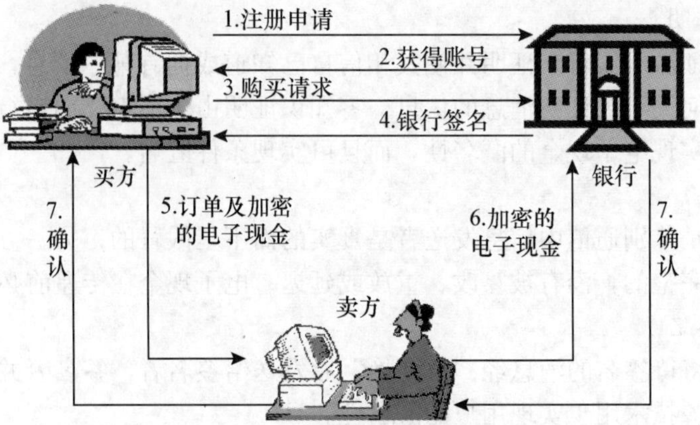


**图 7-4 电子现金支付过程**

(3) 存款协议，商家利用该协议存储电子现金。当商家将电子现金存入自己的银行账户中后，银行将检查存入的电子现金是否有效。

(4) 重用检查协议，用于检查电子现金是否为重复花费。

### 7.2.4 电子现金的支付过程

下面以 E-cash 电子现金系统为例，讲解电子现金的具体支付过程（见图 7-5）。E-cash 是由 Digi Cash 公司推出的一种电子现金解决方案。它采用公钥加密和数字签名技术，保证电子现金在传递过程中的安全性和匿名性。

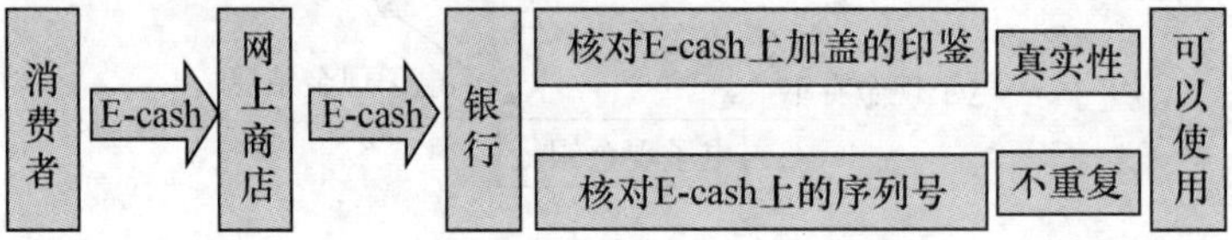


**图 7-5 E-cash 的支付过程**

(1) 客户在 E-cash 发布银行开立 E-cash 账号，并预先存入现金，用预先存入的现金来购买电子现金证书，这些电子现金就有了价值，并被分成了若干成包的“硬币”，可以在商业领域中流通。

(2) 客户使用 E-cash 终端软件从电子现金银行取出一定数量的 E-cash 存在硬盘上备用，通常不超过 100 美元，如图 7-6 所示。

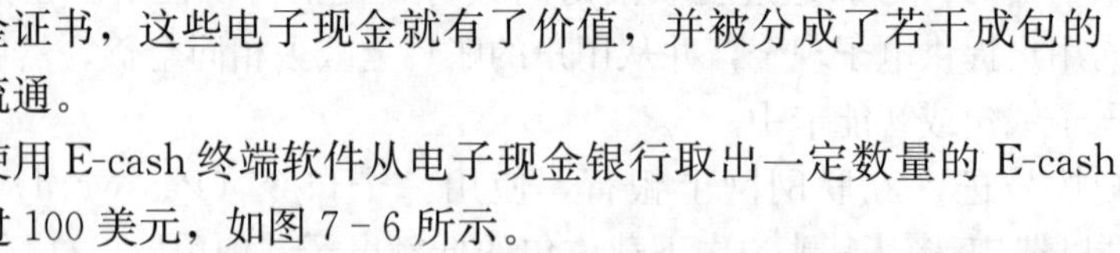


**图 7-6 消费者从银行提取 E-cash**

(3) 用户和同意使用 E-cash 的商家洽谈，签订订货合同，使用 E-cash 支付所购商品的费用。

(4) 商家将收到的 E-cash 向银行申请兑付，E-cash 银行收回 E-cash，保留其序列号备查，再将等值货币存入商家的银行账户。

通过以上分析可发现，E-cash 电子现金具有以下特点：

(1) 银行和商家之间应有协议和授权关系。

(2) 用户、商家和 E-cash 银行都需使用 E-cash 软件。

(3) E-cash 银行负责用户和商家之间资金的转移。

(4) 身份验证是由 E-cash 本身完成的，E-cash 银行在发放电子货币时使用了数字签名，商家在每次交易中，将电子货币传送给 E-cash 银行，由 E-cash 银行验证用户支持的电子货币是否有效（伪造或使用过等）。

(5) 匿名性。

(6) 具有现金的特点，可以存、取、转让，适用于小额交易量。

### 7.2.5 电子现金存在的问题

(1) 目前使用电子现金的商家和银行数目不多，给使用者带来不便。

(2) 成本较高。

(3) 存在货币兑换问题。

(4) 风险成本大。如果某用户的机器硬件损坏，那么电子现金也丢失了。

除了上述技术问题外，还存在以下问题：首先是管理和制度方面问题，如税收、外汇汇率等，因此需要制定严格的经济和金融管理制度。其次是标准化问题，目前电子现金还没有一套国际兼容标准，不利于电子现金的流通。最后是成本问题，电子现金支付系统参与者的软件和硬件设施要求较高，因此交易成本也相应提高。

## 知识点 7.3 信用卡与电子钱包

### 7.3.1 信用卡

1. 信用卡的产生

随着市场经济的不断发展，现金和票据的流通速度已无法满足银行业务不断增长及客户对质量和效率的更高要求。信用卡是市场经济发展到一定阶段的产物，随着商品生产规模的不断扩大，消费者的消费能力相对不足。于是 1915 年，在美国诞生了第一张信用卡，其最初是用于商业。餐饮业业主为了扩大销售，吸引顾客，在一些顾客中发行“信用筹码”，顾客凭此筹码能享受分期付款、赊购商品。后来由筹码形式演变为卡片形式，并逐渐在其他领域推广使用。

信用卡（Credit Card）支付是一种非现金交易付款的方式，具有简单的信贷服务功能。信用卡是由发卡机构签发的，证明持有人信誉良好，能为其提供信用消费的信用凭证。信用卡的发行突破了传统的现金支付形式，为银行建立先进的自动服务体系创造了条件，成为自动服务系统中的主要组成部分，并为电子货币时代的来临奠定了基础。

几十年来，信用卡以其方便、灵活、安全、快捷的特点吸引了众多的消费者，据央行 2018 年 8 月发布的《2018 年第二季度支付体系运行总体情况》报告显示，截至第二季度末，全国银行卡在用发卡数量 71.87 亿张，环比增长 2.49%；其中借记卡在用发卡数量 65.50 亿张，环比增长 2.33%；信用卡和借贷合一卡在用发卡数量共计 6.38 亿张，环比增长 4.17%。全国人均持有银行卡 5.17 张，其中人均持有信用卡 0.46 张。由此可见，信用卡已经被普及和认可，信用消费、超前消费的概念也越来越深入人心。

2. 信用卡的作用

信用卡已经广泛应用于各个领域，如银行业的银行卡、商业服务业的购物卡、加油卡、娱乐卡、电话卡等，其中尤以银行卡应用最为广泛、功能最强、品种最多。

信用卡具有购物消费、信用借款、转账结算、汇兑储蓄等多项功能。信用卡可在商场、饭店等许多场合使用，可采用刷卡记账、售货终端机 POS 结账、自动柜员机 ATM 提取现金等多种支付方式。信用卡不仅是一种支付工具，同时也是一种信用工具。

3. 信用卡的分类

信用卡的分类如表 7-2 所示。

表 7-2 信用卡的分类

| 分类 | 类型 | 使用特点 |
|---|---|---|
| 结算方式 | 贷记卡 | 发卡行允许持卡人“先消费，后付款”，提供给持卡人短期消费信贷，到期依据有关规定完成清偿。 |
| | 借记卡 | 持卡人在开立信用卡信用账户时按规定向发卡行交一定的备用金，持卡人完成消费后，银行会自动从其账户上扣除相应的消费款项。 |
| 使用权限 | 金卡 | 允许透支限额相对较大。 |
| | 普通卡 | 透支限额低。 |
| 持卡对象 | 个人卡 | 持有者是有稳定收入来源的社会各界人士，其信用卡账户上的资金属持卡人个人存款。 |
| | 公司卡 | 又称单位卡，是各企业、事业单位部门中指定人员使用的卡，其信用卡账户资金属公款。 |
| 使用范围 | 国际卡 | 可以在全球许多国家和地区通行使用，如 Visa 卡和 Master Card 卡等。 |
| | 地方卡 | 只局限在某地区内使用，如我国各大商业银行发行的人民币长城卡、牡丹卡、太平洋卡等。 |
| 载体材料 | 磁卡 | 在信用卡背后贴有磁条，其中存储有关信用卡业务所必需的数据，使用时必须有专门的读卡设备读出其中所存储的数据信息。 |
| | IC 卡 | 卡片中嵌有芯片，信用卡业务中的有关数据存储在 IC 卡芯片中，既可以脱机使用也可以联机使用。 |

4. 智能卡

信用卡的代表是智能卡。20 世纪 70 年代中期，法国人 Roland Moreno 发明出安装嵌入式存储器芯片的塑料卡片，这就是早期的 IC 卡。1976 年法国 Bull 公司研制出第一张 IC 卡。

智能卡（Smart Card），也称为 IC 卡（Intergrated Circuit Card），它是将一个微电子芯片嵌入符合 ISO 7816 标准的卡基中，做成卡片形式，其信息和数据可以以电子信号的方式记录在芯片的存储器里。卡上的信息受用户的个人识别码（PIN）保护，因此只有用户能访问它。多功能的智能卡内嵌入有高性能的 CPU，并配备有独自的基本软件（OS），能够如同个人电脑那样自由地增加和改变功能。这种智能卡还设有“自爆”装置，如果犯罪分子想打开 IC 卡非法获取信息，卡内软件中的内容将立即自动消失。

智能卡系统的工作过程是：首先，在适当的机器上启动用户的互联网浏览器，这里所说的机器可以是 PC 机，也可以是一部电话；其次，通过安装在 PC 机上的读卡机，将用户的智能卡登录到用户服务的银行 Web 站点上，智能卡会自动告知银行用户的账号、密码和其他一切加密信息；最后，用户从智能卡中下载现金到厂商的账户上，或从银行账号下载现金存入智能卡。

在电子商务交易中，智能卡的应用类似于实际交易过程。只是用户在自己的计算机上选好商品后，键入智能卡的号码登录到发卡银行，并输入密码和账号，即完成整个支付过程。严格来说，使用智能卡支付网上交易货款并不是真正意义上的网上支付，支付过程实际上发生在网上商户和银行之间，交易安全性基本由商家的信用决定，对买家来说存在被欺诈的风险，但这是经常使用的网上交易的资金支付方法。其基本流程为：

（1）在实际商品、相关服务与资金流动发生之前，由客户通过安全方式将智能卡信息传送给商家；

（2）商家验证客户身份为智能卡账户所有者；

（3）商家把智能卡收费信息和数字签名发送给银行或在线智能卡处理器；

（4）银行或处理方把信息发送给客户银行进行授权；

（5）客户银行为商户返回智能卡数据、收费确认和授权；

（6）网上智能卡支付完成。

智能卡由于其固有的信息安全、便于携带、比较完善的标准化特点，在身份认证、银行、电信、公交系统等领域正得到越来越多的应用。如我们现在使用的第二代身份证、手机的 SIM 卡、公交卡、地铁卡等。

### 7.3.2　电子钱包

电子钱包（Electronic Wallet）是电子商务活动中网上购物顾客常用的一种支付工具，是在小额购物或购买小商品时常用的新式钱包。电子钱包实质上是个装载电子货币的“电子容器”，在电子钱包内存放的是电子货币，如电子现金、电子零钱、电子信用卡等。

电子钱包有两种含义：一是纯粹的软件，主要用于网上消费、账户管理，这类软件通常与银行账户或银行卡账户连接在一起。二是小额支付的智能储值卡，持卡人预先在卡中存入一定的金额，交易时直接从储值账户中扣除交易金额。

电子钱包一直是全世界各国开展电子商务活动的热门领域，也是实现全球电子化交易和互联网交易的一种重要工具，全球已有很多国家正在建立电子钱包系统以取代现金交易的模式，我国也正在开发和研制电子钱包服务系统。使用电子钱包购物，通常需要在电子钱包服务系统中进行。目前世界上有 Visa Cash 和 Mondex 两大电子钱包服务系统，其他电子钱包服务系统还有 HP 公司的电子支付应用软件 VWALLET、微软公司的电子钱包 MS Wallet、IBM 公司的 Commerce POINT Wallet 软件、MasterCard cash、EuroPay 的 Clip 和比利时的 Proton 等。

#### 1. 电子钱包的产生

世界上最早的电子钱包是由英国西敏斯国民银行（National Westminster Bank）和米德兰银行（Midland）共同创办的名为 Mondex UK 的企业开发的。1995 年 7 月首先在斯温顿市（Swindon）试用。由于其具有简单、快捷、安全的特性，很快打开了局面，被广泛应用于市场、商店、餐饮店、停车场、公用电话亭和公交车中。

#### 2. 电子钱包的特点（以 Mondex 电子钱包为例）

（1）保证匿名。

(2) 安全性。允许客户锁定一张给定卡上的价值，以防丢失。

(3) 具有现金货币所具有的诸多属性。

3. 电子钱包的使用及购物步骤

使用电子钱包的客户通常要在有关银行开立账户。在使用电子钱包时，将电子钱包通过电子钱包应用软件安装到电子商务服务器上，利用电子钱包服务系统就可以把自己的各种电子货币或电子金融卡上的数据输入进去。在发生收付款时，如客户需用信用卡，如 Visa 卡和 Mondex 卡等付款时，只要单击一下相应项目（或相应图标）即可完成。这种电子支付方式被称为单击式或点击式支付方式。

在电子钱包内可以装入电子现金、电子零钱、安全零钱、信用卡、所有者的身份证书和地址，及电子商务网站的收款台上所需的其他信息。电子钱包提高了购物的效率。电子商务活动中的电子钱包软件通常都是免费提供的。客户可以直接使用与自己银行账号相连接的电子商务系统服务器上的电子钱包软件，也可以通过各种保密方式使用互联网上的电子钱包软件。

在电子商务服务系统中设有电子钱包功能管理模块，叫作电子钱包管理器（Wallet Administration），客户可以用它来改变保密口令或保密方式，查看自己银行账号上收付往来的电子货币账目、清单和数据。电子商务服务系统中还有电子交易记录器，客户通过查询记录器，可以了解自己都买了什么物品、购买了多少，也可以把查询结果打印出来。

利用电子钱包在网上购物，通常包括以下步骤：

(1) 客户使用浏览器在商家 Web 主页上查看在线目录，浏览商品，并选择要购买的商品。

(2) 客户填写订单，包括项目列表、价格、总价、运费、搬运费、税费等。订单可以通过电子化的方式来传输，或由用户的电子购物软件建立。

(3) 客户确认后，选定用电子钱包付钱。将电子钱包装入系统，单击电子钱包的相应项或电子钱包图标，电子钱包立即打开，客户输入自己的保密口令，在确认是自己的电子钱包后，从中取出一张信用卡来付款。

(4) 电子商务服务器进行合法性确认后对此信用卡号码采用某种保密算法并加密，然后发送到相应的银行，同时商家也收到经过加密的购货账单，商家将自己的顾客编码加入电子购货账单后，再转送到电子商务服务器中。这里，商家对客户信用卡上的号码是不可能也不应该知道的，商家无权也无法处理信用卡中的钱款。因此，只能把信用卡送到电子商务服务器中处理，在信用卡公司和商业银行之间进行应收款项和账务往来的电子数据交换和处理。

(5) 如果经商业银行确认后拒绝并且不予授权，则说明客户的这张信用卡上的金额不够或者已经透支。被商业银行拒绝后，客户可以再单击电子钱包，打开后取出另一张信用卡，重复上述操作。

(6) 如果经商业银行证明电子钱包付款有效并授权后，商家发货并将电子收据发给客户，商家留下整个交易过程中发生往来的财务数据。

(7) 商家按照客户提供的电子订单将货物在指定地点交到客户或其指定人手中。

上述购物过程中虽经过信用卡公司和商业银行等多次身份确认、银行授权、各种财务数据交换和账务往来等，但这些都是在极短的时间内完成的。实际上，从客户输入订货单后开始到拿到商家出具的电子收据为止的全过程仅用 5～20 秒的时间。这种电子购物方式十分省事、省力、省时。而且，对客户来说，整个购物过程是十分安全、可靠的。

总之，这种购物过程彻底改变了传统的面对面交易和一手交钱一手交货的购物方式，是一种很有效而且非常安全可靠的电子购物过程，是一种与传统购物方式有着根本不同的现代高新技术购物方式。

## 知识点 7.4　电子支票

电子支票（Electronic Check，E-check 或 E-cheque）是一种借鉴纸张支票转移支付的优点，利用数字传递将钱款从一个账户转移到另一个账户的电子付款形式。电子支票是将支票的全部内容电子化，然后借助于互联网完成支票在客户之间、银行与客户之间以及银行之间传递的资金结算。这种电子支票的支付是在与商户及银行相连的网络上以密码方式传递的，多数使用公用关键字加密签名或个人身份证号码（PIN）代替手写签名。图 7－7 为电子支票及打印机样式。

图 7－7　电子支票及打印机样式

用电子支票支付，事务处理费用较低，而且银行也能为参与电子商务的商户提供标准化的资金信息，故而是最有效率的支付手段之一。

### 7.4.1　电子支票支付的过程

电子支票主要包括四个实体，即客户、商家、发卡银行和收单银行。

电子支票支付包括生成、支付和清算三个过程。

1. 生成过程

客户必须在提供电子支票业务的银行注册，开具电子支票。

2. 支付过程

当客户使用电子支票的时候，支付系统首先要验证交易双方的身份，然后完成支付过程。

(1) 客户可以使用发卡银行发放的授权证明文件签发电子支票，然后将签名的支票发送给商家。电子支票的内容包含客户名、金额、日期、收款人和账号等信息，它向商家提供了完整的支付信息。

(2) 为了保证电子支票的安全性，客户可以用商家的公钥或双方共享的对称密钥对支票内容进行加密，然后通过网络将加密的支票传给商家，以保证只有商家才能是该支票的唯一合法接收者。

(3) 商家用自己的私钥解密电子支票，然后采用客户公钥验证客户对电子支票的签名。

(4) 如果电子支票是有效的，则商家将发货给客户或向客户提供相应的服务。因此，电子支票支付系统也属于后付费支付系统。

3. 清算过程

在清算过程中，发卡银行和收单银行会将支付资金从客户的账户中取出并转入商家账户中。为防止重用，银行还需要对处理过的电子支票加以标识。

### 7.4.2 电子支票系统的安全问题

简单地说，电子支票就是纸质支票的电子版。它包含和纸质支票一样的信息，如支票号、收款人姓名、签发人账号、支票金额、签发日期、开户银行名称等，具有和纸质支票一样的金融功能。电子支票系统可以建立在传统纸质支票系统的基础上，但纸质支票系统中的签字、盖章、笔迹等安全机制对电子支票系统已不适用。一方面，电子支票中的所有信息都以数据文件的形式存储、传送，涂改不留痕迹。另一方面，互联网的开放性也带来了相应的安全风险和可靠性问题，因此电子支票必须满足网上支付的安全需求。

一般认为网上支付的安全需求主要包括真实性、保密性、完整性、不可否认性等几方面。真实性一般是指交易者身份的真实性，网上交易的双方素昧平生、相隔千里，必须能确定收款方和付款方是合法的、真实的；保密性是指有些支付信息，如账号、金额等涉及商业机密，为了确保它们在网上传输时不被泄露和窃取，必须进行强行加密；完整性即不可修改性，网上支付涉及电子文档，和实物世界不同，电子文档中的数字信息很容易被不留痕迹地修改、覆盖，使交易方蒙受损失，因此，必须有专门的技术确保信息的完整性；不可否认性是指交易一旦达成，支付一旦实现，双方都不能否认。目前，网上支付的安全需求都可以通过相应的技术手段加以解决。

具体来讲，在电子支票系统中使用安全认证可以实现身份识别；数字签名可以取代手写签名和签章，而且实现了信息的完整性和不可抵赖性；加密解密技术能实现支票信息的保密性，这些技术手段满足了网上支付的安全需求。电子支票系统采用 PIK（公开密钥密码体制）实现其加解密和数字签名，尽管用于加密和签名的算法很重要，但一般情况下算法是公开的，秘密全部寓于密钥中，所以对密钥的管理尤为重要。此外，由于电子支票的数字签名是用签发人的私钥生成的，一旦私钥被窃取，任何人都可以签发和使用电子支票，系统必须确保签名私钥的安全性。所以，实现电子支票安全支付的关键是密钥管理和签名私钥的保护（电子支票簿）。

1. 密钥管理和恢复

电子支票系统中的每个用户拥有两对密钥对。其中，一对密钥用作签名和验证签名，另一对用作加密和解密。支票的签发方在电子支票文档中输入必要的支票信息，用自己的签名私钥对支票签名。然后，用收款方的公开加密密钥对签名进行加密，发送加密签名后的电子支票，收款方在收到支票时，用相应的私有密钥解密签名。同样的过程也会在收款方和银行之间发生。因此，在支票的签发方发送支票前，必须获得接收方的公开加密密钥，这就要求系统具备密钥产生、密钥分发、密钥存储的能力。电子支票是一份电子文档，可能由于种种原因造成损坏，系统必须有能力恢复电子支票和密钥。同时，为了确保公钥来自一个真实的合法用户，需要公钥证书来证实。可见，电子支票系统需要密钥管理体系结构的支持，把身份认证、公钥加密、数字签名等技术集成在一起。具体实现过程如下：

（1）密钥的产生。

由第三方信任实体或银行执行满足银行业标准的密钥生成算法，产生用于加密或签名的公钥和私钥对，为了确保私钥的安全性，密钥一般在硬件智能卡内生成。密钥生成后，私钥保存在卡内不被泄露，公钥可从卡内导出。

（2）公钥证书的发布。

为了确保用于验证签名的公钥确实是来自真实的签发人，需要通过验证数字证书来证实，证书和公钥通常捆绑在一起发布。在电子支票系统中涉及的客户和银行都需要有相应的证书和公钥，系统要保证在每个用户鉴别另一个用户时能获取对方的证书。有两种方式发放证书：一种是由一个中央CA机构发放和维护所有银行和用户的公钥证书；另一种是由根CA发放和维护自己用户的证书。

证书的发放，在小范围内可以通过E-mail或Web站点发布。在大的商业应用中，由于密钥经常变化，用户也常常开立新账户，所以必须采用新的方法，如收款方把电子账单与公钥绑定在一起，发给电子支票的签发人，支票签发人使用该公钥对数字签名进行加密。

公钥和证书的存储是指通过集中或分布式目录服务器存储和查询所有用户的公钥和证书。支票和密钥的恢复是指在硬件智能卡接收到支票时，系统将生成该支票的副本，当支票丢失或损坏时，用户可以通知其所在的银行并向银行发送该副本。由于在生成智能卡时，银行或第三方认证机构保留了用户私钥的副本，所以可以解密支票上的签名，解密成功后准备清算。为了防止用户在把支票背书转让给其他人后向银行发送一个拷贝，谎称支票已丢失或损坏，银行将等到支票有效期截止，并且没有发现相关的转让支票时才在用户的账上记入贷方，然后清算支票。

2. 电子支票簿

众所周知，即便是有了手写签名的样本，也很难模仿出一模一样的签名。但如果有了签发人的私钥，任何人都可以很容易使用该私钥伪造出一份完全一样的签名进行欺诈。因此，电子支票系统必须确保签发人私钥的安全性。为了防止私钥在用户个人机器或网络传输时被窃取，私钥一般存放在硬件智能卡或IC卡上，由用户随身携带。

在电子支票系统中签名私钥的保护是通过电子支票簿技术实现的。

（1）电子支票簿的生成过程。

1）系统执行初始化程序，激活卡内芯片调用满足标准的密钥生成程序，生成加密和签名的密钥对。私钥保存在卡内，公钥可以从卡内导出。

2）发卡银行对支票账号、卡及持卡人进行登记。

3）公钥以安全的方式从卡中发送到银行CA，银行CA对公钥与一定的支票账户和持卡人进行映射。

4）银行验证所有的账户信息和公钥后，给支票簿发放一张用银行私钥签名的公钥证书。

5）系统确认银行证书的完整性，把证书及一些账户信息存入卡内。

6）将中央CA给银行发放的证书存入卡内。

7）系统生成电子支票簿卡，在卡面上打印银行的标识、持卡人姓名、识别码。

8）随机生成初始PIN，安装到芯片上。

9）把卡和被覆盖的PIN发给用户。

（2）电子支票簿的存放介质。

电子支票簿是一种硬件和软件装置，可以实现电子支票的签名、背书等最基本的功能。它具有防篡改的特点，并且不容易遭到来自网络的攻击。常见的电子支票簿有智能卡、IC卡、掌上电脑等。

以智能卡为例，用作电子支票簿的智能卡可实现与支票簿相同的功能，它的芯片被编程用来执行签名、背书功能并存储签名日志。

（3）电子支票簿的功能。

1）密钥生成。系统执行标准的加密算法在智能卡内生成所需的密钥对。其中，公钥可以对外开放，私钥只保存在卡内，除非密钥恢复时能得到私钥的备份，否则，其他任何地方都无法获取私钥。

2）签名和背书。用户通过执行智能卡内ROM芯片中的加密程序实现对信息的加密和签名。

3）存取控制。用户通过输入个人身份识别码（PIN）来激活电子支票簿，确保私钥的授权使用。系统根据不同的控制级别划分出三种PIN：第一种PIN可实现填写电子支票、对支票签名、背书支票、签发进账单、读取日志信息、更改该级别PIN等功能；第二种PIN除执行第一种的功能外，还增加了对电子支票簿的管理功能，如可增加、删除证书和公钥，读取签发人的公钥和签发人的个人信息，更改管理者的PIN等；第三种PIN用作银行系统初始化，包括初始化公钥对和初始化签发人的个人数据等。

（4）电子支票簿的优点。

1）保证了用户私钥的安全性。

2）标准化和简化了密钥生成、分发和使用，使电子支票的用户不需要专门的技能和培训就能建立起很高的信任机制。

3）能理解电子支票的语法，对电子支票的关键数据建立日志并保存。提供了使用卡进行数字签名的安全记录，还提供了解决“特洛伊木马”问题的入口点。

4）能随机自动生成递增的、唯一的“电子支票号”，杜绝由于E-mail出现问题或人为原因造成的支票副本，防止对支票的多次兑现。

总之，电子支票系统目前一般是专用网络系统，国际金融机构通过自己的专用网络、设备、软件及一套完整的客户识别标准报文、数据验证等规范化协议完成数据传输，从而控制安全性。系统在专用网络上应用成熟的模式，如SWIFT系统，其应用范围主要是企业与企业之间（如银行与银行或银行与普通企业之间）。

## 知识点 7.5　移动支付

随着3G乃至4G技术的不断发展，中国移动互联网迅速崛起。移动互联时代颠覆了桌面互联网时代人类生产、生活的方式，创造了新的信息传播模式和商业模式。移动支付是近年来支付服务方式的重要创新之一，也是新兴电子支付的主要表现形式。据第42次《中国互联网络发展状况统计报告》数据显示，截至2018年6月，我国手机网民规模达7.88亿，较2017年年末增加4.7%。移动互联网与线下经济联系日益紧密，我国手机网上支付用户规模增长迅速，达到5.66亿，半年增长7.4%，网民手机网上支付的使用比例达到71.9%。手机支付向线下支付领域的快速渗透，极大丰富了支付场景，有68.0%的网民在线下实体店购物时使用手机支付结算。由此可见未来移动支付趋势不可逆转。

### 7.5.1 移动支付的概念

移动支付也称为手机支付，它是指用户使用手机等移动终端，对所消费的商品或服务进行账务支付的一种支付方式。单位或个人通过移动设备、互联网或者近距离传感直接或间接向银行金融机构发送支付指令产生货币支付与资金转移行为，从而实现移动支付功能。移动支付使用的移动终端可以是手机、掌上电脑（PDA）、移动PC等。

移动支付业务最早出现于20世纪90年代初的美国，随后在韩国和日本出现并迅速发展。我国的移动支付最早出现在1999年，由中国移动与中国工商银行、招商银行等金融部门合作，在广东等一些省市开始进行移动支付业务试点。经过近十多年的发展，我国移动支付产业已形成了较完备的价值链，广大商业银行、各主要移动通信运营商以及众多的第三方支付服务组织都积极参与进来，有力地促进了我国移动支付产业的发展。移动支付的应用范围已经涉及转账汇款、网上购物、公共缴费、手机话费、公共交通、商场购物、个人理财等很多领域。但受诸多因素的影响，移动支付主要应用于小额支付。

### 7.5.2 移动支付的发展

移动支付的发展大致分为三个阶段，分别是移动互联网远程支付、O2O电子商务支付以及近场支付。

1. *移动互联网远程支付*

远程支付是指基于移动互联网把PC端照搬过来的模式，典型代表有银行网银手机客户端、支付宝手机客户端等。

2. *O2O电子商务支付*

目前互联网支付巨头纷纷针对这一领域推出一些创新支付形态，从而为移动支付产业带来一个短期的高速增长态势。典型代表有：二维码支付、声波支付、手机刷卡器支付和基于LBS技术的iBeacon。

（1）二维码支付。

二维码支付是一种基于账户体系搭起来的新一代无线支付系统，二维码本身是一种可读性的条码，终端设备通过扫描二维码取得支付数据，并借助网络实现远程支付结算。2010年年底，互联网上广泛流传二维码及相关技术，标志着国内二维码开始被广泛普及。二维码支付的主要特点有：成本较低、操作使用简单、支付便捷，用户可以随时随地进行实时支付。近年来，作为移动支付的主力军，二维码支付凭借时尚、便捷的客户体验，在支付领域已得到了广泛推广。同时，由于许多二维码扫码工具并没有恶意网址识别与拦截的能力，这给了手机病毒极大的传播空间，可通过对在线恶意网址、支付环境的扫描与检测来避免二维码扫描渠道染毒。

(2) 声波支付。

声波支付是利用声波的传输，完成两个设备的近场识别，进而借助网络实现支付。目前支付宝钱包和中国银行“中银易商”客户端已运用该功能。

(3) 手机刷卡器支付。

手机刷卡器是读取磁条卡信息的外接设备，通过手机设备上的3.5mm音频插孔来传输数据，刷卡器本身没有支付功能，需通过支付软件的配合才能完成支付、收单功能，目前推出手机刷卡器产品的公司国外有Square，国内有拉卡拉、盒子支付等，但国内因收单方POS端受到管制，只能在个人客户中应用。

(4) 基于LBS技术的iBeacon。

LBS (Location Based Service，基于位置的服务）技术以iBeacon为代表，是基于蓝牙4.0低能耗版协议所开发的技术，商家可通过部署iBeacon基站实现室内定位，但定位精度最高只能达到1m，由于定位精度不够导致其在支付领域的应用困难重重，目前尚处于构想状态。

3. 近场支付

近场支付 (Near Field Communication，NFC) 即近距离无线通信技术，是指消费者在购买商品或服务时，采用NFC技术通过手机等移动设备完成支付。与二维码支付不同的是，NFC是一种高频无线通信技术，不需要使用移动网络，可以直接刷手机支付。目前已推出的Apple Pay、Samsung Pay均支持NFC支付。据苹果公司介绍，依靠NFC技术植入iPhone中的零部件，用户设备能够监测到商户POS机终端周围形成的磁场。在验证完手机和POS机终端后，系统会自动“转移”用户凭据和支付数据，商户支付处理器通过连接支付网络来验证用户凭据，最后完成交易。

NFC支付技术的典型代表为日本NTT DoCoMo推行的手机钱包业务Osaifu-keitai，2013年其手机钱包用户渗透率已超过70%。常见的NFC支付技术还包括蓝牙、红外线等，NFC支付优势明显，未来将居于主导地位。

当前我国移动支付市场正处在第二阶段向第三阶段转变的时期，二维码、声波、LBS等移动互联网交互技术只是NFC等近场支付方式全面推广完成前的过渡手段。

### 7.5.3 移动支付的模式与实现方式

1. 移动支付的模式

在移动支付协议中，主要的参与者包括：消费者、商家、金融机构和支付网关。消费者即买家，在移动支付中，消费者需拥有由CA发放的数字证书，使用移动终端通过移动互联网与商家或支付网关进行交互；商家是指具有货物或服务提供给客户的组织，即卖家；金融机构是指银行、信用卡发放组织，主要为移动支付平台建立一套完整、灵活的资金转账服务和安全体系，管理移动用户的银行账户（与手机SIM卡绑定的银行信息），保证支付的顺利进行；支付网关以金融机构代理的身份，实现核准和支付功能，即第三方支付平台，可以分为移动交互平台和移动支付系统两大功能模块。

移动支付的基本模式如图7-8所示。使用移动支付系统，消费者和商家都必须在金融机构有合法的账户，移动支付的一般流程如下：

(1) 消费者先向移动支付提供商进行开户申请，获取移动支付服务权限。

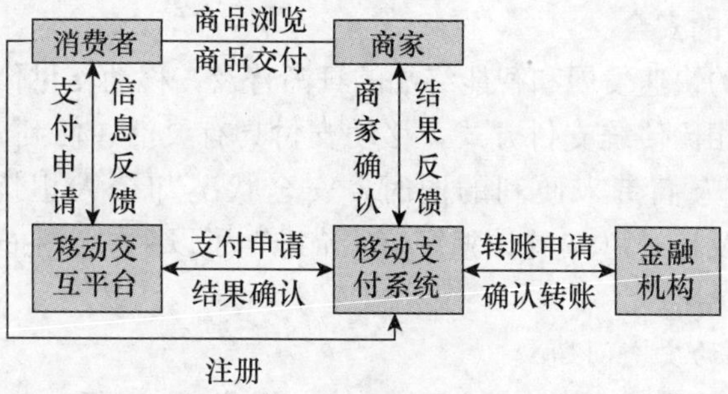


**图7-8 移动支付的模式**

(2) 提交支付申请，消费者通过浏览商家商品后，可以提交自己的购物信息和支付请求到移动交互平台。

(3) 移动交互平台对消费者的支付申请进行分类处理，并将申请以CMPP格式转交到移动支付系统。

(4) 移动支付系统向商家确认支付申请信息。

(5) 经商家确认后，支付系统向金融机构进行转账申请。

(6) 金融机构对转账申请进行验证确认，并行移动支付系统反馈。

(7) 移动支付系统向商家返回支付结果。

(8) 商家进行确认并发货。

(9) 移动支付系统通过交互平台向消费者发送反馈信息。

*2. 移动支付的实现方式*

根据支付的实现方案，移动支付可分为现场支付和远程支付。现场支付是指交易者面对面进行，包括现金交易、电子支付等；远程支付是指利用向终端发送支付指令或借助支付工具进行的支付方式。目前，移动支付主要有5种实现方式。

(1) 移动钱包。

用于中国移动用户移动电子商务交易支付的中间账户，可更好地满足银行对小额移动电子商务结算处理的需求、满足商户对小额商品交易管理的需求，方便用户使用。移动钱包可提供移动电子商务付费类多种个性化服务，具体包括：购买数字点卡、买彩票、手机订报、手机捐款、远程教育、手机投保等；也可以用于企业的门禁系统和企业内部消费，如在食堂吃饭、在内部商店买东西等。

(2) 移动收银机。

商家使用移动设备为消费者提供收银服务，每台移动设备都可以变身为POS机。

(3) 移动支付平台。

消费者通过移动设备向对方付费，可以是面对面支付，也可以是远程支付，如支付宝、微信支付等。

(4) 电信运营商代收费。

用户在互联网上购买电子书、游戏等虚拟产品时，通过手机短信等方式进行后台认证，并将账单记录在用户的通信费账单中进行合单收取，如PaymentOne。

(5) 商户自建支付平台。

商户通过自己开发支付软件等方式实现支付过程，如京东商城、唯品会等。

### 7.5.4 移动支付的安全

随着移动互联网的快速发展和智能终端的日渐普及，移动支付作为一种全新的互联网业务获得蓬勃发展。相比传统支付方式，移动支付具有灵活、便利、交易时间短等特点。然而，移动支付在给人们带来便利的同时，安全状况却令人担忧，93%的钓鱼网站、34.8%的恶意程序以及超过70%的诈骗短信“瞄准”了以手机为主的移动支付，严重威胁个人财产安全。

1. 移动支付面临的安全问题

移动支付的安全问题是消费者、商业机构、电信运营商、银行、支付平台运营商最为关注的问题，其所面临的安全问题主要体现为：系统漏洞、软件病毒、虚假 Wi-Fi、钓鱼网站等。

(1) 系统漏洞。

目前移动支付终端设备的操作系统多为 IOS 和 Android，它们都存在严重的系统漏洞，黑客可利用手机系统漏洞、应用程序漏洞等直接获取用户的账号、密码信息。2015 年 3 月有报道称，IOS 上的一个漏洞“URL Scheme 劫持”，可在未越狱的 iPhone 6（IOS 8.2）上盗取支付宝和微信的账号以及密码。由于 Android 平台的开源性，系统漏洞也普遍存在，2013 年 7 月底，国家互联网应急中心发布信息，Android 操作系统存在一个签名验证绕过的高危漏洞，即 Masterkey 漏洞（Android 签名漏洞）。2014 年 10 月谷歌发布了 Android 5.0，自称修复了一项高危漏洞（漏洞编号 Bug：17356824），该漏洞可伪造任意短信内容和发信人，同时可制造手机死机、重启，甚至删除用户的所有数据。

(2) 软件病毒。

随着移动终端及移动支付的普及使用，移动终端的病毒越发猖獗，典型的病毒有“伪淘宝”病毒、“银行窃贼”、“洛克蛔虫”，以及伪装成《王者荣耀》辅助工具的安卓手机勒索病毒等。最近几年，二维码病毒成为手机病毒的主要来源，部分不法分子将病毒程序和二维码生成器进行绑定，一旦有用户点击或扫描此类二维码，手机木马就会植入到用户的手机或平板电脑中，短短几秒钟，用户的手机号、卡号、密码等私人信息就会被不法分子所掌握。

(3) 虚假 Wi-Fi。

随着移动支付的普及，越来越多的人开始习惯使用手机、平板等移动终端进行购物、转账、交易，部分不法分子利用了用户的这种支付习惯，专门在一些购物、休闲、娱乐场所建立虚假的免费 Wi-Fi，人们一旦连接此类 Wi-Fi，手机上的个人信息将被建立 Wi-Fi 的黑客所截获，如果用户在此移动设备上进行过移动支付，那么其账户信息、密码信息将被盗取，进而威胁到用户的账户安全。

(4) 钓鱼网站。

不法分子利用“改号器”软件，将电话号码伪装成银行客服的号码，诱骗人们登录其设计好的虚假的银行网站，或者通过短信中奖、兑换积分等手段诱骗人们登录假冒的客服网站，一旦人们在这个网站上输入账户和密码信息，这些信息就会落入不法分子手中。

2. 移动支付安全防范

针对移动支付面临的主要安全威胁，可以从下面几个方面进行防范：

(1) 提高设备的安全性。

设备本身的安全性是影响移动支付安全的首要问题，手机制造商要及时发现漏洞，缩短漏洞修补时间；国家相关监管部门要加强监管力度，杜绝安全质量不过关的产品流入市场，禁止恶意软件的发行；用户要及时修复漏洞、升级系统版本，安装安全防护软件，避免恶意程序的下载。

（2）连接可信任的网络。

当处在咖啡厅、餐厅、商场等公共场所时，尽量不要使用公共 Wi-Fi，更不要进行支付交易。因为一些不法分子可能设伏于此，通过进入安全性较低的公共无线网络或者建立虚假的无线网络来获取用户信息。

（3）加强安全防范意识。

应当尽量避免通过公共 Wi-Fi 操作敏感业务，比如网银、购物或收发涉密邮件文件等。对须认证个人信息的免费 Wi-Fi 提高警惕，需要认证发送短信或填写手机号码等个人信息时，先辨别 Wi-Fi 提供单位的信誉度，尽量不使用来历不明的单位提供的 Wi-Fi。不要相信不靠谱的广告，广告中但凡涉及金钱交易，一定要提高警惕，不要按照广告的诱导使用网银账户、密码或扫码，以免上当受骗。

要改善移动支付的信息安全环境，需要各方力量进行深度合作，才能够对信息安全相关的违法犯罪行为进行有效打击。这一过程不仅需要政府完善与执行相关法律法规，还包括手机信息安全企业对产品的改进，以及用户安全防范意识的提升和对手机信息安全问题的积极反馈。

# 技能篇

## 任务7.1　网上银行业务使用

**任务目的**

了解银行网上业务内容，并熟练使用网上银行完成相关业务操作。

**任务内容**

登录常见的银行网站，查看各银行的业务内容并做比较；选择一家银行，开通网上银行业务，并在安全环境下体验网上银行业务的相关操作，完成任务报告。

**任务准备**

（1）互联网接入。

（2）计算机（每人一台）。

（3）银行卡。

（4）安全认证工具（如工商银行的U盾、中国银行的E盾等）。

（5）组建团队，设计任务环境和任务步骤。

**任务要求**

（1）完成任务报告的所有设计内容，并附上关键步骤的截图。

（2）记录任务结果。

**任务分析**

我国主要银行的网址和客服电话如表7-3所示。

表 7-3

| 银行名称 | 网址 | 客服电话 |
|---|---|---|
| 中国银行 | http://www.boc.cn | 95566 |
| 中国农业银行 | http://www.abchina.com | 95599 |
| 中国工商银行 | http://www.icbc.com.cn/icbc | 95588 |
| 中国建设银行 | http://www.ccb.com | 95533 |
| 中国招商银行 | http://www.cmbchina.com | 95555 |
| 中国交通银行 | http://www.bankcomm.com | 95559 |
| 中国光大银行 | http://www.cebbank.com | 95595 |
| 中国民生银行 | http://www.cmbc.com.cn | 95568 |
| 华夏银行 | http://www.hxb.com.cn | 95577 |
| 中信银行 | http://www.citicbank.com | 95558 |
| 上海浦东发展银行 | http://www.spdb.com.cn | 95528 |
| 广东发展银行 | http://cgbchina.com.cn | 95508 |
| 兴业银行 | http://www.cib.com.cn | 95561 |
| 北京银行 | http://www.bankofbeijing.com.cn | 95526 |

(1) 选择三个银行，并登录银行网址，查看个人网上银行和企业网上银行的业务类型及其内容，比较分析不同银行的业务内容有什么不同，并进行记录。

(2) 选择一个银行，申请开通个人网上银行并登录，本任务以中国银行为例。

1) 登录中国银行网站 http://www.boc.cn，首次登录需要下载并安装“网上银行登录安全控件”。

2) 在网上申请的个人网银大众版本存在被盗的危险，也可以到银行申请个人网银专业版以有效防止账户被盗。中国银行提供了三种认证工具：中银 E 盾、中银 E 令、手机交易码。

中银 E 盾以 USBKey 为载体，内植数字证书，是国内外银行普遍采用的高级安全认证工具，使用安全便捷，能有效进行交易核对和身份认证，如图 7-9 所示。

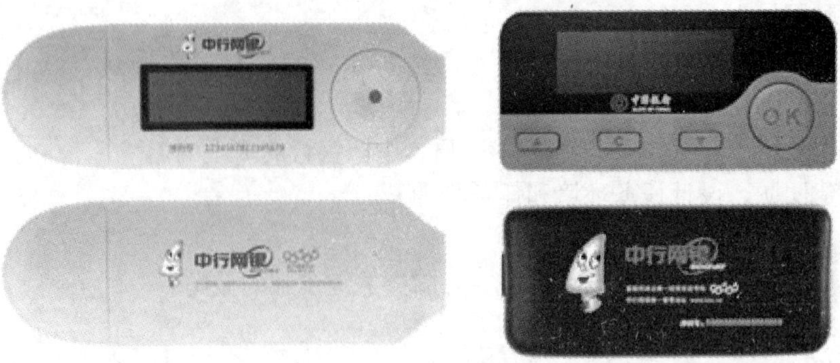


图 7-9　中银 E 盾

中银E令（E-Token）是一种内置电源、密码生成芯片和显示屏，根据专门的算法每隔一定时间自动更新动态口令的专用硬件（见图7-10）。中银E令使用安全、方便，无须安装驱动，无须连接电脑设备，无须记忆密码，而且一个口令在认证过程中只使用一次。

**图7-10 中银E令**

手机交易码是指用户在网上银行、手机银行交易确认过程中，用手机短信进行验证的一种交易认证方式。当用户进行向第三方转账、自助缴费、网上支付、密码修改等操作时，将收到手机交易码短信。当用户进行向第三方转账时，手机交易码与具体转账交易信息（收款人姓名、账号、金额等）绑定，具有交易签名性质，可以进一步保证用户交易和资金安全。

（3）使用网上银行体验支付功能，例如手机充值等小额支付。

# 任务7.2 电子支票的使用

**任务目的**

使用基于电子支票的支付系统。

**任务内容**

选择一个基于电子支票的支付系统实施电子支票项目，主要掌握电子支票的网上支付过程。

**任务准备**

（1）互联网接入。

（2）计算机（每人一台）。

（3）组建团队，选择任务对象，完成案例分析和总结。

**任务要求**

（1）完成任务报告的所有流程。

（2）分析任务结果，做安全分析。

**任务分析**

基于电子支票的支付系统——NetBill实施电子支票网上支付过程，步骤如下：

（1）客户向商家请求查询商品价格，交易开始。

（2）商家调用一种算法向获得确认的用户提供经过数字签名的产品价格。

（3）客户向商家发送自己所能接受的经过数字签名的价格。

（4）商家向客户发送用一次性密钥加密的电子商品信息，并在加密信息上计算散列值。

（5）客户收到上述信息后把它保存下来。在传输成功后客户就会在加密商品上计算散列值，然后返回给商家一个电子采购订单，即价格、加密商品的密码单据、超时值的数字签名值。

(6) 在收到电子采购订单后，商家将与客户的计算校验并进行比较，若不一致，商家就不会发送，此时交易将会取消；若一致，商家就会自动生成一张电子发货单（包括商品价格、加密商品的密码单据、商品解密密钥），商家将电子采购订单和发货单发送给 NetBill 服务器。

(7) NetBill 服务器验证电子采购订单签名和会签，然后检查客户的账号，保证有足够的资金以便批准该交易，同时检查电子采购订单上的超时值是否过期。确认无误，NetBill 服务器即从客户的账号中将相当于商品价格的资金划到商家账号中，并储存密钥和加密商品的密码单据。然后准备一份包含密钥的签好的收据，将该收据发给商家。

(8) 商家记下该收据单再传送给客户，然后客户将在步骤 (4) 收到的加密信息商品解密。NetBill 协议就这样传送信息商品的加密拷贝，并在 NetBill 服务器的契据中记下解密密钥。

# 任务 7.3　移动支付——百度钱包的使用

**任务目的**

了解移动支付的特点，熟悉百度钱包的使用。

**任务内容**

下载安装百度钱包，并使用百度钱包进行网上交易。

**任务准备**

(1) 互联网接入。

(2) 计算机（每人一台）。

(3) 手机，开通网上银行的银行卡。

(4) 组建团队，选择任务对象，完成案例分析和总结。

**任务要求**

(1) 完成任务报告的所有流程。

(2) 分析任务结果，做安全分析。

**任务分析**

移动支付的第三方支付工具有很多，本任务以百度钱包为例。

*1. 百度钱包介绍*

百度钱包由中文搜索引擎公司百度推出的在线支付应用和服务平台。百度钱包将百度旗下的产品及海量商户与广大用户直接“连接”，提供超级转账、付款、缴费、充值等支付服务，打通 O2O 生活消费领域，同时提供“百度金融中心”业务，包括提供行业领先的个人理财、消费金融等多样化创新金融服务，让用户在移动时代轻松享受一站式的支付生活。2017 年 7 月 27 日，PayPal 和百度宣布签署战略合作协议。根据协议，中国消费者可以在中国境内通过百度钱包，在境外的数百万 PayPal 国际商户进行购物和付款，中国消费者跨境在线购物拥有了新的选择。

百度钱包为用户提供以下支付安全保障：

（1）双重密码保护用户资金安全：用户登录需要登录密码，支付需要单独设置支付密码，双重密码保护用户资金安全。

（2）全程网络安全加密：百度钱包网站采用 HTTPS 协议，用户信息全程加密。

（3）账户实名制：用户注册账户信息，需通过公安部的身份证校验，一人一账户。

（4）手机动态密码：资金变动时需要输入手机动态验证码，在双重密码的基础上再加一层保护。

（5）用户安全教育：理财产品会给用户做投资风险评估，主动提示用户投资风险。百度钱包网站有专门的安全教育专区，教育用户网络支付安全。

（6）商家认证计划：用户搜索相关品牌及服务时，百度钱包将在搜索结果页面展现商家“百字号”认证标识，方便用户进入商家正规官方网站，防止误入钓鱼网站，造成损失。

（7）百度手机卫士全流程安全保护：在手机支付过程中，百度手机卫士将从应用下载保真、运行环境加固、信息传输加密、验证短信保护等各个环节保障用户支付安全。

2. 百度钱包安装与注册

（1）下载并安装百度钱包，百度钱包有手机版和电脑版，本任务中使用下载安装手机版百度钱包。

（2）打开百度钱包 App，注册账号，点击首页“注册”，根据提示完成，可以使用邮箱注册或手机注册两种方式注册账号。

3. 百度钱包使用

（1）登录百度钱包，可以用手机号加短信的方式登录，也可以使用百度账号加密码的方式登录。进入如图 7－11（a）所示的界面，百度钱包提供“扫一扫”“付款码”“卡券包”三种支付方式。首页中还提供了多种特色的生活服务项目，如图 7－11（b）所示。

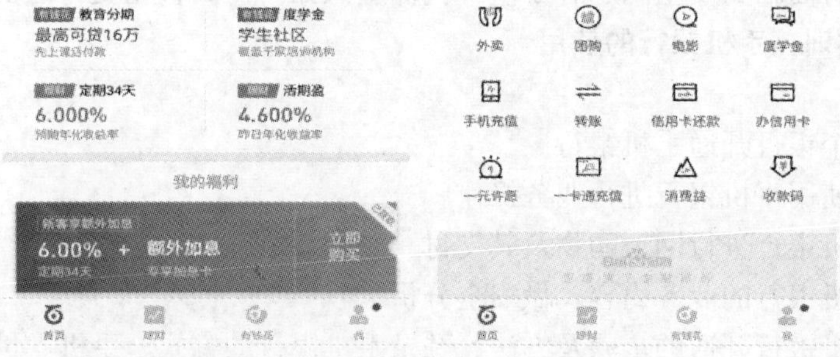


(a)　　　　(b)

**图 7－11　百度钱包首页**

(2) 点击首页右下角“我”图标进入百度钱包个人中心，如图 7-12 所示，点击银行卡进行银行卡绑定，开通快捷支付。为了账户的安全，进行账户信息和实名认证是很有必要的，点击图 7-12 中的“设置”选项可以进行实名认证、授权管理以及各操作密码等安全信息的设置。

(3) 使用百度钱包体验网上交易支付功能，如外卖、电影票等小额业务支付。网上交易完成后可以查看自己交易记录，如图 7-13 所示。

图 7-12 个人中心

图 7-13 百度钱包交易记录

## 实 践 篇

**一、思考题**

1. 搜集第三方跨境支付市场相关案例，分组分析跨境支付可能存在的威胁和安全隐患，并寻求解决方案。

2. 用手机下载一种第三方支付的 App，归纳其手机支付的操作步骤。

3. 移动支付面临的安全问题有哪些？我们应该如何提高移动支付的安全性？

**二、能力实训：手机银行的使用**

任务要求：

1. 选择一个银行开通手机银行。

2. 登录并使用手机银行进行业务操作。

3. 通过手机银行进行网上购物及其支付。

4. 分析手机银行的业务内容，做安全分析。

5. 总结手机银行开通的步骤及方法、登录手机银行的方式、手机支付的注意事项。

通过网银和手机开通手机银行的操作步骤（以中国银行为例）如图 7-14、图 7-15 所示。

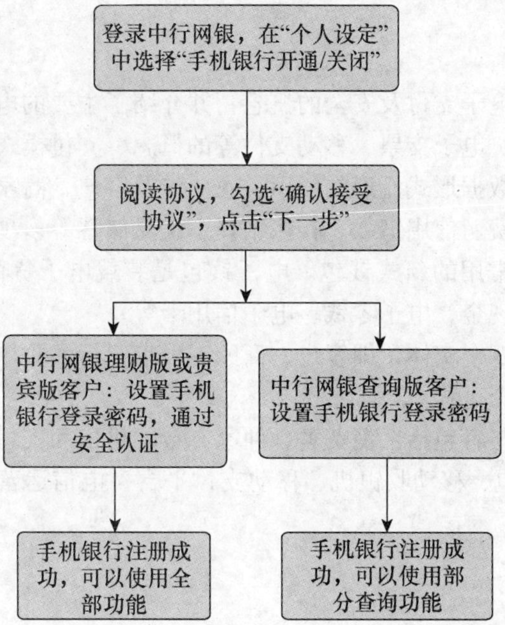


图7-14　网银自助开通手机银行流程

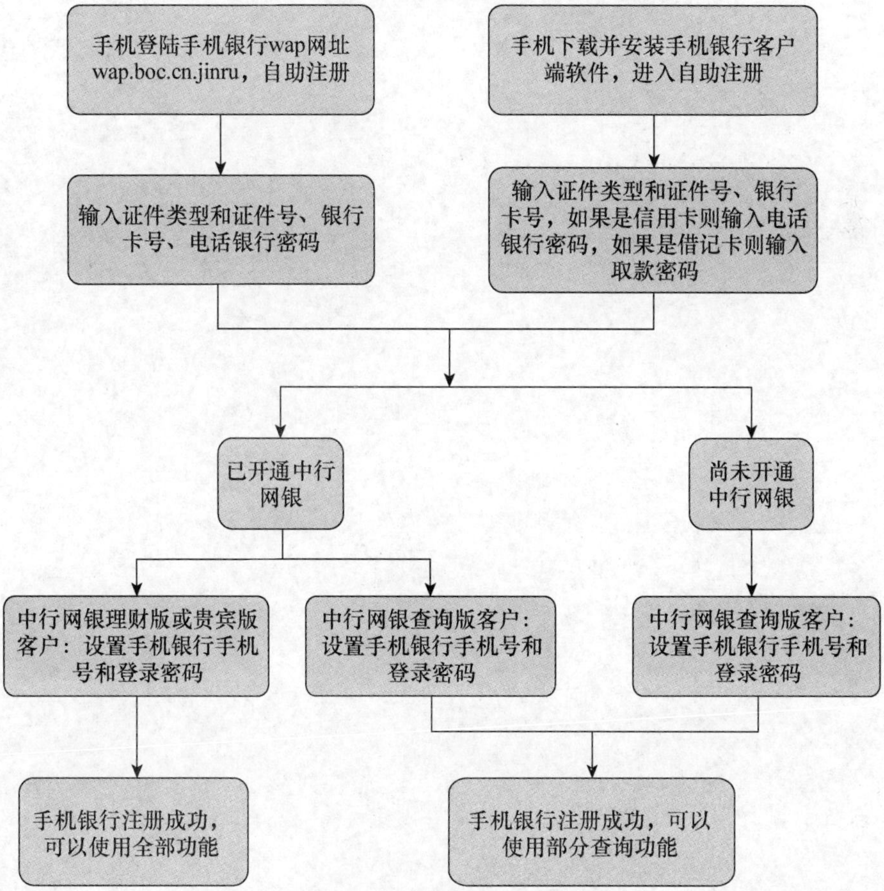


图7-15　手机自助开通手机银行流程

## 模块小结

本模块主要介绍了电子支付及安全的概念，并介绍了主要的电子支付工具，如电子现金、信用卡与电子钱包、电子支票、移动支付等的概念、支付模式、安全问题以及使用。

电子现金是一种以数据形式流通的货币，主要涉及客户、商家和银行等三类参与方。

信用卡具有购物消费、信用借款、转账结算、汇兑储蓄等多项功能。电子钱包是在小额购物或购买小商品时常用的新式钱包。电子钱包是装载电子货币的“电子容器”，可以存放电子货币，如电子现金、电子零钱、电子信用卡等。

电子支票主要包括四个实体，即客户、商家、发卡银行和收单银行。电子支票支付包括生成、支付和清算三个过程。

移动支付的主要参与者包括：消费者、商家、金融机构和支付网关。移动支付主要有5种实现方式：移动钱包、移动收银机、移动支付平台、电信运营商代收费、商户自建支付平台。

# 模块 8 电子商务网站安全

## 学习目标

**知识目标**

1. 了解电子商务网站服务器的安全问题和安全设置
2. 掌握电子商务网站攻击及其防御的基本内容
3. 理解云技术及云安全

**能力目标**

1. 能够分析电子商务网站的安全问题
2. 能够使用相关软件完成如扫描、监听、口令破解、木马攻击等防御内容
3. 能够为企业网站设计一个安全系统

**模块结构图**

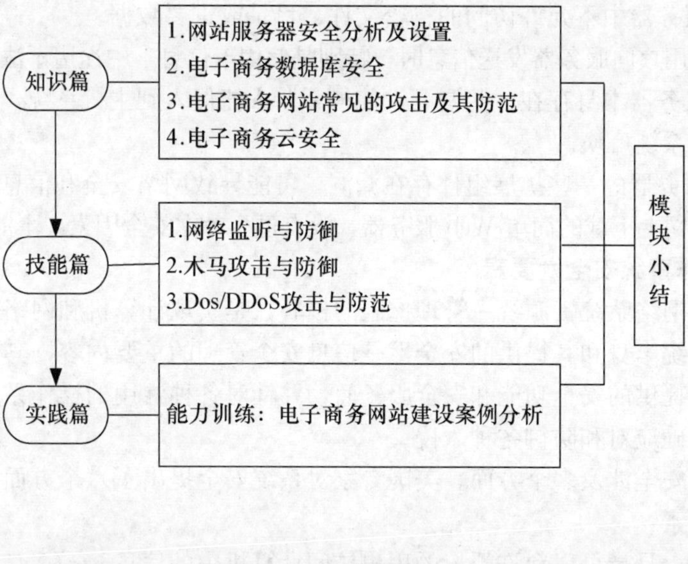


## 知 识 篇

随着互联网的不断普及与发展，企业在互联网上建立自己的网站，可以向世界展示自

己的风采，让更多人了解自己，使企业的公众知名度有一定的提升，并通过网站进行企业的内部管理和开展电子商务活动。因此，电子商务网站成为企业活动的一个重要组成部分，而如何提高网站的安全，抵抗黑客非法入侵，避免信息泄露给企业带来的损失是目前电子商务网站建设中的重要一环。

## 知识点 8.1 网站服务器安全分析及设置

电子商务网站是在互联网这个完全开放的网络中运行的，大量的支付信息、订货信息、谈判信息、商业机密文件等在计算机系统中存放、传输和处理，而网络黑客、入侵者、计算机病毒在网上随处可见，它们窃取、篡改和破坏商务信息。为了确保电子商务活动的健康发展和正常进行，除了应加大对黑客和计算机犯罪的打击力度外，加强电子商务网站自身的安全防护也是非常重要的。因此，当一个企业架设电子商务网站时，应选择有效的安全措施。与电子商务网站安全有关的因素是多方面的。从网站内部看，网站计算机硬件、通信设备的可靠性、操作系统、网络协议、数据库系统等自身的安全漏洞，都会影响到网站的安全运行；从网站外部看，网络黑客、入侵者、计算机病毒也是危害电子商务网站安全的重要因素。

### 8.1.1 Web 安全分析

电子商务网站建设中首要的问题是网站 Web 服务器的使用，通常情况下，开展电子商务的企业会采用自建服务器方案来完成电子商务的各项功能，因此为了电子商务网站的特殊需要，企业会自己租用通信专线，架设 Web 服务器。

Web 服务器的漏洞包括以下几方面：

(1) Web 服务器中不允许访问的秘密文件、目录或重要数据。

(2) 从远程用户向服务器发送信息时，特别是信用卡信息，中途遭不法分子非法拦截。

(3) Web 服务器本身存在一些漏洞，使得一些人能侵入到主机系统，破坏一些重要的数据，甚至造成系统瘫痪。

(4) Web 服务器的一些扩展组件存在漏洞，可能导致网络安全和信息泄露。

(5) 一些从网上下载的简单 Web 服务器，没有过多考虑安全因素，不能用作商业应用。

### 8.1.2 操作系统安全六要素

操作系统是网络系统资源统一管理控制的核心，是实现计算机和网络各项服务的关键和基础，操作系统本身和其提供的安全性是信息安全管理的重要内容，其安全性主要体现在操作系统本身提供的安全功能和安全服务商，并针对各种常用的操作系统，可以进行相关配置，使之正确应对和防御各种入侵。

操作系统的安全涉及多个方面。美国专家对系统安全提出了六个方面的内容，称为操作系统安全六要素：

(1) 保密性，是指可以允许授权的用户访问计算机中的信息。

(2) 完整性，是指数据的正确性和相容性，保证系统中保存的信息不会被非授权用户修改，且能保持一致性。

(3) 可用性，是指对授权用户的请求能及时、正确、安全地响应，计算机中的资源可供授权用户随时访问。

(4) 真实性，是指系统中的信息要能真实地反映现实世界，数据具有较强的可靠性。

(5) 实用性，是指系统中的数据要具有实用性，能为用户提供基本的数据服务。

(6) 占有性，是指系统数据被用户拥有的特性。

### 8.1.3　常用的操作系统

目前常用的网络操作系统有 Windows、UNIX 和 Linux 等，这些操作系统都是符合 C2 级安全级别的操作系统，其安全管理配置对整个网络系统极为重要。

1. Windows 操作系统

Windows 操作系统是微软公司开发的一种界面友好、操作简便的网络操作系统，Windows 操作系统支持即插即用、多任务、对称多处理和群集等一系列功能。Windows 2000 是 Windows 操作系统发展过程中巨大的革新和飞跃，其应用、界面和安全性都做了很大的改动，针对不同的用户和环境开发了不同产品。目前，Windows 2000 系列操作系统产品包括 Windows Server 2000、Windows Server 2003、Windows Server 2008、Windows Server 2012 等。

Windows Server 2003 是微软公司发布的一款应用于网络和服务器的操作系统。该操作系统延续微软的经典视窗界面，同时作为网络操作系统或服务器操作系统，力求高性能、高可靠性和高安全性。Windows Server 2008 是建立在 Windows Server 2003 版本之上，具有先进的网络、应用程序和 Web 服务功能的服务器操作系统，为用户提供高度安全的网络基础架构、超高的技术效率和应用价值，Windows Server 2008 发布了多种版本，以支持各种规模的企业对服务器不断变化的需求。

Windows Server 2012 向企业和服务提供商提供可伸缩、动态、支持多租户以及通过云计算得到优化的基础结构，它号称是一款“云操作系统”，从管理硬件和应用程序扩展到管理服务和技术，让最终用户、开发人员和 IT 人员都能享受到云计算的优势。Windows Server 2012 有 4 个版本：Foundation、Essentials、Standard 和 Datacenter。

操作系统默认的安全配置不一定适合用户需求，需要根据实际情况对操作系统进行安全配置，以提高服务器的安全性。下面介绍 Windows Server 操作系统基本的安全措施。

(1) 设置和管理用户账号。

1) 重命名或禁用默认 Administrator 账户。绝大多数管理员不会使用本地管理员账户，一般都会选择使用具有管理员权限的用户账号。

2) 创建一个名为 Administrator 的陷阱账户，但将其权限设置为最低，并设置一个不少于 10 位的复杂密码，这样有利于发现入侵者的入侵企图。

3) 停用 Guest 账户。由于 Guest 账户的存在往往会给系统带来安全隐患，该账户是不可删除的，我们可以在计算机管理的用户里将 Guest 账户停用，任何时候都不允许 Guest 账户登录系统，为了提高安全性，最好为 Guest 账户设置一个复杂的密码，修改其账户属性，设置拒绝远程访问。

4) 账户授权。一个安全的操作系统其基本原则是：最小的权限＋最少的服务＝最大的安全，因此对不同角色的用户应授予不同的权限，尽量降低每个非授权用户的权限，并删除不必要的用户。

5) 设置系统不显示上次登录用户名。

6) 开启账户策略，可以有效阻止入侵者的字典式攻击。

7）将共享文件的权限从 Everyone 改为授权用户，任何时候都不要把共享文件的用户设置成 Everyone 组，而要根据需求应用进行权限设置。

（2）系统安全设置。

1）密码安全设置。开启密码策略，并为系统设置双重加密账户保护。

2）删除所有网络资源的默认共享。如果要禁止 C$、D$、E$一类的共享，可以在注册表编辑器中设置“HKEY _ LOCAL _ MACHINE \ SYSTEM \ CurrentControlSet \ Services \ lanmanserver \ parameters”，将右侧窗口中的 DOWRD 值“AutoShareServer”设置为“0”；如果要禁止 ADMIN $ 共享，可以在同样的分支下，将右侧窗口中的 DOWRD 值“AutoShareWKs”设置为“0”；如果要禁止 IPC $ 共享，可以修改注册表“HKEY _ LOCAL _ MACHINE \ SYSTEM \ CurrentControlSet \ Control \ Lsa”分支，将右侧窗口中的 DOWRD 值“restrictanonymous”设置值为“1”。

3）开启审核策略。开启审核策略是 Windows 网络操作系统最基本的入侵检测方法，只有开启审核功能，才会在系统日志、安全日志及应用程序日志文件看到相关记录。但是创建审核项目的多少会直接影响其发现严重事件，用户需要根据使用情况在审核项目上做出选择。

4）文件和文件夹加密。在 NTFS 文件系统格式下，将任何需要加密的文件和文件夹进行加密设置，同时要注意 temp 文件夹的加密。

5）安全管理网络服务。一般情况设置禁用自动播放功能、禁用资源共享等功能。

2. UNIX 操作系统

UNIX 操作系统是麻省理工学院开发的一种在分时操作系统的基础上发展起来的网络操作规程系统。由于 UNIX 具有技术成熟、可靠性高、网络和数据库功能强、伸缩性突出和开放性好等特点，可以满足各行各业的实际需要，特别能满足企业重要业务的需要，现已经成为一种成熟的主流操作系统，并在发展过程中逐步形成了一些新特色，其中主要特色包括：可靠性高、伸缩性极强、网络功能强、有强大的数据库支持功能、开放性好。

UNIX 系统设置了三道安全屏障用于防止非授权访问。首先，必须通过身份标识和口令认证才能访问系统；其次，访问控制，即对系统内部资源的访问必须获得相应的访问权限；最后，对系统中重要的信息提供了文件加密这道屏障。此外，UNIX 系统还具有审计记录、操作的可靠性等安全特征。

（1）身份标识和口令认证。

设置安全的账户并确定其安全性是系统管理的一项重要工作。UNIX 系统通过注册用户和口令对用户身份进行认证，并将与身份标识和口令相关信息存储在/etc/passwd 文件中，每个用户信息占用一行，其一般格式为：

LOGNAME：PASSWORD：UID：GID：USERINFO：HOME：SHELL

其中 LOGNAME 是用户名，即用户登录名；PASSWORD 是加密后的口令（采用 DES 算法进行加密）；UID 是用户标识；GID 是用户组标识，来自/etc/group，为 0～Maxint－1 之间的一个整数；USERINFO 是用户扩展信息，如用户全名、电话等信息，由管理员设置，也可以不设置；HOME 是用户工作主目录（如/home/chenxl）；SHELL 是用户登录后执行的 shell 全路径（如/bin/sh）。

（2）文件权限。

UNIX 系统以文件形式管理计算机上的存储资源，并且以文件形式组织各种硬件存储设备（如硬盘、USB盘、CD-ROM等）。这些硬件设备存放在/dev及/dev/disk目录下，一个文件系统就是一个逻辑上的设备，UNIX系统对每个文件属性设置了一系列控制信息，以控制用户对文件的访问权限。系统中，可通过UNIX命令ls-l列出详细文件及其控制信息。

（3）文件加密。

文件权限的正确设置可以在一定程度上限制非法用户的访问，但是对一些高水平入侵者和超级用户不能完全限制其访问文件。UNIX系统提供了文件加密的方式以增强文件保护，用户可以通过crypt命令对文件加密。一般情况下，最好在加密前用pack或compress命令对文件进行压缩后再加密。

（4）不安全因素。

尽管UNIX系统有比较完整的安全体系，但仍然存在很多不安全因素，主要体现在以下几个方面：

1）口令。UNIX系统允许用户不设置口令，这使得非法用户可以通过查看/etc/passwd文件获得合法用户信息，并借用信息进入系统进行非法操作；攻击者可以通过暴力破解的方式不断试验可能口令以获取用户信息。

2）文件权限。文件权限设置不当将增加文件的不安全因素，对目录和使用调整位的文件来说更具有危险。

3）设备特殊文件。UNIX系统的两大类设备：块设备和字符设备，被看作文件存放在/dev目录下。对于这些文件的访问操作实际上是在访问实际物理设备，这些文件的安全是系统安全的一个重要方面。例如，对物理内存系统提供了一个相应的文件/dev/mem，攻击者可以在其中植入木马或通过修改主存内容而窃取系统特权。

4）网络系统。在各种UNIX版本中，UUCP是最广泛使用的网络使用系统。UUCP可以在UNIX系统之间完成文件传输、执行系统之间的命令、维护系统使用情况的统计、保护安全。但同时，UUCP系统未设置权限，允许任何UUCP系统外的用户执行任何命令和复制用户可读写的文件，这样非法用户就可以远程复制/etc/passwd文件，并非法获取root权限进一步入侵系统。

（5）系统安全保障措施。

根据UNIX系统安全性分析，为提高和保障UNIX系统的安全，可以采取下面一些具体的措施：

1）为设置较高的安全级别。UNIX系统共有High、Improved、Traditional和Low安全性由高到低的4种安全级别，用户根据实际使用情况进行设定。

2）强化账号和用户口令管理。撤销不用的账户，建议用户口令加密并经常更换，管理员还可以在/etc/default/passwd和/etc/default/login文件中设定口令长度要求、允许用户登录失败的次数等属性。

3）在inetd.conf中关闭不用的服务。

4）定期检查，及时给系统打补丁。

5）给重要主机单独设立网段。

6）设立自启动终端，锁定暂不用终端。通过建立自启动终端的方式，可以避免操作系统或应用系统的程序或数据被破坏，可以修改/etc/inittab文件，将相应终端号状态由off改为respawn；有些暂不使用的终端建议锁定，锁定方法：＃sysadmash→Accounts→

Terminal→Lock→输入要锁定的终端号。

3. Linux 操作系统

(1) Linux 操作系统的特点。

Linux 是芬兰赫尔辛基大学的学生 Linux Torvalds 开发的具有 UNIX 操作系统功能的新一代网络操作系统。Linux 操作系统的最大特征在于其源代码是向用户完全公开的。Linux 操作系统具有如下特点：

1) 可完全免费获得，不需要支付任何费用。

2) 可在任何基于 X86 的平台和 RISC 体系结构的计算机系统上运行。

3) 可实现 UNIX 操作系统的所有功能。

4) 具有强大的网络功能。

5) 完全开放源代码。

(2) Linux 操作系统的安全漏洞。

作为开放式操作系统，Linux 不可避免地存在一些安全隐患。在网络上可以找到许多 Linux 安全性相关的程序和工具，这在方便用户的同时也方便了攻击者进行非法入侵系统的行为。Linux 系统存在以下主要安全漏洞：

1) 权限提升类漏洞。利用系统上的一些程序的逻辑缺陷或缓冲区溢出的手段，攻击者很容易在本地或通过远程获得 root 权限。

2) 拒绝服务类漏洞。该攻击方式并不取得服务器权限，而是使服务器崩溃或失去响应，拒绝服务类漏洞是目前比较流行的攻击方式。这种方式属于利用系统本身漏洞或其进程缺陷及不正确设置来进行攻击。

3) Linux 内核中的整数溢出漏洞。这种漏洞存在于 XDR 处理器例程中，是由一个整型漏洞引起，攻击者触发该漏洞后在内存中复制巨大的内存，导致内核数据被破坏，进而使 Linux 系统崩溃。

4) IP 地址欺骗类漏洞。IP 地址欺骗是很多攻击的基础，由于 TCP/IP 本身的缺陷，导致很多操作系统都存在 TCP/IP 堆栈漏洞，使攻击者非常容易实现 IP 地址欺骗。虽然 IP 地址欺骗不会对 Linux 本身造成严重影响，但是对很多利用 Linux 为操作系统的防火墙和 IDS 产品来说，这个漏洞却是致命的。

(3) Linux 操作系统的安全设定措施。

如何解决这些隐患，提高系统的安全性呢？只要用户仔细地设定 Linux 的各种系统功能，并采取必要的安全措施，就可以在很大程度上让攻击者无机可乘。对 Linux 系统的安全设定措施包括以下几种方法：

1) 取消不必要的服务。

2) 限制用户出入系统。

3) 经常更新系统内核，保持最新的系统核心。

4) 定期检查登录密码。

5) 改进系统内部安全机制。

### 8.1.4 Web 站点的安全设置

1. 系统安全策略的配置

Web 站点管理的核心是 Web 服务器系统和 IIS 安全的双重安全，保护 IIS 安全的第一步就是确保主机系统的安全。

(1) 限制匿名访问本机用户。选择"开始"→"控制面板"→"管理工具"→"本地安全策略"→"本地策略"→"安全选项",设置"不允许SAM账号和共享的匿名枚举"功能并启用。

(2) 限制远程用户的访问权限。选择"开始"→"控制面板"→"管理工具"→"本地安全策略"→"本地策略"→"安全选项",设置限制远程用户对主机资源的访问。

(3) 限制用户对主机系统的操作权限。选择"开始"→"运行",输入"gpedit.msc"进入本地策略组编辑器内进行权限设置。

2. IIS安全策略的配置

在Web服务器建设及管理过程中,系统会有些默认设置,这些默认设置将大大降低Web攻击的难度。下面介绍使用IIS建立高安全性的Web服务器的配置方法。

(1) IIS与操作系统安装于不同分区。

为保护Windows Server系统的安全性,确认IIS与系统安装在不同的分区。如果IIS安装在系统分区,IIS的安全漏洞可直接威胁到系统的安全,建议卸载重新安装。

(2) 删除不必要的虚拟目录。

打开IIS安装的路径下的wwwroot,删除在IIS安装完成后默认生成的目录,包括IISHelp、IISAdmin、IISSamples、MSADC等。

(3) 停止默认Web站点。

选择"开始"→"程序"→"管理工具"→"Internet信息服务(IIS)管理器",右击"默认Web站点",在弹出的菜单中点击"停止"选项完成设置,根据需要启用自己创建的Web站点,如图8-1所示。

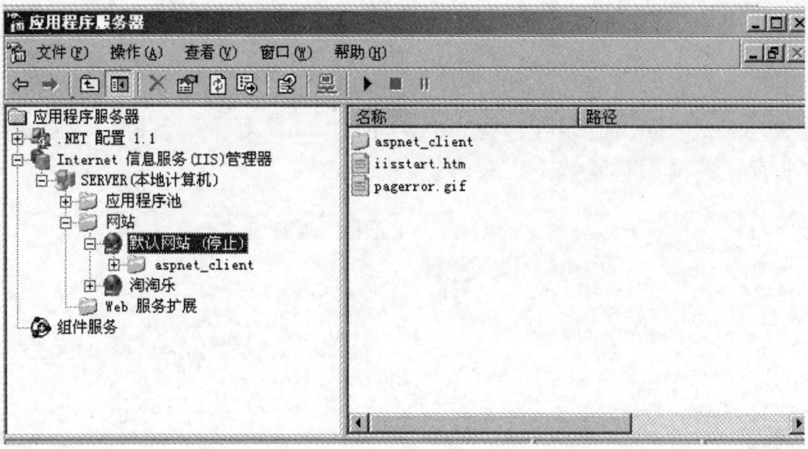


**图8-1 停止默认站点**

(4) 分类设置站点资源访问权限。

对于Web主目录中的文件和目录,点击右键,在"属性"中按需要给它们分配适当权限。一般情况下,静态文件允许读、拒绝写;ASP脚本文件、EXE可执行程序等允许执行、拒绝读写;通常不要开放写入权限。所有的文件和目录要将Everyone用户组的权限设置为只读权限。

(5) 修改端口值。

在“Internet 服务管理器”中，右击网站目录，选择“属性”。在网站目录属性对话框的“Web 站点”页面中，Web 服务器默认端口值为 80，如图 8-2 所示，这给攻击者可乘之机。根据需要可以将端口号改用其他值，增加站点的安全性，当然也会给用户访问带来不便，系统管理员根据需要决定是否采用此条策略。

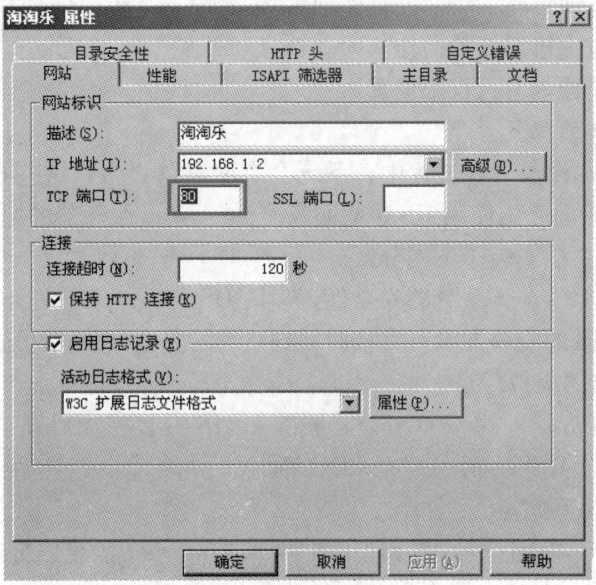


图 8-2 更改默认端口值

(6) 删除不必要的应用程序映射。

在“Internet 服务管理器”中，右击网站站点，选择“属性”→“主目录”→“配置”→“应用程序配置”，删除无用的程序映射，如图 8-3 所示。在大多数情况下，只需要留下 .asp、.aspx 少数几项即可，将 .ida、.idq、.htr 等全部删除，以避免攻击者利用这些程序映射存在的漏洞对系统进行攻击。

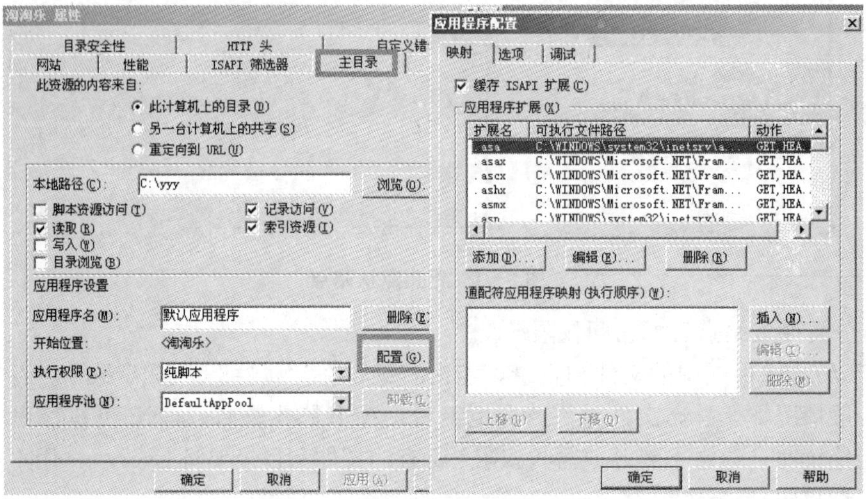


图 8-3 删除无用的程序映射

(7) 日志策略的配置。

1) 设置HTTP审核日志。选择“开始”→“程序”→“管理工具”→“Internet服务器管理”，点击“启用日志记录”，选择“属性”项进行设置，设置过程如图8-4所示。

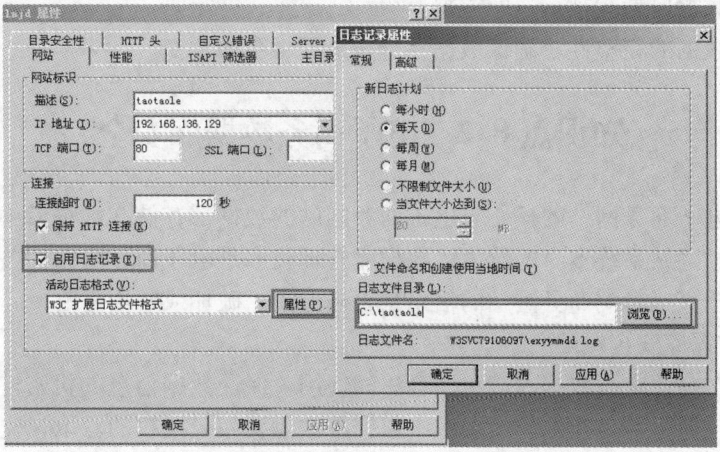


图8-4 启用日志记录及设置

2) 设置登录审核日志。选择“开始”→“程序”→“管理工具”→“本地安全策略”→“本地策略”→“审核策略”，双击“审核账户登录事件”，选择“成功”“失败”复选框。

### 8.1.5 Web服务器的安全设置

1. *防病毒系统*

病毒在网络中存储、传播、感染的途径多、速度快、方式各异，对网站的危害较大。因此，应利用全方位防病毒产品，实施“层层设防、集中控制、以防为主、防杀结合”的防病毒策略，构建全面的防病毒体系。常用的防病毒技术有：

(1) 反病毒扫描。

通过对病毒代码的分析找出能成为病毒结构线索的唯一特征，病毒扫描软件可搜索这些特征或其他能表示有某种病毒存在的代码段。

(2) 完整性检查。

通过识别文件和系统的改变来发现病毒。完整性检查程序只有当病毒正在工作时才能起作用，而网站可能在完整性检查程序检测病毒之前已感染了病毒，潜伏的病毒也可以避开检查。

(3) 行为封锁。

这种技术试图在病毒马上就要开始工作时阻止它，以防止病毒的破坏。每当某一反常的事情将要发生时，行为封锁软件就会检测到并警告用户。

2. *启用安全认证系统*

企业电子商务网站的安全除网站本身硬件和软件的安全外，还应包括传输信息的安全。对一些重要的传输信息，应保证信息在传输过程中不被他人窃取、偷看或修改。因此，应在网站服务器中启用安全认证系统。安全认证系统对重要的信息采用密码技术进行加密，使它成为一种不可理解的密文。接收方收到密文后再对它进行解密，将密文还原成原来可理解的形式。

目前，在电子商务中普遍采用SSL安全协议。SSL安全协议主要提供三方面的服务：

(1) 认证用户和服务器，使得它们能够确信数据将被发送到正确的客户机和服务器上。

(2) 加密数据以隐藏被传送的数据。

(3) 维护数据的完整性，确保数据在传输过程中不被改变。

# 知识点 8.2　电子商务数据库安全

数据库是电子商务网站的核心，电子商务网站的数据都存储在数据库中，数据库数据的价值往往超过网站系统本身的价值。数据库管理技术是电子商务网站的关键支撑技术之一，数据库安全直接影响商务网站的信息是否被泄露、破坏或非法修改。

## 8.2.1　数据库安全概述

数据库的安全性是指数据库避免不合法的使用，保证数据信息的机密性、完整性、一致性和可用性。保密性是指保护数据库中数据不被泄漏和未授权的获取；完整性是指保护数据库中数据不被破坏和删除；一致性是指确保数据库的数据满足实体完整性、参照完整性和用户定义完整性要求；可用性是指确保数据库中的数据不因人为和自然的原因对授权用户不可用。

数据库安全的核心和关键是其数据安全，数据库在安全与保密方面的基本特点主要有：

(1) 在数据库中要保护的客体比较多。

(2) 数据库的安全涉及信息在不同程序上的案例，数据库系统中受保护的客体可能是复杂的逻辑结构，若干复杂的逻辑结构可能映射到同一物理数据客体上。

(3) 数据库的安全与数据的语法有关。

(4) 数据库的安全与保密还应当考虑到对推理攻击的防范。推理攻击是指从敏感的数据推理得出第三数据的攻击方式。

## 8.2.2　数据库系统面临的安全问题

(1) 如何有效防止非法篡改和伪造数据，例如删除订单、发货单、收据等。这种对数据的破坏很难预见，因而常见的防御措施是限制对特定数据的访问。

(2) 如何防止数据丢失，包括由于恶意破坏、操作失误、病毒、物理原因等造成记录表甚至整个数据库被删除、移走或破坏，从而导致数据丢失。具体防御方法针对不同原因而异，例如，在系统中增加防病毒软件的保护、加强系统的容错性、建立完善的备份和日志功能等。

(3) 如何防止数据被非授权用户窥视、窃取。这种情况下，数据并不被删除、修改，如果缺乏相应的监护措施，往往数据被窃取后仍没有察觉，而给商务带来巨大损失。相应的防范措施通常包括加强管理制度、增加话音控制、建立完善的访问日志等。

## 8.2.3　数据库的安全技术

1. 数据库系统的安全策略

(1) 保证数据库的完整性。

包括物理上的完整性、逻辑上的完整性、数据库中元素的完整性。例如，数据库不受物理故障的影响、保护数据库的逻辑结构、保证每个元素所含的数据准确无误、在人为灾难和自然灾难之后能重建和恢复数据库等。

(2) 保证数据的可用性。

包括数据本身的可用性和数据库应用接口的可用性。

(3) 保证数据库的保密性。

包括用户身份鉴别、访问控制、数据使用的可审计性等。

2. 数据库系统需采取的安全措施

数据库系统需采取的安全措施涉及安全等级、制定安全规划、利用操作系统的安全机制、限制可移动介质的访问等，通常包括如下几个方面：

(1) 数据存储的安全性。包括防止更改数据库内容的非授权访问、病毒入侵、蓄意破坏或系统错误和故障等，这可以通过系统配置、系统控制以及备份和恢复机制执行并完成。此外，可以依据数据保密等级另设立多级访问控制，对机密数据的访问必须取得授权，并且不允许该用户进行再授权。数据库管理系统和应用系统都应具有完善、严格的用户身份鉴别机制，使得某一用户只能访问或使用特定的某些数据。

(2) 为保证数据库中数据的完整性，数据库管理系统或应用系统应具有良好的容错性和错误提示机制。在并行事务的模式下，保持数据操作的逻辑一致性，通过并行管理器和加锁机制完成。

(3) 防止推断性攻击。防止从非保密数据中获得保密信息，尤其对于统计数据在这方面要加以注意。

(4) 为保证数据库中数据语义的完整性，确保在允许的范围之内对数据进行修改。

(5) 充分利用视图实现对简单安全要求的控制。对于一些对读写限制没什么要求的数据，利用视图使数据虚拟集合，可容易地实现对数据的“只读”保护。

(6) 审计功能。提供数据的物理完整性，并记录下对数据的所有存取访问，根据结果进行分析和追踪。

3. 数据文件安全

电子商务网站服务器在提供服务的同时，除了要保证数据库安全以外，还要保证服务器自身的数据文件安全。数据文件安全主要由操作系统的安全设置来保证。保证商务网站服务器数据文件安全要注意以下几点：

(1) 电子商务网站服务器在提供 Web 服务的时候，一般是不做文件服务器使用的。应设置共享文件夹和共享文件，如需设置共享文件夹，则给予共享文件最合适的访问权限。

(2) Web 服务器日志文件是管理员检查安全状态和查找信息的首选文件。默认情况下，在%SYSTEMROOT%/System32/logfiles 处保存这些日志文件。这个位置众所周知，为保证日志文件的安全，应该将日志文件设置到一个非系统驱动器的文件夹中。

(3) 定期对电子商务服务器的配置文件、数据库文件和程序文件做好备份。

(4) 定期对服务器进行检查，包括操作系统中是否出现了可疑用户账号、可疑文件或文件夹、危险组件、木马图片、网页代码被修改、SQL 注入漏洞和上传文件漏洞等。对服务器操作系统的日志进行分析，检测是否被入侵、是否被安装了非法程序或对系统做了改动。

### 8.2.4 Web应用程序安全

由于网络技术日趋成熟，黑客们也将注意力从以往对网络服务器的攻击逐步转移到了对Web应用的攻击上。大多数的开发人员都不是安全方面的专家，也不会意识到大多数存在的安全问题，这使那些热门网站最容易被黑客攻击。根据Gartner的调查，信息安全攻击有75%都是发生在Web应用而非网络层面上。

黑客们正努力来对付基于Web的应用程序，以获得对第三方数据的访问或滥用，这些数据包括客户的详细信息、信用卡号和公司的其他秘密数据等。黑客已经具备很多技能来实施其攻击，如发动SQL注入式攻击、跨站点脚本攻击、目录遍历攻击（Directory Traversal Attack）、参数操纵（如URL、Cookie、HTTP报头、HTML表单等）、身份验证攻击、目录穷举和对其他漏洞的利用。此外，黑客团体组织严密，一些新发现的Web应用程序入侵方式被发布到了大量的论坛上以及其组织成员所知道的网站上，这些入侵方式发布每天都更新，并被用于传播和促进对Web应用程序的进一步攻击。时至今日，Web程序安全漏洞仍然是网站安全防范的重点。

Web应用程序如购物车、表单、登录页面、动态内容和其他预定的应用程序，都被设计来允许Web站点的访问者重新得到并提交动态内容，这包括各种级别的个人数据和敏感数据。如果这些Web应用程序不安全，那么整个数据库的敏感信息就会处于严重的风险之中。

1. 常见的Web应用安全隐患

开放式Web应用程序安全项目（Open Web Application Security Project，OWASP）所发布的十大Web应用安全隐患如下：

（1）非法输入（Invalidated Input）。

在数据被输入程序前忽略对数据合法性的检验，是一个常见的编程漏洞。随着对Web应用程序脆弱性的调查，非法输入的问题已经成为大多数Web应用程序安全漏洞的一个主要特点。

（2）失效的访问控制（Broken Access Control）。

大部分企业都非常关注对已经建立的连接进行控制，但是，允许一个特定的字符串输入可以让攻击行为绕过企业的控制。

（3）失效的账户和纯种管理（Broken Authentication and Session Management）。

良好的访问控制并不代表万事大吉，企业还应该保护用户的密码、会话令牌、账户列表以及其他任何可以给攻击者提供有利信息，帮助他们攻击企业网络的内容。

（4）跨站点脚本攻击（Cross Site Scripting，CSS）。

CSS是一种常见的攻击，当攻击脚本被嵌入企业的Web页面或其他可以访问的Web资源中，没有保护能力的台式机访问这个页面或资源时，脚本就会被启动。这种问题会影响成百上千的员工以及企业客户的终端计算机。

（5）缓存溢出（Buffer Overflows）。

缓存溢出问题一般出现在较早的编程语言，如C语言编写的程序中。这种编程错误其实也是由于没有很好地确定输入内容的位置所造成的。通过一些高级的编程环境，如Java以及.Net，可以很好地解决此类问题。

（6）注入式攻击（Injection Flaws）。

如果没有成功地阻止带有语法含义的输入内容，有可能导致对数据库信息的非法访问。比如在Web表单中输入的内容应该保持简单，并且不应该含有可被执行的代码内容。

(7) 异常错误处理（Improper Error Handling）。

当错误发生时，向用户提交错误提示是很正常的事情，但是如果提交的错误提示中包含了太多的内容，就有可能会被攻击者分析出网络环境的结构或配置。

(8) 不安全的存储（Insecure Storage）。

对于Web应用程序来说，妥善地保存密码、用户名以及其他与身份验证有关的信息是非常重要的工作。对这些信息进行加密是非常重要的，但是一些企业会采用那些未经实践验证的加密方案，其中就可能存在漏洞。

(9) 程序拒绝服务（Application Denial of Service）。

与拒绝服务攻击（DoS）类似，应用程序的DoS攻击利用大量非法用户抢占应用程序资源，导致合法用户无法使用该Web应用程序。

(10) 不安全的配置管理（Insecure Configuration Management）。

有效的配置管理过程可以为Web应用程序以及企业的网络架构提供良好的保护。

以上十点虽不能涵盖Web应用程序中的全部脆弱点，但它是OWASP的成员组织最常遇到的问题，因此也是网站管理者和程序员应该重点检查的内容。

2. SQL注入式攻击

目前的Web应用中，大多时候都会向用户提供一个接口，用来进行权限验证、搜索、查询信息等功能。攻击者可以在输入域中插入特殊字符，改变SQL查询的本意，欺骗数据库服务器执行恶意的查询，这对网站的正常运营和访问网站的用户都会带来巨大危害。所谓SQL注入就是通过把SQL命令插入到Web表单提交/输入域名或页面请求的查询字符串，最终欺骗服务器执行恶意的SQL命令。SQL注入攻防技术主要包括ASP、PHP、JSP等脚本程序的注入攻防技术，同时还涉及HTML和Cookie注入等技术的攻防。

(1) SQL注入的原理。

SQL作为一种解释型语言，在运行时是由一个运行时组件解释语言代码并执行其中包含的指令的语言。基于这种执行方式，产生了一系列叫作代码注入（Code Injection）的漏洞，它的数据其实是由程序员编写的代码和用户提交的数据共同组成的。SQL注入通常就是利用程序员编程时没有对用户提交的数据进行过滤，而导致了网站的安全漏洞。

例如，在一个交易网站中，用户认证网页中通常会使用如下的SQL语句来实现：

Select * from Users where username=’zz’and password=’xxx’

在用户认证界面上，在需要用户输入用户信息的地方，黑客会输入如下数据：

用户名处输入“‘abc’or’1=1”，密码框内输入“111”，则通过黑客的非法输入，语句在执行时变为：

Select * from Users where username=’abc’or’1=1 and password=’111’

这样不管用户输入什么用户名与密码，此语句永远都能正确执行，攻击者就会轻易骗过系统获取合法身份，从而达到进一步操作和控制网站的目的。

由此可见，SQL注入的核心就是构造与1=1和1=2相等价的语句，通过该语句可以绕过服务器脚本程序，执行指定的SQL命令，从而实现猜测执行数据库命令的操作。

根据注入原理，SQL注入可以分为平台层注入和代码层注入。前者由不安全的数据库配置或数据库平台的漏洞所致；后者主要是由于程序员对输入未进行细致的过滤，从而执行了非法的数据查询。SQL 注入的攻击类型主要有：没有正确过滤转义字符、错误类型处理（Incorrect Type Handling）、利用数据库服务器中的漏洞、盲目 SQL 注入式攻击、条件响应、条件性差错和时间延误等类型。

SQL 注入式攻击的一般步骤为：

1）SQL 注入漏洞的判断。

一般来说，SQL 注入存在于如 http://xxx. xxx. xxx/xxx. asp? id=xx 等带有参数的 ASP 动态网页中，只要是带有参数的动态页面并且此网页访问了数据库，那么就有可能存在 SQL 注入。如果 ASP 程序员没有安全意识，不进行必要的字符过滤，存在 SQL 注入的可能性就非常大。

2）分析数据库服务器类型。

3）确定 XP _ CMDSHELL 的可执行情况。

4）发现 Web 虚拟目录。只有找到 Web 虚拟目录，才能确定放置 ASP 木马的位置，进而得到 USER 权限。

5）上传 ASP 木马。所谓 ASP 木马就是一段有特殊功能的 ASP 代码，并放入 Web 虚拟目录的 Scrips 下，远程客户通过 IE 就可以执行，进而得到系统的 USER 权限，实现对系统的初步控制。

6）得到系统的管理员权限。提升权限的方法主要有：上传木马，修改开机自动运行的 . ini 文件；复制 CMD. exe 到 Scrips，制造 UNICODE 漏洞；下载 SAM 文件，破解并获取 OS 的所有用户密码等。

（2）常见的 Web 注入。

通常情况下，动态网页都会连接数据库，程序代码都会将部分用户输入数据组合成 SQL 语句向数据库发起请求。在涉及数据库操作的情况下，如果程序没有对用户变量进行严格的检测，就很可能存在 SQL 注入漏洞。

1）HTML 注入。

目前的一些网站，特别是一些大型网站所使用的 HTML 静态页面，其实很大一部分都是动态的后台转换成静态的前台页面。黑客通常会在静态的页面中去寻找动态的页面，只要找出动态页面链接，就有可能注入成功。可以使用 Sniffer 工具寻找后台动态页面的真实地址。

2）JSP 和 ASPX 注入。

其实现的基本方法：首先发现 SQL 注入位置，然后判断服务器类型和后台数据库类型。

3）Cookie 注入。

这种注入方法实际上就是在不通过浏览器提交数据的情况下，使用 Cookie 提交 SQL 注入语句。最简单的修改 Cookie 的方法：在浏览器的地址栏中直接输入“javascript:alert(document. cookie=”userid=”+escape(“1 and 1=2”))”，然后继续 SQL 注入攻击。

（3）SQL 注入的防范。

1）使用参数化的过滤性语句。在编写 SQL 语句的时候，用户输入的变量不是直接嵌入到 SQL 语句，而是通过参数来传递这个变量的话，那么就可以有效地防止 SQL 注入式攻击。如使用语句：

PreparedStatement prep = conn. prepareStatement

(“SELECT * FROM USERS WHERE password=?”)；

prep. setString (1, pwd)；

2）避免使用解释程序，因为这正是黑客借以执行非法命令的手段。

3）加强对用户输入的验证。通过测试类型、长度、格式和范围来验证用户输入，过滤用户输入的内容。这是防止 SQL 注入式攻击的常见并且行之有效的措施。

4）使用专业的漏洞扫描工具。仅防御 SQL 注入攻击是不够的，攻击者会自动搜索攻击目标并实施攻击，其技术甚至可以轻易地被应用于其他的 Web 架构中的漏洞，企业应该使用一些专业的漏洞扫描工具和站点监视工具对网站进行测试。

5）严格区分普通用户与系统管理员用户的权限，确保数据库安全。

6）存储过程来执行所有的查询。SQL 参数的传递方式将防止攻击者利用单引号和连续字符实施攻击。同时还要使数据库权限可以限制只允许特定的存储过程执行，所有的用户输入必须遵从被调用的存储过程的安全上下文，这样可以进一步防范注入攻击的发生。

3. 跨站点脚本攻击

跨站脚本攻击（CSS）属于被动式的攻击，是指恶意攻击者往 Web 页面里插入恶意 html 代码（即跨站页面），当用户浏览该页之时，嵌入其中的 html 代码会被执行，从而达到恶意用户的特殊目的。一些钓鱼网站利用的就是这种技术。

跨站点脚本攻击的过程如图 8-5 所示。

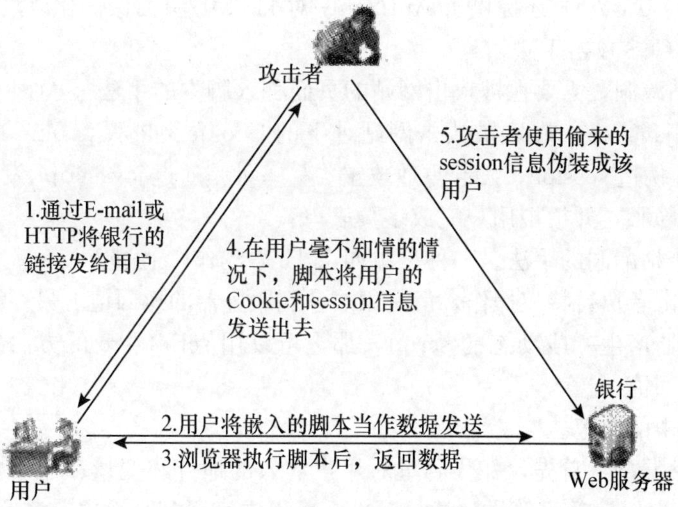


**图 8-5　跨站点脚本攻击的过程**

在图 8-5 中，攻击者通过 E-mail 或 HTTP 将某银行的网址链接发给用户，该链接中附加了恶意的脚本。

CSS 攻击分成两类：一类是来自内部的攻击，主要指的是利用程序自身的漏洞，构造跨站语句，如：dvbbs 的 showerror. asp 存在的跨站漏洞；另一类则是来自外部的攻击，主要指的自己构造 CSS 跨站漏洞网页或者寻找非目标机以外的有跨站漏洞的网页。传统的跨站利用方式一般都是攻击者先构造一个跨站网页，然后在另一空间里放一个收集 Cookie

的页面，接着结合其他技术让用户打开跨站页面以盗取用户的Cookie，以便进一步的攻击。这种方法过于落后，比较成熟的方法是通过跨站构造一个表单，表单的内容则为利用程序的备份功能或者添加管理员等功能得到一个高权限。

(1) 寻找跨站漏洞。

如果有代码的话，主要看代码里对用户输入的地方和变量有没有做长度和对“＜”“＞”“;”“’”等字符是否做过过滤。还要注意的是，对于标签的闭合，像 as/cs/”\t”blank”测试. shtml”\t_blank”，寻找跨站漏洞的时候，如果在标题处输入＜script＞alert（‘test’）＜/script＞，代码是不会被执行的，因为在源代码里，有其他的标签未闭合，如少了一个＜/script＞，这时候只要闭合一个＜/script＞，代码就会执行，如：在标题处输入＜/scripr＞＜script＞alert（‘test’）＜/script＞，这样就可以弹出一个test的对话框。

(2) CSS漏洞。

CSS漏洞可能造成的后果包括窃取用户会话、窃取敏感信息、重写Web页面、重定向用户到钓鱼网站等。尤为严重的是，CSS漏洞可能使得攻击者能够安装CSS代理，从而攻击者能够观察到该网站上所有用户的行为，并能操控用户访问其他的恶意网站。

对于CSS漏洞，我们有两种常见的措施：一种就是消除漏洞，简而言之就是在输出页面上不提供任何用户的输入信息；另一种就是想办法来抵御这种漏洞，可以采用对所有用户的输入编码后再输出（可以用OWASP的ESAPI)，也可以对所有用户输入进行“白名单”验证。另外，OWASP还提供了AntiSamy对HTML页面做优化以消除这个漏洞。

(3) 常见的CSS攻击手法。

1）依赖跨站漏洞，需要在被攻击网站的页面种入脚本的手法 。这种手法主要包括两种：一种是通过javascript获取被攻击网站种下的Cookie，并从Cookie中提取密码等隐私，利用Cookie伪造session，发起重放攻击；另一种是通过javascript发起ajex请求，从ajex结果中获取隐私，并模拟用户完成多页表单。

2）不依赖跨站漏洞的手法。一种是单向HTTP动作，通过img. src等方法发起跨站访问，冒充被攻击者执行特权操作，但是很难拿到服务器的返回值。另一种是双向HTTP动作，如果服务器产生一段动态的script，那么可以用script. src的方法发起跨站访问并拿到服务器的返回值。

(4) CSS攻击的防范。

1）防堵跨站漏洞。首先，在代码里对用户输入的地方和变量都需要仔细检查长度和对“＜”“＞”“;”“’”等字符做过滤；其次，任何内容写到页面之前都必须加以encode，避免不小心把html tag弄出来。

2）Cookie防盗。首先，避免直接在Cookie中泄露用户隐私，例如E-mail、密码等；其次，通过使Cookie和系统IP绑定来降低Cookie泄露后的危险，这样攻击者得到的Cookie没有实际价值，不可能拿来重放。

3）尽量采用POST而非GET提交表单。

4）严格检查refer是否来自预料中的URL。

5）将单步流程改为多步，在多步流程中引入校验码。

6）引入用户交互，简单的一个看图识数可以堵住几乎所有的非预期特权操作。

7）在只允许 anonymous 访问的地方使用动态的 javascript。

8）对于用户提交信息中的 img 等 link，检查是否有重定向回本站、不是真的图片等可疑操作。

9）内部管理网站的问题。

CSS 攻击相对其他攻击手段更加隐蔽和多变，和业务流程、代码实现都有关系，不存在一劳永逸的解决方案，安全问题需要长期的关注。

# 知识点 8.3　电子商务网站常见的攻击及其防范

### 8.3.1　网站挂马及其防范

应该明确挂马只是一个途径，在访问恶意站点的客户端电脑中安装木马软件才是根本目的。电脑被种植木马就变成了一台傀儡机，攻击者可以在电脑中做任何操作，包括：盗取各类用户账号，如 QQ 账号、网银账号、网游账号、管理员账号；盗窃各种重要机密的文件资料；非法转账；破坏数据；完全控制电脑等。攻击者将盗取的账号信息、游戏装备等变卖获利；被攻击主机也将成为僵尸网络中的一员，攻击者利用僵尸网络进行收费。由于网站挂马隐蔽性强，感染了木马的主机就成为埋藏在组织内部的定时炸弹。

木马病毒的制造、传播已经形成了一个比较系统的网络，分工明确，制造、传播、贩卖、获利环环相扣，如图 8－6 所示。

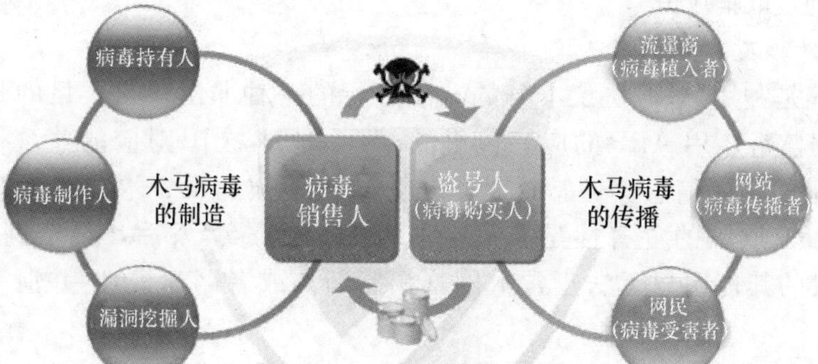


图 8－6　木马病毒的制造、传播

那么，如何防范挂马的攻击就成为我们重点要解决的问题。在解决这个问题之前，我们要了解网站挂马的一般流程：

（1）制作黑页。针对客户端软件存在的漏洞，黑客构建包含恶意代码的网页。

（2）网站挂马。利用 SQL 注入、CSS 等攻击入侵合法网站并嵌入可跳转到黑页的链接。

（3）下载木马。客户端访问被挂马网站，并跳转到黑页，这是由于客户端软件存在漏洞，会执行恶意代码自动下载木马软件。传统的网页挂马方式如图 8－7 所示。

上述流程涉及三个主体：被挂马网站、黑页（也叫作挂马源）、有漏洞的客户端软件。要解决网站挂马问题，就要从这三方面入手：消除被挂马网站；增强客户端的安全性；阻止客户端访问挂马网站、黑页。

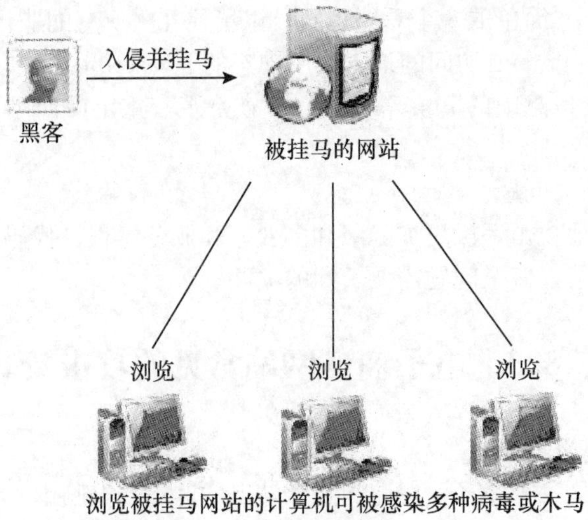


图 8-7 传统的网页挂马方式

目前，中国已有 450 多万个注册网站，网站开发的水平参差不齐，特别是 Web2.0 广泛应用后，在增强了交互水平的同时也大大增加了被挂马的可能性。要想从客户端解决这一问题并非易事，企业中的大量终端安装了众多的应用软件，难以有效保证所有终端都是安全的。因此，检测并阻止客户端访问挂马网站、黑页是最佳的解决方案。对企业用户来讲，在网关处进行统一防护非常重要。

### 8.3.2 地址欺骗攻击

1. ARP 欺骗及其防范

ARP 欺骗是利用 ARP 协议本身的缺陷进行的一种非法攻击，目的是在全交换环境下实现数据监听，用 ARP 的应答包里的 MAC 地址与 IP 对应的关系替换掉原有的 ARP 缓存表里的相应信息。通常这种攻击方式可能被病毒、木马或者有特殊目的攻击者使用。ARP 欺骗的危害性是非常大的，ARP 病毒爆发后，整个网络将被堵塞，会致使同网段的其他用户无法正常上网（频繁断网或者网速慢），并泄露用户的敏感信息。

ARP 欺骗的防范：关闭不必要的共享；及时安装系统补丁程序；安装防病毒软件并及时升级病毒库；不随便运行来历不明的程序；不访问来历不明的链接。

2. IP 地址欺骗及其防范

IP 地址欺骗是指以行动产生的 IP 数据包为伪造的源 IP 地址，以冒充其他系统或发件人的身份，是黑客攻击的一种形式，黑客使用一台计算机上网，而借用另外一台机器的 IP 地址，从而冒充另外一台机器与服务器打交道，如图 8-8 所示。

按照 Internet Protocol（IP）网络互联协议，数据包头包含来源地和目的地信息。而 IP 地址欺骗，就是通过伪造数据包头，使显示的信息源不是实际的来源，就像这个数据包是从另一台计算机上发送的。DDoS 攻击（分布式拒绝攻击）实际上也是采用 IP 地址欺骗来进行攻击的。

IP 地址欺骗的防范：

（1）在外部路由器上制定相应数据包过滤策略，禁止源地址为内部网络地址的数据包

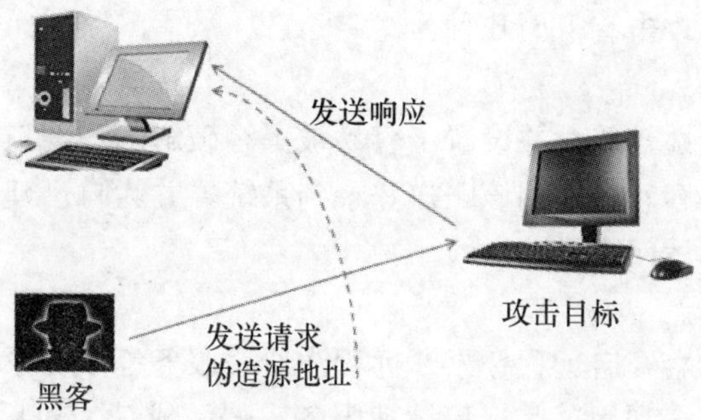


**图8-8　IP地址欺骗**

进入外部路由器入口。

(2) 在防火墙上修改检查策略，使防火墙针对每一个数据分段的合法性都进行检查。

(3) 使用数据包监控工具对通过外部网络接口的数据包进行检查。

### 8.3.3　拒绝服务类攻击

1. 拒绝服务类攻击的原理

拒绝服务（Denial of Service，DoS）由于具有不易觉察性和简易性，因而一直是网络安全的重大隐患。它是一种技术含量低、攻击效果明显的攻击方法，受到攻击时，服务器在长时间内不能提供服务，使得合法用户不能得到服务。

分布式拒绝服务（Distributed Denial of Service，DDoS）攻击手段源于DoS，通常是以消耗服务器端资源为目标，通过伪造超过服务器处理能力的请求数据造成服务器响应阻塞，从而使正常的用户请求得不到应答，以实现攻击目的。

DoS/DDoS攻击的一般过程如下：

(1) 探测扫描大量主机以寻找可入侵主机目标；

(2) 入侵有安全漏洞的主机并获取控制权；

(3) 在每台入侵主机中安装攻击程序；

(4) 利用已入侵主机继续进行扫描和入侵。

2. 拒绝服务类攻击的防范

电子商务网站由于具有开放性，极易成为DDoS攻击的对象，攻击来源主要有：一个电子商务网站的用户群巨大，理论上所有互联网使用者都可能成为攻击来源；潜在的商业竞争者；恶意的诈骗者。

目前并没有最有效的防范方法，防范DoS/DDoS攻击的一般措施如下：

(1) 服务器端安装专用的DoS/DDoS防御工具。

(2) 采用高性能网络设备和主机服务器。

(3) 充足的网络带宽保证。

(4) 对主干路由限流。

### 8.3.4　后门技术

后门指的是黑客在入侵系统后，为了下次入侵方便而留下的“方便之门”。后门与木马不同，木马侧重于控制，后门则侧重于潜伏。

1. 后门攻击

后门是黑客攻击者经常使用的一种攻击手段，它是绕过安全性控制而获取系统操作权限的方法。常见的后门攻击有下面几种：

（1）账号后门。

当用户账号的安全性较差，并设置了容易被黑客破解的“弱口令”时，其账号信息很可能会被黑客破解，黑客就会使用该账户登录到系统，并为自己建立一个管理员账号，将这个账号设置为入侵的后门账号。

（2）系统服务后门。

在操作系统中通常会开启远程登录、远程注册表服务等多种系统服务，由于用户的安全防范措施不够，黑客会利用这些远程管理服务入侵，成功入侵后通过安装更改隐藏 telnet 服务的方法来避免管理员发现。对于系统服务后门的防范，就是将不需要的服务关闭。

（3）漏洞后门。

任何软件的开发都不可能达到完美的地步，总会存在这样或那样的“漏洞”，这些漏洞将会被黑客利用成为“漏洞后门”。

（4）木马程序后门。

它是由于系统中被安置了木马程序而产生的后门。

2. 后门攻击的防范

后门防范是一个网站不能忽略的关键点，其防范措施有以下几个方面：

（1）基本配置。

关闭本机不用的端口或只允许指定的端口访问；使用专杀木马的软件，以有效地防范木马后门；学会对进程操作，时时注意系统运行状况，看看是否有一些不明进程正运行，并及时将不明进程终止掉。

（2）安全配置 Web 服务器。

关闭不必要的服务；建立安全账号策略和安全日志，设置严格的 Web 站点目录的访问权限；设置安全的 IIS，删除不必要的 IIS 组件和进行 IIS 安全配置。

（3）配置安全的 SQL 服务器。

在电子商务网站中，黑客经常会用到端口扫描技术、网络监听等攻击方式，同时管理员也可以通过端口扫描和网络监听工具对网络进行监测管理。

## 知识点 8.4　电子商务云安全

### 8.4.1　云技术的概念

云技术是继个人计算机、互联网之后的第三次信息技术新浪潮，是新一代信息技术产业的重要组成部分。云技术是指在广域网或局域网内将硬件、软件、网络等系列资源统一起来，实现数据的计算、存储、处理和共享的一种托管技术。

“云”是一种比喻说法。美国国家标准与技术研究院（NIST）对此的定义为：云计算是一种按使用量付费的模式，这种模式提供可用的、便捷的、按需的网络访问，进入可配置的计算资源共享池（资源包括网络、服务器、存储、应用软件、服务），这些资源能够被快速提供，只需投入很少的管理工作，或与服务供应商进行很少的交互。

从电子商务的角度看，云计算就是在一个大规模的系统环境中，不同系统之间相互提供服务，软件都是以服务的方式运行，当所有这些系统相互协作，并在互联网上提供服务时，这些系统的总体就形成了云。

### 8.4.2 云计算的作用

云计算的兴起对各行各业产生了莫大的影响，对于电子商务也不例外。主要体现在以下几个方面。

1. 云计算可以提高电子商务服务效率

云计算具有资源配置动态化的特点。它能够根据消费者的需求动态划分或释放不同的物理和虚拟资源，当需要增加一个需求时，可以通过增加可用的资源来进行匹配，实现资源的快速弹性提供；如果用户不使用这部分资源时，还可释放这些资源。

云计算的这个特点可以为电子商务企业实现弹性的扩展应用部署操作，当用户访问的流量较大时，系统就会自动扩展出服务器为其提供流量支持，当用户访问量较少时，系统则会自动将服务器回收以供他用。

2. 云计算可以降低电子商务企业的运营成本

云计算可以帮助电子商务企业快速地搭建电子商务平台，电子商务企业不必花费大量的精力、财力规划自己的数据中心，不必组建自己的 IT 管理团队，也无须购买昂贵的软件，云计算为电子商务企业提供了近乎无限的虚拟计算资源，提供专业技术团队，提供不同程度、不同类型的信息服务，企业只需花费很少的资金将可以上网的终端设备接入互联网就可以开展正常的商务活动，大大降低了企业的 IT 维护成本。

3. 云计算可以让电子商务更便捷

云计算使网络访问便捷化，用户可借助不同的终端设备，通过标准的应用来达到对资源的访问，并且可以达到无处不在。基于这个特点，云计算可以帮助企业随时随地方便快捷地进行日常的商业活动，而消费者也可以利用电脑手机等设备通过网络设备在任何时间、任何地点进行商品的查询、支付等商业活动。

4. 云计算能够促进企业之间的共享合作

云计算借助于虚拟化技术，将分布在不同地区的资源进行整合，实现基础资源的共享。电子商务企业则可以利用云计算所提供的强大协同工作能力实现商品信息资源的共享。云计算还可以根据电子商务企业的需求动态伸缩，将多个商品信息资源共享，减少建设独立电子商务网站的资金和时间。

5. 云计算可以增强电子商务数据安全性

云计算可以使电子商务企业的数据得到最大限度的存储安全保障。云计算采用数据多副本容错、虚拟化等技术，来保障云计算服务的可靠性。

由于云计算是通过互联网将用户数据存储在云端，这样就有效地避免了本地设备落后、技术落后而产生的存储安全风险。此外，云计算采用分布式存储的方法，将数据分别存储在多台存储服务器上，不仅分散了存储负荷，还保证了数据的可靠性。

### 8.4.3 云技术的安全问题

现如今，云计算已经成为备受业界关注的焦点，云技术应用于电子商务中也具有很大的优势，但是，同时引出的新的安全和风险问题成为云技术发展的重要障碍。2013 年，云计算安全联盟（Cloud Security Alliance，CSA）总结发布了云计算领域的 9 个安全问题。

1. 数据泄露

数据泄露一直是电子商务企业最关注的问题之一，云技术在带来了利益的同时也加剧了这种威胁。若多租户云服务数据库设计不当，哪怕某一个用户的应用程序只存在一个漏洞，也可以让攻击者获取这个用户的数据，而且还能获取其他用户的数据。

2. 数据丢失

CSA认为，云计算环境的第二大威胁是数据丢失。用户有可能会眼睁睁地看着那些宝贵数据消失得无影无踪，却对此毫无办法。数据丢失不仅会影响企业与客户之间的关系，按照法规，企业必须存储某些数据存档以备核查，这些数据一旦丢失，企业由此有可能陷入困境，遭到政府的处罚。

要应对数据丢失和数据泄露方面的威胁，就有可能造成“拆东墙补西墙”般的效果。例如，用户可以对数据进行加密，以减小泄露的风险，不过一旦用户丢失了加密密钥，就再也无法查看数据了；反过来说，如果用户决定对数据进行异地备份以减小数据丢失风险，就又加大了数据泄露的概率。

3. 数据劫持

CAS认为，云计算在账户或服务流量被劫持这方面造成了一个新的威胁。如果黑客获取了企业的登录信息，就可能窃听相关活动和交易信息，并操纵数据、回应虚假信息，将企业客户引到非法网站。要抵御这种威胁，关键在于保护好登录信息，要禁止用户与服务商之间共享账户登录资料，并尽可能采用安全性高的验证技术。

4. 不安全的接口API

IT管理员们会利用API对云服务进行配置、管理、协调和监控。API对一般云服务的安全性和可用性来说极为重要，企业和第三方因而经常在这些接口的基础上进行开发，并提供附加服务。安全性差的API会让企业面临涉及机密性、完整性、可用性和问责性的安全问题。

5. 拒绝服务攻击

多年来，DDoS一直都是互联网的一大威胁。而在云计算时代，许多企业会需要一项或多项服务保持7×24小时的可用性，在这种情况下这个威胁显得尤为严重。DDoS引起的服务停用会让服务提供商失去客户，还会给按照使用时间和磁盘空间为云服务付费的用户造成惨重损失。

6. 内部人员的恶意破坏

在云服务设计不当的场景下，一些内部人员可能会不怀好意地访问网络、系统或数据，造成较大的破坏。从基础设施即服务（IaaS）、平台即服务（PaaS）到软件即服务(SaaS)，不怀好意的内部人员拥有比外部人员更高的访问级别，因而得以接触到重要的系统，最终访问数据。

7. 滥用云服务

云技术应用中，有些人恶意利用云服务破解普通计算机很难破解的加密密钥，恶意黑客利用云服务器发动分布式拒绝服务攻击、传播恶意软件或共享盗版软件。这将要求云服务器提供商确定哪些操作是服务滥用，并且具有能识别服务滥用的最佳流程和方法。

8. 贸然行事

采用云服务前调查不够充分也将带来安全威胁，即企业还没有充分了解云计算服务商的系统环境及相关风险，就贸然采用云服务。此外，如果公司的开发团队对云技术不够熟悉，就把应用程序贸然放到云端，可能会由此出现运营和架构方面的问题。CSA 的忠告是，企业要确保自己有足够的资源准备，而且在进入到云端之前要进行过充分的调查工作，企业进入到云端需要与服务提供商签订合同，明确责任和透明度方面的问题。

9. 共享隔离问题

云服务提供商经常共享基础设施、平台和应用程序，并以一种灵活扩展的方式来交付服务。共享技术的安全漏洞很有可能存在于所有云计算的交付模式中，无论构成数据中心基础设施的底层部件（如处理器、内存和 GPU 等）是不是为多租户架构、可重新部署的平台或多用户应用程序提供了隔离特性。

如果极其重要的数据中心组成部分，如虚拟机管理程序、共享平台组建或应用程序受到攻击，则有可能导致整个环境遭受到损害。应采用更深入的整体防御策略，通过涵盖计算、存储、网络、应用程序、用户安全执行以及监控等多个层面的解决方案，来应对相应的安全挑战。

# 技 能 篇

## 任务 8.1　网络监听与防御

**任务目的**

保证电子商务网站的安全，掌握网络监听及防御技术。

**任务内容**

(1) 掌握电子商务网站安全评估的监听及防御过程。

(2) 正确使用 Sniffer 网络监听工具获取 ftp 账号和密码。

(3) 正确使用 Sniffer 进行网络监听与防御。

**任务准备**

(1) 互联网接入。

(2) 一台安装 Windows Server 2003 以上版本的服务器，另外客户端装有 Windows XP 及以上版本操作系统。

(3) Sniffer Pro 软件。

**任务要求**

(1) 完成任务报告的所有内容。

(2) 利用 Sniffer 工具捕获网络信息数据包，并进行检测分析。

**任务分析**

任务环境模式设定：主机 A（192.168.136.129）是一台已经搭建好的 FTP 服务器；用户 Frank 利用账号在网络中用一台计算机登录到服务器上，用户 Hacker 在另一台机器利用 Sniffer 工具获取 Frank 的账号和密码。

1. Sniffer 软件的主要工作机制

驱动程序支持：需要一个直接与网卡驱动程序接口的驱动模块，作为网卡驱动与上层应用的“中间人”，它将网卡设置成混杂模式，捕获数据包，并从上层接收各种抓包请求。

分组捕获过滤机制：对来自网卡驱动程序的数据帧进行过滤，最终将符合要求的数据交给上层。

链路层的网卡驱动程序上传的数据帧有两个去处：一个是正常的协议栈，另一个是分组捕获过滤模块。对于非本地的数据包，前者会丢弃（通过比较目的 IP 地址），而后者则会根据上层应用的要求来决定上传还是丢弃。

许多操作系统都提供这样的“中间人”机制，即分组捕获机制。在 UNIX 类型的操作系统中，主要有三种：BSD 系统中的 BPF（Berkeley Packet Filter）、SVR4 中的 DLPI（Date Link Interface）和 Linux 中的 SOCK _ PACKET 类型套接字。在 Windows 平台上主要有 NPF 过滤机制。

本任务中 Sniffer 指的是 Sniffer Pro 软件工具。Sniffer Pro 是 Network Associates 公司开发的一个可视化网络分析软件，它主要通过 Sniffer 这种网络嗅探行为，监控检测网络传输以及网络的数据信息，具体用来被动监听、捕捉、解析网络上的数据包并做出各种相应的参考数据分析，由于其强大的网络分析功能和全面的协议支持性，被广泛应用在网络状态监控及故障诊断等方面。

2. Sniffer Pro 的安装与基本功能

（1）上网下载免费的网络监测工具 Sniffer Pro，运行安装程序 SnifferPro_4_70_530.exe，根据安装向导完成安装软件，然后启动，进入主界面，如图 8－9 所示。

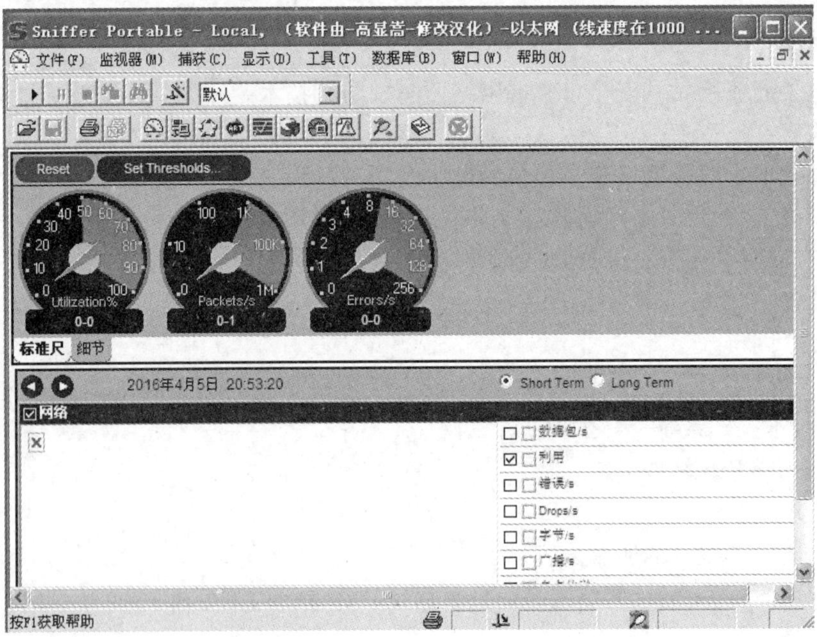


**图 8－9 Sniffer Pro 主界面**

（2）了解 Sniffer Pro 各选项功能。其主要功能包括：网络协议分析捕获网络数据包；可识别 250 种以上的网络协议，可以基于协议、MAC/IP 地址、模式匹配等设置过滤；实时监控网络活动、用专家系统帮助分析网络应用故障；进行网络使用统计、错误统计、协议统计、工作站和服务器统计；可以设置多种触发模式，如基于错误报文、外部事件；具有可选的流量发生器，模拟网络运行，衡量响应时间、路由跳数计数，进行排错。

3. Sniffer Pro的使用——捕获FTP用户信息

（1）选择适配器。在进行流量捕捉之前，首先选择网络适配器，确定从计算机的哪个适配器上接收数据，并将网卡设置成混杂模式。设置方法：选择“文件”菜单下的“选择设置”选项，进入设置界面，如图8-10所示。

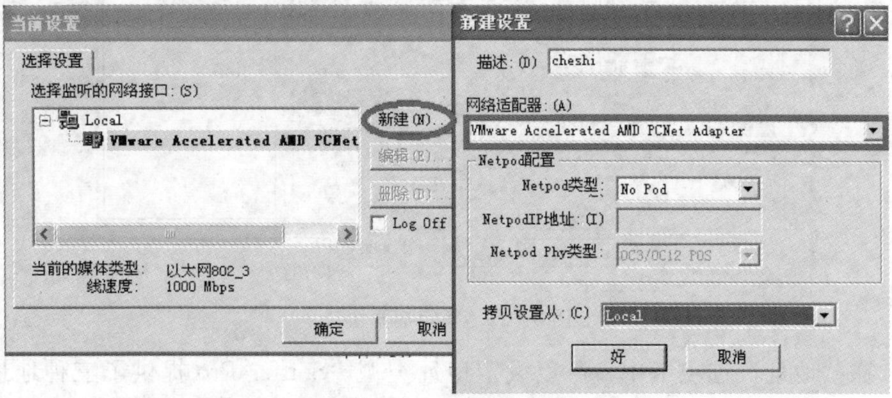


图8-10 选择网络适配器

（2）数据包捕获前的软件设置。“捕获”下拉菜单中的“定义过滤器”选项，进入定义过滤器对话框，新建过滤器并进行设置。设置方法：

1）点击“配置文件”按钮，进入“捕获配置文件”对话框，单击“新建”按钮，在弹出的对话框中输入所要新配置的文件名及复制方式，如图8-11所示。

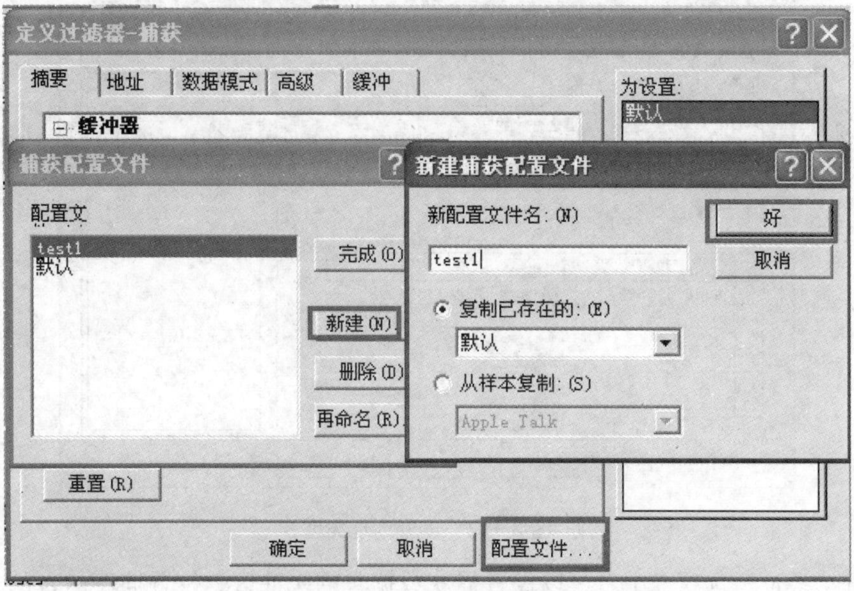


图8-11 新建过滤器

2）单击定义过滤器对话框的“高级”选项，在弹出的对话框中指定要捕获的协议，本任务中为FTP，如图8-12所示。如果不选择协议，则表示捕获所有协议的数据包。

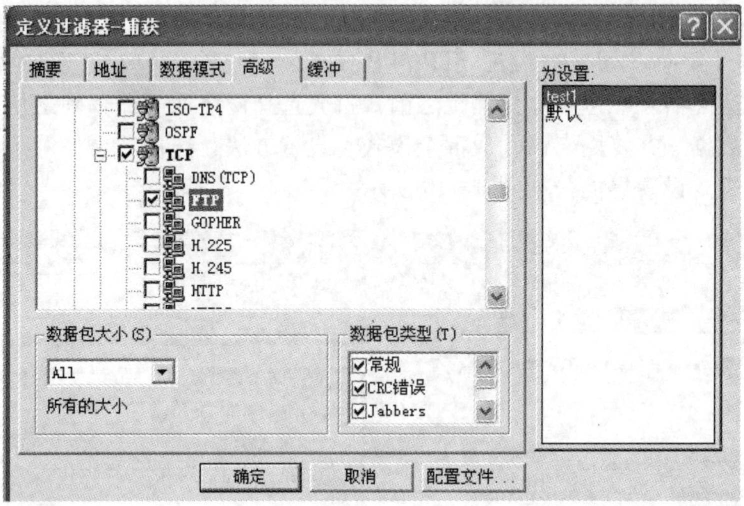


图 8-12 指定捕获协议

3）在“地址”选项卡中，可以设定地址类型，Sniffer Pro 提供了三种地址类型：Hardware 地址、IP 地址和 IPX 地址。图 8-13 是将地址类型设置为 IP，其中 Dir. 列中的图标含义如下：

表示捕获 Station 1 发送的数据包；

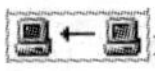表示捕获 Station 1 接受的数据包；

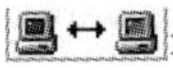表示捕获 Station 1 收发的数据包。

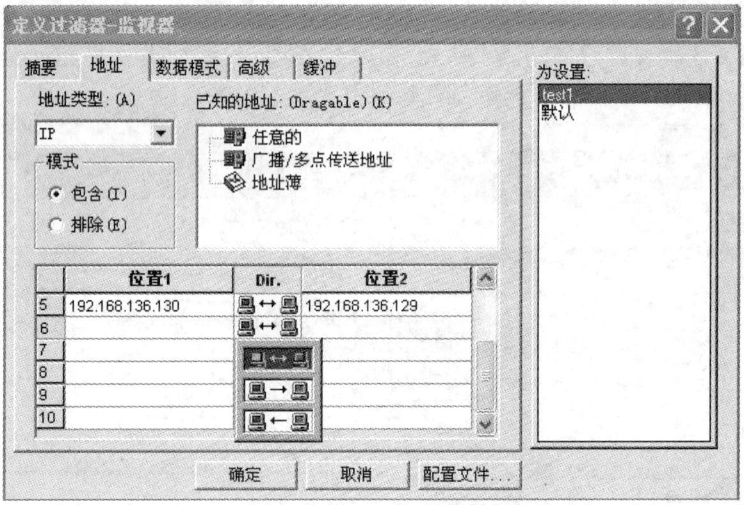


图 8-13 设置地址类型

4）在“缓冲”选项卡中，可以设置捕获数据包的缓冲区、设置捕获的包的大小等缓冲信息，如图 8-14 所示。在默认情况下，Sniffer Pro 捕获碰撞或域中所有的数据包，用户可通过定义规则过滤的方法来完成特定数据包的捕获任务。

(3) 在主界面中，选择新建的过滤器，并点击开始按钮进行监听捕获。Sniffer Pro 可以实时监控主机、协议、应用程序、不同包类型等的分布情况。

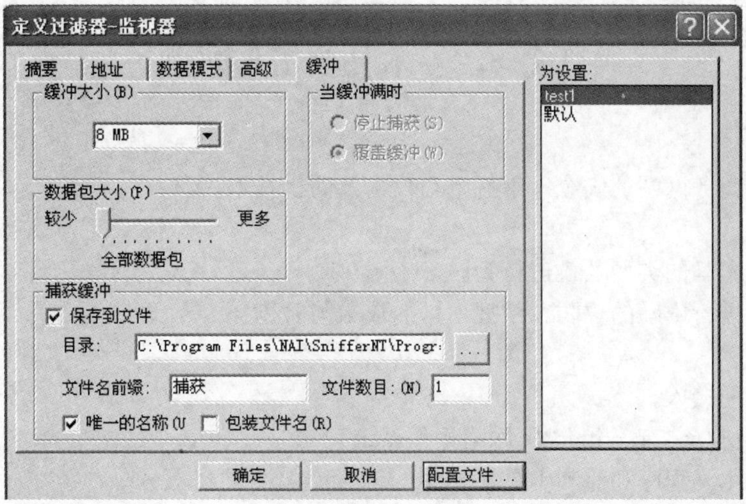

图 8-14　缓冲参数设置

(4) 打开 IE 浏览器访问 FTP 站点，由于 FTP 可以匿名访问，所以这里需要右击空白处选择登录，然后在登录对话框中输入用户名和密码。

(5) 用户成功登录 FTP 后，返回到 Sinffer Pro，工具栏会显示捕获成功的标志。点击按钮停止监听，并显示结果，如图 8-15 所示。

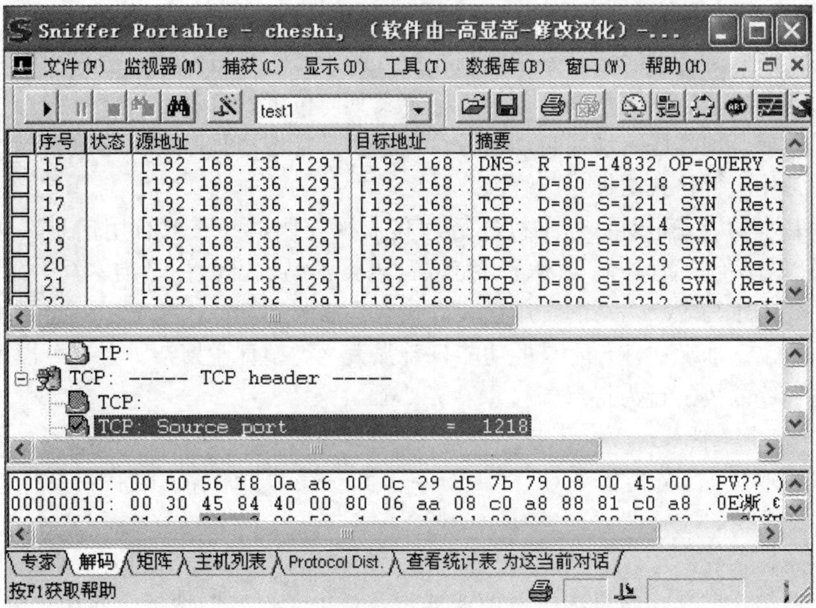

图 8-15　捕获结果显示

(6) 通过专家、解码，并分析数据包，查找有用信息。

4. 使用 Sniffer 工具进行网络检测分析

根据上述方法，使用 Sniffer 工具捕获网络中某一主机与服务器的通信信息，并分析捕获的数据，以确定网络是否安全。

# 任务 8.2 木马攻击与防御

**任务目的**

保证电子商务网站的安全，掌握木马攻击及防御技术。

**任务内容**

(1) 了解木马的类型及攻击行为。

(2) 分组进行木马的攻防，掌握木马的攻击与防御。

**任务准备**

(1) 互联网接入。

(2) 计算机（装有 Windows 网络操作系统）。

(3) 冰河木马程序和监测工具。

**任务要求**

(1) 完成任务报告的所有内容。

(2) 详细介绍木马攻击及防范的方法。

**任务分析**

1. 木马概述

木马是指通过一段特定的木马程序来控制另一台计算机。木马通常有两个执行程序：一个是客户端，即控制端；另一个是服务端，即被控制端。木马具有隐蔽性、自动运行性和欺骗性三大特点。所谓隐蔽性是指木马在设计时为了防止被发现，会采用多种手段隐藏木马，用户即使发现感染了木马，也很难确定其具体位置；自动运行性是指木马程序可以跟随系统启动或其他程序启动而自动运行；欺骗性是指木马程序为了隐藏自己，会把自己设置成一个常用文件格式图标。

木马的基本功能就是对目标主机进行远程监视控制，并获取有用信息。从使用用途上，木马可以分为：远程控制类木马、窃取密码类木马、键盘记录类木马、破坏类木马、DoS 木马及代理木马等。木马的常用伪装方式有：修改图标、出错显示、定制端口、自我销毁、木马更名、捆绑文件。木马的功能日益强大，类型日益繁杂，大家可以上网了解目前常用木马程序的攻击行为特点。

2. 将冰河木马伪装成 WinRAR

(1) 将冰河木马服务器程序 G _ Server. exe 和一图片 test. jpg 放在目录 test 中，选中这两个文件，右击，选择“添加到 test. rar”。

(2) 打开 test. rar 文件，单击“自解压格式”按钮，并在弹出的窗口中单击“高级自解压选项”按钮，打开高级自解压选项对话框，单击“设置”选项，并在“解压后运行”文本框中输入木马的服务器端程序“G _ Server. exe”，在“解压运行前”文本框输入图片文件“test. jpg”，如图 8 - 16 (a) 所示。

(3) 单击“模式”选项卡，安静模式选择“全部隐藏”；单击“更新”选项卡，覆盖方式选择“覆盖所有文件”。如图 8 - 16 (b) 和 8 - 16 (c) 所示。

(4) 完成上述设置，关闭 WinRAR，在同一目录下生成了 test. exe 文件，即完成了捆绑。运行 test. exe 文件，系统调用默认关联的图片管理器打开 test. jpg 文件，并悄悄运行

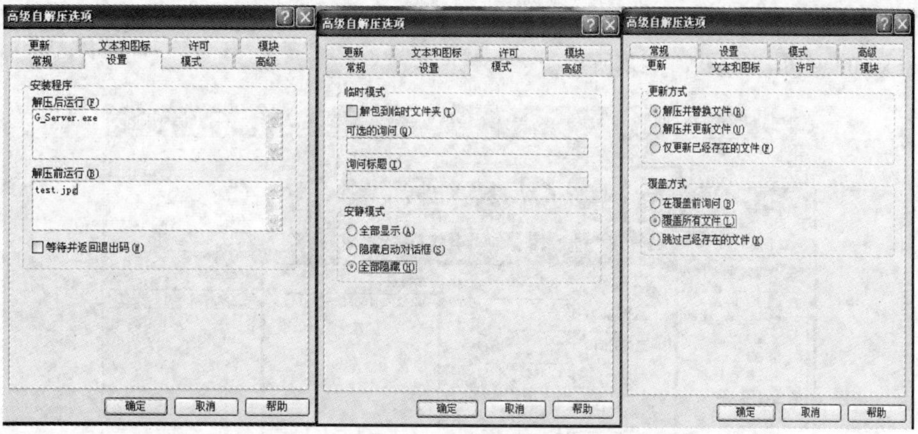


(a)　　(b)　　(c)

**图 8-16　高级自解压设置**

G _ Server. exe 文件。

(5) 通过邮件或文件上传等方式，将木马程序植入目标主机。

3. 冰河木马的使用

(1) 客户端控制程序配置。

1) 运行客户端控制程序 G _ Client. exe，进入主界面，控制端可以进行添加/删除主机、自动搜索、捕获屏幕、屏幕控制、配置服务器程序等操作功能。

2) 配置本地服务器。点击“配置本地服务器程序”图标按钮（），打开并进入服务器配置界面进行设置，该功能是在安装前对“G _ Server. exe”进行配置，如图 8-17 所示。设置“访问口令”后，只有知道口令才能实现远程控制；在“接收信箱”文本框中输入邮箱地址，可以通过邮件获取被控制方的相关信息。

**图 8-17　配置本地服务器程序界面**

(2) 搜索目标主机。

选择“文件”下“自动搜索”或点击自动搜索图标（），打开搜索计算机界面。在

“搜索范围”选项框中设置搜索地址，并点击“开始搜索”按钮，即可搜索到运行了G_Server.exe的主机，如图8-18所示。

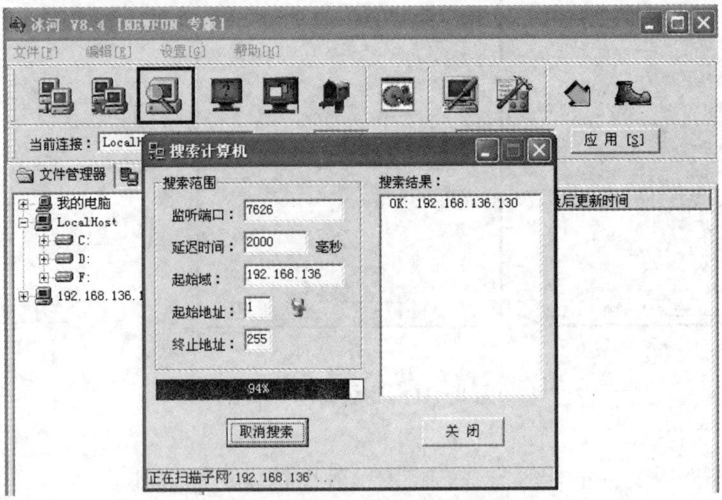


图8-18 搜索目标主机

在搜索结果列表中，地址前面显示“OK:”表示目标主机运行过G_Server.exe，并可以进行控制；地址前显示“ERR:”则表示这台计算机没有受木马攻击，无法受控制端控制。

(3) 控制目标主机。

在冰河主界面的“文件管理器”中选择搜索到的目标主机，就可以像操作自己的机器一样进行各种文件操作，如图8-19所示。

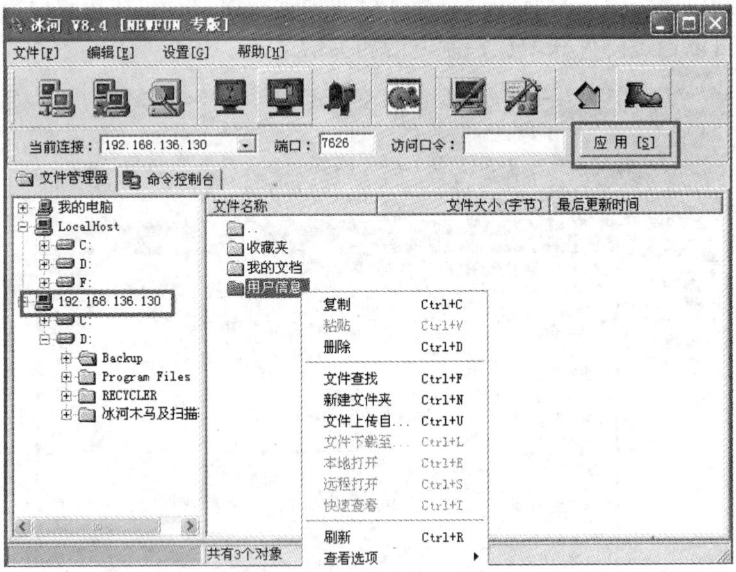


图8-19 控制文件操作

“命令控制台”选项下包括：口令类命令、控制类命令、网络类命令、文件类命令、注册表命令以及设置类命令。通过这些控制目标主机些选项可以获取目标主机的用户口令信息，可以对目标主机进行屏幕捕获、进程管理、窗口管理、鼠标控制等操作。图8-20

所示为捕获屏幕操作结果。

**图 8-20　捕获屏幕操作**

4. 冰河木马的检测和清除

(1) 冰河木马的检测方法。

1) 端口扫描。操作方法：选择“程序”→“运行”，输入 cmd，进入命令提示符下，输入 netstat-an 命令，查看结果中有无端口号为“7626”。

2) 查看进程，打开任务管理器，选中进程选项，在进程列表中检测是否有 Kernel32. exe 和 Sysexplr. exe 两个文件。

(2) 清除系统中冰河木马的步骤。

1) 按 Ctrl+Alt+Del 键，打开“任务管理器”，选择“进程”选项卡，找到进程 Kernel32. exe 和 Sysexplr. exe，单击“结束进程”按钮，使它们退出内存。

2) 到 Windows \ system32 目录下找到 Kernel32. exe 和 Sysexplr. exe 两个文件，将它们删除。

3) 修改注册表。选择“开始”→“运行”，在运行文本框中输入 regedit，单击“确定”按钮，在“注册表编辑器”对话框中打开 HKEY_LOCAL_MACHINE \SOFTWARE\Microsoft\Windows\CurrentVersion \Run，双击“默认”字符串，将出现的对话框的数据内容清除即可。

4) 以同一方法处理注册表的 HKEY_LOCAL_MACHINE\SOFTWARE\Microsoft\windows\ CurrentVersion\ Runservices 项，这样就取消了 Kernel32. exe 的开机启动。

5) 打开注册表的 HKEY_CLASSES_ROOT\txtfile\shell\open\command 项，双击“默认”字符串，在“数值数据”文本框中输入 C:\WINDOWS\system32\notepad. exe%1，单击“确定”按钮，这样就恢复了 . txt 文件与记事本的关联，Sysexplr. exe 就不起作用了。

我们还可以使用专用的木马清除工具进行木马清除。大家可上网下载一个木马专用工具进行木马的清除与防范。

# 任务8.3 DoS/DDoS攻击与防范

**任务目的**

保证电子商务网站的安全，理解和掌握DoS/DDoS攻击与防范的方法与手段。

**任务内容**

(1) 掌握DoS/DDoS攻击的方法与手段。

(2) 掌握DoS/DDoS防范的方法与手段。

**任务准备**

(1) 互联网接入。

(2) 计算机（一台Web服务器）。

(3) DoS/DDoS攻击工具。

**任务要求**

(1) 完成任务报告的所有内容。

(2) 详细介绍DoS/DDoS攻击及防范的方法。

**任务分析**

1. DoS /DDoS攻击原理

DoS是一种既简单又有效的攻击方式。DoS攻击的基本过程如下：攻击者向服务器发送众多的带有虚假地址的请求，服务器发送回复消息后等待回传的信息，由于地址是伪造的，所以服务器一直等不到回传的消息，分配给这次请求的资源就始终没有被释放（见图8-21)。当服务器等待一定的时间后，连接会因为超时而被切断，攻击者会再度传送新的一批请求，在这种反复发送伪地址请求的情况下，服务器资源会被耗尽。

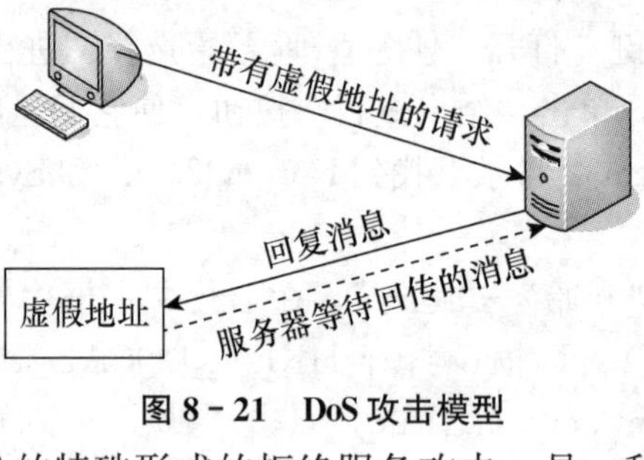


图8-21 DoS攻击模型

DDoS是一种基于DoS的特殊形式的拒绝服务攻击，是一种分布、协作的大规模攻击方式，主要瞄准比较大的站点，如商业公司、搜索引擎和政府网站等。DoS工具通常由一台主机就可以实现，而DDoS往往通过一批受控制的机器向一台计算机发起攻击，这样的攻击来势迅猛，难以防范，因此具有较大的破坏力。

攻击者发起DDoS攻击的第一步就是在互联网上寻找有漏洞的主机，进入系统后在其中安装后门程序，攻击者入侵的主机越多，攻击队伍就越壮大。第二步是在入侵主机上安装攻击程序，其中一部分主机充当攻击的主控端，另一部分充当攻击的代理端。第三步是各部分各司其职，在攻击者的调遣下对攻击对象发起攻击，如图8-22所示。由于攻击者在幕后操纵，所以攻击者的身份很难被发现和定位。对于DDoS攻击，主要有三个角色：

攻击者、主控端和代理端。

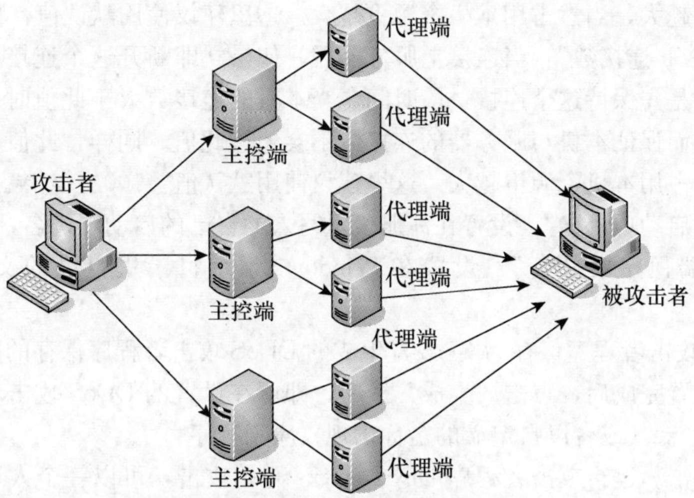


**图8-22 DDoS攻击模型**

2. 利用DDoSMaker实现DDoS攻击

DDoSMaker软件由两部分构成，包括生成器DDoSMaker. exe和DDoS攻击者程序DDoSer. exe。下载软件后，只有生成器DDoSMaker. exe，而没有攻击者程序DDoSer. exe，DDoS攻击程序需要通过生成器产生。

(1) 运行生成器DDoSMaker. exe，弹出窗口如图8-23所示。

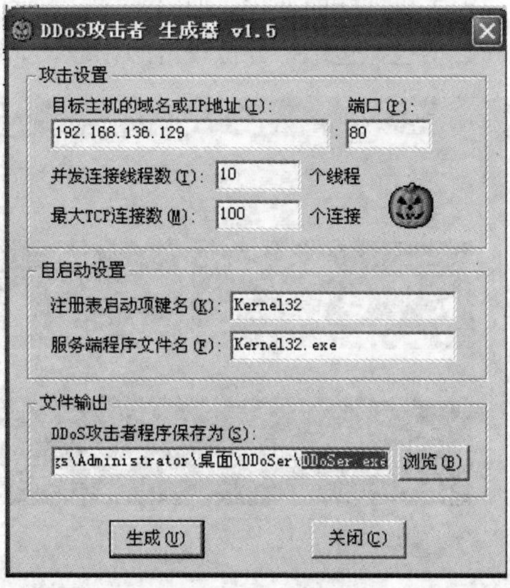


**图8-23 DDoS生成器**

(2) 在弹出的对话框中进行参数设置，其中：

1) "目标主机的域名或IP地址"：设置要攻击主机的域名或IP地址，一般使用域名。

2) "端口"：设置要攻击的端口，该软件仅针对基于TCP的服务。"80"是攻击HTTP服务，"21"是攻击FTP服务，"25"是攻击SMTP服务，"110"是攻击POP3服务。

3）“并发连接线程数”：设置同时并发多少个线程去连接这个指定的端口，此值越大对服务器的压力越大，当然占用本机资源也越大。这里建议使用默认值：10 个线程。

4）“最大 TCP 连接数”：当连接上服务器后，如果立即断开这个连接显然不会对服务器造成压力，而是先保持这个连接一段时间，当本机的连接数大于此值时，就会开始断开以前的连接，从而保证本机与服务器的连接数不会超过此值。同样，此值越大对服务器的压力越大，当然占用本机资源也越大。这里建议使用默认值：100 个连接。

5）“注册表启动项键名”：设置在注册表里写入的自己的启动项键名，越隐蔽越好。

6）“服务端程序文件名”：设置在 Windows 系统目录里自己的文件名，越隐蔽越好。

7）“DDoS 攻击者程序保存为”：设置生成的 DDoS 攻击者程序保存的路径和名称。

（3）参数设置完成后，点击“生成”按钮，即可在设置的 DDoS 攻击者程序保存路径下出现 DDoSer. exe（或者以自定义的名称出现）应用程序。

（4）开始攻击。运行攻击者程序 DDoSer. exe 开始攻击，可以一个人运行，也可以多个人一起运行，同时运行的人越多，对服务器造成的压力就越大。DDoS 攻击程序类似于木马软件的服务程序端，程序运行后没有任何显示界面，不过其已经将自己复制到系统中，并且每次系统启动后都会自动运行，并开始对事先设定好的目标发起攻击。

3. DoS/DDoS 攻击的检测与防范

（1）采用任务管理器或 Sniffer 工具进行网络监听，以判断是否有 DDoS 攻击。

使用一台装有 DDoS 攻击器的主机对另一台主机进行 DDoS 攻击。攻击前，两台主机同时打开任务管理器查看两台主机性能的变化，如图 8－24 所示。同时启动 Sniffer 工具进行抓包，通过性能的变化和数据包抓包结果分析攻击的原理，如图 8－25 所示。

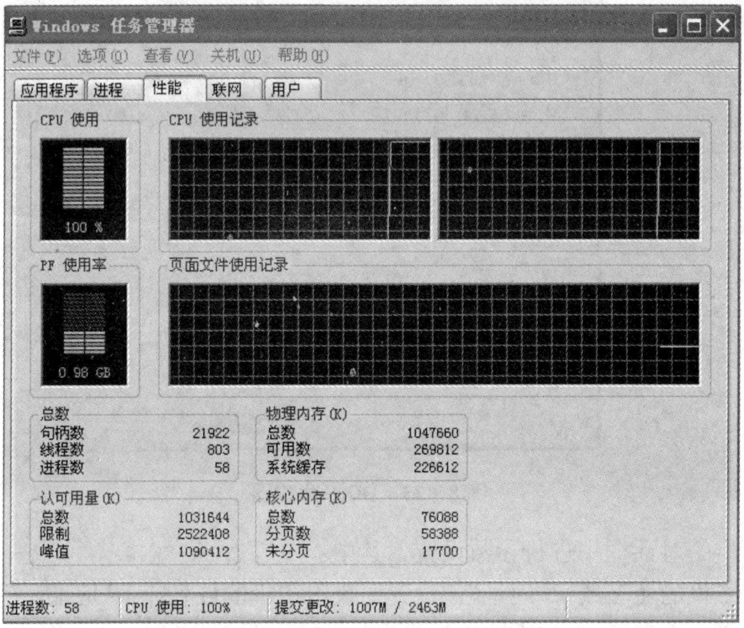


**图 8－24 DDoS 攻击时主机性能**

（2）Web 服务器使用冰盾 DDoS 防火墙防范 CC 攻击及 DDoS 攻击的设置。

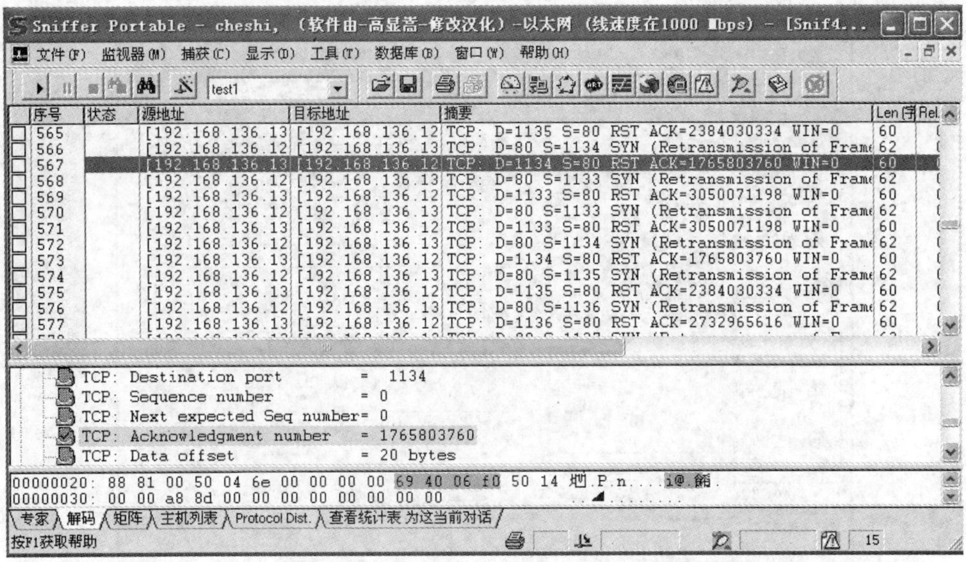

图 8 - 25　Sniffer 监测 DDoS 攻击结果

1）安装冰盾 DDoS 防火墙，完成后启动，进入主界面，如图 8 - 26 所示。

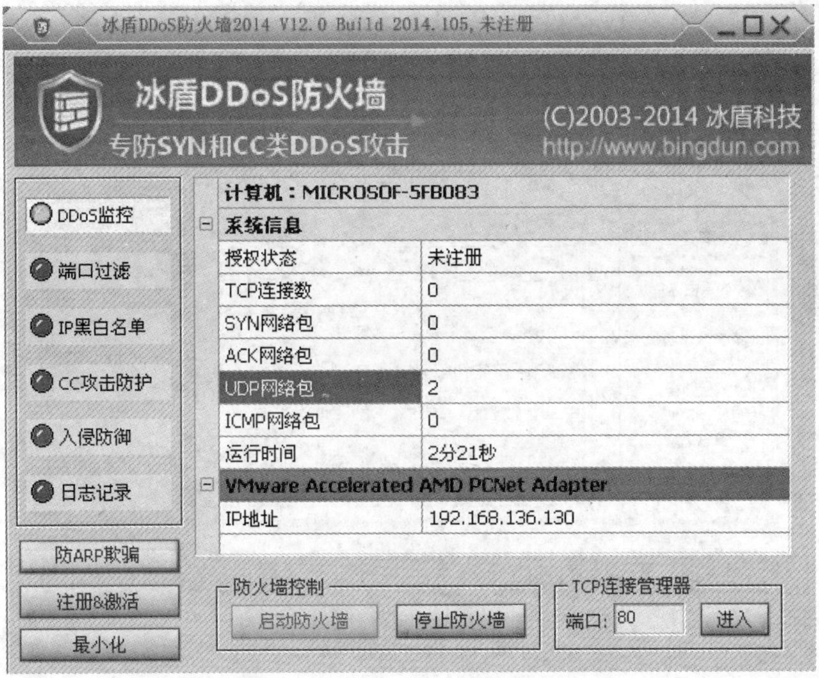


图 8 - 26　冰盾 DDoS 防火墙主界面

2）选择“CC 攻击防护”选项，点击“增加”按钮，在弹出的窗口中进行 TCP 防护设置，如图 8 - 27 所示。软件中可以对 TCP 连接限制、HTTP 代理访问限制、TCP 宽带限制以及 TCP 连接合法性限制进行高级防护设置。

3）在程序主界面选择“端口过滤”选项，在窗口中点击“流量限制”按钮进行流量设置，如图 8 - 28 所示。点击“增加”按钮可以设置开放或封闭哪些端口。

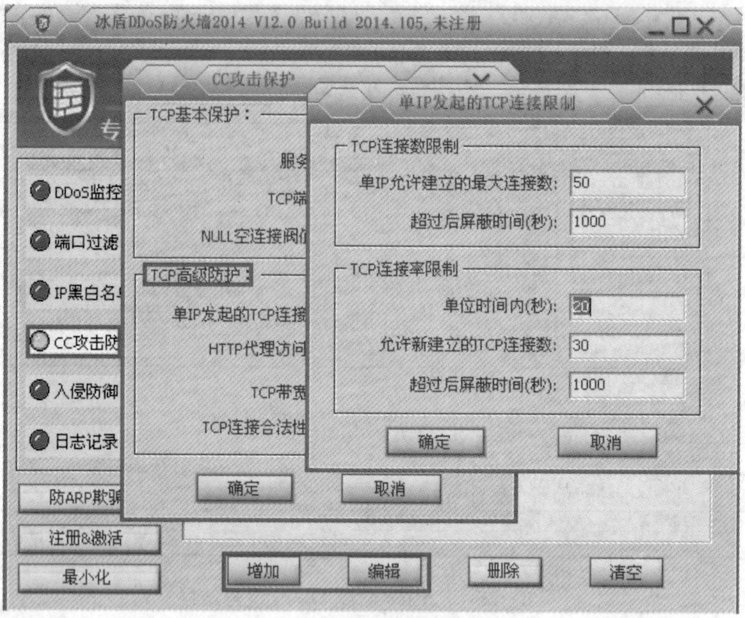


图 8-27 TCP 防护设置

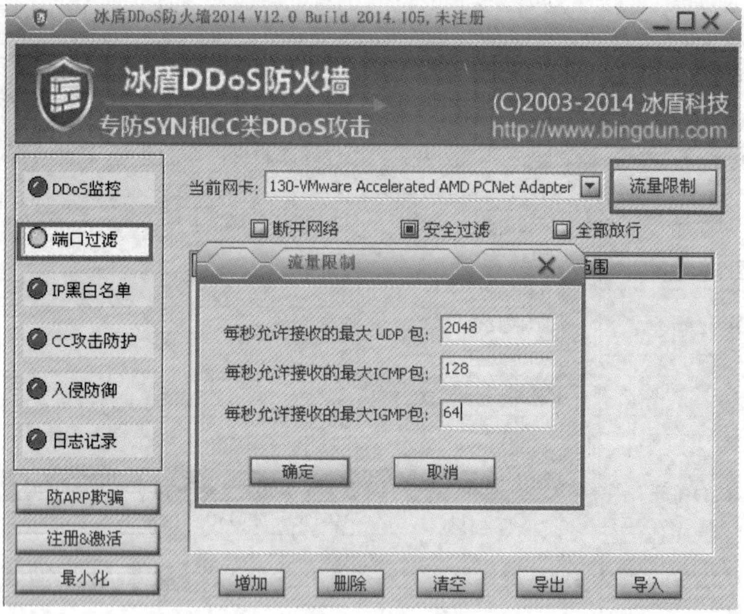


图 8-28 流量限制

# 实 践 篇

## 一、思考题

1. 如果一个局域网内的传输速度下降，怎样用 Sniffer Pro 对此进行分析？

2. 上网下载一些攻击工具和监测工具，在模拟实训室组队进行攻防实验，并分析攻击与防御的原理及结果。

**二、能力实训：电子商务网站建设案例分析**

任务要求：

1. 寻找三个有一定知名度的B2B电子商务企业网站，对这些网站进行以下几个方面的调研与分析：

(1) 易用性、用户信心、站点资源、客户关系服务和总成本。

(2) 产品选择、产品信息、产品价格、网站外观与表现、物品运输和处理、送货准时性、产品相符性、顾客支持、订购后跟踪。

(3) 网站流量、销售额、网站政策（安全性、个人隐私、装运、退货、顾客服务）、使用方便性（设计、导航、订单及取消、广告）和网站内容（分类深度、产品信息、个性化）。

(4) 站点浏览器的兼容性、引擎上的出现率、站点速度、链接的有效率、被链接率、拼写错误率、站点设计。

2. 撰写分析报告，至少6 000字。

## 模块小结

本模块主要介绍了电子商务网站安全问题的分析及防范，主要包括：电子商务服务器的安全分析和防范，具体有Web安全、操作系统安全、Web站点的安全设置以及Web服务器的安全设置；电子商务数据库面临的安全问题分析与安全防范技术；Web应用程序常见的安全隐患，重点介绍了SQL注入式攻击与防范技术和XSS跨站点脚本攻击与防范技术；电子商务网站常见的攻击及其防范，如：网站挂马及其防范、地址欺骗攻击及其防范、拒绝服务类攻击及其防范、后门攻击及其防范技术等；电子商务云安全技术等。

为了更好地理解电子商务网站安全技术，本模块通过技能任务介绍了几种典型的网络攻击和防范技术：网络监听与防御实验、木马攻击与防御、DoS/DDoS攻击与防范。

# 参考文献

1. 王丽芳. 电子商务安全. 北京：电子工业出版社，2015.

2. 刘英卓. 电子商务安全与网上支付. 北京：电子工业出版社，2010.

3. 肖军模，刘军，周海刚. 网络信息安全. 北京：机械工业出版社，2006.

4. 贾铁军. 网络安全技术及应用实践教程. 2 版. 北京：机械工业出版社，2016.

5. 马丽梅，王方伟. 计算机网络安全与实验教程. 北京：清华大学出版社，2016.

6. SHON HARRIS. CISSP 认证考试指南. 7 版. 唐俊飞，译. 北京：清华大学出版社，2018.

7. 张玉清. 网络攻击与防御技术. 北京：清华大学出版社，2011.

8. 王忠诚. 电子商务安全. 北京：机械工业出版社，2008.

9. 张先红. 数字签名原理及技术. 北京：机械工业出版社，2004.

10. 艾华. 电子支付中电子货币及其关键技术研究. 北京：北京邮电大学，2006.

11. 唐四薪. 电子商务安全实用教程. 北京：中国铁道出版社，2011.

12. MICHAEL HOWARD，DAVID LEBLANC. Writing secure code. Microsoft Press，2002.

13. KEITH E. STRASSBERG，RICHARD J. GONDEK，GARY ROLLIE. 防火墙技术大全. 李昂，等译. 北京：机械工业出版社，2003.

14. TERRY WILLIAM OGLETREE. 防火墙原理与实施. 李之棠，等译. 北京：电子工业出版社，2001.

15. WENBO MAO. 现代密码学理论与实践. 王继林，译. 北京：电子工业出版社，2004.

16. 谢文娟，黄松，张晶晶. 云安全管理框架综述. 电脑知识与技术，2013（31）：6 981-6 985.

17. 杨妍玲. 我国移动电子商务面临的安全及对策研究. 无线互联科技，2014（3）：161-162.

18. 王隆杰. 网络攻防案例教程. 北京：高等教育出版社，2016.

19. 冯登国. 网络安全原理与技术. 北京：科学出版社，2003.

20. 南湘浩，陈钟. 网络安全技术概论. 北京：国防工业出版社，2003.

21. 美国国家标准与技术研究院（NIST）计算机安全资源中心. http://csrc.nist.gov.

22. 国家计算机病毒应急处理中心. http://www. cverc. org. cn.

23. 中国报告大厅. http://www. chinabgao. com.

24. 移动支付网. http://www. mpaypass. com. cn.

25. 中国互联网络信息中心（CNNIC）互联网发展研究. http://www. cnnic. net. cn/hlwfzyj.

**图书在版编目（CIP）数据**

电子商务安全实践教程/贾晓丹主编．—2版．—北京：中国人民大学出版社，2019.1
21世纪高职高专规划教材．电子商务系列
ISBN 978-7-300-26405-9

Ⅰ．①电… Ⅱ．①贾… Ⅲ．①电子商务-安全技术-高等职业教育-教材 Ⅳ．①F713.363

中国版本图书馆CIP数据核字（2018）第258269号

普通高等职业教育“十三五”规划教材
21世纪高职高专规划教材·电子商务系列
**电子商务安全实践教程（第二版）**
主　编　贾晓丹
副主编　闫永霞
Dianzi Shangwu Anquan Shijian Jiaocheng

| | | | |
|---|---|---|---|
| **出版发行** | 中国人民大学出版社 | | |
| **社　　址** | 北京中关村大街31号 | **邮政编码** | 100080 |
| **电　　话** | 010－62511242（总编室） | | 010－62511770（质管部） |
| | 010－82501766（邮购部） | | 010－62514148（门市部） |
| | 010－62515195（发行公司） | | 010－62515275（盗版举报） |
| **网　　址** | http://www.crup.com.cn | | |
| | http://www.ttrnet.com（人大教研网） | | |
| **经　　销** | 新华书店 | | |
| **印　　刷** | 中煤（北京）印务有限公司 | **版　　次** | 2012年8月第1版 |
| **规　　格** | 185 mm×260 mm　16开本 | | 2019年1月第2版 |
| **印　　张** | 16.25 | **印　　次** | 2019年1月第1次印刷 |
| **字　　数** | 388 000 | **定　　价** | 38.00元 |